覺醒的道路

前中共香港地下黨員梁慕嫻回憶錄

梁慕嫻——著

本書作者梁慕嫻青年時期。

①
② ③

① 作者的父親母親到訪。
② 作者中年時期。
③ 作者近影（攝影：Anthony Au 歐肇雄）

①|②
③
④

① 大家姐慕貞。
② 二哥惠民。
③ 五弟啓民。
④ 作者的一雙兒女。

① ②
③ ④

① 作者就讀香島中學時演講。
② 香島中學的劉胡蘭小組。
③ 1958年8月，香島中學聯歡節目。
④ 作者於香島中學的同班女同學合影。

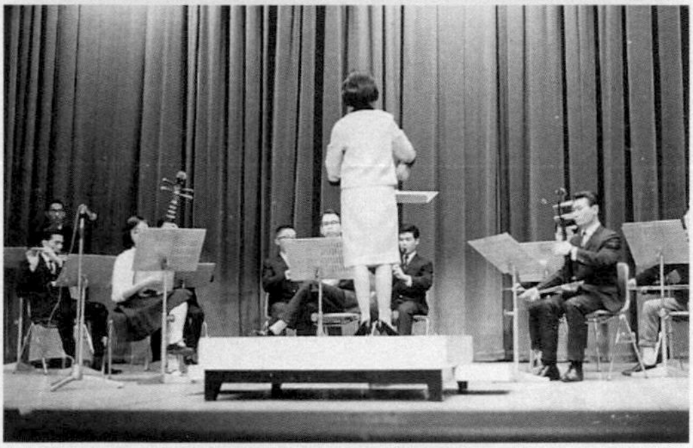

上 | 作者指揮學友社口琴樂隊。
中 | 作者指揮學友社中樂隊。
下 | 上海之行。左起：柯其毅、作者、楊偉舉。

上｜1959年，學友社舉辦第一屆舞蹈公演，圖為謝幕情景。
中｜1950年代學友社學生參加「新會訪問，學習及勞動團」。前排左起：鄧梓煥、李作雄、游順釗；二排右起：吳嘉淞、司徒衛幹、梁濬昇、歐陽榮生、李綺玲。
下｜「六七暴動」後，約於1970年左右，學友社的戲劇組在明愛中心公演古裝劇《荷珠配》，演員有張懷、黃子石、曾慶偉、陳浩機、阿潔、孫佩冰、陳國星等。（照片為陳國星生前提供）

上｜1963年，作者與柯其毅的結婚茶會上，與前來道賀的學友社女社員合影。
下｜1963年，作者與柯其毅的結婚茶會上，與前來道賀的學友社男社員合影。第一排左起第五人為葉國華，第一排右起第二人為專業芭蕾舞者文漢揚。

① 1972年中國國慶，作者被通知作為國慶代表團成員，赴北京參加慶祝活動，於北京天安門掛著毛澤東像的天安門城樓前留影。
② 1972年作者赴北京參加國慶活動期間，於長城前留影。
③ 1972年作者赴北京參加國慶活動期間，於北京天安門前的人民英雄紀念碑前留影。

① ② ③

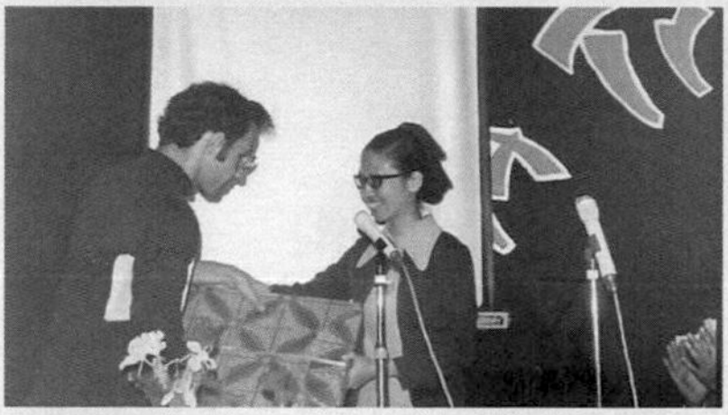

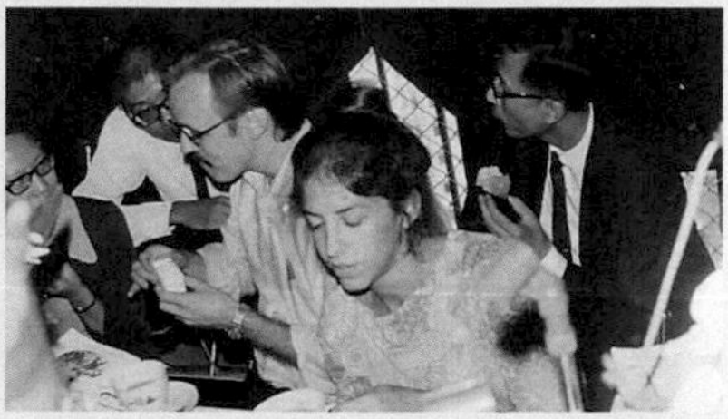

①
② ③
④ ⑤
⑥

① 作者在演出後台向芭蕾舞蹈家張珍妮（左）致送紀念品。
② 1972年，作者於接待「關心亞洲學者委員會」訪華團的茶會上致送紀念品。
③ 1972年，「關心亞洲學者委員會」訪華團的帶領者Susan Shirk（圖中的女士）。
④ 1972年，美國激進派團體「關心亞洲學者委員會」受北京邀請訪華六週，作者受命於其路經香港時接待。圖為學友社在北角社址舉辦茶會接待該訪華團，作者致歡迎詞，由梁啓民翻譯。
⑤ 作者在茶會上與訪華團成員交談。
⑥ 左二為訪華團成員。

①
②｜③

① 1974年，作者一家三口移民加拿大。學友社社員於北角社址舉辦送別茶會，送別作者夫婦。
② 1974年7月12日，作者一家三口離港飛加拿大溫哥華，社員與友人於香港機場送別。
③ 親友前來機場送別，圖右為作者的父親及家人。

① | ②
③ | ④

① 1990年8月，左起：朱榮楷、作者、陳淑芳。
② 攝於溫哥華某酒家門前。左起：唐賦榮、作者、詹西陵、柯母、柯父、柯其毅。
③ 黃玉山來訪溫哥華。後排左起：柯其毅、柯母、作者、鄭新權、黃玉山。
④ 1991年，柯其毅的前黨領導人唐賦榮（阿唐）來溫哥華探訪柯母。

上｜作者與司徒華多次交流。圖為作者夫婦與友人於家門前合影。左起：柯其毅、陳煒良、張錦英、作者、司徒華、陸偉堅。

下｜2009年，司徒華（中）訪問溫哥華，與作者在許行（右）家相聚。

上｜貝嶺第二次訪問溫哥華，友人設宴款待。前排左起：梁麗芳、許行太太、許行、作者、梁佩；後排左起：黃玉明、何良懋、董達成、李美寶、Prof. Michael Duke、丘慧芬、貝嶺、陶永強。

中｜作者夫婦與友人合影。左起：柯其毅、甘玉珍、潘慧瑜、作者、宋樹材。

下｜作者與紀錄片《消失的檔案》導演羅恩惠合影。

上丨1996年9月，中華文化中心舞蹈協進會舉辦「中秋茶聚」招待溫哥華華裔舞蹈界。第一排左起：何寶儀、何李美薇、吳令儀、Soonee Lee、簡穎湘、作者、朱蘋；第二排：第二人徐嬋容、第五人葛憶曾、第七人楊小花；第三排：第三人吳祖捷、第四人張揚。

中丨1997年，舞蹈大師戴愛蓮女士來訪溫哥華。工作人員與戴愛蓮合影。左第二人起：Rosie Wong、簡穎湘、作者、戴愛蓮、Corina、Julia Sung。

下丨1999年4月，中國第一代芭蕾舞藝術家白淑湘來訪溫哥華，與作者合影。

①
②
③ | ④

① 2001年6月，我註冊並成立「采風演藝協會」，舉辦記者會。
② 2002年5月，溫哥華支聯會於演出後合影。
③ 2002年6月，采風演藝協會邀請郜大琨舞蹈學院演出，作者與郜大琨合影。
④ 唐代樂舞講座及美術展覽工作人員合影。前排左起：作者、朱蘋、郜大琨、李克萍、文國琦。

① ② ③ ④ ⑤

① 作者頒發紀念品給演出者。
② 2002年6月21日公演，梅秉彝與邵蔚華作幕前朗誦。
③ ④ 袖舞。綠色舞者為黃雪，編導鄁大琨。紅色舞者為周輝，編導李恒達。（兩圖皆羅徵遠攝）
⑤ 2003年2月第二屆「青春的禮讚」演出，梅秉彝主持演前講座。

上丨2012年3月，作者回港舉辦《我與香港地下黨》的新書發表會。
中丨新書發布會現場。左起：梁國雄、作者、金鐘、許行。
下丨作者回港舉辦新書發表會期間，與友人合影。前排左起：麥海華、作者、朱耀明、師母；後排左起：金鐘、劉綺年。

上｜程翔夫婦拜訪作者。前排左起：劉敏儀、許行太太、許行、作者；後排左起：呂漢良、周盛康、程翔、阿濃。

下｜麥海華夫婦拜訪作者，設宴歡聚。前排左起：作者、麥太太、麥海華；後排左起：何良懋、Ivy、辛智芬、King Hui、黃玉明。

上 | 洪予健牧師（左）探望作者，右為洪師母。

中 | 北美浸信會信友堂派出代表來訪，龐弟兄（左）曾慧嫺姊妹（中）作者（右）。

下 | 朱耀明牧師訪問溫市，友人設宴相聚。前排左起：King Hui、作者、朱耀明、師母、黃玉明；後排左起：Georgina、陶永強、羅懿信牧師、梁佩、李美寶、馮愛玲。

① ②
③ ④

① 信主，是作者一生的轉捩點。圖為作者於第十街教會（攝影：Ian Young）。
② 作者與朱耀明牧師合影。
③ 2015年上映的香港電影《十年》在溫哥華放映當晚，余子麟牧師在台上為香港祈禱。
④ 作者與羅懿信牧師（左）合照，右為羅師母。

序　淒苦而堅毅的生命

牧師　余子麟

在溫哥華牧養一間小教會的平凡牧者，從香港移民加拿大已經三十五年。二〇一九年六月，香港的社會運動風起雲湧；我們遠在加拿大，也遙遙地關注著事態的發展，與香港人同喜同悲。隨著政權的橫蠻打壓，不少在加拿大的香港人也同時感覺痛心、恐懼、擔憂、憤怒、甚至沮喪、絕望、無助。我和幾個同道朋友，為了讓關心香港的加拿大人能夠有情緒得到紓緩、彼此關懷、互相鼓勵的空間，於是以「溫哥華基督徒守護愛與和平公義團契」的名義，定期在溫哥華舉辦為香港祈禱的聚會。每次聚會，我都留意到有一位扶著助行器、由朋友攙扶下來參加的老人家。後來經羅懿信牧師介紹，才知道原來她就是梁慕嫻老師。

在此之前，我早已在立場新聞拜讀過梁老師的文章。我欣賞她清晰的思路，和溫柔的勇氣。她對共產黨的深厚認識，令她能揭穿共產黨迷惑人心的各種技倆。她的經驗與睿智，是這個動盪時代的寶貴資產。我非常慶幸能認識梁老師，也為她原來是虔誠的基督徒而深感欣慰。

在二〇一九年八月十八日的祈禱會進行時，我們所在的教堂被上百名的「紅旗軍」包圍。他們在外搖著旗幟叫囂，驚動了附近的居民報警。警察到場後，護送我們安全離開教堂。當時有很多「紅旗軍」拿著手機在我們離開時拍攝我們的樣貌。整個過程令許多祈禱會的參加者覺得恐懼。但梁老師當天扶著助行器慢慢步出教堂上車，全程面帶笑容，毫無懼色，令我印象深刻。

後來，梁老師加入了我服事的教會，我有幸成為她的牧者。由於身體虛弱，梁老師能夠有足夠的體力回到教會聚會的日子不多；後來疫情肆虐更是無可能。於是我開始每三星期一次接送梁老師去看醫生複診，當作是探訪牧養她的機會。有時梁老師可以在車程中與我暢談，但有時單單是從家中步行上車的路程已經令她筋疲力竭，連話也無力說。這幾年間，她經歷了家人患病、親人離世、自己確診肺癌而切除了一大半的肺部、右手又舊患復發變得完全無力（我過年的時候做了一盒蘿蔔糕送她，她也退回給我，因為她的手無力切開蘿蔔糕來吃）。但這副極度虛弱的身體，卻沒有阻止她完成這本書的寫作；右手不能用時，她繼續用左手來寫。我常勸她要好好休養，不要太操勞；但她卻仍然常常廢寢忘餐地寫，累壞自己。她相信，是我們所確信的主差遣她完成這本書，而她也確實在寫作的過程中經歷了許多神蹟。她深切盼望透過這本書分享自己的經歷，來為這一代活在中共陰影下的同胞帶來覺醒和警惕。她常說她趕時間，很想快點讓這書能出版。我有幸比各位讀者更早讀到了本書的一些章節；我被梁老師淒苦而堅毅的生命觸動，為她悲嘆，為她振奮，也為她深深的感謝神。我以為是我在牧養她，原來是她在勉勵我。

過去幾個月，梁老師經常和我分享她在聯絡不同出版社時遇到的困難和她的擔憂；我鼓勵她，神必定會為她有預備。果然，幾日之前，她跟我分享終於有出版社願意出版本書，故邀我作序；但同一時間，她也告訴我身體出現了新的毛病。我盼望各位讀者知道，這本書是梁老師燃燒了她的生命所換來的，所以請不要對她所說的掉以輕心。但願全地的主使用這本書來喚醒這個世代的人。

是為序。

二〇二二年十一月十八日於溫哥華

序

資深媒體人　楊憲宏

前中共香港地下黨員梁慕嫻回憶錄，是一本奇書，她詳細交代了自己受騙的過程，也揭露了覺醒的路徑。

共產黨的邪惡到今天仍然肆虐，她是個熟悉「騙局」的過來人，毫不猶豫的揭露不論是在全球廣設的「孔子學院」或在臺灣的中共同路人，她都指名道姓的呼籲要「除惡務盡」。

十多年前，她第一本書其實已經說明了香港的「中共地下黨」的陰謀，預言了今天香港的厄運。當年讀到她的書，覺得對臺灣很具警惕作用。因為共產黨在臺灣的佈局，都可以用她所細述的內容去框列可疑者。我相信臺灣情治單位應該對梁慕嫻的第一本書很感興趣。其中所述各種不同類型「顏色」的「地下黨員」早就埋伏在臺灣不同角落。

我一度對這種「匪諜就在你身邊」感到不安。可是臺灣是個重視人權的國家，除非叛國已經著手進行，臺灣真的很難有法律對付這種「潛伏細胞」。特別是二〇〇八－二〇一五國民黨執政的八年，感覺整個臺灣到處都是「地下黨員」來來去去。

二〇一六年這一次總統大選，其實是個分水嶺，馬習會加上香港「普選」變質，一國兩制已經名存實亡，對大選產生重大影響。民進黨成了選民的安全依靠。簡單來說，臺灣民眾感到國民黨「不可信賴」，恐怕會「引清兵入關」，這是二〇一六、二〇二〇年民進黨勝出的基本盤。

臺灣人雖然不懂「中共地下黨員」的陰謀，但是對中共在過去怎樣騙國民黨的歷史並不陌生。

國民黨老是上共產黨的當，最鮮明的形象就是馬英九見習近平的那一幕，臺灣人看了很倒胃口。造成國民黨大敗。

在臺灣，「中共地下黨員」不是通用的詞，臺灣說的是「被中共收買」。也有人認為，中共不會用武力解決臺灣，中共會「收買」臺灣政客。最後才用梁慕嫻說的「裡應外合」拿下臺灣。用大白話說就是，威逼利誘，迫使臺灣投降。

這正是中共過去幾年在全球所幹的勾當。偷搶拐騙，外加收買、收買、收買。這個問題在二〇一六年川普當選總統之後，一一被美國揭穿。現在全球民主國家聯盟都加強管控中共滲透的問題，美國前眾議院議長麥卡錫已經提出調查「中國共產黨」的法案。其中最重要的是清除「中共潛伏美國的細胞」。也就是「中共地下黨員」。

臺灣應該也會跟進，相關的立法應該已經有共識。梁慕嫻在此時出版回憶錄，所要警惕的當然不是她個人的故事，而是從她的歷程，看到今天中共還在搞「收買」的把戲，雖然已經窮途末路了。

二〇二二年我在美國華府參加一項閉門會議，席間與會者提出中共用甚麼手段、如何進行「收買」外國政要問題，有一段談話很值得注意，中共收買外國政要，最常用的手段是「錢」，再來是「女色」，這兩個手段一直都是「利器」，美國準備調查「中國共產黨」這方面當然不會放過。但席間有人提出「用器官收買」，的確震撼了所有與會者。

許多外國政要，錢多、女色不缺，中共難下手，但是身體健康出問題，必須用「移植器官」來延壽，就給了中共「空間」了。多年來，活摘器官的追蹤，其實已經到了追找哪些外國政要接受「器官收買」的調查階段。

梁慕嫻的書細數了個人苦難過往，但也揭露了共產黨的技窮。一旦知道「共產黨甚麼都是假的，只有騙子是真的」，那麼覺醒就不難，中共崩潰之期就不遠了。

序

加拿大不列顛哥倫比亞大學亞洲學系教授　丘慧芬

梁慕嫻是我在溫哥華認識的一位女性長者。雖然我們認識有近二十年的時間，但是直面談話的次數卻不過四、五次。表面上看慕嫻女士像是一位普通的家庭主婦，但實際上她卻有極不尋常的經歷。認識她應該是在溫哥華支援民主聯合會舉辦的論壇活動上。聯合會彼時的活動主要是在紀念一九八九年六四受到中共武力鎮壓而遭摧殘的民主運動，同時也是要表達對六四之後許多中國大陸知識份子仍然堅持追求自由民主的支持。當然，聯合會對二〇〇三年開始出現大規模香港市民努力捍衛他們自由法治的各種示威遊行與抗爭也給予全力的聲援。我記得那時慕嫻女士對中共有關香港可以享有「一國兩制」的說法已經有她的質疑。之後，不論是對香港回歸中國大陸後有關特首人選的選舉，對港人不滿中共意欲更動基本法的示威遊行，或是對中共強行在港實施「愛國教育」的反對抗議，她都認為中共不可能接受異議，或做出政策上的調整與改變。

我本來以為香港既然是慕嫻生長的城市，她理所當然的應該會對自己的原鄉有強烈的關注和切實的理解。然而，到了二〇一二年慕嫻出版了她曾經是中共地下黨員的一本書之後，我才明白她對中共的歷史與香港的政治現實會有那麼到位的評斷，其實是植基於她十五、六歲時加入中共地下黨的親身經驗與後來的醒悟，而不僅僅只是來自於對原鄉的關注或是閱讀知識後的反思結果。不過，我不知道的是，慕嫻在三、四年前動了大手術之後又要撰寫自己回憶錄的決定。可想而知，這樣的決定對她已經不甚理想的健康狀況顯然會造成更多的負擔。但是她堅持要動筆，而且在去年年底完成了本書（以下稱《回憶錄》）的書稿；更沒想到的是，她希望我能為這本《回憶錄》寫一篇序。

慕嫻這麼做，應該是因為她知道我們都關心自由民主在現代中國的命運。但是，我手邊需要完成的工作卻讓我猶豫自己是否能如期交稿，尤其是因為慕嫻的健康狀況讓寫序的時限變得極為緊迫。然而我知道她是在相當辛苦的健康情況之下完成這部《回憶錄》的。我也理解她寫回憶錄為的就是要將自己在少年時為甚麼會加入中共地下黨、為甚麼會覺醒、又為甚麼會終於走上追求自由民主的這個過程，撰寫成一個完整的敘述。也就是說，她寫《回憶錄》的目的應該是因為要將自己先前出版的書中沒有觸碰到的一些資料，以及其中涉及的人事和背後的複雜糾結，都重新再做一次整理，以便將所有的資料放入歷史的脈絡來提出一個整合性的討論和分析。這樣完成的《回憶錄》，一方面可以看作是她個人對那個親歷過程再次反思之後提出的一個完整書寫，一方面應該也可以看作是她本人在生命晚境時，認為必須對自己走過的歷史提出的一個真實見證。顯然，這樣的書寫，展現了她對自己走過歷史必須切實負責的一種堅持，也因此讓這部回憶錄和公領域的知識層面有了一個認知上的連結。最基本來看，作者個人對中共地下黨組織的了解，和這個了解在自由社會面對中共這種地下黨時是否有所助益，以及對自由社會本身的健康運作是否也可能產生正面效應，應該都有明顯的相關。基於這樣的理解，寫序也就義不容辭了。

上面所說，大概可以讓讀者知道這本《回憶錄》聚焦之所在。應該再做一點兒說明的是，《回憶錄》事實上可以分為兩個主要的部分。前半部是以作者從五〇年代初期到一九七四年在香港的生活為敘寫的焦點，後半部就從一九七四年作者移民加拿大並在溫哥華定居到現在的主要關懷為核心。兩個部分的內容都涉及作者在彼時香港和當下溫哥華生活的一些重要面向。通過作者的敘寫，讀者可以看到五〇年代香港生活中不為多數人知道或者熟悉的一面，也可以通過這個層面去理解為甚麼許多純潔的青少年，在物質生活匱乏，家庭溫暖欠缺之下，會受到當時潛伏在港的中共地下黨員影響，進而會志願加入了中共這樣的地下組織，並且誓言對中共盡忠，以便報效他們認同的「祖國」。根據這本《回憶錄》，我們因此看到彼時中共在港的地下黨組織對這些黨員是有絕對的掌控權，不但可以任意操縱他們去進行一些破壞港英殖民政府治理的顛覆活動，也可以讓這些黨員認為他們是在展現幫助「祖國」早日驅離殖民者的愛國行為。不過，我們同時也看到，早期在港活動的中共地下黨員，有一些確實是富有正義感而且又熱誠負責的「革命同志」。正是通過他們的正直性格與熱心助人的行動，許多像這部《回憶錄》作者那樣純潔愛國又對人生充滿理想的年輕人，在當時就很容易受到這些「革命同志」的感召而選擇加入中共的地下黨，去為建設新中國的崇高理想奉獻小我。

這部《回憶錄》提供的資料，讓我們進一步知道香港當時的中學和大學都有潛伏其中的中共地下黨員。因此，即使到了八〇年代當香港回歸中國的期限日益接近時，《回憶錄》對中共提出的「一國兩制」還是有極深的質疑。首先是因為作者發現中共不但沒有要停止地下黨在香港的運作，更沒有任何要公開這個組織的意圖。這對回憶錄的作者而言，香港地下黨員的身分自然就不會為人所知了。因此，作者質疑中共說允許香港實行的「一國兩制」根本就是「一場大騙局」，認為這個「一國兩制」的提出，是要讓地下黨在香港回歸後變成「幕後」的真正掌權者，而且是要讓他們變成一個表面上是要走向民主建港的組織，例如成立像「民主建港協進聯盟」（民建聯）的這種組織，但實際上是要這樣的組織去間接控制檯面上有政治權力的特首、或者其他重要的官職。《回憶錄》提出的這個觀察和質疑，在我們讀到作者敘寫中共在九〇年代初期培養葉國華成為香港紅頂商人以便進入彼時政治社會的上層去獲得權力的過程，可以獲得具體的印證。

《回憶錄》提到作者是在一九七四年和她的先生與孩子移民加拿大的。她的先生其實也曾經是中共地下黨的黨員。他們會結婚，與他們彼此都是黨員也有一定的關係。他們移民加拿大之後，慕嫻努力的去學英文，也努力的去了解這個國家的歷史和地理。為了生活，她曾經在沙拉工廠的生產線上做過工人，也與先生辦了一個清潔公司，努力掙錢。像許多華人移民一樣，他們也將掙來的工資存下一部分，等過一段時間就將積蓄做為購買住房的貸款基金。幾年下來，她和先生很快就有了自己的房產。但是，多年的勞累終於讓她的健康出了狀況。沒想到更讓她心寒的卻是先生對她的冷漠與嫌棄。結果，她毅然在一九九六年結束了這個已經完全變質的婚姻。此時因為她早已多年未繳黨費，根據中共地下黨的規章，她已經是自動脫黨，當然也就不再需要和中共有任何的牽連。

儘管如此，我們看到回憶錄的作者卻沒有終止對香港的關注，尤其是對中共收回香港後將會如何治港的關注。我們可以說，作者雖然質疑中共的「一國兩制」，但她仍然希望中共還會信守自己在國際矚目下做出的承諾，也就是維持香港五十年不變的承諾。然而，這個最後的希望還是以幻滅告終。造成幻滅的關鍵就是：一九八九年中共對六四天安門示威運動的血腥鎮壓，以及李志綏醫生一九九五年對毛澤東「荒淫無道私生活」的揭露。中共對六四的武力鎮壓已經讓梁慕嫻對這個黨曾經說要進行的政治改革不再有期待，但李志綏醫生的揭露，才更徹底粉碎了她對毛澤東和中共這個黨還有的任何殘存幻想。《回憶錄》告訴我們，幻滅之後，作者也終於從自己曾經是忠誠地下黨員的這段經歷覺醒了過來。她開始意識到自己不能只是在行動上脫離中共的掌控，更需要做的是必須「與中國共產黨來一個思想上的了斷」。祛除這個思想上曾經被中共玷污的了斷方法，對她來說就必須要通過書寫來完成。因此在《回憶錄》中，作者告訴讀者：「『寫』是了斷，也是清洗污垢的最好辦法，更是揭露真相的最好途徑。」

事實上也正是因為這個揭露真相的強烈意圖，梁慕嫻才開始了書寫自己曾經是中共地下黨員的那本書。那本書，肯定讓很多閱眾，包括香港的讀者，終於知道中共地下黨組織在香港從事的顛覆活動已經有了半個世紀多的歷史，也讓他們知道了中共的地下黨員曾經潛伏在香港各級中上學校的行政與教學單位，隨時等待著去進行黨要他們完成的任務。

其實，揭露中共如何吸收地下黨員，以及揭示出中共如何運用所謂的「統戰」策略來吸收地下黨員去進行顛覆自由社會的真相，也正是這本《回憶錄》最重要的一個貢獻。當然，慕嫻二〇一二年出版的書已經分析了中共地下黨的組織和他們的行動目的，但是這本回憶錄的敘寫觸及的面向更多、也更廣。對中共吸收地下黨員的策略與過程，以及如何運用「統戰」來擴大並增強本身的組織也有更加完整的討論。因此，對從來沒有真正了解中共歷史、或是完全不知道中共本質的人來說，這本《回憶錄》提供的資訊就相當重要了。

應該指出，這本《回憶錄》不是學術著作，作者也不是學界中人，但是《回憶錄》提供的資料和分析，的確可以做為一般閱眾認識中共的一個平易管道，也可以做為學者研究中共歷史的原始文獻，尤其《回憶錄》提供的是一個具體且特殊的實際個案，對學者來說，也就有可能由此開啟另一個深入研究中共的切入點。從這個角度來看，這本《回憶錄》就不是只對作者本人有意義了。

更值得強調的是，在《回憶錄》結尾的一章，作者特別針對臺灣的現狀提出了她的善意提醒。她擔心臺灣內部因為有國家認同的分歧，容易為中共對臺灣的統戰策略與行動提供一個極為有利的運作場域，進而導致臺灣內部的歧異更難彌合，甚且因此失去對中共應有的認知和警惕。作者這樣的提醒當然就在她認為臺灣內部如果失去對中共應該有的起碼認知，那麼臺灣幾十年來建設的自由民主就有可能失去原本應有的正常發展，甚至終將走上被中共摧毀的命運。由此看來，這本《回憶錄》對中共地下黨組織的敘寫，以及對這個組織為甚麼可以給自由民主社會，特別是可以給自由民主臺灣帶來災難的說明和警示，對任何關心自由民主存續與深化的人來說，應該都是相當可貴的參考資料與建議，因此對臺灣和我們這個時代的健康發展也就有了上面所說認知上的連結。也正是與公領域有這樣實質性的相關，我真切希望這本《回憶錄》能在華人世界獲得廣大讀者的重視。

謹識於加拿大溫哥華

二〇二三年一月二十日

序　以煎熬後的覺醒為我們提出嚴正警告的前中共香港地下黨員

《上報》主筆　李濠仲

二〇一九年一月，因媒體工作之故，我收到一封轉介自加拿大的電子郵件，附帶一篇文字檔，題為：〈中共在臺灣的火種不知還有多少〉。我算是後知後覺，那天才第一次注意到「梁慕嫻」女士大名。數位時代，不難快速掌握一個人的過往背景，她那「前香港地下黨員」的身分，讓我眼睛為之一亮，問題是，她為甚麼要給我這篇文章？

文章開頭第一段話是：連續追蹤「臺灣彰化縣二水鄉碧雲禪寺，被親共人士魏明仁改變成『中華人民共和國臺灣省社會主義民族思想愛國教育基地』」這則新聞之後，我腦子裡出現了「臺灣有沒有中共地下黨」這個問題……

從那一刻起，梁女士就經常以個人親身經歷，試圖為臺灣提出警告。她是一個「覺醒的前中共香港地下黨員」，「覺醒」自然是相對於當年她熱血沸騰加入共產黨而來，於今「自由香港」已不復存在，我主觀以為，此刻「守住臺灣」，或也成為她後半生反共戰役的其中一場，由此不枉自己百轉千迴換得的覺醒。

二〇一九年「香港反送中」期間，我陸陸續續再收到梁女士多篇關於中國共產黨如何「滲透」、「潛伏」香港日常的文章，那已非我們所熟悉的時政議論，卻像是唯有實際參與電影幕後工作者才做得出的揭密之舉。不待我們追問中共會這樣對付香港，會不會也用同樣的方式「反轉」臺灣？按照梁女士的觀察，這不僅是常識，更早就是現在進行式了。

她當然有資格這樣評判臺灣的處境。臺灣讀者對《覺醒的道路》中所提到人、事、物縱然會感到陌生，不過，若暫且遮住書中那些和自己生活經驗連結不上的名字、地點和歷史事件，純就中共在香港的布建行為，我們卻不難察覺今天在臺灣周遭，已有多處若合符節。

起初，就像一九四九年前後，許多香港熱情進步的年青人一樣，她也嚮往毛澤東所建立的新中國，也深受民族解放精神感染，如願進入「香島中學」（中共地下組織根據地）後，她更直接舉手握拳發誓：「我，梁慕嫻願意加入中國共產主義青年團，堅決擁護共產黨的領導，遵守共青團的章程，執行團的決定，履行團員的義務，嚴守組織紀律，保守團的秘密，決心為共產主義事業貢獻一生。」

直到她後來發現：「一個人本能地愛祖國，是由於生於斯、長於斯及其獨特文化，而形成對祖國的眷戀，喚起對國家的熱愛。但是，由於祖國已經被中共所劫持，所壟斷，中共向你宣揚的愛國思想，是偽愛國主義，是黨的產物，即愛國必須或必將愛黨，愛中國的話語便被徹底利用，同時墮入中共的陷阱。所以，現在這個被中共極權專制政權統治的中國不能愛。」文中她記述的這一段話，正是許多共產黨擁戴者猛然醒悟的轉折。

繼之，在她遠離共產黨後，再又看到更駭人的一幕，即「中共世界性的創舉，原來是各地的中國領事館人員領導了潛藏在各種學術機構、民間社團、同鄉會等的地下黨員去發動群眾而組成這樣的紅旗軍。這個發現使我感覺得越來越恐怖，因世人並不知道，中國共產黨正以這種秘密的、群眾運動的形式滲透、改變世界。」

從梁慕嫻女士的字裡行間，我們就不難理解為甚麼當初她對魏明仁掌控臺灣碧雲禪寺的新聞事件，會有那樣的反應。「中共在臺灣的火種不知還有多少」，並不是疑問句，這種將民眾日常活動場所變造為中共「愛國教育聖地」，過去以來，梁女士在香港、國外已見識過不知凡幾。

原本，年輕的時候（中學時期），梁慕嫻認為自己只是因為熱愛祖國（她居住在英國殖民的香港），覺得共產主義理論很適合中國，可以改造中國成為先進的國家，加入共產黨，就是為了替祖國解放事業作出貢獻，但當另一位被文革感召的黨員同志對她大喝：「階級鬥爭是你死我活的，你不殺他，他要殺你，我們腦子裡一定要有階級鬥爭這根弦。」竟把她的腦袋震盪得幾乎暈眩。

一九六六年中國爆發文化大革命，無神論的共產黨先是推倒了一眾神佛基督，卻又建立了一套最不可侵犯的黨國政治信仰。起初許多人的確是基於愛國思想而加入共產黨，之後一個人竟無論德、智、體、群、美都得受制於共產教條。這過程中，無可避免的是，多數人在權威、利益（甚至生命安危）的迫使下，終究被馴服了，少數則選擇逃離祖國，再不問中國世事，當然也有如梁慕嫻等，開始轉而以筆為矛，希望能刺穿中共的謊言，並昭告世人其如何一步步藉由侵蝕人性，進而一步步侵吞自己生長的土地。

二〇一九年七月二十一日，香港發生「元朗襲擊事件」，有海外香港人挺身而出發出聲援，但很快就引來中共海外支持者的騷擾。當時梁慕嫻也參加了一場由「溫哥華基督徒守護愛與和平公義團契」所辦的「為香港祈禱」祈禱會，結果這座教堂竟也被中共海外支持者包圍。眼見一百多人不斷揮舞著紅旗對教會的人叫囂，她先是憤怒，後是顫抖，再轉至心痛，她心裡想的是：「我以前就像你們這樣——愚蠢」。但梁慕嫻沒有把心裡的話喊出來斥責他們，卻是忍著淚，忍著忍著，再又突然變成了一陣狂笑。

她說：這是高度刺激，高度壓抑之下爆發的淒厲笑聲。是憤怒的笑聲，是譴責的笑聲，是痛心人性被泯滅的笑聲，也是自我痛苦懺悔的笑聲……

既有一名前香港地下黨員如此振筆寫下了《覺醒的道路》，我們又何苦重蹈覆轍，這樣由恐懼、悲憤，由哭而來的「笑」，臺灣人是不應，也不必承受的。

序　基督寶血戰勝共產幽靈

北美浸信會信友堂主任牧師　洪予健

這世界上有一些人，年少時加入共產黨不是為了追求自己的物質享受。恰恰相反，他們是被共產主義宣傳的假象所吸引，以犧牲奉獻的心志投入革命，自以為走上了「為解放全人類」奮鬥的光明道路。但凡帶著這樣想法入黨的人，當看清了共產黨邪惡欺騙的本相後，其心靈所受的痛苦和打擊是難以言表的。他們當中悄然脫黨者比比皆是。其中有一些如驚弓之鳥，自怨自憐，從此遠離江湖，不再過問政治。但也不乏有一些人在私下的場合裡，慷慨陳詞，歷數共黨罪惡，可謂一針見血，入木三分，令人不禁拍案叫絕。但是你若建議他們何不公開聲明退黨，將自己的寶貴看見，整理成文發表，使更多的人得以醒悟，不再重蹈覆轍。那麼你得到的回答，多是各種理由的推卻婉拒。這事容易理解，故不能強人所難。因為在各種理由的背後，有一種擔心是顯而易見的。他們不希望因此而招惹是非麻煩，干擾了餘生來自不易的清淨和安寧。

當然這裡定有少數的例外，本書作者梁慕嫻女士，資深演藝專業製作人，我敬重的主內長輩（我稱之為梁大姐）就是其中的佼佼者。同樣都是從共產黨裡出來的人，梁大姐到底做了甚麼，成了少數例外中特別傑出的一位，值得寶貴與敬重呢？一個最廣為人知的事實是：梁大姐所著《我與香港地下黨》一書，在讀者中引起相當大的震動和反響。該書收錄了自一九九七年香港主權移交中共後，梁大姐投書香港報刊雜誌的一系列文章。這些文章犀利如匕首，如投槍，直擊中共害港騙人的要害。書中梁大姐不但勇敢地將她所知中共地下黨在香港的各種欺騙及統戰手法揭露無遺，也為自己曾經參與其中，為虎作倀的罪孽，向受害者一再道歉，求神饒恕赦免。為了使港人不受中共「一國兩制，港人治港」的口號愚弄，梁大姐更是義無反顧，指名道姓地將那些現今仍藏在特區政府背後，掌握實權的地下黨員的身份公諸於眾。對此，人們不僅要問是甚麼力量或甚麼信念使得梁大姐，一個曾經極其忠誠的前共產黨員，能如此大義凜然地與中共當局決裂，又能帶著如此的深情大愛，不斷發文投書，持續地關注香港的當前和走向？

儘管年事已高，且疾病纏身，但梁大姐為了回答讀者們的關切與期待，仍再接再厲，奮筆疾書，推出其新作《回憶錄》，以饗讀者，實在是可喜可賀。因著我和梁大姐的生命經歷有某種相似之處，所以當梁大姐描述她在讀小學時如何受哥哥們的影響，進入香港紅校香島中學，在地下黨的精心灌輸和培養下，怎樣成為了一名熱心委身的共產黨員時，我不禁感慨萬千。因為我也曾如此被共產理想的偉大崇高所吸引，被革命烈士英勇獻身的榜樣所鼓舞。當然最不同的一點，那時我年紀還小，一腔熱情換來的是上山下鄉當農民。但梁大姐深得組織的信任，從一九六二年起，年紀輕輕（二十三歲）就擔任香港地下黨重要的外圍社團「學友社」的主席，期間更不斷被洗腦馴化，使其篤信不疑地從事黨組織佈置的各種地下統戰工作。梁大姐提到她對黨的首次懷疑來自一九七一年九月十三日發生的中共副統帥林彪叛逃事件。對此，我也深有同感，因為這也是我在文革中大夢初醒的起點，這事件使中共得以發動文革的理論大廈轟然坍塌。本人那年才十九歲，漸漸地發現自己是何等的可憐無知，真誠地活在當局用謊言構成的美好世界裡。一旦醒悟過來又是何等痛苦，因著看不見逃生之路，只能誠惶誠恐，裝假度日，直到一九八五年得著留學機會，才享受到可以吐露心聲，不必裝假的權利。幸運的是生活在香港的梁大姐，那時雖有疑惑，但還未看清共黨的真相，只是有些情緒低落而已。但也正是這一點的轉變，使得梁大姐能答應她先生的請求，於一九七四年辭職隨夫婿全家移民加拿大，開始了全新的生活。

雖說來到了自由的社會，但是要梁大姐一下就擺脫共黨多年狼奶洗腦的捆綁，談何容易。起初梁大姐對於鄧小平的改革開放抱有很大的希望，但是一九八九年的六四天安門慘案使這希望破滅。直到梁大姐讀了李志綏《毛澤東私人醫生回憶錄》一書後，為毛澤東如此荒淫無度震驚不已。梁大姐心中的毛偶像倒下了，梁大姐如釋重負，從思想與情感上與共產黨一刀兩斷。

但是誠如我序言開始所提，一個認清了共產黨面目，不再與其來往的人，並不就會公開表明立場（例如宣佈退黨）。更不要說成為一個如梁大姐那樣既勇敢揭穿共黨統戰謊言和卑劣的伎倆，又不迴避自己在其中助紂為虐，時時痛心道歉，懇求饒恕原諒的人。而梁大姐能如此行，那是因為神的恩典憐憫臨到了她，使她相信了耶穌在十字架上為世人的罪死，並以復活的大能，顯為神的兒子。因著這信，神赦免洗淨了梁大姐一切的罪，帶領她出黑暗入光明，成為神的兒女，一個新造的人。

梁大姐在《回憶錄》的第九章中詳細地講述了神如何帶領她信主的過程。神在梁大姐一九八八年的肺癌手術後，突然以超自然的方式向她顯現，並清楚地賜下了神的眷顧與保守。這使以無神論者自居的梁大姐大吃一驚，這實在是太不可思議了。梁大姐知道自己不能否認那神跡的真實性，但是如何來認識神呢？感謝主！原來神早已預備，藉著梁大姐信主兒子和女兒的幫助，來到教會和信徒們一同讀經聽道，唱詩敬拜。終於在一次聚會中，梁大姐被牧師「信便可得救」的呼召打動，更在其後的「使徒信經」的誦讀中，決志信主。但那時梁大姐心中的毛偶像的幽靈還在，所以對自己的罪孽體會不深，故直到神藉李志綏的書徹底地將毛澤東的共產幽靈驅逐後，梁大姐才終於在二〇〇〇年認罪悔改，受洗歸主。這是梁大姐生命中最重要的轉折，從此梁大姐從屬靈的高度出發，對於共產黨認撒旦為父的邪惡本質有了新的認識，得著了新的使命感。「因為我們並不是與屬血氣的爭戰，乃是與那些執政的，掌權的，管轄這幽暗世界的，以及天空屬靈氣的惡魔爭戰。」（以弗所書6：12）。共產黨這個最初在「歐洲徘徊的幽靈」（共產黨宣言的開篇之言），自稱是戰鬥的無神論者，瘋狂詆毀基督教。如耶穌所說，「你們是出於你們的父魔鬼，你們父的私欲，你們偏要行。他從起初是殺人的，不守真理，因他心裡沒有真理；他說謊是出於自己，因他本來是說謊的，也是說謊人之父。（約翰福音：8：44）。這也是我們如今來讀懂梁大姐《回憶錄》中的心歷路程，理解梁大姐自一九九七香港主權移交後不斷著文投書，如今又寫下更加詳盡回憶錄的力量所在。梁大姐因著得了基督莫大的恩典，對自己過去深受共黨欺騙愚弄有痛徹心扉之感，也對自己被共黨利用，受欺騙而去欺騙了更多之人而深深地負疚，更在當前，不忍看見許多未知共黨邪惡而受騙上當，成為新一輪的受害者。我相信梁大姐之所以能做成這一切，都是為了向主交帳。我願在此與梁大姐在神的話語裡共勉，「那美好的仗我已經打過了，當跑的路我已經跑盡了，所信的道已經守住了。從此以後，有公義的冠冕為我存留。」（提摩太後書4：7-8a）

二〇二三年一月二十七日

序　忠於良知的梁慕嫻

麥海華

承梁慕嫻女士邀請，協助校對她的傳記「覺醒的道路」及安排其出版事宜。本人能夠出一分綿力，協助前輩完成大作的出版，讓其得以傳頌世人，實有應盡之義，故一口答應了。

梁女士基於愛國情懷，年少時加入共青團，後轉正為共產黨員，於一九六〇年代的動盪時刻，受命主持學友社，籌辦舞蹈及文藝活動，發展青年學生會員，並動員參與一九六七年的「反英抗暴」行動。及後基於良知，反思文革對國家的破壞；毛澤東的指定接班人林彪被指叛逃外蒙墜機身亡，促使她認為共產黨對自己人都不放過而感到心寒。更因家婆（婆婆）在加拿大病重而申請移民以便照顧老人家，遭黨內領導反對和批評，因而毅然脫離中國共產黨。

梁慕嫻在加其後信奉基督教。她對曾經作為中國共產黨員，因中共對國家和人民造成的傷害而懺悔。一九九七年香港回歸，她看見中共在港仍秘密運作，未能以公開身份示人，不能接受。遂將其所知撰文，出版《我與香港地下黨》，將葉國華及梁振英等人的地下黨員身份公開。她這本個人傳記更將其成長經歷及加入共產黨的經過、參與的工作和所知所想，詳細地公諸於世。她對國家未能兌現在港實行一國兩制，逐步發展民主，予以批評和揭露。反映了她忠於其良知和對社會國家的承擔。

認識梁慕嫺

我與梁慕嫺女士首次見面是在二〇一一年七月底的溫哥華。由於「香港市民支援愛國民主運動聯合會」（簡稱港支聯或香港支聯會）的前主席司徒華先生於當年一月二日因肺癌病逝，其主席一職早前由李卓人當選接任。港支聯的新常委為了與美加民運團體及友好港人組織延續關係、增進了解及加強合作，於是由李卓人、朱耀明牧師、何俊仁、本人及職員馮愛玲等於當年七月底至八月初期間，到訪美國的舊金山、洛杉磯、紐約、華盛頓、波士頓及加拿大的溫哥華、卡加利和多倫多等八個城市。港支聯最後與各地代表於多倫多召開圓桌會議，商議建立合作平台，共同關注及推動中國及香港的民主發展。我們在溫哥華得到「溫哥華支援民主運動聯合會」（簡稱溫支聯）前主席周永康的安排，與其常委、友好傳媒和梁慕嫺女士等人一起見面。我因而得以認識梁慕嫺。

我第二次接觸梁慕嫺是在二〇一二年三月，她到香港為其新作〈我與香港地下黨〉舉行新書發佈會。我和朱耀明牧師等人，代表香港支聯會，予以歡迎和接待。我並出席了由「開放雜誌」總編輯金鐘先生主持、梁慕嫺女士介紹和立法會議員梁國雄先生和評論家許行先生作推介及評論的新書發佈會。我從書中更深入了解她的背景和她所揭露的中共在香港的組織和手法。當時，她公開推論梁振英為中共地下黨員的訊息，引起媒介的廣泛報導，因當時正值梁振英與唐英年競逐香港特首選舉的時間。

梁慕嫺與司徒華先生互相認識，均曾是一九五〇年代「學友中西舞蹈研究社」（學友社）的先後成員。她自一九九七年以來，經常在《開放雜誌》等刊物發表文章，揭露中共在港的地下黨組織及對港政策，並將她的文章寄給司徒華轉港支聯供我們常委參閱；因此，我對她的評論文章也有一定的認識。

近年，梁女士健康欠佳，早年因胃癌切除了胃部，因此，飲食上出現困難。最近癌症復發，進行了電療，使她的身體更為虛弱。但她的一個心願，就是要出版自傳，將她從加入中國共產黨到脫離的經過，以至對中共倒行逆施的政策，加以揭露和批判，讓世人知所警惕。雖然，她的身體差，但她鬥志頑強，即使只能用單手打鍵盤寫電郵，仍堅持完成她的力作。現在，她的作品已完成，中文版由金川女士協助整理，並由梅秉彝（Patrick May）先生進行英文翻譯。譯稿亦已基本上完成了，但由於仍未找到出版商，故要稍後才能面世。

梁慕嫻的成長、經歷及轉變

梁慕嫻女士一九三九年出生於香港，家境清貧。在中華人民共和國成立後，中共向外宣揚新中國的偉大，讓中國人站起來了，吸引海外華僑回國貢獻力量，幫助祖國的建設。慕嫻的兩個哥哥均先後響應號召，回國進修，希望能貢獻力量，報效祖國。但經歷了鳴放反右運動的折騰和三年災荒之後，他們幸好能返回香港工作，僥倖逃過文化大革命的折騰。

在香港的慕嫻，受兄長的薰陶，進入左派香島中學就讀。在中三時被老師選中，秘密加入共青團。其後轉正成為中國共產黨員，到廣州進行加入共產黨的儀式，成為中國共產黨在香港的地下黨員。後來，她被派去參與灰校線（即左派學校系統以外的官、津、補、私學校）的組織工作。於一九六二至一九七四年間在學友社擔任主席，組織舞蹈及其他文化活動和演出，並在青年學生中進行愛國主義思想教育及培養共產黨的接班人。

六七暴動時，左派工會和學校，被動員組織及參與「反英抗暴」，很多工人和學生因參與暴動、派發傳單甚至放置真假菠蘿（土製炸彈）而被捕、判刑或遞解出境。由於她的灰校線工作，主要聯絡各校學生，而不被要求直接參與組織抗暴行動而倖免於難。

在當時，國內進行得如火如荼的文化大革命，也許會造成梁慕嫻個人思想的掙扎；林彪被指叛逃身亡事件，使她認為共產黨對自己人都不放過。後因向黨申請到加拿大探望病重的家婆不果，憤而離港赴加，及後退黨。她在加拿大有機會重新思考人生，追隨基督的信仰而尋找到心靈上的安慰。宗教除了給她心理上的慰藉外，更讓她重新反思她的黨員生活及共產黨對人民所造成的戕害。

一九八九年北京學運以六四屠城結束，更成為海內外中國人對共產黨以坦克機關槍對付手無寸鐵的學生群眾的強烈譴責和抵制。梁慕嫻見到共產黨於香港九七回歸前後，大量發展地下黨員及輸入黨員和幹部，在香港建立另一個權力中心，以便操控香港，實質上否定對一國兩制、港人治港的承諾。結果，她以大無畏的精神在報章和雜誌撰文，揭露中共在港的地下黨員身份和組織。在關鍵時刻，給予人民的啟示與提醒，這是她的良知所推動，但更要有道德勇氣的支撐，而她卻做到了。

「覺醒的道路」的啓示

梁慕嫻以個人的成長經歷，現身說法，詳細介紹中國共產黨的組織形式：不公開、不透明的行事模式；組織嚴密、單線領導、資訊權力高度集中。而且，黨員犯法，先經黨內處理，事態嚴重者才被撤銷黨籍，移送法院處理。因此，紅二代、官二代、以至富二代，均互為保護，形成龐大的利益集團，外人不易了解其關係和運作，也無法對其進行監察和制衡。因此，要認識和判斷誰是黨員十分重要，但很困難。

梁慕嫻判斷地下黨員的身份有三種方法：一，她的親身經歷，曾經聯繫過或一起工作的地下黨員如葉國華；二，從其人的職位和身份所顯露的背景推斷，如基本法諮詢委員會的秘書長毛鈞年是黨員，其後他因病而由梁振英接任，因此推斷梁振英為黨員。三，最後，是其人的言行所反映的身份，如民建聯的頭頭。她的黨員背景比局外人或普羅大眾更能清楚認識誰是共產黨員。

在這個歷史時刻，當中共利用其黨員隱蔽的身份，滲透各階層和組織，推行統一戰線的策略，籠絡海外華人，甚或對華友好人士，為中共的政策背書，甚至組織力量干預當地選舉。本書透過梁慕嫻的個人經歷，引導民眾對共產黨的組織和滲透加深認識、提高警覺，減少受矇蔽的機會。同時，各國政府近年對防範中共滲透增加了認識，從而採取措施和對策，如要求設立外國代理人登記制度，予以加強監管；對中共在海外設立的警察派出所加以取締，並公開這些地下組織對各國當地政治的干預。

結語

此書的出版，除了讓我們看見少年梁慕嫻的愛國情操和理想主義的投入外，更目睹她在基督的帶領下接受良心的呼喚，排除萬難，為自己曾為中共黨員所作的錯事誠心懺悔，更以文章揭發共黨的組織手法和政策失誤，使民眾提高醒覺與防範。這在當前社會有其現實意義。因此，為文以推薦閱讀。

序 我們不是機器零件，而是活生生的人：我和慕嫻前輩的緣份

沈旭暉

大約兩年前，病中的慕嫻前輩託朋友找到我的聯絡方法，前後和我一來一回，通訊了十到二十封電郵，每一封都涉及非常精細的人事地物時，而我是如履薄冰地詳談一切。

「梁慕嫻」這名字雖然不是家傳戶曉，但在我們一輩人當中，都是如雷貫耳。眾所周知，她關於地下黨的著作中，有不少對葉國華先生的尖刻評價；而同樣眾所周知的是，葉先生是對我深有知遇之恩的長者。當慕嫻前輩本尊聯絡上我的時候，我自然戰戰兢兢，作出一切預期。想不到她的問題雖然振聾發聵，但都是醍醐灌頂，感受到背後的無限善意，經過幾乎是萬言書的往來，她跟我說：「憑我多年來的組織經驗，我一直肯定你不是一個共產黨員」。I take it as a compliment，才知道她找我的一半原委。

之後，她對我作出了好些長輩對後輩的勸勉，然後再和我訴說了不少她一生人的經歷。那萬言書的往來，每早凌晨都會期待她的來信，然後自己有好些省思，已經成為我一生人最難忘的經歷之一。那時候，我知道了她的另一半來意。

慕嫻前輩回憶最珍貴的部份，不是關於人和事，而是觸及不少人生的、靈魂的拷問，從而令人想到人生的終極問題：此生何所為。她過目不忘的記憶是驚人的，大概那一代圈內人多有這樣的本領，

「最安全的就只有自己的記憶」。她問問題的功力同樣是駭人的，就算是隔著電腦螢光幕，也令人彷如置身《紅岩》，自然「坦白從寬」。但她的感性才是最感人的：經歷了組織數十年灌輸只能有黨性、不能有人性的訓練，到了脫黨出國後皈依基督教，處處彰顯了對周遭世界恨鐵不成鋼的母愛濃情。

讀她的文字，無論是這本書的、還是私下給我的，都幾次令人落淚。

我想，對絕大多數人而言，中國共產黨都是一個謎一般的組織；甚至很多它的黨員、追隨者，都不見得知道組織運作的倫理和制度。慕嫻前輩擅長思辯，著作展現了撥開迷霧的一家之言；而作為一個研究國際關係的人，我常常說重要的不是人、不是是是非非和江湖恩怨，而是結構。結構的重要性，不是框框條條線線，那些都是隨時可變的，而在於操作的精髓。就像《港區國安法》，公佈後單看條文，幾乎所有受西方法律、政治學訓練的學者，都不知其「奧妙」之處；到了各種案例「依法」推陳出新，才恍然大悟：「原來這一條是這樣的意思」。

但已經太遲。

慕嫻前輩的一生是一個悲劇。前半生真心狂熱相信共產主義的理念，後半生用盡一切力氣，希望用自己的經歷驚醒世人：這個組織和她從前相信的理念，已經南轅北轍。我離開香港之後，思考得最多的問題，正是「甚麼是共產黨？」答案自然不是國民教育要背誦的那些年份、主義和口號，而在於它的終極目標。

通過閱讀這本回憶，更令我確信對這個 ultimate question 的研判。

不少人認為，中國共產黨的唯一綱領就是奪權、掌握權力，除此之外沒有任何底線，沒有甚麼是必不可做的，也沒有甚麼是必須要做的。我本來也傾向只予以這樣理解，而坦白說，其實我接觸的香港建制派，幾乎都是這樣理解。但如果這個組織就只是這麼一回事，它當年是不可能吸引像她那樣的熱血青年加入的；從今天的結果看來，它的確也有一個「美麗新世界」的終極藍圖。然而不少朋友（包括我在內）離開香港，正正因為面對「美麗新世界」龐大的組織機器，感到徹底窒息，令自己再也感受不到自己是有血有肉的人。

根據這個組織的宇宙觀，「人」的一切都是可以量化的、計算的，和桌椅一樣，這是唯物論的基礎；所有信仰、理念、情感，都不過是利益的組成和反映，必須「從現象看本質」，然後就可以將一切納入公式去計算。所以世界上只應該有這一個組織，其他「人」都應該是個體化的一顆顆粒子，相互之間不應有連結，滿足了衣食住行之後（甚至未滿足之前），都不應有價值追求層面的理想。由於沒有人是不能被取代的，每一個人都有被賦予的身份和角色，在一副無情的機器裡面螺絲般運作，直到壞掉。近年隨著科技發展、大數據監控的應用、人臉識別的普及，更令這個組織相信人的喜怒哀樂、七情六慾，都不過是一堆數字，一切化為1和0，再進入電腦世界的binary演算法。如果每一個社會、每一個國家都逐漸主動或被逼行這一套，到了最後，每一個人都會粒子那樣，掏空靈魂地生活。

這就是共產主義天堂。

慕嫻前輩的經歷告訴我們，這一套的可怕，不單是以上圖像有違人性，令人化為機器，不再為人。最可怕之處是這套操作，卻又暗合了人性陰暗面，再將之發揚光大。其實人人都有七情六慾、自私與無私，有時候希望顯得比人優越，有時候希望安安穩穩按章工作（即「港豬」）；全球化學者福山稱前者為Megolothymia，後者為Isothymia。為了合理化這個組織的存在，當人類希望安穩生活時，有關方面就會出現「民主只會帶來混亂、舉國體制確保衣食無憂吃喝玩樂」的論述；當人希望做出成績得到肯定時，這個組織就會製造很多階層、特權和勳章，以及讓一個人產生一旦被「剝奪一切名譽」、被「徹底打倒」的恐懼。

到最後，很多體制內本來很優越的人才，這兩端都被控制了，都不能自拔。

如果我們不喜歡這一套，厭倦鬥爭，更應該經常提醒自己，不要不自覺地使用了中共的 binary model，去充滿對立、陰謀、鬥爭地生活。要活出另外的人生，其實很簡單：時刻提醒自己是有自由意志、有獨立思考能力的人，人有人性的光輝，也有人性的陰暗；會成功，也會犯錯。但去到最後，有一點是肯定的：人性是立體的，靈魂是自主的，命運應該是自己掌握的。我沒有資格說大義凜然的話，只能在有限的時空內，做力所能及的事，維繫香港人應有的元氣和精神。我相信，這也是每一個香港人不論在牆內、牆外的共同責任。

通過慕嫻前輩的分享，時刻提醒自己不是一粒螺絲、不是一顆粒子，而是每人都是獨一無二的 homo sapiens，在心中的 moral compass 有一座自由的燈塔，面對更艱難的環境，也可以有尊嚴地活下去，水滴石穿地建立共產世界牆外的真正理想國，那先行者一生的價值，已經可以長存於世。

目次

楔子

一場豪雨已經過去，剩下的雨點還在滴滴答答地淌著，從窗口外望，天色低迷灰暗。片片嘈雜喧嘩的聲音漸漸消散，校園回歸平靜。放學了，同學們陸續離校回家。我坐在這間空蕩蕩的課室中，興奮，激動，等待人生的一個重要儀式。這將是一個怎樣的儀式？我的未來將會怎樣？時維一九五五年五月的某一天。

不一會，關曼瑤老師掩門而入，轉身順手把門關上。

「等久了嗎？」她向我打個招呼，便徑直走向黑板，把帶來的一面五星國旗貼上。

「來吧！」她說。

我走近她時，她向我說：「我將為你舉行入團儀式，你入團本有兩位介紹人，除我之外，另一位同志因地下環境關係不會出席。」

我面對國旗，高舉右手，緊握拳頭，跟隨她大聲宣讀入團誓詞：

我，梁慕嫻願意加入中國共產主義青年團，堅決擁護共產黨的領導，遵守共青團的章程，執行團的決定，履行團員的義務，嚴守組織紀律，保守團的秘密，決心為共產主義事業貢獻一生。

宣誓完畢，關老師握著我的手熱情地說：「歡迎你，梁慕嫻同志。」

然後，我們坐下，老師向我說了一番話：「由於英國政府正在統治香港，階級鬥爭非常嚴酷，黨和團的組織都處於地下狀態，黨、團員都不能公開自己的身份。」

她提醒我：「與領導人接頭的地點要選在公眾地方，等候時間不要超過十分鐘，要擺脫特務的跟蹤。」

她說：「你要記著，在會面中不要查問無關的人物和事情，黨自會讓你知道你需要知道的事，不要與不是直接聯繫的同志打招呼。」

最後，她補充：「早期白色恐怖時期，更加嚴格，如用電話約見，無論日期和時間都要減一。」

我默默記著這些黨規，成為同志，改寫了我的一生！

第一章 被染紅了的家

一、搬家

嘎吱，嘎吱……阿姐推著木頭車前行，我和五弟啟民坐在木頭車上。我們搬家了，由九龍塘搬到深水埗，那是一九四五年夏天，一個晴朗的早上，日本宣布投降之後。我已經六歲，排行第四，五弟四歲。

到了，這是欽州街的一幢中式樓房，我迫不及待地跑上四樓，進門一看，是一間長筒形的房子，前面是大騎樓，中間是可以間隔出兩房一廳的寬敞空間，後面有一短小過道，直通洗手間、小飯廳和廚房。我很喜歡這個房子。等到黃昏時分，爸爸和媽媽帶著大家姐慕貞、二哥惠民和三哥定民，以及一輛載著行李、傢俬和家居用品的大貨車到來，開始歡歡喜喜地佈置新居。

日軍侵佔香港前，我家本住在深水埗汝州街。香港淪陷的三年零八個月中，我只記得日軍轟炸九龍一事，當時爸媽把我們幾個孩子藏在一張木板床下面，再用厚厚的棉被蓋著，保護我們不會被流彈擊中。至今，我還清清楚楚地記得那轟隆轟隆的駭人炮聲。

後來，父親的朋友知道國民黨的一位著名人物要逃難，推薦父親看管他在九龍塘的房產，於是我們一家便住進這座兩層高的西式樓房，使我們在餘下的日佔期間，有一段較為安穩的生活。記得鄰居有一個大院子，種著一棵荔枝樹和一棵石榴樹，茂盛的枝葉都長到我們的陽臺上來了。到了秋天，荔枝和石榴都長熟的時候，我們便隨手摘下來吃，其快樂的情景，至今猶記。

阿姐就是在這個時期加入了我家。她本是爸媽的朋友，聽說家裡有十二個姊妹，抗戰時期各散東西。她孤苦伶仃，身世可憐，爸爸便讓她留下，請她幫傭，免得媽媽太辛苦。

在欽州街這個房子住下，我們有一段相當安逸歡樂的日子。那時候，父親有穩定的職業，豐厚的收入。他買了一架照相機，常常為我們拍照，留下美好的回憶。又在騎樓內間隔出一個黑房，學習沖晒底片。每到過年時分，我們都會買新衣，換新鞋。記得阿姐帶著我們穿梭於沿街的鞋店，店中擠滿了等著試鞋的顧客。到除夕日，母親和阿姐更是忙碌得不可開交。她們大清早起來趕著炸油角、蒸年糕，跟著又佈置大廳，在酸枝木造的枱椅上舖上簇新的枱布，全屋頓覺煥然一新。到了晚上，逛花市是父親必然的節目，他常常揹回一棵桃花樹或吊鐘花樹，插在大花瓶中，擺放在大廳的中央，散發出芬芳的香氣使全屋香氣迫人。

我們的居所上面有一個寬大的天台，是我們這些孩子的樂園。沒有兒童遊樂設施，我們也可以盡情地跳繩，踢毽子，玩橡皮筋，跳飛機，樂在其中。每逢夏天的黃昏，家家戶戶的孩子都走上天台放風箏，只見五彩繽紛的風箏在遼濶的天空中翱翔，我們嚷著、跑著、笑著，好一幅歡樂的景象。

三哥是放風箏的能手，每天定必到場大顯身手。他懂得擺弄一弧一直兩竹枝，黏上薄紙製成自己喜歡的風箏，甚麼蝴蝶風箏啊，太陽風箏啊……長尾巴的，多尾巴的，他都能變著法兒做。

晚飯後，三哥便帶我上天台教我放風箏，常常令我開懷大笑。他教我如何把風箏送上天空，如何擺動線軸，操控飄浮的風箏在天上左右翻騰飛舞。他又教我如何緊握著線軸畫圈，可令風箏在天空來一個大旋轉。總之花樣百出，奇妙得很。有時候，三哥還會把牽動風箏的棉線捺上玻璃粉末，使棉線鋒利無比，可與周邊孩子的風箏互相纏繞決鬥，看誰能把對方的風箏割斷，致令其風箏跌落。三哥贏了，我們便在旁邊又叫又跳，歡呼喝彩。

一家人快樂地安頓下來後，我害了一場大病。

有一天，我突然驚醒，張開眼睛，發覺躺著的小床正在震動。我全身冰凍發抖。媽媽拿來兩張大棉被把我嚴嚴地蓋著，然而，我仍然震顫不止。

「發冷病！」[1]媽媽的聲音。

這個病每天依時依候發作，從心底裡發出來的顫抖要等到出一身冷汗時方能停止。後來，當一發病，媽媽便扶我走到廚房，給我一把柴刀，命我砍柴，直至全身出汗為止。

雖然八年抗戰勝利了，但社會上物資短缺，醫治瘧疾的特效藥「金雞納霜」根本買不到。我整整病了一年，買到藥才能痊癒，但卻落下一個虛弱多病的身子。

一九四九年底，中國發生翻天覆地的巨變，中華人民共和國宣布成立。不願意接受共產黨統治的人倉皇外逃，大多數選擇來港定居。一九五一年香港政府宣布封鎖中英邊界，限制大陸人來港。我家的天台也發生巨大變化，那裡搭起了鐵皮屋，住滿了南來的難民，有些人用手製造鴉片煙槍。母親警告我們不要再上天台。

我家每層樓梯的轉角之處，也住上逃難者。他們蜷縮在那黑黝黝的角落，看不見他們的真面目。我上下樓梯時都心驚膽跳，恐怕有人突然伸手把我抓著。我每次上到二樓時便開始大聲叫喊：「媽媽開門，媽媽開門！」一直叫到到家為止。

[1] 發冷病：即瘧疾。

我們在欽州街的住所一直待到一九五六年，直到父親帶著弟弟妹妹遷往廣州定居為止。

二、與聖母的約會

在天台上，我有一個秘密，從來沒告訴別人。

自從定居後，父親把我送到大埔道的香江中學附小入讀小學一年級。這學校放學比較早，一般下午三時左右便回到家裡。我放下書包，奔上天台，就能趕上一曲清麗脫俗的歌聲從遠處傳來。為此，我每天像是奔赴一個約會似的，站在空無一人的天台，倚在石欄邊靜靜聆聽。從天而來的歌聲像是天使的降臨，把我的靈魂輕輕地帶上天邊。

這是一首聖詩，由女高音娓娓唱出。優美聖潔的旋律，是那麼高雅、莊嚴，天籟般的詩歌蘊含著美好的盼望。聽著聽著，彷彿有一種美善、靜謐的情懷在心內昇華。

我並不知道歌詞，聽母親說我家附近有一所天主教學校，叫德貞女子中學。那裡也設有小學部，本來要送我入讀，卻不知道甚麼原因改變了主意。我明白這首觸動我心靈的樂曲，一定是從這間學校播放出來的。

多年之後，我長大了，才知道這首歌叫《聖母頌》（Ave Maria），是舒伯特（Schubert）的作品：

Ave Maria! Maiden mild!

Listen to a maiden's prayer!

歌詞內容是對神子的母親瑪利亞的讚美，請求她代向天主祈禱。

後來，因為轉到官立漢文小學就讀，路途遙遠，我趕不及回家，才停止了這個奇妙的約會。不過，這首不朽的歌曲，像是一顆天然的種子，深深植入了我的心靈，使我終生追求純潔、善良、優雅、寧靜，本能地抗拒邪惡醜陋的事物。同時，也令我成為了一個音樂愛好者。

三、父親與母親

我的父親梁錦銘，廣東省南海縣人，畢業於香港聖保羅男校，是無線電工程師，在政府電台工作，淪陷時期變成為日本人工作，曾有被人指是漢奸的危險。

那時全港正鬧饑荒，我們家已開始吃米糠糊，常常覺得肚餓。我總記得五弟因吃不飽，營養不良，兩股肌肉凹陷皺皮的樣子。幸好父親工作的電台有糧食配給，解救了我們的危難。有一次父親回家時帶回一包雞蛋炒飯，打開紙包時香氣噴鼻，直入心脾，使我畢生難忘。

父親是一個不苟言笑，嚴謹肅穆的人，一生從未看過一套電影，說那是假的。我只記得他曾帶我們五兄弟姐妹到北河街的大茶樓吃點心，一籠籠的燒賣，蝦餃，叉燒包擺滿一桌，我們飽吃一頓，非常開心。這是一生中唯一的一次。

一九五〇年韓戰爆發，美國與聯合國對中國實行禁運政策，香港被嚴格控制出口物資到中國，這對香港經濟造成嚴重打擊，市民生活困苦。父親被裁員提早退休失業在家，全家在貧窮線上掙扎，收入僅夠糊口。他得到一筆退休金和每月的「長糧」，便用這筆錢做針筒工廠生意，結果失敗，退休金全部虧蝕了。有一天，我打開家門一看，上上下下的樓梯坐滿了幾十個工人，等待父親發放工資。我心中一凜，知道我家從此將會困苦度日，不可回頭了。

母親開始典當她的陪嫁物品，我常常去到當舖，把她的金項鍊、金戒指舉上高高的櫃台，等待當舖師爺們定出押價。我也常常交不起學費，老師在課堂上追討，我請他容許拖欠，他還是狠狠地不吭一聲，令我羞愧得無地自容，真想有一個地洞鑽下去。

那時，飯桌上難得有雞鴨魚肉，個個孩子都嘴饞得不得了，只要廚房傳來母親一聲「開飯啦！」大家便如軍隊衝鋒陷陣般擁到飯桌邊，霸佔有利陣地，以便把僅有的飯菜一掃而光。我們有一個不成文的規則，就是誰先衝到飯桌邊，誰有權大聲喊話指認自己最喜歡的一碟菜汁，等到碟菜吃光了，就可以用白飯蘸著汁來吃，其味無窮啊！因此飯後的每個菜碟都乾淨得可以光潔照人。我們幾個年紀小的總是遲了一步，不過也可以指認盛飯的勺子，飯吃光了，勺子上還沾有不少飯粒呢！

父親於一九九〇年病逝於香港，享年八十六歲。很遺憾，我來不及告訴他，我已經脫離了中國共產黨。

母親陳寶璧，出生於一九一一年三月，原籍亦是廣東省南海縣，與父親在香港結婚生子。在漫長的一生中，她經歷過無數悲痛、苦難和傷害。在日本人佔領香港的三年零八個月時期，她和父親帶著五個孩子在恐怖鎮壓的陰影中擔驚受怕地生活，在艱難的環境中為兒女找尋食物，免致受餓。當父親被迫提早退休，全家收入乾竭，經濟陷於困境時，母親含辛茹苦，左綴右補，想方設法維持家計。

母親一生未曾出外受職，是全職的妻子和母親。她曾在鄉村私塾受教，讀過《孝女經》、〈陋室銘〉等古文。九十歲那年，在閒談中她竟能向我背誦李陵的〈答蘇武書〉，真是神奇得很呀！

在欽州街定居後不久，父親與阿姐同房，使她誕下六弟世民和八妹少珊，正式納她為妾。面對丈夫的不忠，母親的悲痛有多大是旁人難以估量的。母親也再次生育，誕下七妹慕珊和九弟傑民，於是我們共有九兄弟姊妹，生活更加百上加斤。父親的行為給全家帶來了陰霾，母親心內自然是非常怨恨，但礙於封建的三從四德思想對她的影響，她只能逆來順受，默默地生活下去。

「我那時真是太軟弱了，不懂得反對。」她在嘆息。

「看吧，我比她長命。」多年後，當知道阿姐去世時，她又笑著說。

可知母親的怨憤一直埋在心間。

三位年長的大家姐、二哥和三哥也對父親的所作所為很是不滿，儘管沒有作聲，其實都對這個家徹底失望，這促使他們各自向外尋求個人的出路。剛好這時北方的愛國共產思潮在香港傳播，引領他們走向中國。我雖然小，但也感到那種「恨」的氣氛，對這個家不抱希望，從此沒有與阿姐說過一句話。

母親曾燒香拜佛求神仙保佑，後經家婆（奶奶）帶領常讀聖經，到教會聽道後脫離佛教，於一九六二年受洗歸主成為基督徒，在苦難中找到了心靈的寄託。

她曾說：「主耶穌基督才是我真正可以依靠的神。」

母親是無愧於作為一個基督徒的，在主的引領下，對於兒孫們的誤解、冤枉，她都學會順從、忍讓、寬恕和對生命價值的堅持。她口中常常叨唸著一句話：「人便如此如此，天理未然未然」。這大概是她對一生的冤屈的自我釋放。

她說：「讓主去判決，我能做的是給他們機會。」

她關懷兒女的成長，為了兒女的幸福，整整的一生都是在犧牲自己，成全兒女。她的一生，快樂的日子並不多，生命總是被憂患、苦難、失望所纏繞，她帶著無限的牽掛，不少的遺憾，含怨而去。然而，由於能事事交託給主耶穌，她得到主的恩典而長壽。

一九九一年，母親經七妹辦理申請移民加拿大，並成為加拿大公民。她於二〇〇三年十一月病逝於溫哥華，享年九十二歲。作為一個母親，她是偉大的。作為一個基督徒，她是虔誠的。

四、哥哥們

一九四九年中國共產黨建立了中華人民共和國，一股勢如破竹的愛國熱潮席捲香江。中共地下黨在香港組織了數不勝數的青年學生團體，我的兩個哥哥無可避免地，也捲進了這個紅色浪潮中。

我家二哥是喇沙書院學生，三哥在油麻地官立學校就讀。他們都常有一大群同學來家中聊天開會。二哥常常從外面帶回一大堆《香港學生》和《學生文叢》等刊物，神神秘秘地放在床腳下。我忍不住好奇心，偷偷地打開來看，原來都是一些我不大懂得的關於革命呀、愛國呀等令人很鼓舞的內容。

媽媽總是很擔心，常常禁止二哥上街。有一次晚飯後，二哥嚷著要外出，媽媽下令「不許！」遠遠的從廚房裡喊出來：「不准出去！不准出去！」二哥卻不管，開了門就往外跑，媽媽從廚房裡衝出來，流著眼淚在門上喊著二哥的名字：「阿民，阿民！」我在門邊看著，心裡既不安又好奇，等媽媽無奈地關門回房後，便趕緊靜靜地開門下樓，遠遠地跟著二哥，由福華街頭跟到街尾。只見二哥走上一幢舊房子的樓梯，我走近樓梯腳下一看，直直的樓梯頂牆上掛有一個招牌「香港學生讀者俱樂部」。二哥在樓梯頂上回頭一看，見到我，氣極了，走下來帶我回家，一路上甚麼也沒說。那時我只是一個小學五年級學生。

在二哥眾多常來我家的同學中，有一位同校高一級的同學，名叫朱榮楷，我稱他為「朱大哥」。

他中等身材，瘦削，為人謙厚可親。特別引起我注意的是，他非常關心同學，無論家庭問題，學業問題，戀愛問題，事無大小他都會關顧到，很得同學的愛戴。像是眾人的兄長，也是一位領導人物。

一九五一年底，香港東頭村木屋區大火，災民逾萬，愛國團體組織了不少賑災活動。翌年三月一日中國原定派出「粵穗慰問團」來港的當天，被港英政府臨時拒絕入境。當時許多親共人士已經等在尖沙嘴火車站上準備迎接慰問團的到來，突然聽到這消息，非常震怒，群情洶湧。人群開始由尖沙嘴沿彌敦道遊行，行經百老匯戲院時，憤懣情緒已經很難控制：推翻車，擲石頭，搗毀櫥窗，竟演變成失去理性的暴動。港英當局出動防暴隊，發射催淚彈，引致一死多人受傷，百餘人被捕。是為「三一事件」。

那一天，我在同學家中與幾個同學聚在一起溫習功課，準備應付小學會考。同學的母親準備了鮮甜的甘蔗讓我們享用，鼓勵我們勤奮學習。誰知我們精神分散，無心溫習，各人一面手持甘蔗，一面記掛著尖沙嘴火車站。突然不知是誰提議一起去尖沙嘴看看，大家同聲讚好，趕忙收拾書包準備出發。家長見狀，立刻勸阻，經一番勸説終把我們勸服。我們這幾個小學生也要去湊這個熱鬧？可見愛國熱潮是何等高漲。

我回家後發現二哥、三哥都不在家，媽媽焦急得不斷淌淚。等至晚飯時分，才見他們與朱大哥一起回來，二哥面上流血被朱大哥扶著，三哥不作聲，神色詭秘又興奮，嘴角間露出隱隱的笑意。不用查問，一定是參加了遊行示威，幸而二哥只是皮外傷，並無大礙。

幾十年後，二哥向我承認，他的確參加了一個讀書會。這個讀書會是由中共地下黨員秘密地組成，成員均是喇沙書院的同學，而組織人就是朱大哥，學校方面並不知情。可幸的是他始終沒有被朱大哥發展成為黨員。

其實，三哥也有一班非常激進的同學。我曾被他們邀請，參加過一次飛鵝嶺旅行。到了山頂，那些男男女女都非常熱情地唱蘇聯歌，跳蘇聯舞，開口閉口馬列主義，世界革命，與朱大哥他們的言行思想有點不同。後來我明白了，這是托洛茨基派（俗稱托派），不是中共地下黨組織。三哥最終被朱大哥所拉攏離開了這一群托派，跟二哥一起回國升學。長大後我常感慨地想，這大時代的感召啊，無處不在，你哪能逃脫！

有一天，就在我快要小學畢業的時候，爸爸、媽媽，大家姐、二哥和三哥一起，坐在房間內談了很長時間，像在商討甚麼重要的事情。

「阿民和阿定就要離家北上廣州讀書了。」媽媽告訴我這個消息。

「家裡這麼窮，下面還有六個弟妹，原指望他們畢業後到政府部門工作，像那些表哥一樣幫補家計，現在一下子甚麼希望都沒有了。」她又哭著說。

父母親無論用甚麼道理，甚麼方法也無法勸阻他們，只好無奈地同意。已經當上護士的大家姐有良好的收入，支持哥哥們的決定，並且答應照顧家庭經費。不過，那時的我還不知道廣州在何方，只覺得事情很新鮮，很刺激，完全沒有感受到母親的苦楚。

當其時，響應祖國的號召回國讀書，建設祖國，是香港青年學生的思潮。大批大批學生離開家庭遠赴北京，武漢，上海，廣州等地升學。回國升學也有現實原因，第一是毋須繳交學費，住宿膳食亦全數由國家包起。第二是當時香港的大學，提供的學位很少，僅一千兩百個左右，科目的選擇也狹窄，就算考上，往往未能按興趣選讀，而國內大學可以選擇的科目很多。而且香港大學是唯一最高學府，是富貴人家的堡壘，只有少部分官校的精英才有機會入讀，廣大中下階層學生完全沒有出路。因此，回國升學是他們唯一的選擇，既為國家，也為自己。

但是許多學生並沒有得到家長的同意，硬著心腸背著家人偷偷地溜出來，掉下那些傷心欲絕的父母親不顧而去。一九五二年，在離港前一晚，相聚在我家的北上和送行的同學有十多人，其中一位北上求學者，就是瞞著家人匆匆走出來，兩手空空，甚麼也沒有準備的同學。朱大哥和一些送行者不知從哪裡弄來一床棉被讓他帶上，還嘉許他的勇敢，場面真是感人之極。

第二天，在去火車站的路上，二哥和我談話，鼓勵我今後要熱愛祖國。他說，祖國將會強大，人民的生活將會更幸福。他吩咐我小學畢業後一定要進入香島中學讀書，因為這是一間愛國學校。又提醒說，以後如有任何困難，可以去找朱大哥。二哥當時的這些思想信念就這樣傳授給了我，為我今後的生活道路指示了方向。我默默地聆聽著他的囑咐，不知不覺之間經已完全受到了他的感染，不會再作其他選擇。

在回家的路上，父親喃喃自語：「奇怪呀！這個阿朱動員了這麼多人上去，如果真這麼好，他自己為甚麼不去？」唉！父親不會知道，我也是後來才明白，朱大哥其實是地下黨員呀，動員學生上去讀書是他的任務，他自己還要留港為黨工作呢。

二哥到廣州後曾回到祖籍南海縣，見到父親的當幹部的堂兄，求他寫了一封介紹信，使二哥順利入讀中山醫學院。這封信也證明二哥沒有任何反黨行為和海外關係，令後來反右運動時期的中共幹部找不到證據，保護了二哥不會被打成右派。之後，二哥被調派去北京第七人民醫院工作三年，其間參加建設密雲水庫的勞動。三哥則入讀華南工學院。他們都經歷了「反右運動」、「大躍進運動」、「三年大饑荒」然後回港。

父親本來一點也不懂政治，甚麼新中國呀、共產黨呀，都不認識。但自從哥哥們回中國升學後，他便常到街口的大同中藥店談天，那裡有一位張醫師經常向他介紹中國的情況，令他對新中國有了新的認識，加強了信心。父親一方面想到既然兩個兒子都選擇了新中國，也許他們是對的，自己應該老來從子；另一方面，在常常失業的情況下，回國內工作也是一條出路。

一九五六年，父親毅然決然地帶著五個弟妹回廣州定居，出任黃埔造船廠總工程師職位。聰明的母親雖然跟著遷居，卻做了一件挽救家人的大事：申請了她個人的港澳通行證（俗稱雙程證），可以自由出入香港及廣州。至大陸反右和大躍進運動，以及隨後的大饑荒時期，母親既害怕家人的安全，也擔憂生活物質的短缺。她用自己的積蓄或借債在香港購買許多食物和用品帶上廣州，接濟一群兒女，救他們免於匱乏之苦。

「這是我一生中最聰明，最有用的決定。」母親說。

阿姐沒有跟著遷往廣州，而是另覓一份工作留在香港，只偶爾上去探望他們。我從此以後再沒有見到過她。

我也沒有跟隨父親去廣州。那時我已加入中國共產主義青年團，遵從關曼瑤老師的指令，不要回國，留港為香港的解放事業工作。我向父親解釋：我已讀高中二，快要畢業了，不想再轉學去廣州。父親同意，並把從政府得到的那份「長糧」，大約一百元左右留給我作生活費。事情真是非常弔詭，那時全家都被染紅了，投奔共產黨，而我這個入了團的真正黨人卻留在香港幹革命。

幸運的是，全家人在文化大革命之前便陸續返回香港。二哥最早，一九五八年他向單位領導人聲稱，母親曾兩次患上腎癌，要求他回港接受財產，領導人這才批准他離開北京。二哥經澳門搭船偷渡，在荔枝角上岸回到香港。

一九五九年母親兩次請求三哥就讀的華南工學院黨委書記批准他回港探親。當得到批准，三哥立即與幾個同學起程回港。過關時，其中一人被追回去，三哥僥倖得以逃出順利回港，過程相當驚險。

他從此藉機留下，不再回去。

一九六一年父親帶著五個弟妹經澳門回到香港，結束了五年的國內生涯。聽說由於他保留了所有在港的證件、帳單，特別是存有護照，證明他是香港居民，從而得以順利過關。

一家人是回來了，但重建一個家可不是一件容易的事啊。五弟、七妹、九弟的讀書問題以及二哥、三哥如何工作謀生，都是相當困難的。母親租下兩個房間先安頓全家住下，六弟和八妹跟著阿姐離去。二哥、三哥結婚後則另租房間居住。全家人雖然在香港重聚，但已經四分五裂，家不成家了。

「阿嫻，你聽我說，我在上面看到的共產黨不是他們所說的那樣，不要再相信共產黨。他們的那些運動，都是亂搞一通，非常可怕，死了很多人。我們都吃不飽了，很多人餓死。他們不是真正為人民好的。」

父親知道我還在為中共做事，特地找我單獨談話，說出他的想法。

這是他經歷了國內「反右運動」、「人民公社、大躍進、總路線」和三年大饑荒糧食短缺的經驗而得出的結論。也許因為他修讀的是理科，有邏輯思維、分析能力的訓練，幾年間便能看穿中共的本質。

我看著父親，沒有說上一句話。我能說甚麼？父親的話我聽不進去。我只記著黨領導人的話：這些運動都是為了祖國社會主義的建設，暫時的困難，必能渡過。事實上，當時香港的報紙都有關於這些運動的報導，要知道真相並不困難，可是我卻拒絕追尋，只看黨媒《文匯報》、《大公報》。家人回祖國參加建設，我感到光榮，他們回港，我認為他們是逃兵。

我看到父親失望的眼神，但是沒有感到歉意。我想，他一定很奇怪，為甚麼這個沒有回國升學的女兒，反而最愛共產黨？他永遠不會知道，香港有一個地下黨，是地下黨把我牢牢地抓住不放呢！

以後，父親對我沉迷共產黨非常憤懣，把我的毛澤東選集、毛語錄、毛像章統統扔進垃圾桶。當全家都反共了，我卻是唯一最跟黨走的女兒。這真是另一種反面的弔詭。至此，我和他們的距離越走越遠。

後來，三哥得朋友幫助在香港考取了資格，成為專業建築師。一九八〇年移民加拿大，仍然從事建築行業，育有三個女兒，後得肺癌病逝。

二哥和二嫂以難民資格移民美國，繼續讀醫。及後輾轉移民加拿大，成為外科醫生，育有一子一女。他倆在生活安定後便回港在西環買下一套兩房一廳的單位，供父母居住，安享晚年。這是我們這個曾被中共染紅的支離破碎的家，最值得安慰的大事！（二哥已於二〇二二年六月病逝於大溫哥華素里紀念醫院。）

第二章 紅色孤島——香島中學

一、入學

我緊記二哥臨別那天的囑咐，要我去香島中學升學。可是香島中學在哪裡？我一點也不知道。想方設法查問到時，原來已是新生報名的最後一天，手續是要報名費和相片。我甚麼也沒有，非常焦急，不能求助於父母親，他們不會支持。情急之下，我想到朱大哥。他帶著我趕及在最後一分鐘交了報名費，報上了名。如此這般，於一九五二年，我走進一個紅色孤島，踏上了地下黨的一個王國。

新生考試那天，我一早起來，穿好衣服，帶著興奮，好奇的心情，瞞著父母徒步去到九龍運動場道的香島中學，應考初中一年級。我踏進學校，只見到處張燈結綵，揚聲器播放著響亮的愛國進行曲。精神奕奕的學生們穿著白恤衫，藍長褲，熱情周到地招待我們這些新同學，詳盡地介紹了學校環境，考試場地和考試規則，也通知我們考試後會有歡迎新同學聯歡會。

考試的題目並不困難，我很快便交出試卷。本以為考試最多一兩個小時便會完結可以回家，知道還要開聯歡會後，我這才想起，今天沒有吃過早餐，不知自己的體力能否支持這樣長的時間。但是第一次參加的聯歡會，節目非常豐富新鮮，吸引著我不願離去。等到節目完畢時已屆午後，果然，我肚子餓得很厲害，兩眼昏花，手腳冰冷。支撐著來到校門邊，我才突然想起身上一分錢也沒有，還要步行回家。

「我再沒有力氣走回家了，怎麼辦？」

我扶著校門的鐵杆在想，擔心自己會餓倒街頭。

這時，有一位同學走近，向我查問是否有事，我認出她也是考生之一。

「我肚子很餓，手軟腳軟，又沒有錢乘公車回家，不知如何是好。」

我氣喘著，坦白告訴她。

她二話不說，從口袋裡掏出兩角錢放在我手上，並攙扶我走到車站，叫我小心上車，不要記掛還錢給她。我道謝之後，搭上公車安然回到家中。

她及時的幫助令我對香島留下一個非常好的第一印象，覺得這裡的人都很友善，樂於助人，心中有一股暖流流向全身。我自小家貧，在憂患中度過，香島，這時向我招手，我將毫不猶疑地投進她的懷抱。

開學之後，我看到她，是同級不同班的同學，姓雷。但她好像忘記了這件事，我不敢貿然相認。未能再向她致謝，我至今仍然覺得很遺憾。

二、朱榮楷

我一向視朱榮楷為我的愛國啟蒙老師，對他尊敬，感激，從沒有懷疑過他教導的道理。自從哥哥們離港北上之後，朱大哥進入政府醫院，任職高級醫務化驗師。他仍然經常來我家，關心我們的經濟情況，在同學中籌集款項資助我們，使我們非常感動。他還特別看顧我，有甚麼旅行呀，游泳呀，看電影等活動，總不忘帶上我。在他的啟發下一種模糊的關於祖國的概念油然而生。

那些沒有北上的同學仍常有聚會，有時在同學家裡，吃飯，打橋牌，沒有甚麼政治內容。許多時我坐在一旁聽唱片，一套歌劇《白毛女》讓我聽得滾瓜爛熟。他們有時則在朱榮楷的家聚首。朱大哥在姑母家寄住，那是一幢房子的頂樓，在通上天台的樓梯有一轉角空間，朱大哥把這空間搭成一個小小的閣樓，可容納七、八個人團團圍坐，談天說地，沒有人干擾，沒有人偷聽，最是安全。這時候，他們的談話內容較多涉及祖國和政治，有政治層次較高的討論，不是所有人都被邀請。參加他們的活動，總聽到關於祖國、解放、革命的詞語，在我的腦海裡填滿了尚未理解的新穎的詞彙。朱大哥還送我胡喬木撰寫的小冊子《中國共產黨三十年》，看後，第一次知道原來中國有一個共產黨。

大約在一九五三年左右，有一天，朱榮楷突然找我談話，他說，因為我已進入香島讀書，我的一切應歸由香島方面關心及處理，他今後將不方便再與我聯絡。聽他這一表白，我沒有難過，一方面我在香島的生活已上軌道，很充實愉快，另一方面是我對他的信任，相信他的決定一定有原因，模糊地意識到這是一種工作的分工。經過多年的成長，我後來終於想通了其中的原因。這是關係紅校線與灰校線的不同系統。

在國內面臨解放的一九四九年前後，香港許多熱情進步的年青人嚮往毛澤東所建立的新中國，在民族解放精神的感染下，經地下黨的影響和組織，成立了許多的青年活動團體，包括：聯青歌詠團、虹虹歌詠團、學餘聯誼社、青年國樂社、海燕歌詠團、新青劇藝社、香港學生讀者俱樂部、港九文藝青年聯誼會等等。這些團體除組織文藝會演，在活動中培養幹部輸送回國參加革命，也組織群眾上廣州勞軍。至一九四九年底因電車工人罷工還引發了「羅素街事件」，釀成百多人流血受傷。香島中學盧動校長及一些文化人和工會領導人遭強行遞解出境。

港英葛量洪政府通過了「社團登記條例」立法，規定社團必須重新登記註冊及取締社團活動，更規定十人以上聚會可成非法集會而入罪。總共有三十八個地下黨所建立的團體被取締，地下黨遭到嚴重的打擊，停止了與黨、團員之間的聯絡，斷絕了組織關係，損失了不少能幹的黨、團員和積極分子，群眾活動差不多處於停頓狀態。

我相信，那時的朱大哥也失去與黨組織的聯繫，小閣樓聚會是朱大哥在沒有黨領導的情況下，自發遵守黨性原則堅持進行的。後來有一位以前從未見過的人物在聚會中出現，叫何榮基。我相信他是地下黨派來與朱大哥恢復組織關係的人，也就是朱大哥後來的領導人。朱大哥對我說的這番話別的話，說明他有了新領導，新任務。他的組織關係屬於隱蔽的灰校線，為了安全保密，就不要再與我這個較為暴露的紅校學生交往了。

但是，我與這位朱大哥可真有緣，雙方並沒有消失在茫茫人海之中，可見世事真是奇妙之極，不能不信上天一定有一個主宰。一次，有人邀請我去欣賞香港中華基督教青年會口琴樂團的演出，我向舞台上一看，赫然看到了朱大哥竟安然坐在樂隊之中，悠然自得地吹奏著，令我大開眼界。怎麼？他甚麼時候學會了吹口琴？啊，我很快明白了，這就是他的新任務，青年會口琴樂團有黨組織！（後來我在學友社建議成立口琴組也是由此而觸發的。）

此外，學友社芭蕾舞班有一演員陳麗珊，她的姐姐陳淑芳也成為我的朋友，後來又成為了朱大哥的太太（因而推算陳淑芳也是地下黨員），我去看望麗珊的時候會有機會見到朱大哥，可略知他的情況，我也會把自己的近況向他們報告。就讀中文大學的淑芳曾告訴我，她的革命思想是由一位師姐詹西陵，人們叫她詹詹，所灌輸和指導的。我後來發現我當時的丈夫柯其毅的前黨組織領導人唐賦榮，人們叫他阿唐，就是詹西陵的丈夫，我見過她。說不定朱大哥與淑芳的婚姻也是阿唐和詹西陵做的媒也未可料。

有一次，香港真光中學舞蹈教師施明女士請我同去香港中華基督教青年會的方圓社觀賞土風舞演出[1]，只見台上的舞蹈演員在方方圓圓的圖形中，伴著明快熱烈的音樂，跳起英國的、德國的、奧國的不同風格的舞步，好不熱鬧。我正看得入神，突然看到台上一個人影，那不是詹西陵嗎？啊！我幾乎大聲叫了出來，無法想像她會在台上跳舞。那一刻，我恍然大悟，根據我那敏感頭腦的思維方法，可以斷定，阿唐和詹詹不是普通人，正幹著「革命」。哈哈，無意之中，一串地下人等，竟然曾經在我的眼前晃動過，世事真難料呀！朱榮楷和詹西陵兩人都在青年會出現，說明青年會有地下黨組織，有人告訴我無論是男青年會或女青年會都是中共地下黨的「竇」[2]，可惜至今未有人揭發。大約是二〇一六年左右，又有人告訴我，中文大學一位畢業生向他承認，詹西陵是他的地下黨領導人，所以我斷定詹西陵曾經是中大的地下黨支部書記。

淑芳大學畢業後被地下黨派去文理英文書院教書直至退休。這間書院是由張慧冰[3]所創立並自任

1 土風舞：一九五八年初，中華基督教青年會聘請美國專業土風舞導師何烈基來港舉辦土風舞研習班，首次為香港正式引入土風舞活動，翌年更成立了第一個華人香港土風舞團體——方圓社，早期社址是青年會窩打老道會所。創辦人之中有陳榮生，相信就是學友社領舞組負責人歐陽榮生。方圓社有地下黨員滲透其中。

2 竇：粵語中巢穴之意。

3 張慧冰：司徒華回憶錄《大江東去》有一段關於張慧冰的記載：「一九九三年移民加拿大的學友社成員張慧冰，庇理羅士女子中學的學生。她比游順釗早一年考入香港大學，在大學裡很活躍，當選為學生會幹事。張慧冰與游順釗兩人在社內已經認識，雖然在系裡常常見面，但彼此都裝作不是早就認識的樣子。但我的領導人歐陽成潮卻無中生有，嚴厲批評我，指我向游順釗泄漏張慧冰的底細。」由黨領導人所說的所謂「底細」，自然是指黨的關係，可以推斷張慧冰是地下黨員了。

校長，文理書院並非一般單純的私校。

我知道，有一位叫林兆榮的人物，是由地下黨員葉國華發展成為黨員的學友社文藝組組長，被派到文理書院工作。他不是當教師，而是做文書工作，以此公開職業掩護他秘密為黨工作。文理書院有地下黨組織，誰知道這間學校收藏了多少地下黨人？

當一九六七年暴動進入高潮，港英政府搜查了學友社社址之後，我被朱大哥接待到他的家裡過了一天一夜，吃飯、休息、閒談，好像是犒賞三軍似的。在這種革命熱情高漲的氣氛下見面，卻又礙於彼此不同的組織關係，有許多話不能直說，只能兩眼相望，心照不宣，互道祝福。朱大哥對我說：「你們做得很多，做得很好，很有成績，辛苦了。」儼然一個領導人的口吻。

我說：「你們不也是努力工作嗎？不同崗位罷了。」他默認了。

那時真有一種革命同志間互相鼓勵，互相關懷的熱切之情呢！

此後，直至一九八二年我移民加拿大後回港一行，才與朱大哥夫婦再次見面。他們一家請我吃飯，當時所見到的朱大哥已經面目全非。他目光遲鈍，精神不振，很少說話，令我非常震驚。聽說是有病。我估計由於四人幫下台之後陸續揭發出中共的罪行，對他的打擊非常之大，內心的掙扎無法平息而至病倒。他們在一九九二年間移民加國溫哥華，我們又再見面。這時朱大哥已回復平靜健康，興趣轉移到古典音樂研究，他說這是拜青年會口琴樂團之賜。不再聽見他談及祖國，談起過去的事。只知他與張慧冰等人為中僑互助會出版了《就診良伴》一書，造福人群。

不過，等到我把我的關於地下黨的文章給他看時，他好像被嚇了一大跳般，原封不動退還給我，不敢看。看來他的腦神經已經脆弱得再也經不起地下黨事的刺激。他是我人生中認識的第一位地下黨員，想不到竟變成這個樣子，這令我非常失望。自此，為了不再有地下黨事打擾他，我自動完全停止與他們的聯絡，心中再別無牽掛了。

我不知道朱榮楷這個為共產黨工作了一生的地下黨員有沒有退黨，但我清楚相信他們不會再為黨做事了，這是我最大的安慰。對於這樣的一個地下黨員，我會諒解、憐憫和寬恕。我只有一點無法想通，常常懸在腦子裡，就是一個人怎麼可以這樣容易就把過去在地下黨所做過的事一筆勾消，當作沒有發生過一樣，而犬儒地活著？你為甚麼入黨？你為黨幹過甚麼？你帶動過多少人投共？能這樣容易忘記嗎？而這個地下黨現今還在香港奪權作亂，欺騙市民。我們能視若無睹嗎？

三、香島生活點滴

職業學校

開學了，我滿心歡喜地去上學。

可是，並不喜歡愛國學校的父親，知道我私自入讀香島中學後怒不可遏，痛罵了我一頓，更把我的藤織書籃子從四樓拋到街上。我沒有回話，也沒有哭，只是默默地走到樓下，把散落的書簿、筆墨收拾起來。幸好所有物品還完好。

大約九月中左右，我收到一封來自何東女子職業中學的來信，請我在指定日期到校參加測試學業程度的考試。這完全是因為小學六年級時，我無心向學，整天記掛著與同學出外遊玩，甚至當年的小學數學科經典題目「雞兔同籠」我也無法算清楚，心中還暗暗在罵：「甚麼雞腳、鴨腳，真混帳！」小學會考成績不好，只被分派到這間職業學校，而這是一間新辦的學校，要到九月尾才能開學。

父親帶我去應考。我當時心中只喜歡香島中學，不想轉校，於是在試卷上胡亂填寫答案，希望不被錄取。考試完畢，有老師帶我們去參觀學校，看到的是大廚房裡一大堆的碗碗碟碟煮食用具和車衣房的幾十架縫衣車，真是名副其實的職業學校。

爸爸說：「學這些東西，有甚麼用？」我很高興，他不喜歡這間學校。

然而一星期後，我仍然收到學校的錄取通知書。但我已決心不會轉校，父親也不再催迫我，我於是留在香島繼續學業直至高中畢業。

英文補習

香島中學初中一的課程，對我來說並不困難，特別是英文科。我在官立漢文小學畢業，英文有些基礎。不過，同學中有不少是從勞工子弟學校轉來就讀的，英文程度比較低，有些連ＡＢＣＤ……也未學懂。我常常邀請這些同學回家補習英文。這時家裡可是熱鬧得很，同學們坐滿一屋子，朗聲誦讀英文句子的聲音在空中迴盪。我也幫助他們默寫英文生字，從易到難，使他們容易記憶。

父親看見我們都認真求學，又互相幫助，似乎很感安慰，對香島中學也就放心了許多。這補習活動也初步顯示了我樂於助人的性格和組織活動的能力。

班主任

葉家騆老師是我初中一年級的班主任。他是一位質樸老實、關心學生的老師，也是男高音歌唱者，擅唱各種中國民歌，最記得他唱的《歌唱二郎山》非常動聽。

每逢星期一早上課前必有早會。全體學生站在操場上靜聽校長訓話，通常要用半小時左右，才能回到課室上課。我自小身體虛弱，家裡從來沒有早餐，便經不起這半小時的站立了。有許多次，早會半途中，我開始兩眼昏花，面青唇白，覺得天昏地暗，站立不穩。這時，葉家駟老師便立即跑過來，把我攙扶到教員休息室或教師宿舍讓我休息。他知道我又是肚子餓了，便著人去買麵包或是粉麵給我吃，我才能回復正常體能。

這令我相當感動。自己在家中沒有得到的溫暖，葉老師像家人一樣給了我，我開始熱愛這間學校。

奇遇《天鵝湖》

香島同學之間的相處非常融洽，彼此交往結成純潔的友情，一些家境較為富裕的同學常常邀請同學們到家裡聚談玩耍。有一次，蔡同學邀請了我和六、七位同學到她家裡午飯兼遊戲。她的家位處九龍塘幽靜地區，是一幢兩層高的花園洋房。室內有大廳小廳和無數各種用途的房間，室外是種滿花草樹木的大園子，身處其間感到舒適恬靜，心情暢快。

吃過午餐點心後，同學們都到外面園子散步，只有我留在室內，原因是我身穿著的唯一的工人褲校服後面已有破損經過釘補，不好意思讓人看見。

於是我在室內到處看看，欣賞牆上掛著的油畫，細細鑒賞茶几上精緻的擺設。

突然，一陣清新的樂聲從後面傳出：

Me...La Ti Do Re Me...Do Me...La Do La Fa Do La...Re Do Ti

Me...La Ti Do Re Me...Do Me...La Do La Fa Do La...

恬靜優美的樂曲吸引了我，我循聲尋找，來到起居室，原來一架留聲機上正在轉動著一張唱片。走近一看，唱片套上寫著《Swan Lake》，啊！《天鵝湖》！

這是我人生第一次聽到的《天鵝湖》音樂組曲，讓我留下了深刻的印象。

《天鵝湖》音樂組曲是俄羅斯著名作曲家柴可夫斯基聞名於世的作品，《天鵝湖》芭蕾舞劇則於一八九五年首演，至今仍是各國古典舞團的保留劇目。芭蕾舞劇《天鵝湖》取材自俄羅斯民間故事及德國作家的童話，一齣單純凝練的舞劇，由於柴可夫斯基富浪漫抒情色彩的音樂，使得一幕幕詩情畫意的舞蹈段落蘊含著感人肺腑的靈魂。特別是那優美中帶著哀怨的白天鵝主旋律，更是出色地烘托出白天鵝純潔、典雅與楚楚動人的形象，聽了，令人心碎。

《天鵝湖》古典芭蕾舞劇受觀眾喜愛之處有很多，其中由一個演員分飾兩個性格截然相反的角色最為吸引。一個是柔情萬種的白天鵝奧潔塔，另一個是高傲美豔的黑天鵝奧吉莉亞，兩個角色分別編排了符合人物性格而且是挑戰難度、挑戰強度的極其嚴格高超的舞蹈組合，令人嘆為觀止。第三幕黑天鵝與王子的「華麗雙人舞」中，黑天鵝跳出的膾炙人口的三十二圈「單腿陀螺轉」絕技，可以讓觀眾緊繃的心加速跳動。

加上男女主角翩翩舞動的扣人心弦的獨舞和輕盈喜悅的四小天鵝舞；千變萬化的眾天鵝群舞；以及西班牙舞、意大利那不勒斯舞、匈牙利查爾達什舞、波蘭馬祖卡舞共四國風格濃郁的民間性格舞，和色彩瑰麗的服飾，構成多彩多姿的經典《天鵝湖》舞劇，讓人賞心悅目，回味無窮。全劇釋出的主題：愛，希望和重生，深深地滲入我心中，終生難忘，造就了我人生的方向，使我成為天鵝湖舞迷，也是芭蕾舞的熱愛者。

我第一次看到天鵝湖舞劇，是一九五九年，由在香港開設舞蹈學校的老師 Azalea Reynolds 所舉辦。她在劇中飾演白天鵝和黑天鵝，並由她的學生柯其毅飾演王子。那是簡化了許多舞段的一次演出，但卻是香港首場的《天鵝湖》演出。第二次是在深圳看白淑霜主演的中國《天鵝湖》舞劇完整版，我才真正看到天鵝湖的全貌。

雙十暴動

一九五六年十月十日是中華民國國慶日，香港發生了一場由親國民黨人士發動的大暴動。那天，從早上至黃昏，起自李鄭屋徙置區發生的掛旗事件演變成警民衝突以至蔓延到深水埗一帶地區。十一日早上，暴徒再次在旺角、油麻地等地區集結，破壞建築物，襲擊郵局，焚燒車輛，追擊外國人，致令瑞士駐港領事館的副領事兼參贊的夫人死亡。晚上，香港政府宣布九龍戒嚴。

我家位於欽州街的住所首當其衝。十日那天入夜之後，街上仍然見到暴徒們舉著中華民國國旗沿著大街一邊奔跑，一邊吶喊。警方開始施放催淚彈，街上四處濃煙密布，陷入恐怖景象。這時，我家的騎樓已經安裝了窗子，變成一個騎樓房。我站在窗邊觀看，被刺眼刺鼻的催淚煙弄得眼淚鼻涕直流。雖然已經用濕毛巾掩著口鼻，仍然不能停止連連的咳嗽。

看著街上的情景，我心裡既難過又憤怒，卻無法分清事情發生的政治原因。

突然，看到遠方一團火光沖上天空，我直覺地感到這是我們新遷入上課的香島中學正校的位置，即大坑東桃源街三十三號，香島一定是被暴徒襲擊了。我非常焦急，希望知道真相。於是第二天一早，家人還未起床的時候，我便偷偷穿衣下樓沿著福華街走去，希望可以步行回校看個究竟。

其實，當時仍然可以聽到不遠之處有槍聲，我卻一點也不知道害怕。只是在騎樓底下行人道的支柱間迂迴曲折地前行。走到桂林街的時候，聽到上面有人大聲叫喊：

「梁慕嫻，梁慕嫻！上來吧！上來吧！」

我抬頭一看，是我認識的香島高年級的同學，原來她就住在這裡。於是，我如獲救星般，高興地上到她家。

「還在開槍呀，這麼危險，你為甚麼走到街上來？」

「我想知道學校的消息。」

「現在不能走回家了，太危險了。就留下住在我家吧！」

就這樣，我在她的家裡住了一宿。第二天，她的家人弄來了報紙，知道十日晚上香島中學真的受暴徒圍攻，正校分校均遭破壞，正校幾乎全被焚毀。我和她非常悲傷，彼此抱頭大哭，大家心中都掛念著留校住宿的老師。

「現在走回家仍然危險，你還是留下多待一會，看看事情的發展吧。」她向我說。

「……」我不知如何是好。

「你家人知道你出來嗎？如何通知他們，讓他們安心？」

「我是瞞著家人出來的。」我說，「我家樓下的雜貨店有電話，我們常常借用，我知道電話號碼。」

她家裡有電話，我就打電話給雜貨店，請求他們上四樓，為我向父母報平安。

後來，十一日晚上，政府宣布九龍戒嚴，十二日又宣布全港戒嚴。我不能回家，留住她家，直到十六日政府解嚴後向她及她家人道別，謝過，才步行回家。她真是一位好姐姐，可惜我已無法記起她的名字。

四、憶老師

在香島，有幾位我常常懷念的老師，他們就是朱錦添老師，鹿Sir，和溫虹老師。我與他們雖沒有個人的交往，但無意中，他們都傳遞了重要的精神養料給我，令我無法忘記。

朱錦添老師喜歡研究中國舞蹈，曾經組織我和陳恩清、容祝馨等同學排練舞蹈，安排我們參加各種演出。記得我曾經學過新疆舞，綉花舞和搶板櫈舞等，並由此一輩子愛上了舞蹈。

一九五六年香島中學正校的新校舍建成了，我們都遷進去上課。這個簇新的校舍，寬敞宏偉，四層排開的教學樓開闊明亮，在那裡上課感到開懷舒暢。

每天放學後，我總喜歡站在四樓的課室外，寬闊的走廊上俯首下望，看見校園中間平坦的空地上，朱錦添老師帶著我校體操隊在墊子上練習自由體操。這時必有一段清新明快，優美流暢的音樂播出：

Do...So Do.So Do. So Do Me So...

Fa...Re Fa. Re Fa. Re Fa Ti Re So...

這支伴著體操隊練功的樂曲，洋溢著青春的活力，興高彩烈的歡快情緒，散發出生命的光輝。每天聽著，我慢慢地記著了它的旋律，多年之後我才有機會知道這是莫扎特的第十三號小夜曲的第一樂章。這驅使我開始尋求認識這位世界著名的天才古典主義作曲家，對他只有三十五歲的短暫一生痛惜不已。在欣賞他用心靈和生命譜寫的不朽樂曲，特別是最喜歡的《安魂曲》的時候，不知不覺開啟了我追尋古典音樂的路程，使我在黑暗之中仍然感受到美善的光輝。

鹿 Sir 是英文科老師，中等身材，體型瘦削，廣東話夾雜著濃厚的北方口音，常常引得大家哄堂大笑。我總記著他向我們介紹諾貝爾文學獎得主法國作家羅曼・羅蘭的經典名著《約翰・克利斯朵夫》，甚至有一次，他走近我身旁向我說：「記著，《約翰・克利斯朵夫》是必讀的作品。」我一直記著他的提示，沒有忘記，移民加拿大後才有機會看到這本傳世之作。

《約翰・克利斯朵夫》

這本共有四冊的巨著是述說天才音樂家約翰・克利斯朵夫疾風暴雨般的一生，他的成長、奮鬥、死亡以及精神世界昇華的過程。作者描寫約翰・克利斯朵夫秉守藝術應真誠表達的觀念，他說：「藝術是人類反映在自然界的影子」。他的音樂作品呈現真理和智慧，是一位極其誠懇的藝術家。他也是一位滿懷熱情的戰士，當他遭到敵對世界的惡意批評和面對社會不公的時候，總是接受命運的安排，無畏無懼地去揭穿謊言，英勇地面對磨難，不屈不撓地戰鬥。他也在傷痕累累的愛情經歷中成長，在一段段愛情故事中自我掙扎反省從而得到重生，終於尋找到愛的真諦，成為一個心中有愛，心靈上成熟的偉大藝術家。

《約翰・克利斯朵夫》我此生看了兩遍。第一遍是因記著鹿 Sir 的介紹而讀。第二遍是在司徒華先生的專欄上看到介紹，他特別要把本書最後一段文字獻給所有的老師，我深受感動而重看。《約翰・克利斯朵夫》最後一段文字寫道：

聖者克利斯朵夫渡過了河。他在逆流中走了整整的一夜。他結實的身體像一塊巖石一般矗立在水面上。左肩上扛著一個嬌弱而沉重的孩子。聖者克利斯朵夫倚在一株拔起的松樹上，松樹屈曲了。他的脊骨也屈曲了。那些看他出發的人都說他渡不過的。他們長時間的嘲弄他，訕笑他。隨後，黑夜來了。他們厭倦了。此刻，克利斯朵夫已經走得那麼遠，再也聽不見留在岸上的人的叫喊。在激流澎湃中，他只聽見孩子平靜的聲音，——他用小手抓著巨人額上的一綹頭髮，嘴裡老喊著：「走罷！」——他便走著，傴著背，眼睛向前面，老望著黑洞洞的對岸，峭壁慢慢地顯出白色了。

早禱的鐘聲突然響了，無數的鐘聲一下子都驚醒了。天又黎明！在黑沉沉的危崖後面，看不見的太陽在金色的天空昇起。快要倒下來的的克利斯朵夫，終於達到了彼岸。

於是他對孩子說：

——我們終究到了，你多麼沉重啊！孩子，你究竟是誰呢？

孩子答道：

——我是即將來到的日子。

作者羅曼・羅蘭讓書中主角與這聖者同名，且讓孩子自稱為「即將到來的日子」表達了極其深刻的主題：現世和來世，生命的延續。

據傳，那孩子是耶穌的化身，克利斯朵夫把他扛到彼岸，因而被封為聖者——旅行者的守護神。

作者在序言中引用了刻在哥德式大教堂門前的聖者克利斯朵夫像座下之拉丁文銘文：「當你見到克

利斯朵夫的面容之日，是你將死而不死於惡死之日。」

通過這本經典名著，我懂得探索人生的價值，給我無限的力量，勇敢地回顧反思自己的生命。

我也曾在一篇文章中向香港民主派選民獻上這段文字，他們就是聖者克利斯朵夫，要把香港民主運動的未來送到彼岸。

溫虹老師的音樂課常常令我回味無窮。他傳授給我豐富的音樂知識，讓我終生受用。為了幫助我們學會欣賞古典音樂，他採用三首樂曲作為教材：《彼得與狼》、《動物嘉年華》和《一八一二序曲》。

溫虹老師的音樂課

《彼得與狼》是兒童交響樂作品，由蘇聯作曲家普羅科耶夫所作。此曲對孕育兒童的音樂品味有很大的作用。樂曲中美麗的旋律配合彼得捕捉狼的歷歷如畫的故事，生動有趣。此曲用不同的樂器奏出不同的旋律來表達故事中的人物和動物，使音樂擬人化，形象化。比如長笛的小鳥，單簧管的貓，低音管的爺爺，法國號的狼和弦樂四重奏的彼得等都很生動活潑，一個個活靈活現的形象像是顯現在眼前。音樂可以如此說故事，引起我對音樂的極大興趣。

《動物嘉年華》是法國作曲家聖桑所作的系列室內樂組曲，由十四首小品組成。此作品因以各種樂器（如鋼琴、小提琴、大提琴、單簧管等）所奏出的旋律，生動地描寫了許多動物的形象而聞名，好像：威風凜凜的獅王、蹦蹦跳跳的袋鼠、慢慢吞吞的烏龜以及優雅的天鵝等，都非常動聽。

《天鵝》是組曲中第十三首的大提琴樂曲，其優雅溫柔的旋律最受歡迎，流傳最廣，是聖桑的代表作之一。樂曲以豎琴清澈如水般的和弦，奏出水波蕩漾的引子。然後，由大提琴展現的主旋律輕輕地，安詳地描繪了天鵝高貴優雅的美態，是我最喜歡的其中一首樂曲。

俄羅斯編舞家米契爾・佛金於一九〇五年把聖桑這首《天鵝》樂曲編成古典芭蕾舞《垂死的天鵝》，並由極負盛名的俄羅斯芭蕾舞蹈家安娜・巴甫洛娃於一九〇七年首演。編舞家以詩一般的靈感，述說了瀕死的天鵝渴求再次振翅而起的情景，表現天鵝孤身隻影，艱難地掙扎，最後默默死去的神情，令觀眾無法喘息。我看過很多芭蕾《垂死的天鵝》的舞台演出版本，安娜・巴甫洛娃的表演至今仍然是我的最愛。

溫虹老師講解《一八一二序曲》是最精彩的一課。

《一八一二序曲》是俄國著名作曲家柴可夫斯基於一八八九年，為紀念俄國大將軍庫圖佐夫帶領俄國人民擊退法國拿破崙大軍入侵，贏得俄法戰爭勝利而作的標題管弦樂作品。

《序曲》根據俄法戰爭史實，層次分明地敘述一八一二年的戰爭事件。其中有描繪俄國廣袤的領土和人民平靜安逸生活的初景，有以法國國歌《馬賽曲》代表法國軍隊入侵的侵略性主題，以俄國民調表述俄羅斯人武裝上前線的進行曲，也有表現激烈會戰，擊潰法軍和戰爭勝利的樂章，最後以俄國國歌《天佑沙皇》在炮聲和教堂鐘聲中慶祝勝利為結束。

在激烈戰鬥的描述之後，樂章中有一段一連串下行音階急速而漫長，象徵法軍戰敗潰退的情景，是那麼形象化，立體化，音樂有無窮的表現力，它深刻地印在我腦子裡，不能忘記。我感謝溫虹老師的音樂課。

我在香島中學就讀六年，雖然是中共地下黨的堡壘，我仍然可以接觸到自由，平等，美善等西方價值意識，是因為上世紀五〇年代的中國共產黨尚未有批判封建主義思想、資本主義思想和修正主義思想，未曾把毛澤東思想定於一尊。一些從國內來到香港教書的老師，均或多或少的具備自由主義思想，因而本能地傳授給我們。也許他們不會知道，有我這麼一個學生，因接受了他們的教導，雖經歷黑洞的感染最終仍然能回歸普世價值。

寫到這裡，我突然醒悟，這些蘊含真善美的聖詩、音樂、舞蹈和文學，是有一雙神秘的手賜下的疫苗，使我得到抗拒精神病毒的能力。

五、革命的招手

學習小組

自從一九五二年入讀香島中學初中一年級後，學校教育我的第一件事是「認識祖國」。每天早上，在上學科課之前，必有一節讀報課，主要是透過閱讀《文匯報》或《大公報》的新聞版，讓同學們認識祖國，關心國家大事。記得當時最深刻的新聞，是一九五三年國務院總理周恩來代表中國向全世界宣告作為國與國關係準則的「和平共處」五項原則和他於一九五四年首次率領中華人民共和國代表團參加日內瓦會議的震撼世界的事件。

兩則新聞使我認為祖國的確強大了，第一次有「中國人民站起來了」的感覺。我不知不覺間開始愛自己的國家，以中國人為榮，立志要為建設祖國貢獻力量。這種愛國意識的提升，激發出無限的熱情，迸發出無窮的精力。我參加了各種活動：唱歌，跳舞，幫助同學溫習功課，成為學生中的積極分子。部分同學戲稱我為老師的寵物。

然後，「認識中國共產黨」就是第二件事。

入學一年後，我看到有一批留校教師在校園內出現，都是比我高出兩、三屆的同學，很年輕。他們畢業後不回國升學，也不出外就業，卻留在學校裡當老師。這些年輕老師朝氣蓬勃，有理想，有抱負，很快便成為我們這些積極分子所仰慕的對象。但事實上，由於他們只有中學畢業的學歷，不能當正式有資歷文憑可以教授學科的教師。學校當局便安排他們做一些教務處的文書、行政或是班主任的工作。幾年之後，我明白了，這些留校教師真正的任務就是個別地私下接觸學生，帶領他們的思想，啟發他們愛國、愛共產黨的熱情，過程中揀選條件合格的，發展成為地下黨員，建立中共地下組織，可說是政治思想輔導員。我記得的老師有：關曼瑤、熊燊權、周嬋霞、鄺國堯、楊觀亮、鄭祖棠、劉志華和伍海新等。可以想見，他們都必然是地下黨員了。

有一段時期，每逢我放學步行回家，走了不一會，總發現關曼瑤老師就在後面，我會停下腳步等她，然後一起步行回家，記得她的家是做柴炭生意的。

關老師個子不高，身材瘦削剛健，有一雙閃動著堅毅而果敢精神的眼睛，我常常稱她「鋼條老師」。她待人和藹可親，卻又堅忍不拔，令我很喜歡親近。每天步行回家我們無所不談，關於祖國、關於革命、人生觀及世界觀談得最多，可能這就是她評估我「覺悟」程度的依據，並從中觀察我的人品性格。她像大姐姐一樣關心我的一切，學習情況、健康情況等均有涉及，在關心過程中瞭解我的家庭狀況，階級成份。我自然會把哥哥們回國升學的事情告訴她，也許這樣的背景最令她放心。

可以說，關老師是刻意地，有目的地選擇接近我，從而最終取得我完全的信任，這並非一件偶然事件。

有一天，關老師問我：「你喜歡閱讀課外書嗎？」

「當然喜歡，可以增長知識啊！」我回答。

「我準備組織一個學習小組，和幾位同學一起研讀課外書，你願意參加嗎？」

「好啊，我願意。」我肯定地說。

「這個小組名叫劉胡蘭組，第一次就是學習她的事蹟。」她把詳情向我明說，並告訴我日期和地點，囑咐我屆時出席。

到了那天放學後，我立即趕去學習地點，是初中二年級乙班的課室。在那裡，我遇見了劉胡蘭組的其他成員，都是同屆的同學，包括李佩蘭，明明，小容，加上我自己共四人。關老師亦已在座，我們便開始討論劉胡蘭的事蹟。

劉胡蘭，山西省人，一九四六年國共內戰時是中共婦女幹部和預備黨員。一九四七年當地為國民黨閻錫山軍隊所佔領，因她參與殺害村長，被捕後，鄉親受威逼，用鍘刀殺死她，時年僅十四歲。劉胡蘭被中共追認為烈士及正式黨員，把她的經歷列為黨內進行氣節教育的樣板，樹立她為英雄模範人物。這就是我們有一個劉胡蘭學習小組的原因，我自己也因而進入閱讀「革命文學」的人生階段。

之後，我們還學習了楊沫的半自傳體小說《青春之歌》、《野火春風鬥古城》、《紅旗譜》等中共的著作以及蘇聯作家尼古拉•奧斯特洛夫斯基的作品《鋼鐵是怎樣煉成的》。

這些事蹟和革命文學作品，是對我進一步教育的教材。首先，它使我初次接觸到「革命」這兩個字。這個革命所指的，乃是由共產黨（無論是蘇聯或中國）所領導的無產階級革命。再次，它讓我建立起一種貢獻或犧牲精神，像劉胡蘭那樣甚至不惜犧牲性命。更進一步就是「改造」自己，如《青春之歌》中的女主角林道靜，由一個平凡的女教師經過黨對她的不斷改造，及至成為一個追求黨的事業的無產階級革命者。在她身上，我看到一個知識分子如何走上跟隨共產黨革命道路的榜樣，令我覺得這是光榮的，偉大的，建立了自己也走上這條道路的決心。

大約是在一九五八年，我們中學畢業前，劉胡蘭組便停止了活動，無疾而終。畢業後李佩蘭回國升學，相信她在回國前已經入團，後來在國內成為幹部。經歷文革後的一九八〇年代，她曾來信與我聯絡，表示將去英國旅遊。明明去了中資機構工作，是一個頭腦相當理智聰明的人，我相信她不會入團。至於小容則可能也已入團，並留港工作。總的來說，她們三人都留在中共的公開機構系統之內做事，惟獨我一人被關曼瑤調到地下灰校線去。而她也早已過世。

《鋼鐵是怎樣煉成的》

小說《鋼鐵是怎樣煉成的》的主角保爾・柯察金經歷無數的艱苦鍛煉後，寫下了一段成為很多愛國人士引為座右銘，廣為傳誦的名句。他說：「人最寶貴的東西是生命，生命屬於人只有一次。人的一生應當這樣度過：當回首往事的時候，他不會因虛度年華而悔恨，也不會因為碌碌無為而羞愧；在臨死的時候，他能夠說：我的整個生命和全部精力，都已經獻給了世界上最壯麗的事業——為人類的解放而鬥爭。」

我的確也曾受到保爾這段說話的鼓舞，立志要幹一番革命事業。但隨著我的成長，我的覺醒，我的反覆思考下，我開始質疑這段說話的正確性，於二〇〇三年寫下一篇文章〈生命的意義〉，把我的質疑寫了出來。

後來，在「第三十七屆香港電影金像獎頒獎典禮」上，著名大導演楚原獲大會頒發終身成就獎。他在台上發表感人肺腑，激勵後進的得獎感言。在感言的最後，他給觀眾送上幾句他喜歡的說話：「當你回首往事時，不因碌碌無為而悔恨，不為虛度年華而羞恥，你就可以很驕傲地說，你無負此生。」我聽到這裡不禁哈哈大笑起來，想不到八十四歲的楚原導演竟然還記得保爾的這幾句說話。我禁不住又於二〇一八年重寫了〈生命的意義〉這篇文章：

保爾的生命之所以不能虛度，不能無為，因為要把自己完全獻給最壯麗的共產主義事業，而這也是筆者青年時期對自己的期許。然而，保爾一生為之犧牲的事業，他的蘇聯祖國，卻已為人民所推翻，所唾棄。隨著「六七暴動」，林彪事件，毛澤東逝世，四人幫下台，「六四慘案」相繼發生，筆者的期許也被撕裂為碎片，片片散落，我傷痛，迷惘。

當我發現世上所謂有意義的人類解放事業，常常經不起歷史的考驗。在所謂崇高的背後，每每埋著非常醜惡的一面，解放事業竟然建築在人性的卑鄙奸詐之上。我不由得重新質疑，究竟甚麼才是真正有意義的事業，進入老年，我重新出發，再次尋找生命的意義。

在一次靈修中，讀到舊約聖經《創世記》的〈亞伯拉罕受試驗〉一章，我讀到亞伯拉罕坦然地，毫不猶疑地捆綁他的獨生兒子以撒，鎮定地舉起手上的刀，以備作為獻給神的燔祭。我震驚之餘也有提升，認識到，亞伯拉罕確認自己兒子的生命並不屬於他，甚至並不屬於兒子自己，而是屬於神。他也確信神掌管宇宙，祂必有計劃，有安排。如果是神的需要，他將義無反顧地獻出自己的生命，把生命奉還給神。與保爾不同，亞伯拉罕為之奉獻的事業就是神的事業。這是對生命意義何等高尚的禮讚！我這才恍然大悟，生命的意義就在這裡！

人生不應虛度年華，不應碌碌無為，楚原導演說得沒錯，但把生命貢獻於甚麼事業，卻需要慎重選擇。甚麼是有意義的事業？耶和華的事業最美善，最純粹，最慈愛，也是最神聖和偉大的事業。我終於找到生命的終極意義了。

牛虻

在所有的革命文學作品中，我最喜愛的其實是《牛虻》。由於保爾・柯察金在《鋼鐵是怎樣煉成的》中讚賞過牛虻，於是，我便找來這本《牛虻》，一讀之下，愛不釋手。此書伴著我的一生，伴著我的成長，閱之無數，甚至以「牛虻」作為自己的筆名。

我也曾多次觀看過蘇聯時期把《牛虻》拍成同名的電影。作曲家蕭斯達高維契創作《牛虻組曲》為電影配樂，共十二首。其中第八首小提琴獨奏曲《浪漫曲》的旋律充滿無限的柔情和深沉的愛意，非常動聽，至今仍然是熱門的演奏樂曲。我也因而認識了這位偉大的蘇聯作曲家。

閱讀《牛虻》，發覺有多個問題值得我終生反覆探討，比如：革命者的產生，革命的愛情，和革命與宗教等。

一八四六年的意大利在奧地利的壓迫下，被割裂為多個分散的小國，被剝奪了國家的統一。意大利的愛國志士們為自己民族的獨立和國家的統一進行了忘我的鬥爭。為要建立一個統一的意大利共和國，秘密團體「青年意大利黨」領導了無數次的起義。意大利的民族解放運動產生了成百上千的英雄和烈士。

少年亞瑟・勃爾頓，純真、善良、溫順，是英國輪船公司老板的兒子，一往情深地愛著青梅竹馬的初戀女友瓊瑪。他熱情地參加「意大利青年黨」的活動，同時也是一個虔誠的天主教徒，熱愛著他的懺悔神父——意大利庇薩神學院院長蒙泰尼里。

十九歲的亞瑟進入意大利大學就讀哲學時，經受了雙重的打擊，改變了他的一生。

當時，蒙泰尼里被天主教會調任為亞平寧山區的主教，接替神學院院長職位的卡爾狄神父也就成為亞瑟的懺悔神父。在一次告解中，亞瑟講出了自己暗中嫉妒一位同志——波拉和他們「意大利青年黨」的活動情況，卻被卡爾狄出賣，導致他和波拉以及一批同志同時被奧地利軍警逮捕。

他在獄中受盡痛苦的折磨，並沒有招供，但從看守長口中知悉是卡爾狄出賣了他們，而獄外的同志，包括瓊瑪卻誤會是亞瑟出賣了同志。瓊瑪在激憤之下，狠狠地給了亞瑟一記耳光。

被釋放後的亞瑟帶著悲傷、迷惘的心情回家，狠毒的同父異母兄嫂又向他披露一個極為殘酷的秘密：亞瑟原來是他母親與一個天主教教士所生的私生子，而那個教士就是蒙泰尼里。這真是一件晴天霹靂的秘密，他受到的打擊，已經超越了他能承受的極限。他失去理智，遷怒於「神」，掄起鐵槌奮身砸碎了耶穌神像，從此變成無神論者，更進一步與基督為敵，把革命與主耶穌對立起來（直至他後來被捕困在監獄中，同志們為拯救他擬定越獄計劃，要求他用銼子把窗戶上的鐵條銼去，就在他極度艱難，極端絕望中，他才伸出兩手作出禱告，向神祈求保守看顧，回歸神的懷抱。這是他自從變成無神論者以來做的第一次禱告）。最後，他寫下遺書，偽稱投海自盡，讓所有人都以為他已死，瓊瑪和蒙泰尼里更是終生內疚，各自認為是自己害死了他。然後，亞瑟逃到一艘開赴南美洲的船上，去了巴西。

十三年後，意大利的文化界、政治界出現了一位飽經憂患，意志堅強，機智勇敢的人物，他就是筆名「牛虻」的政論家列瓦雷士。

其實，牛虻就是亞瑟。他在南美洲漂泊多年，歷盡慘無人道的折磨，體形、面貌都有了很大的變化。他右腳跛了，左臂扭曲，左手缺二指，臉上有刀疤，口吃，成為一個殘疾人，連瓊瑪初時也未能辨認出他的原貌。惟獨他的思想深處，解放意大利，建立共和國的信念和對宗教的仇恨則更為堅定而強烈，沒有改變。他一方面用刻毒的語言寫作諷刺文章，另一方面到山區組織民眾起義。在一次偷運軍火準備起義的行動中，被密探發現，於一輪槍戰中，因蒙泰尼里突然出現，為免誤傷親父，他一哆嗦，槍口下垂，就在這一猶豫間，軍警把他打倒，他被捕了，最後被判死刑而英勇犧牲。在他就義的第二天，蒙泰尼里也因心臟擴張破裂症而突然逝世。

作者伏尼契非常成功地塑造了牛虻這個光芒四射的英雄形象：一個狂熱的，多愁善感的少年，長成為一個嚴峻的，不屈不撓的革命鬥士，體現了意大利愛國志士們的特色——對革命職責的無限忠誠。

我敬重牛虻，被他對革命始終如一的忠誠和果敢的踐行所激勵。我讚美他堅毅如鋼鐵般的意志，他光明磊落的高尚人格和無懼為革命勇敢犧牲的樂觀精神。他犧牲了，卻雖死猶生，正如他與瓊瑪一起唸過的小詩：「不論我活著或是我死掉，我都是一隻快樂的牛虻。」這就是我對革命英雄的期許，也是我要仿效的楷模。

牛虻的革命事業非常單純，簡單而直接，就是要建立一個意大利共和國，並不是所謂的「無產階級革命事業」。這裡沒有《鋼鐵是怎樣煉成的》中的保爾和《青春之歌》中的林道靜所參加的那種革命，沒有馬克思、列寧和毛澤東的指導思想，也沒有一個號稱解放無產階級、解放全人類的共產黨所領導。牛虻的革命才是真正的，可信的，可行的革命事業。

牛虻的成長完全是經過他自身生命的歷練而成，沒有經過共產黨對他的改造，像保爾和林道靜那樣。那些蘇聯和中國的革命文學小說雖然與《牛虻》同樣是描寫革命英雄的形象，但總是落入階級的印記中，英雄人物總要經過工農兵的改造，使人物來得僵硬化、公式化和教條化，從而失去人物的真實感和藝術魅力，這是因為共產黨的文藝要為無產階級服務的結果。相比之下，書中的牛虻通過跌宕起伏的情節，無論是描寫其性格陰暗的一面，還是光明的一面，都來得有血有肉，顯示人性的光芒，使人物更顯鮮明清晰，栩栩如生。牛虻的形象令我畢生難忘。

初讀《牛虻》的時候，我是一個腦子裡充滿幻想的年輕少女，對浪漫的愛情有美好的憧憬，對幸福的或凄美的愛情故事都非常喜愛，看到牛虻與瓊瑪因著慘酷的鬥爭奪走了他們的友誼、愛情和幸福的故事，自然感到極度遺憾。牛虻在臨刑前寫給瓊瑪的最後一封信，特別感人肺腑。他寫道：「……親愛的，你儘可不必為從前那一記耳光的事情傷心（……）我的一點心事就是要你心裡明白，為甚麼我遲遲不肯把宿怨一筆勾銷（……）我是愛你的，當你背上拖著一條小辮子的時候，我已經愛上你了，我現在也還愛著你。」

在信上，他正式承認自己亞瑟的身份和堅貞的愛情，可是瓊瑪又再一次失去了他，她那滿腔悲慟，哀悼絕望的情緒使我也同聲落淚。

相比之下，普通工人子弟的保爾的共產主義思想因與林務官女兒冬尼婭的小資產階級思想格格不入而與她分手。而林道靜與救命恩人余永澤的愛情也一樣以分手結局。作者刻意地以階級意識形態去判斷愛情的正確性，使這種愛情故事淡而無味，令人生厭。

牛虻，一位歷盡滄桑的男士，卻對瓊瑪矢志不渝地愛，使我非常嚮往，深信這種蕩氣迴腸的愛情在人世間上是存在的。

初期，每次讀畢《牛虻》，我與亞瑟一樣，對卡爾狄神父非常憎恨，他在意大利解放運動中做出叛逆行為，毀棄保守懺悔秘密的誓言，竟然把信賴他的亞瑟向神忠誠懺悔時所透露的革命行動出賣給警局，致使亞瑟和一眾革命黨人被捕。他是教士兼間諜，穿法衣的間諜。我和牛虻一樣認識了這種貌似博愛的說教者的偽善，叛變和謊言，但我無法理解一個神的僕人為何會做出如此卑鄙無恥的行為，甚至質疑天主教的懺悔制度的可信性，可行性。

至於教士蒙泰尼里與一個女人私通誕下亞瑟這個私生子，犯下道德淪喪，違背良心的姦淫大罪，使他自己、亞瑟的母親和亞瑟三人終生痛苦不堪，我對他亦是非常痛恨。

到後來，我受洗歸主，想到作為一個基督徒我有重新審視上述看法的必要。於是我又急著重讀《牛虻》。

我從研經及聽道中首先學會了對「罪」的認識。舊約聖經《出埃及記》二十四章上記載：神將律法賜給摩西，希望提高人對神的準則的認識和違犯那些準則的嚴重性。「罪」是違犯神的律法，「罪」是不遵守神的準則，「罪」不單是一種行為也是人心內的一個意念。所有人都有罪性，是為原罪。

人類為甚麼帶有原罪？舊約聖經《創世紀》講述了耶和華創造天地萬物的經過。祂照自己的形象把第一對人類亞當和夏娃創造成完美的人，所以一開始他們是沒有罪的，可以十全十美地達到上帝的標準。但他們因為受蛇的引誘，沒有聽從上帝的話，吃了分別善惡樹上的果子，犯下了「罪」，結果變得不再完美。之後，他們開始生兒育女，把「罪」和不完美的缺陷遺傳給所有後代，使人類從此與生俱來都帶有原罪，承受了亞當和夏娃遺傳下來的罪性，一生都帶有一種罪的狀態和境況。

原來每一個人均有罪性，都是罪人。神父，主教，牧師，無論他們讀過多少神學，他們都是罪人，性格、思想和行為都帶有罪性。神學院、教會是由一群罪人所組成，教會內常有「罪」的事情發生，因而教徒們需要互相勸勉、扶持，保持屬靈的長進。這以後，傳道人的罪行不再影響我信主的信心。於是，我可以釋懷了。卡爾狄神父，蒙泰尼里其實也是罪人，他們做出如此的大罪就在所難免，不用驚詫。

另外，我在聖經中也學會了「寬恕」的意義。於二〇〇八年曾寫過文章：〈寬恕可以有多寬？〉：

> 主耶穌基督被十二個門徒中名叫猶大的出賣了。猶大用親嘴作為暗號，帶領祭司長等人來捉拿主耶穌，門徒中有人向大祭司的僕人砍了一刀，削掉了他的右耳，耶穌卻摸了那人的耳朵，把他治好。（路22：48-50）
>
> 耶穌被看守的人藐視，嘲弄，辱罵，毆打，給他喝醋，拈鬮分他的衣服，甚至譏笑他救得了別人，卻救不了自己，否定祂是神的兒子。但慘被釘上十字架的主耶穌仍在十字架上向天父請求：「父啊！赦

免他們，因為他們所作的，他們不曉得。」（路23：34）

主耶穌基督受盡凌辱，在離世之前最痛苦的一刻，心中沒有恨意，仍然作出了最巔峰境界的寬恕，為世人作出了寬恕的典範。祂的寬恕是憐憫、是承擔、是出路，是主動的、無條件的、是化解恨怨撫平創傷的神藥。只有主耶穌這高度的寬恕，才能體現神那最偉大的愛。人類只能追隨耶穌，逐步去攀登這寬恕的高峰。

在現世上有兩宗感人的寬恕事件，可以看到神的教導。

一宗是關於南非的種族和解。昔日的南非是一個種族歧視非常嚴重的國家，佔人口不到百分之十的白人控制了國家的政權，執行種族歧視和隔離政策。但是，這樣一個不同種族利益矛盾重重的國家，卻奇蹟地實現了和平民主轉型，沒有暴亂，沒有軍閥混戰，更沒有報復。在轉型的過程中，他們面臨一個如何對待舊政權犯下的錯誤和罪行的問題。一九九四年南非成立了開創性的「真相與和解委員會」，黑人領袖曼德拉及前南非大主教圖圖被任命為主席。這個委員會的任務是揭露昔日政權的暴行真相，同時又在寬恕其罪行中達成雙方的和解。圖圖大主教說：「受害者應該主動把寬恕的禮物送給別人，才不會永遠留在受害者的角色，主動寬恕意味著你自由了。」他主張：「沒有真相就沒有和解，沒有寬恕就沒有未來。」

另一宗是二十八年前，當時臺灣的民主人士正在嚴峻的環境中推動民主運動，許多人都受到國民黨的逮捕鎮壓。正當林義雄律師因而被捕羈押的時候，他的家發生了滅門慘案，驚駭了全島。兇徒殘忍地殺害了留在家中的兩個雙生女兒亮均、亭均和林奶奶，大女兒奐均被砍中六刀重傷，經急救脫險。仇恨之火燃燒已達極致，這一家人是怎樣走過來的呢？是主耶穌寬恕的力量帶引著。林太太方素敏女士接受了福音，成為基督徒。她說：「我不要復仇，我要一個美麗的臺灣，請與我一道，打一場母親的聖戰。」她穿上白衣素服，抱著喚均走上街頭，參加議員選舉。中國王怡牧師寫道：「這是以被害者的饒恕，去戰勝加害者的殘忍。」

十年後，林喚均也受了洗，而且走上了基督徒事奉之路。她說：「小時候我真的想報仇，但現在我心裡已經平靜如水，我原本最不可能寬恕那些人，但上帝使一切成為可能。」這宗案件至今未有偵破。林義雄出獄後，寫下悼文表達了寬恕，林家放棄追究凶手。為生活計把那棟房子賣給臺灣基督長老教會並建成義光長老教會的禮拜堂。王怡曾在那裡參加過主日崇拜，他說：「那是一間教會，也是一座凶宅，但我真的感到了上帝的同在，因為人心中的怨恨和苦毒，被那十字架上的羔羊的血洗得乾乾淨淨了。這世上只有一種最高的力量能夠將凶殺現場變作一座讚美的聖殿，可以讓我們成為一個寬恕者和自由人。」

彼得對耶穌說：「主啊！我弟兄得罪我，我當饒恕他幾次呢？到七次可以嗎？」耶穌說：「我對你說，不是到七次，乃是到七十個七次。」（太18：21-22）

「寬恕」是主耶穌留給人類最珍貴的價值觀。

可惜的是，作者伏尼契並沒有讓牛虻學會寬恕的真理，否則的話，《牛虻》的故事將會改寫，會有一個美好的結局，虔誠愛神的亞瑟不會變成一個無神論者牛虻。而蒙泰尼理卻能夠堅信在上帝的恩慈和基督的救贖下罪得赦免，人只要在神面前認罪悔改便可重獲新生。結果是，遠離神的意旨，拒絕回到天父懷抱的牛虻，其結局是多麼可悲。

其實，在不遠的過去，被揭發出來的中國共產黨地下黨員牧師事件更加駭人聽聞，震驚宗教界。這個人就是李儲文。

李儲文是中國共產黨高級官員，抗戰期間已經加入中國共產黨，在上海滬江大學取得理學士學位，畢業後任職於基督教青年會。他曾以基督教青年會學生服務處的工作為名進行地下活動，對著名學者進行統戰工作，使他們向中國共產黨靠攏。他於一九四六年前往瑞士日內瓦從事青年會世界協會工作。

一九四九年，李儲文前往美國耶魯大學攻讀三年制神學士課程，但未及完成便回國擔任中國基督教青年會全國協會宗教教育部幹事。後又擔任上海國際禮拜堂主任牧師及中國基督教三自愛國運動委員會秘書長，期間曾迫害過很多不願與其合作參加三自教會的教徒。

直到一九六六年，中國文化大革命爆發，上海神職人員無一倖免地遭到紅衛兵殘酷的批鬥。這時，李儲文才被迫公開表明自己共產黨員的身份，隨後被有關部門保護起來。李儲文是長期公開以做宗教工作為幌子的秘密中共地下黨員（類似情況的還有中華聖公會華北教區總幹事，北京基督教三自愛國運動委員會副主席趙復三）。

此後，李儲文若無其事地不再以宗教人士身份出現，調回中國共產黨上海市委會工作。一九八三年六月，他跟隨出任新華社香港分社社長的許家屯來港任職副社長，專門負責對香港人進行統戰工作，於一九八八年回上海工作，已於二〇一八年逝世。

中國共產黨指派他，一個持無神論的共產黨員欺騙信眾，公開在教堂內向虔誠的基督徒傳講主耶穌基督的真理，真是荒謬絕倫，褻瀆神靈的滔天大罪，必須嚴厲譴責。

現今世上，披著宗教外衣從事罪惡行為的事件層出不窮。鐵一般的事實擺在我的眼前，令我徹底認識了「罪」的存在。《牛虻》中亞瑟所受的傷害是世人承受的罪孽，我不再覺得驚奇了。

入團

在與關曼瑤老師的談話中，一個重要的話題是關於中國共產黨的歷史。她告訴我，它的誕生，它的革命和奪取政權的經過。我因而深信中國共產黨有能力解放貧苦的人民，把貧窮的祖國建設成一個強大而富足的國家。對「沒有共產黨就沒有新中國」這句話深信不疑，完全相信中國共產黨的政策、路線和道德操守的正確性及效用性。

為了培養我成為可用之材，關老師常常鼓勵我組織校外活動。我四處聯絡舊同學，同學的兄弟姐妹、鄰居的兒女或是鄰居同事的兒女等等各種外校學生關係，開展校外旅行，茶會，家訪活動。這是因為他們都是英文書院學生，通過這些活動可以接觸和團結他們做朋友，擴大我們的影響力，亦從而訓練了我的組織能力。

每逢「五四」紀念日或國慶節，關老師也安排我在大會上向全體學生講話，訓練我的論述、演講技能，讓我習慣面對觀眾不會膽怯、羞澀。我因而練就了一種表達的技巧和能力。

一九五五年，蘇聯展覽會在廣州中蘇友好大廈舉行。關老師派我作為全校唯一的學生上廣州參觀這個展覽會。我覺得這是一次給我的獎賞和鼓勵，使得我更堅定地走上這條愛國、革命之路。我很感謝關老師的安排，給我一個難得的機會回到祖國。

這是我人生第一次回國。當踏足在深圳河上——中英雙方分界線的羅湖橋時，我心情相當激動。這就是我的祖國，我的祖國，我的心在叫喊。在橋上，我仰望高高懸掛在祖國大地上，正在迎風飄揚的五星國旗，不禁熱淚盈眶，剎時間，一股無限膨脹的愛國情懷充塞著我的心，這種與生俱來的愛國種子開始發芽，從此深深地植入我的心底，我不期然地唱起了蘇聯歌曲《祖國進行曲》：

我們的祖國多麼遼闊廣大，它有無數田野和森林。
我們沒有見過別的國家，可以這樣自由地呼吸。

一天，關老師與我談話。

「你有注意到社會上的貧苦大眾嗎？看到許多勞動者在社會底層掙扎著生活嗎？」

「是的，我看到，那些工人做著最辛苦的工作，卻只能艱難地過著僅可糊口的生活，我常常感到很難過。每到過年時節，我總把得到的紅包錢，沿途派給那些街上的窮人。」

「這是因為社會上存在兩個階級，社會制度不平等所致。你願意參與推翻現有的制度，建立一個解放這些貧苦大眾的新制度嗎？」

「我當然願意。但如何參與？」

「德國哲學家馬克思和恩格斯於一八四八年共同著有一本書《共產黨宣言》，你知道嗎？」

「未曾聽說過。」

「書中指出：社會中已經分成兩個敵對營壘，兩個龐大而互相直接對立的階級——資產階級和無產階級。書中號召：一切國家的無產者聯合起來。」

她繼續說：「中國共產黨是在一九二一年成立的，目的也是接受《共產黨宣言》的號召，要剷除資本主義制度，建立一個沒有階級壓迫的共產主義社會。中國共產黨是一個革命的無產階級政黨，將領導無產階級奪取政權，建立無產階級專政。你願意參加這個革命的共產黨嗎？」

「啊，我當然願意。」我很雀躍。

她跟著說：「中國共產黨由創立到發展之後的組織形式和行動模式都是以地下形式進行的，直至一九四九年取得政權，建立了中華人民共和國之後，黨的組織才能在全國範圍內公開。但是香港一直都是由英國政府統治的殖民地，因而在香港的黨組織仍然以地下形式操作，黨員身份要保密。在香港的地下黨員隨時有被港英政府逮捕的危險，你願意加入共產黨，不怕坐牢嗎？」

「我願意，我不怕。」我堅定地說。

「在共產黨的領導下，有一個共產主義青年團的組織（簡稱共青團），被定義為中國共產黨的助手和後備軍。它於一九二二年成立時名為中國社會主義青年團，一九四九年改名為中國新民主主義青年團，現在的名稱是於一九五七年確立的。」

她繼續說：「入團申請者應是十八歲至二十八歲之間，只要兩名團員介紹，提交志願書和申請書，經團支部大會討論通過和上級委員會批准便可。但香港情況特殊會彈性處理。」

她最後替我作出決定：「既然你願意，那就先參加這個共青團吧！」

一九五五年，我就讀高中一年級，時年十六歲。關曼瑤老師在香島中學的課室內為我主持了加入中國共產主義青年團的儀式，我正式成為共青團團員，關老師便是我的直接領導人，繼續每星期一次與我單獨見面，即地下工作的專有名詞——「單線聯繫」。

入團後不久，我想到要對黨忠誠坦白，把自己過去的一切向黨交代。第一件要交代的是關於朱榮楷。我告訴關老師，我和朱大哥認識的經過，他如何帶我認識祖國和考入香島中學之事，原原本本地詳述了。關老師聽後並沒有說甚麼，只是微笑著點點頭，讓我感覺到她事前是知道有這位朱大哥的。

第二件是交代我在官立漢文小學就讀時認識的一位體育老師張欽燦。他是一位關心學生，很有見識的老師，常常邀請我和幾位同學到他家裡閒聊。每次拜訪他時，他必定以潮州工夫茶招待，擺出全套烹茶用具，有茶壺、茶盤、茶杯和爐子等，一面煮水沖茶，斟茶遞杯讓我們品嘗，一面談天說地、針砭時弊。我們都非常喜歡，很享受他的招待。後來，我入讀香島中學仍有與他書信來往。他的回信總是表示欣賞我的舞蹈演出，鼓勵我好好學習。

「他是叛徒！」

關老師突然狠狠地爆出了這句話，把我嚇了一大跳，不敢再說下去。

「張老師原來真是地下黨員。」我想。

叛徒？那時的我不懂其中的意涵，但，現在的我明白了，特意在此把他的名字記下，以茲紀念！

隨後，我開始接受地下黨關於階級鬥爭的教育。為我進行階級教育所產生的潛移默化的結果是，讓我日後迅速接受共產主義思想作了很好的準備。

毛澤東提倡的教條「階級鬥爭」是最毒的「狼奶」，深深地烙在我的靈魂中。自加入共青團之後，階級鬥爭這一概念便不斷在我的腦海中播種發酵。在香島中學讀書期間，地下領導人關老師每隔一段時間就會通知我一件「階級鬥爭」事件：某某老師有問題，某某老師是階級敵人等等，然後這些老師就不見了。

大約是高中二年級，在一次班常務選舉之前，關老師又通知我班內參選的一位姓嚴同學是階級敵人，著我要投自己一票，自己選自己，結果我得到全票當選，全班同學都知道我投了自己一票，非常尷尬。嚴同學一向未見有任何特殊不軌行動，領導人的指控又沒有提出證據，但我就這樣無知地完完全全聽從了黨的指揮。

這是黨為我上「階級鬥爭」課，我很快便有了敵我的概念，也訓練我的服從性，理解的要執行，不理解的也要執行，這就是黨性。幾十年後，嚴同學移民加國，見面時我告之這段往事，他聽後慘然一笑，沒說甚麼，原來他是知道的。

「狼奶」之說，我首見於研究中國近代史的中山大學退休教授袁偉時在二〇一六年四月的文章：〈我們是吃狼奶長大的——現代化與中國的歷史教科書問題〉中。他寫道：「二十世紀七〇年代末，在經歷了反右派、大躍進和文化大革命等史無前例的三大災害後，人們沉痛地發覺，這些災難的根源之一是：我們是吃狼奶長大的。二十多年過去了，偶然翻開一下我們的歷史教科書，令我大吃一驚的是，我們的青少年還在繼續吃狼奶。」

「吃狼奶長大」這句話，把我驚醒，不得不用心靈去審視一下自己究竟喝了多少狼奶，想一想將如何戰勝自我，清理自身的狼毒，還自己一個無毒的靈魂。

一九五八年我中學畢業，在畢業典禮大會上，我沒有得到品學兼優大獎，榮獲此獎的是甲班的梁紹基同學。因為我的學科成績沒有他那麼好，所以只得到一個品行獎。

事緣於高中二年級，我突然感到非常疲憊，體力和精神均有減退。我患上了肺結核病，每天打針一次，約半年後才痊癒。當時我想，健康、革命工作和學科成績不能兼顧，必須有所輕重。於是我選擇稍微放輕各學科成績的追求。

沒有得到最高的榮譽獎，我並沒有感到遺憾，因為我以為我在香島中學已經找到了人生的路向。

關於坐牢

我向關曼瑤老師輕率地說自己不怕坐牢，實在是天真幼稚，不知牢滋味的說話。二〇〇八年，我寫下一篇文章〈坐牢隨感〉，作出反思。全文如下：

香港民間電台涉嫌無牌廣播，曾在其中「平反六四」論壇任嘉賓的司徒華先生亦遭票控。華叔在法庭外引吭高歌一曲《坐牢算甚麼》表達公民抗命的決心。

《坐牢算甚麼》

坐牢算甚麼！我們骨頭硬！爬起來，再前進！
生要站著生，站著生；死也站著死，站著死！
坐牢算甚麼！我們骨頭硬！爬起來，再前進！
天快亮，更黑暗，路難行，坐牢是常事情，常事情。
坐牢算甚麼！我們骨頭硬！爬起來，再前進！

他的歌聲使我渾身一震，既感動又悲哀。香港的民主進程已經步進煉獄洗禮的時代，像國內一樣了嗎？

記得那年十六歲，關老師在一個空空洞洞的課室內為我主持入團儀式。她告誡我要隨時準備犧牲，包括坐牢甚至生命。自此，我雖無緣坐上國民黨的黑獄，也與港英政府的鐵窗擦肩而過，卻時刻準備著被捕入獄，「坐牢」這個詞語也就陪伴了我的一生。

坐牢意味著甚麼？那時，我並不真正理解，我所能得到的感性認識都是來自那些革命小說。《紅岩》

中許雲鋒不怕嚴刑拷打的高大英雄形象；江姐獄中繡紅旗迎解放的革命樂觀主義；大型歌舞劇《東方紅》中演員帶著腳鐐手銬在台上緩步前行奔赴刑場的無畏烈士等等，佔據了我整個腦袋。甚至「六七暴動」留下的深刻印象竟然是石慧（香港親共派明星）那女高音的獄中歌聲。沒有煉獄的經歷，我腦海中只能充滿了革命浪漫主義色彩，不但對黑牢的黑暗殘酷和無人道的刑罰一知半解，還以為只有國民黨、港英政府才有黑牢。我曾以為要把牢底坐穿，不過就是革命豪情這麼簡單。這就是共產黨餵養我的狼奶。

近四十年來，經歷漫長的思想覺醒，才猛然發覺，原來中國共產黨那沒有人道主義的黑牢才是最可怕的。林昭、魏京生、陳子明、王軍濤到王丹，數之不盡的自由民主追求者，前仆後繼昂然踏進中共的牢房，抵受失去自由與世隔絕的孤獨，忍受嚴刑逼供、精神凌辱的痛苦，人的尊嚴被剝奪殆盡的苦難並不是我這個革命浪漫主義者所能承受的。

直至看罷廖亦武的《證詞》一書，那座全球最龐大、最恐怖、最封閉的地獄——中國監獄，是怎樣把人變成鬼的驚心動魄的描述，深深地震撼了我。廖亦武和坐牢者們所遭受的慘無人道的虐待和侮辱，才終於讓我從虛幻的天空跌回人間地面。嚴酷的黑牢中，令人心顫的腳鐐，背銬，電棒，鞭打，以及獄霸無人性的欺凌，已經不在話下。活棺材（看守所）中，那「一百零八味川菜肉刑」才是最令人心驚膽顫的酷刑。單看文字的描述：甚麼磨子豆腐，甚麼麻辣羊肉串，甚麼鐵板回鍋肉等等等等，全都使人毛骨悚然，慘不忍睹。我不知道那些坐牢者如何經歷這只有古代未開化民族才有的極刑，看著這些不忍卒睹的記述後，我只覺血壓高升，噁心頭痛，汗毛直豎，渾身起了雞皮疙瘩，不寒而慄。廖亦武以最大的勇氣，淋漓盡致地寫下他的反抗，他的屈從。他告訴我們，在那將要把人逼成瘋子的禁閉中，他自己有一種痛不欲生的虛空從體內朝外瀰漫，這番話令我的眼淚奪眶而出，痛入心扉。我真的體會到了他們的痛苦。

監牢實在太可怕了，我一直希望追求民主不用坐牢，希望非暴力和平抗爭可以避免坐牢。但是，我徹底失望了。中共專制政權以暴力手段鎮壓非暴力一點也不手軟，綁架，跟蹤，毆打，軟禁手法層出不窮。太石村，汕尾村屠殺，陳光誠被捕，高志晟失蹤，郭飛雄，譚作人……連生性和平的胡佳也要受審了。舉辦奧運，也未能迫使中共收手，令全世界人民失望之極，坐牢的宿命無法避免。

諾貝爾和平獎得主劉曉波於獄中會見律師時說：「我相信我所從事的事業是正義的，中國終有一天會成為自由民主的國家，所有人都生活在沒有恐懼的陽光下，為此，我付出了代價，但無怨無悔。在一個獨裁國家中，對一個追求自由的知識人來說，監獄是通向自由的第一道門檻，我已經邁進了這道門檻，自由就不會太遙遠了。」

這些說話使我熱血沸騰，卻又悲從中來。黑牢，如果是爭取自由、民主、人權、法治過程中的必經之路，那麼，它也必定是專制政權的掘墓器，是鋼鐵民主鬥士的試煉場，火鳳凰的出生地。

廖亦武就是烈焰燃燒過的火鳳凰。他因「六四」凌晨錄製配樂詩歌朗誦磁帶《大屠殺》及創作拍攝詩歌電視藝術片《安魂》而被捕。四年的煉獄使他由大鬍子嬉皮士先鋒詩人變成一位記錄見證中共殘酷統治的光頭作家。出獄後，他遭受中共剝奪一切生存權利而致衣食無著，在社會底層中掙扎。但他沒有就此沉淪，在經歷了那麼多的失望和幻滅之後，他仍然堅持了自由寫作。他拜訪了老詩人流沙河。流沙河說：「我曉得，你再也寫不出過去那種想像力發達的詩了……那你就放棄詩人去做一個歷史見證人吧！」

以後，廖亦武以他罕見的文學才華和精湛的文字語言技巧，用血淚和生命開始了他的見證文學，出版了《活下去》、《中國底層訪談錄》、《中國冤案錄》及主編《沉淪的聖殿——中國二十世紀七十年代地下詩歌遺照》等作品，揭露中共治下的金碧輝煌、歌舞昇平背後，底層人民被蔑視，被拋棄的苦況。

他那冷峻、叛逆、反諷、絕望和流氓味的筆法力透紙背，躍動立體的思維結構，讓人耳目一新，扣人心弦，令我深受感動而至下淚。評論認為，廖亦武在向歷史交出「證詞」的過程中，重拾被專制鐵蹄踐踏為泥塵的自我尊嚴。

廖亦武已於二〇一一年七月出逃德國，繼續寫作發出正義的聲音。也於二〇二二年六月在臺灣出版震撼世界的小說《武漢》中文版。

近年來，中國的鐵窗志士，入獄出獄，民運同仁，聯署抗議、抗議、再抗議，此起彼伏，已成民運的一大景觀。正是人不畏坐牢，奈何以坐牢懼之！臺灣林義雄先生在《魏京生獄中書信集》的序言中寫道：「民主之樹，時時汲取志士的汗、淚和血作為養分，沒有志士們不斷地犧牲奉獻，提供充足的養分，民主之樹就不可能成長茁壯。」

感謝所有的監獄志士們，是你們的大無畏精神，把中國的自由民主運動不斷推向高峰！華叔的歌聲是號角，為我們吹響了前進的方向：坐牢算甚麼！

然而，真想不到啊！自二〇一四年到二〇二〇年的六年間，香港爆發雨傘運動、反修例運動之後，中國共產黨強行把「港區國安法」於二〇二〇年六月三十日在香港公布實施，進行大規模搜捕。大批大批的青年學生、知識人、專業人士等等各階層的市民，被香港警察大量逮捕投進監獄，至二〇二二年六月已有一百九十八人被捕，十人完成審訊，定罪率百分之百。香港也真的進入煉獄時代了。

六、結語

中國共產黨在香港進行組織活動有很長久的歷史。中國共產黨於一九二一年成立，正值民國十年的北洋政府時期。一九二四年第一次國共合作時期，香港已有中共地下組織活動。後來，經過一九二七年四月十二日中國國民黨發動「清黨運動」，大量殺害、清除中共黨員，令第一次國共合作破裂。中共黨員必須隱蔽其黨員身份進行活動，黨組織更一直以地下形式存在。直至一九四九年取得政權，建立中華人民共和國後，中共才讓國內黨組織及黨員身份公開。

但中共建國時，香港仍在港英政府的統治之下，中共在香港的黨組織因而未被公開，仍以地下形式開展活動。中共黨組織在港的部份，我稱之為「中共地下黨」。它從未停止過利用香港作為基地發展黨員及黨組織，並沿用「隱蔽精幹，長期埋伏，積蓄力量，以待時機」的十六字建黨方針在香港運作。[4]一九六一年港英政府揭露的「曾昭科案」是中共執行這個方針的最鮮明的例子。[5]

---

4 為積蓄革命有生力量，爭取廣泛的中間力量的支持，毛澤東於一九四〇年在文章〈論政策〉中指示：共產黨在敵佔區和國民黨統治區政策，在組織方式和鬥爭方式上應採用這十六字方針。

5 一九六一年，前香港警務處助理警司，警察訓練學校副校長曾昭科於十月被香港政府懷疑替中共進行間諜活動遭遞解出境，返回中國內地。此案是港英時代中共潛伏在香港警隊內部最高級別的間諜，被稱為香港第一諜案。曾昭科在廣州出生，移居香港，後入讀九龍華仁書院。曾留學日本早稻田大學，接觸左傾思想。一九四七年畢業回港加入香港警隊，因槍法精準而被選為港督葛量洪的隨身保鏢。被遞解回國後受中共厚待。曾任職廣州暨南大學教授及廣東省人民代表大會副主席。有人指他在國內仍然從事情報工作，坐鎮廣州遙控港澳情報網，他於二〇一四年病逝。我相信，這個時期，香港的警隊已有地下黨組織。

抗日戰爭勝利，中共得到港英政府同意，於一九四七年，在香港設立了《新華通訊社》香港分社，成為中共駐香港地區的半官方機構。一九五六年毛澤東巡視廣東，批評黨領導機構「港澳工作委員會」（即「港澳工委」，後改為「香港工委」）設在廣州是脫離一線的做法。此後，「港澳工委」便遷往香港，隱藏在《新華通訊社》內。一九五九年梁威林出任社長兼「港澳工委」書記。一九九二年中共撤銷「港澳工委」，分別成立「香港工委」及「澳門工委」，由中共中央直接領導，二〇〇〇年一月《新華通訊社》香港分社改名為「中央人民政府駐香港特別行政區聯絡辦公室」（簡稱中聯辦）。

一九九七年香港主權回歸中國之後，中共地下黨在香港的運作模式仍然未變，繼續把黨組織埋藏在地下。不過，黨組織和黨員均披上外衣，即有一個公開的身份和職業作為掩護，以便公開活動。例如曾任《新華通訊社》香港分社社長及「港澳工委」書記的許家屯在回憶錄中說：「我的職務，對外名義上是《新華通訊社》香港分社社長，實際上『港澳工作委員會』書記才是『正業』，是中國政府駐香港的總管。」換句話說，《新華通訊社》香港分社是許家屯的外衣，掩護著他的正業：「港澳工委」書記的工作，總管香港及澳門一切事務。

潛伏在中聯辦內的港澳工委按行業分成各條工作戰線，如工運戰線、新聞戰線、金融戰線、貿易戰線、教育戰線等。其中教育戰線屬下又分紅校線，即由地下黨創立的紅校，如香島、培僑、漢華等中學，以及灰校線即「學友社」及《青年樂園周刊》兩個社團內的官校、津校、補校和私校學生和由這兩個社團在秘密據點所組織的非紅校學生讀書會或學習組的學生。

一九六七年，以梁威林和祁烽為首的地下港澳工委為要緊跟中央，響應文化大革命的號召，發動了一場「六七暴動」，造成五十一人死亡，八百三十二人受傷，警方處理真炸彈一千一百六十七枚。暴動過程中，清華街兩名小姐弟被炸彈活活炸死，在電台工作的林彬及堂弟林光海被暗殺。事發於當年八月二十四日早上，兩人在駕車上班途中，被假扮掘地工人之兇徒攔截，並往車上淋電油縱火而活活燒死，事後有「地下鋤奸突擊隊」承認責任。事件震動全港市民。

港澳工委之所以能夠發動這場慘烈的暴動，靠的完全是它在全港各個領域內發展而來的地下黨員和黨組織。這些組織不但存在於中共公開了的機構及中共所控制的工會、學校內，還建立在港英的機構和各類灰線學校之中。故此，認識並揭露中共滲透在各個領域中的黨員和黨組織非常重要。

「六七暴動」的失敗令中共地下黨的勢力在各方面處於萎縮，唯有由暴動中發展起來的灰校地下黨員，在香港大學和中文大學中掀起一場大專學生運動，是為「六七暴動」的餘波，直至中共的「四人幫」倒台為止。

原「港澳工委」書記、《新華通訊社》香港分社前社長許家屯曾說：一九八三年港澳有中共黨員六千多人，二分之一以上是當地黨員。時至今日，在中共有計劃地發展本地黨員和透過內地單程證來港配額及優才計劃等途徑來港的黨員有很大的增加。程翔曾引用二〇一二年中共十八大香港代表團名單推算，中共香港地下黨員人數達四十萬人。[6]

中國於一九八四年簽訂《中英聯合聲明》，於一九九七年七月一日正式收回香港主權。並於一九八五年成立《香港特別行政區基本法》起草委員會及諮詢委員會，進行起草和諮詢工作，最後於一九九〇年經人民代表大會通過及頒佈《香港特別行政區基本法》，承諾在香港實行「一國兩制，港人治港，高度自治；現有資本主義生活方式五十年不變」。

可是，中國共產黨並沒有同時宣布在港的地下黨員、黨組織可以公開身份，進行公開活動。「港

[6] 見《明報》二〇一二年十一月二十八日之程翔〈從十八大看香港地下黨規模〉。

澳工委」仍然披著「中聯辦」這件外衣，所有黨員亦有一個公開職業作為外衣掩蓋他們的身份，不會自己承認是地下黨員。這說明中共從一開始便沒有誠意真正實行「一國兩制」政策，它只是一種虛假的、欺騙性的權宜措施，為將來入侵香港實行全面管治香港的陰謀創造條件。[7]

香島中學由中國共產黨創立於一九四六年，首任校長盧動是共產黨員，於一九四一年在香港加入中國共產黨，一九五〇年被港英政府遞解出境。香島中學是完完全全由中共香港地下黨所控制和領導的學校，我們稱之為紅校。

中共地下黨以一間學校作為外衣，掩蓋黨組織在其中的工作——發展黨員、黨組織。本人在香島中學六年的遭遇是一個證明，他們每年暗地裡在這間學校所發展的黨員不計其數。

表面上看，它只是一間很普通的學校，對學生進行德育、智育的教導，外人最多只可以看到它宣傳愛國思想，覺得這無可厚非，不會警覺中共在其中進行的地下活動。中國共產黨這種躲在外衣之內進行黨工作的策略，是傳統性的、歷史性的。它不但在建國前的國內實行，現正也在香港和臺灣進行著，而且已經發展到全世界。孔子學院便是其中一例。

孔子學院

中共自己宣稱孔子學院是民間組織，成立的目的只是為了增進世界人民對中國語言和文化的瞭解，發展中國與外國友好關係。最初，西方人相信了中共的這種宣稱，相信中共有這種尊崇中國古代教育家和哲學家孔子的文化情操，允許他們在自己的國家之內建立孔子學院。後來，驚醒了的西方人也只是

7 關於中共香港地下黨的歷史，請參閱江關生著作：《中共在香港（上卷）（1921-1949）》（香港：天地圖書，二〇一一年八月）、《中共在香港（下卷）（1949-2012）》（香港：天地圖書，二〇一二年七月）。

認為孔子學院不是民間組織，是受中共控制，作為共產黨的宣傳工具，宣傳中共意識形態和政治思想而已。

但現實的情況比這嚴重得多，以我個人的經驗看，中共是以孔子為招牌，建立一件以孔子學院為名的外衣，掩蓋其進行地下活動的陰謀，好像香島中學一樣。只不過是，香島中學披上的是紅色外衣，較易讓人警覺。孔子學院披上的是灰色的外衣，其內部的地下活動不易為人所知。

截至二〇一八年，中國已經在全球一百五十四個國家和地區的高校內建立了大約有一千所孔子學院和一千一百九十三個中小學孔子課堂，學員總數達一百八十七萬人，數字是相當驚人的，每年可能在其中發展的黨員及黨組織無法估量。

二〇二〇年八月，美國將孔子學院在美國的總部「孔子學院美國中心」列為外國使團，美國國防部宣布將不為設有孔子學院的大學提供資助，都是明智之舉，但並未徹底清除它的滲透和毒害。

二〇二〇年前，孔子學院由中國教育部屬下的「國家漢語國際推廣領導小組辦公室」（簡稱「漢辦」）負責營運。之後，因應各國政府的反對，便成立「教育部中外語言交流合作中心」代替「漢辦」，取消孔子學院，改為主理「漢語語言學習中心」。這個機構內有中共地下黨組織，他們成立這個機構的最終目的仍是發展黨員，黨組織。

美國全國學者協會的最新報告名為：「後孔院時代中國對美國高等教育的持續影響」。教授林培瑞吃驚地說：「美國大學取消孔子學院，可是它換了一個名字，換了一個方式存在。」過去四年，美國大學裡的一百一十八家孔子學院有一百零四家已經關閉，然而二十八所學校的孔子學院搖身一變，成為大學裡的「漢語語言學習中心」，除了名字，其他都沒有改變。中國政府的影響力在美國高教界仍持續存在。

第三章 中共地下黨的灰色外衣——「學友中西舞蹈研究社」

一、初進學友社

記得那是一九五六年聖誕節前，我已是一名地下共青團員，在香島中學就讀高中二年級。領導人關曼瑤老師通知我要去參加一個名為「學友中西舞蹈研究社」（簡稱學友社）的灰校學生團體所主辦的聖誕晚會。這是入團以來關老師給我的第一道命令。

關老師告訴我，當年港英葛量洪政府通過「社團登記條例」立法，拒絕社團重新註冊，總共有三十八個地下黨所創立的團體被取締。

「不過，在眾多被迫停止活動的社團中，卻有兩個社團獲得註冊而倖存下來。」關老師說：「那就是現在要你去參加的『學友中西舞蹈研究社』和『業餘音樂研究社』」。

「為甚麼這兩個社團能成功註冊呢？」我問。

「我們認為，這是港英政府高明之處，沒有把地下黨的活動堵死，留下兩個通氣口，以便明察和監督。我們之所以取『學友中西舞蹈研究社』這樣一個怪怪的名字，完全是為了減少政府對它的敏感度，以便易於註冊。」

她繼續說：「當時，地下黨停止發展黨員，原已發展的共青團員也就當作黨員使用，有一段時期就是黨團不分，以小組或單線聯繫方式進行聯繫。所謂單線聯繫即領導者和被領導者一對一地接頭聯絡。許多社團活動化整為零轉入地下，學友社則以不掛五星紅旗的非政治性文藝學生團體面目而公開合法地活動，繼續團結灰校學生。學友社是黨的外圍組織，內裡有黨、團員在領導著。」

這麼說來，學友社豈非黨的唯一能公開組織活動的學生團體？我這樣想著，對參加這個聖誕晚會充滿著期待。關老師只叮囑我要到那裡廣交朋友，做好團結灰校學生的工作，並未交代原因和具體任務，我也遵守地下工作原則不便多問。事實上，幾年香島生涯中，她已不斷地指導我接觸灰校學生，因此，不問，我也大約猜到黨的意圖了。

那天，我懷著興奮好奇的心情，帶上一份聖誕禮物，銜命獨自赴會。那學友社的社址座落深水埗元州街一二九號三樓，是一幢舊式街角唐樓，打通了約千呎的民房，還有一個很寬闊的「走馬騎樓」，上一層的天台也可使用。門牌號碼讓我想起，小說《青春之歌》主角林道靜不就是在一二九運動中成長的嗎？這些革命浪漫主義的聯想，使學友社在我心上更蒙上一層神秘的色彩。

站在門邊上，已聽到一陣陣清脆的歌聲，約有四、五十個青年人正在那裡快樂地交談嬉笑。我在學友社中並沒有熟人或介紹人，他們卻非常熱情地招呼我，使我有賓至如歸之感，我覺得他們好像預先知道我的到來似的。

晚會開始，大家坐在一起唱的是我非常熟悉的中國民歌和蘇聯歌曲，《牧羊姑娘》、《敖包相會》、《喀秋莎》等。跟著人們手拉著手跳起了我非常喜愛的集體舞，如「匈牙利三人舞」、「友誼舞」、「拜年舞」等。我參加過香島學校的舞蹈組，現在跳起來便駕輕就熟了。我驚奇於灰校竟有這樣一群過著健康生活的年青人，我高興地融入這歡樂的氣氛中，毫無疑問，我與這些青年沒有絲毫的隔閡。

社交舞的開始使晚會進入高潮。只見一對對的男男女女，在幽暗的燈光下翩翩起舞。狐步、探戈、華爾滋，一曲一曲美妙的旋律，把我這個共黨學校出身，從未參加過社交舞會的學生弄得暈頭轉向。幸好我小時曾隨舅舅去過舞廳，慢三步、慢四步也能應付，不至於手足無措。在交換禮物的歡樂聲中，晚會結束了。可以說我很喜歡這個晚會，也很喜歡這個社團。這裡的歡笑、熱情、自由、浪漫的小資產階級情調是我多年香島生涯中從未經歷過而又令我回味無窮的。我想，黨組織指派我參加這樣的晚會，正合我意。

隨後的日子，我遵照關老師的指示，繼續參加了學友社每星期六舉辦一次的「歌舞集」常會。常會內容除歐陽榮生領導的領舞組帶領大家跳集體舞外，也一起唱民歌，玩集體遊戲，我和這些灰校學生玩得很開心。

如果在節日裡，有幾個好朋友，同我們歡聚一起，
讓我們回憶起，最珍貴的一切，唱起那愉快的歌，
為自由的祖國，為光輝的使命，乾一杯再乾一杯！

《我們舉杯》、《遠航歸來》、《青年友誼圓舞曲》、《祖國進行曲》等這些當時流行的歌曲都是我們的最愛。

我也參加過他們舉辦的大型夏令營活動，地點是長洲。「月夜泛舟」是我至今難忘的節目了。一輪明月照耀的海水上，二十多隻雙槳小艇在平靜的海灣上游弋，我們邊划艇邊唱歌，《小白船》的歌聲響遍海灣：

藍藍的天空銀河裡，有隻小白船，船上有棵桂花樹，白兔在遊玩。
槳兒槳兒看不見，船上也沒帆，飄呀飄呀，飄向西天。

在水上浮蕩的艇子時聚時散，有時船頭船尾串成一圈，有時三兩小艇連在一起，大家聚談歡笑，好一幅自由浪漫的情景。

學友社的學生們都是接受西方資產階級教育，學習西方文化，英文朗朗上口，包括聖保羅男女、培正、拔萃、培道、聖類斯、英皇、皇仁、香港大學等的學生。但他們熱愛生活，熱愛國家，關心祖國建設，願意提高思想認識，對人生理想有所追求。「有一分熱，發一分光」，「十分指標，十二分幹勁」是他們常常上口的對自身的要求。他們的表現讓我這個在香島長大的地下共青團員感到非常驚訝，非常好奇。我常想，是甚麼力量使他們具有如此生命的覺悟呢？無可置疑地，學友社內必有地下黨力量影響著他們的思想和人生。

關老師雖然命令我去參加學友社的活動，但卻沒有把我的組織關係從紅校線轉去學友社所屬的灰校線，因此社內還有誰是黨員、團員我並不知道。我禁不住好奇地觀察社內各人的表現，認識一些社員的情況。其中司徒衛幹、葉炳枝和吳嘉淞三位有時與我個別約談，有時來探訪。我也知道司徒華、馮以浤、游順釗和李作雄，但沒有多少交往。我又看出梁濬昇、李綺玲、胡國雄和何雁棠都可能是地下黨員，可惜他們都與社內的學生脫節。

當時，梁濬昇是學友社常務委員會的主席，在一間洋行裡當文員，年約三十歲，清瘦，中等身材。聽說他在一九四九年中華人民共和國成立的熱潮中，曾勇敢地在他所就讀的學校培英中小學掛上國旗，當過英雄好漢。但也許是經不起十年歲月的洗滌，我當時和以後所見到的他，已經沒有了多少革命激情，看不出他是一個有能力的領導者，許多事情一望而知並不是出於他的主意，是一個有名無實的傀儡，有綽號「媽咪」之稱的一個老好人。他已於九〇年代因病過世，聽說地下黨為他蓋上國旗，舉行國葬。

富家子弟李作雄是香港大學畢業生，和我接近較多，像大哥哥般常對我說：「慕嫻，你很單純，是一張白紙，將來在上面寫上甚麼字或塗上甚麼顏色，你就會成為怎麼樣的人了。」他又常說我與關老師相似，那麼純粹，那麼熱情，那麼愛國，原來他早已認識她。關老師曾多次組織灰校學生回國參觀學習，李作雄參加了因而認識。他向我表達了對關老師的良好印象，對她這樣一個艱苦樸素，對人生充滿理想的教師懷著滿腔的敬意與熱烈的關懷。

一個單純而真誠地嚮往革命，願意獻出自己潔淨的青春的女子，必然擁有一種與眾不同的高貴的革命氣質，像小說《牛虻》的女主角瓊瑪一樣，那麼純樸無瑕，堅貞不屈，不難讓追求革命的年青小伙子們敬慕不已。我當時想，如果這一段感情有所發展的話，將會是一段非常淒美的故事，因為我看出李作雄不是地下黨人，黨組織不會同意讓關老師與一個資產階級青年發展愛情關係。黨組織為了自身的無產階級純潔性，對黨員的戀愛婚姻也就要插手干預，我是明白的。所以我知道，這段愛情關係不會發生，黨員不能與非黨員結婚，尤其是女黨員，這是黨的原則，也就是黨性，我相信關老師是會堅守的。於是我很替李作雄難過，關老師那種純粹的革命氣質對他來說，是有著不可磨滅的吸引力的，相信他的生命中從未遇過具有這種氣質的女子，我心底裡有一種非常可惜的感覺。

據馮以浤的回憶錄《小河淌水》中記述：一九五八至一九五九年度在香港大學就讀的社友約有

十人，在李作雄和游順釗倡議下，成立了一個「六人小組」[1]，定期開會學習國內的文獻如毛澤東著作，也討論政治問題以及為同學組織文娛活動。李作雄也曾參加了一個由香港中英學會、時任港大中文系講師陳君葆領導的大學生代表團到北京訪問，受國務院總理周恩來接見。可見李作雄的革命熱情相當高漲，仍然希望為祖國做一些事。

馮以浤

馮以浤少時就讀拔萃男書院，後獲香港大學文學學士及教育碩士學位。先後任教於香港大學及中文大學，是中大課程與教學學系主任。數十年以來發表近百篇學術論文和教育評論，出版超過十本有關教育的書籍。

在一九六八至一九七九年間，馮以浤曾任職香港學運重鎮港大明原堂舍監，經歷了十年火紅的學運年代，見證了各種學生運動的發展，包括中文運動、保釣運動、反貪污捉葛柏運動和金禧事件等，在學生分裂為社會派、國粹派和民主自由派之下進行各種處理的工作。

馮以浤於一九五三年參加學友社的活動，本是地下黨的培養對象，但因一次事件而改變。那是一九五六年，他被邀請參加學友社組團到廣州參觀「捷克斯洛伐克社會主義建設成就展覽會」的活動。由於熱愛攝影，不相信國內的沖晒技術，他獨自留在宿舍，親自動手沖洗膠捲。這一行動被社內一些地下黨員懷疑他有不可告人的任務在身。當我參加學友社時，領導人向我表明說，馮以浤是有問題的人物。於是，他從此不再被信任，不再成為地下黨的培養對象。

1 有一位退休教授推算出李作雄的六人小組名單是：李作雄、游順釗、馮以浤、歐陽榮生、溫威廉、吳永昕。有當事人確認這教授的六人名單是百分之百準確。但我的觀察是，名單中沒有一個是中共地下黨員，六人小組不是地下黨的組織，只是六人在愛國熱情驅使下自動成立的。

在學友社中，最吸引我注意的就是司徒華先生了。觀察他的言談處事，覺得他非常愛國，有理想有抱負，對中國共產黨建設新中國有所期待。他思想獨到，見解深刻，愛憎分明，待人處事親切近人。他主持一個語文班，講授歷史和詩詞。馮以浤回憶說，司徒華主持的語文班參加人數大約二十人，大部份是中四或中五學生。所選的課文大多是五四時代左翼作家作品，例如魯迅的短篇小說〈藥〉；朱自清的散文〈背影〉和艾青的詩〈大堰河——我的保母〉，也有蘇聯作家的作品，例如高爾基的散文詩〈海燕〉。我們有時也交一些文章給他批改。司徒華的講課資料充足，系統明確，講解生動，深入淺出，讓人留下深刻的印象。社內的青年學生都喜歡和他接近，跟他談心，討論升學、就業、戀愛、家庭等私人問題，對他非常信任、尊敬。

司徒華在他們之中就像一個大哥哥，被大家暱稱為大「cooker」，cook者，煮也。意為煮甚麼你就吃甚麼，暗示他就是幕後領導。記憶中，曾有一次我隨著一班人去到司徒華在彌敦道五百一十一號三樓的家裡聆聽他那風趣的談話，但從未與他有過單獨的對話，不過心底對他已產生一份尊敬之念。

司徒華是學友社的始創人之一。在中共建國之前，香港有一份由陳獨秀之子陳哲民創辦，地下黨員廖一原當編輯的刊物，叫《學生文叢》。司徒華加入成為刊物的股東，也參與組織「學叢之友」讀者會。後來該刊物因社團註冊事件停刊，他們便把讀者會改名為「學友中西舞蹈研究社」，並向港府註冊成為合法學生團體。

學友社創社初期共有九十名社員。整體運作由幹事會分工，第一屆總幹事是湛慧嫻，司徒華出任副總幹事。幹事會下設興趣組如：舞蹈組、語文班、戲劇班、歌詠組、籃球班。五〇年代香港學校生活貧乏單調，這些課外活動很受學生歡迎。

這些興趣組是公開的和表面的活動，社的內部其實還另有一套秘密的分工。地下黨把社員分為六個學習組，以拖拉機、青苗、海燕、銀燕等為組名，以便分程度等級組織學員學習馬列主義理論，毛澤東和史達林著作和聯共（布）黨史簡明教程，也學習蘇聯文學如《鋼鐵是怎樣煉成的》及高爾基和魯迅作品等。他們更推廣愛國教育，團結引領這些英文書院學生走上愛國之路。

司徒華與廖一原有很緊密的聯絡，對他很尊敬，受他的馬列主義信仰所影響，認同共產黨是拯救中國的出路，對共產主義產生信任和憧憬。廖一原的革命者品格和思維方式，也成為青年司徒華一生的典範。一九四九年九月廖一原介紹司徒華加入中國共產黨領導的「新民主主義青年團」（即共產主義青年團前身），經秘密宣誓儀式，成為中共組織的一名成員，廖一原即成為他的直接領導人。這說明這段由「學叢之友」轉成學友社的過程是由中共地下黨員去領導和策劃，即是說學友社從一開始便是在黨的領導下運作至今。司徒華參與整個註冊過程，一二九社址的租單上寫的是他的名字。可是，我於一九五六年參加學友社活動後所見到的司徒華，卻在全社公開領導機構——「幹事會」中，未見有任何職務，只負責語文班的講課，但在社員中的威望很高，影響力非常之大。

學友社由創立到運作，是地下黨早有佈局的。表面看似是一份刊物為聯絡讀者而開設，實質的目的是以一本有明顯親共意識的雜誌，吸引追求進步的灰校青少年參加組成一個群體，然後想辦法將紅底洗脫，轉化成為一個表面上沒有政治色彩，以研究舞蹈為名的學生團體，從而披上一層灰色的外衣，但其內部核心領導權則由中共地下黨組織牢牢掌握著。這層外衣起了很大的掩護作用，透過學友社培養出來的學生黨員，基本上沒有紅的色彩，將來分散到社會不同階層，甚至滲透到英政府內部都較為便利。

以上所述是司徒華時期的學友社情況。

二、我與司徒華先生

奪權鬥爭

大約在一九五七年上半年，關老師約見，轉達了黨組織對學友社工作的決定。她說：學友社的領導層有嚴重路線分歧，黨組織主張擴大統一戰線，積極擴大團結青年學生，但有人卻主張保守精英主義，不要擴大。鬥爭非常尖銳，已達爭奪領導權的地步，要開展一場「奪權鬥爭」，希望我密切注意。但奇怪的是，她並沒有指示任何具體任務，更沒有吐露詳情。誰是精英主義的主張者？我帶著滿腹疑竇繼續參加學友社的活動。

學友社的各項活動，只要是有社員介紹的均可參加，社章設有基本社員資格，如要成為基本社員則要經聯誼組向幹事會提出，得批准才能參加，基本社員有選舉權和被選權，也可參加學習小組。不久，幹事會通過一項增設贊助社員並賦予選舉權的決定，號召擴大招募贊助社員。我很快便發現越來越多紅校學生加入成為贊助社員參加活動，香島、培僑、漢華等各校都有。許多是我認識的，向他們了解來社的原因，都說不出個所以然，只說是老師動員來的。當時，我無法想通箇中的原委。

直至下半年，關老師又通知我，學友社領導層要醞釀改選，幹事會改名為常務委員會。黨要醞釀一份候選人名單，以便通知所有自己人及紅校的贊助社員投票。名單共七人，包括有：梁濬昇、何雁棠、胡國雄、陳煒良、李綺玲、鄧梓煥，其中竟還有我的名字。關老師說：一定要選出這份名單才能把領導權奪取過來。原來黨的選舉事前就要保證選舉的結果，我也開始明白黨派我到學友社的目的，是為了奪權並掌權。但誰要被奪權呢？事情真已如此嚴重，非得採用這種極端的手段嗎？

有一天，李作雄找我，閒談中表達了他對選舉的看法，並告訴我他心目中將會投票選舉的人名（具體名單現已忘記），我也告訴他我的名單（即黨的名單），我驚訝地發覺兩份名單竟沒有一個人相同。明顯地，黨的名單都是一批聽話的，來自紅校的，或與黨有組織關係的，而他的名單卻都是一些有獨立思考能力的，與司徒華非常親近的。至此，我才明白，「權」原來要從司徒華這位實質上無權無位的人手上奪取，因為他有群眾。這個發現令我震動不已，我無法控制自己的思緒。司徒華是我所尊敬的大哥哥，我陷入深深的迷惘之中。但是，那時候，我所能想到的只是，我必須相信黨。

我趕快向關老師報告了李作雄的名單。證實是先有黨的名單，後有李作雄的名單。我估計是：這一群朝氣蓬勃的年輕人，不願意依黨的旨意行事，選出黨所指定的庸懦無能者來當學友社的負責人，而是要另選賢明。以我為例，我只是一個新社員，竟然當上候選人，全因共產黨欽點之賜。但，「黨不允許另立名單，」關老師這樣說：「對不聽從黨意的人，更要伺機剷除之。」

地下黨加在司徒華身上的罪名很重：認定李作雄的名單，是由司徒華幕後訂定的，這是「不聽黨的話」、「挾群眾自重」、「我行我素」的罪狀。一個獲社員愛戴而無權無柄的人，卻被扣上幾頂帽子，真是欲加之罪，何患無辭。我曾問過「為甚麼？」黨告訴我：這是階級鬥爭，這是必須的。有不同意見就得不到黨的信任，就要被掃地出門。我深刻地明白了黨的原則，在大原則的覆蓋之下，我沒有了異議，我是初嘗黨的鬥爭的殘酷性。

過程中，有一點也許李作雄和司徒華都沒有察覺到，是黨命令幹事會的內應黨員，操控幹事會通過贊助社員有選舉權這個決定，是整個奪權陰謀中最毒辣的一招，也是決定性的一環，讓紅校學生可以源源不絕地來到學友社，成為奪權的鐵票。

司徒華對大量紅校學生來社的情況很不理解，為了弄清箇中矛盾及澄清指控他的謠言，他同意設法打探關於黨的七名候選人的消息。李作雄是他一直認為非常可靠的夥伴，與關曼瑤相熟，來往頻密，透過他向對方打探內情相當可靠。豈料李作雄不但沒有打探到消息，反而把他和司徒華歷次私下商討的有關選舉的內容和對策，全盤告訴了關，出賣了司徒華。

我一直以為把李作雄的七人名單向領導人關老師告密的，唯我一人。據司徒華的憶述，原來李作雄自己早已直接告訴了關老師。這使我產生兩種感受：一種是舒了一口氣，罪好像輕了些，我只是一個幫閒者。另一種是百感交集，李作雄為了愛情竟然出賣了司徒華。

聽說李作雄還準備到香島中學教書以接近關老師一事，我很不以為然，難以置信。然而，他對愛情的執著專一勝過一切，全力以赴追求真愛的情懷，卻又令我欣賞而感動，明白他並諒解了他。堅守原則為上的司徒華與他不同，因而無法體諒，是可以想像得到的。而據我所知，事實上關老師當時並未有其他戀愛對象，卻向李表白另有所愛，一定是由於黨的壓力，要讓李死心，可知關老師也一定是非常痛苦的。幾位曾與我相遇的長者，在半個世紀前的感情糾葛，令我扼腕痛惜，我為一份戰鬥友誼的破裂，為一段淒美愛情的埋沒而悲哀！我嘆息一聲，控訴中共的罪孽罄竹難書。關老師最終與一位同事結婚。

後來我才想到，黨之所以先不讓我預知詳情，是為了讓我更逼真地扮演一個懞查查毫不起眼的普通社員，以便取得信任，便於探知情報。果然，在我無意之下，又因李作雄對我的完全信任，而讓我探知了他們另立名單而成為不聽黨話的罪證，作為全面打壓的藉口。我不自覺地為中共所用而捲進漩渦，做了黨的「鬼頭仔」，成為一場奪權行動的工具，幾十年後當我覺醒回望，感到羞愧得無地自容，讓我幾十年來不能自已地背負著沉重的包袱，終生愧疚不止。

選舉並不是在一二九社址中舉行的。這期間，因舊址拆卸，學友社租用了彌敦道七百一十九號近旺角道街角二樓，即ＡＢＣ餐廳樓上。一間有二千多平方呎，包括大小兩個排練場以及寬大的臨街單邊騎樓的寬闊舊式樓房，可容納多項活動同時進行。由拆遷賠償談判到尋找新址、談判租約以及籌款、裝修、搬遷等工作都由司徒華負責去做。司徒華為社址搬遷籌募了一筆頗大的捐款。

這時，學友社由一個不到一百人的社團，不正常地膨脹成為有兩、三百贊助社員的團體，九成以上是有選舉權的紅校學生。一九五八年初在ＡＢＣ餐廳樓上社址舉行常務委員選舉，在會上，紅校學生輪流上台發言，以大批判語言及亂扣帽子的方式攻擊司徒華，更不許他上台申辯。這些紅校贊助社員經由老師的動員並醞釀選舉名單，個個用不著知道誰是誰，便紛紛來到學友社，發揮其參社的作用，完成其參社的使命，按黨的名單投票。這些中共的子弟兵，像一團團吞噬稻穀的蝗蟲撲向田間般，就這樣蛀蝕了一個好端端的青年學生團體。選舉的結果，自然是黨的名單得勝。選後，那些投票工具便像海水退潮般，陸續離開了學友社。

司徒華等人沒有即時離去，他們仍通宵達旦地協助將於一九五九年四月舉辦的「十周年社慶紀念晚會」籌備工作。其間，司徒華亦為應屆英文中學會考生主講了會考中文科的二十八篇課文。但是社內已經完全失去以前的那種和恰歡愉的氣氛了。他們一群被奪權的都帶著冷漠、憤怒、輕蔑的神色注視著我們的一切，我們一班奪權者則誠惶誠恐，步步為營，防止著出亂子。

有一天晚上興趣組活動過後，他們在大排練場中間團團圍坐一圈，沉默地表達他們的抗議。我們也有十多人閒散地坐立在另一邊小排練場內，不知如何是好。我的心感到一陣陣的難過。雙方僵持的局面維持了一段時間，他們才昂步出門離去，是為二十七君子也。那天晚上的對峙局面，是我和他們最後的見面，至今不能忘記。

經歷了那一場悲傷的奪權選舉以後，學友社仍屬地下港澳工委教育戰線的灰校線所統領，其領導層重新調進不少地下黨、團力量，黨組織原定學友社要保持灰色外衣的規定打破了，學友社被染紅了。我們這七個被選上的常務委員，從此接管了黨唯一的學生團體。梁濬昇仍當主席，何雁棠是副主席，陳煒良是舞蹈部，胡國雄是財務部，李綺玲是文書，鄧梓煥是總務部，而我則被分配為聯誼部，七人中絕大多數是黨員或團員。舊幹事會的幹事只換了李梅裳和宋婉玲兩人。

選舉過後，學友社常務委員會在一九五九年公布的社章中，把贊助社員的選舉權及被選權取消。總之一切規則條文定必是為權力操控而訂定。這時，黨組織決定把我的組織關係轉去灰校線的學友社，於是有了一次的「接關係」的安排。我於一九六二年當上學友社主席，隨即有了兩個身份，隱蔽的地下黨員和公開的學友社負責人，直到一九七四年移民加拿大為止。（學友社出版的四十周年紀念特刊中，關於歷屆學友社主席年表上，我的年份有誤。）

後來於一九六〇年，領導人歐陽成潮指派司徒華到資深兒童文學作家劉惠瓊創辦的《兒童報》做義務編輯，司徒華仍然以服從組織分配為原則，離開了有份籌備、創建和工作了十年的學友社。司徒華在兒童報工作期間，與歐陽成潮的見面時間越來越少。有一次司徒華向歐陽成潮提出，自己已經三十五歲，今後的組織生活應該怎樣？根據團組織規定二十八歲團員要自動脫離組織，除非有黨員推薦成為正式共產黨員，是為「轉正」。歐陽成潮竟謊說團員年歲上限是四十五歲，即是說不會有黨員推薦司徒華入黨。

幾十年來，我不斷思考一個問題，地下港澳工委的教育戰線為甚麼要發動這次奪權鬥爭？司徒華認為其根本原因並不是工作分歧，更不是兩條路線鬥爭，而是源於中共內部傾軋的本性，是紅校線要奪取學友社陣地，侵吞其成果向上級邀功。而我自己則一直以為，這是司徒華總結學友社創辦以來的成功經驗，即不應過於張揚，不搞極左做法，保持灰色的外表，透過重點培養灰校為主的學生這一策略，與黨的路線：擴大組織、加強統戰的要求不合所致；加上他有獨立思考能力、有領導才幹、關心群眾而得到青年學生尊敬，又曾於一九五一年與李作雄，游順釗組成三人「愛國小組」進行活動多年（見游順釗文章〈我所瞭解的司徒華兄〉），必定引來忌才的地下黨領導人的恐慌，擔心無力駕馭、失去權力，而設局嫁禍，藉口打擊，決心把司徒華和一班愛國菁英掃地出門。要清除這位有群眾實力的同志，需要動員整條戰線。

然而，現在看來，司徒華的判斷有誤，也過於狹隘。從關老師口中，我確知這場鬥爭是港澳工委屬下教育戰線的紅校線和灰校線全面動員，統一計劃的行動不是紅校線單方面行動的結果，而我的想法也過於天真簡單，直至二〇一一年司徒華回憶錄《大江東去》出版，其中第二部〈挑燈看劍〉的記述方能把我的謎團解開。

書中說，司徒華的組織關係出現變化。領導人廖一原之後，曾換上諸樺來領導，與兩位團員組成團小組，經常一起學習。不久諸樺又被調走，換來的新領導人歐陽成潮很快又被調走，一九五二年接手的是陳實。

這年的十二月港英警方政治部突然搜查元州街學友社社址。在場社友約十人，社員毛均年被搜出一本筆記簿，內裡記錄了跟他有聯繫的地下黨組織人員名字和通訊地址。在場還有游順釗，有人在混亂中將一份小組學習提綱塞到他手中，警員就在他身上搜出這份提綱。全部社友被帶回警署問話後，全部陸續釋放，沒有人被落案。但司徒華當時並不在場。事件令地下黨感到恐懼，成為驚弓之鳥，宣布停止學友社的活動。

游順釗

游順釗：一九三六年出生於香港，早年就讀香港大學，先後獲得中文、英文兩學士學位。七〇年代赴法國深造，一九七三年獲巴黎大學博士學位後，受聘於法國國家科學研究中心為研究員，從事視覺語言研究，是法籍華人語言學家。

游順釗在認識司徒先生之前已經受左傾思潮的感染，一九四八年參加由中共地下黨所創立的「蜂蜂歌詠團」，是當年親共熱潮中的積極份子。五〇年參加學友社活動後，游順釗成為是司徒先生的摯友，相識相交六十年。

游順釗一九五一年參加的由司徒華組織，包括李作雄的三人「愛國小組」，因司徒先生不被中共信任而發生奪權事件後被調離學友社而無疾而終。游順釗說：這是個幻滅，也是個解脫。

自一九八九年北京天安門發生「六四慘案」後，游順釗即為每年的「六四」周年撰寫紀念文章，於香港《明報》上發表。在「六四」十周年紀念文集的「跋」裡，他曾經說過一句話：「在我寫的這些紀念文裡，我對「六四」問題的底線是很清楚的，只要當局有誠意的，積極的反應和行動，我就在這個問題上擱筆。」

游順釗已於二〇二一年四月離世，我於二〇二〇年十月曾去電郵與他聯絡，得到他簡短的回覆，這是唯一的聯繫，也是最後的聯繫。很遺憾。

毛鈞年

司徒華在回憶錄《大江東去》中，記述了毛鈞年在一九五二年港英政治部搜查學友社社址時，是被捕者之一的情景，是我至今為止唯一能找到的，證明毛鈞年曾在學友社參加活動的記錄。

毛鈞年一九三七年在香港出生，一九五六年畢業於香港培正中學。後入讀香港大學文學院，六一年獲文學學士學位，六二年更獲香港大學教育系教育文憑。一九六二至八四年在香港循道中學先後任職中文教師及文史課主任。是中共蓄意培養和提升的土生土長地下幹部。

一九八四年他參與創辦香港中華文化促進中心，並擔任總幹事。一九八五年一月至八七年六月中國共產黨委任他為新華社香港分社副秘書長及文化教育部部長。一九八五年六月出任香港基本法起草委員會副秘書長，並於同年十二月當選為香港基本法諮詢委員會執行委員會秘書長。他從長久潛伏的循道中學被中共地下黨突然徵召出來成為公開露面的高級幹部，令許多人嚇了一跳。

毛鈞年被揭發是證據確鑿的中國共產黨黨員，是由於一九八七年中國共產黨召開第十三次全國代表大會，在出席代表名單上，廣東省代表赫然載有毛鈞年的名字，說明毛鈞年有出席這個會議，遂被證實他是的中共黨員的身份。他其後辭去基本法諮詢委員會秘書長一職，由後來成為特首的梁振英接任。毛鈞年於一九八七年七月改任新華社香港分社副社長。二〇〇〇年獲政府頒發大紫荊勳章，相信是中共給予他的報酬了。

中共地下黨在香港的建黨方針是：「隱蔽精幹，長期埋伏，積蓄力量，以待時機」。毛鈞年的經歷正是這個方針的寫照。他長期埋伏在循道中學，等待的就是香港回歸，黨需大量英文人材出面處理回歸事宜的時機。他已於二〇一三年二月逝世，享年七十六歲。

香港「重奪公民廣場」一案的三名被告，包括「香港眾志」主席羅冠聰、秘書長黃之峰以及前學聯秘書長周永康原先被判處社會服務令。但上訴庭副庭長楊振權於二〇一七年八月改判他們即時入獄六至八個月。他的判詞提到：「有人，包括一些有識人士，鼓吹『違法達義』口號，鼓勵他人犯法，影響年輕人作出破壞公共秩序及公眾安寧的行為。」

這個判詞違反法治四個層次的理論，即「有法可依」、「有法必依」、「以法限權」和「公民抗命」，其中「公民抗命」又包括「以法達義」和「違法達義」兩個涵義。這是二〇一四年「佔領中環運動」中，由當時任職香港大學法律系副教授的戴耀廷所介紹的法治理論，楊振權無視這個國際認可的理論，作出狠心的判決。

原來楊振權曾就讀循道中學。二〇一三年他接受校刊訪問時表示，在循道中學學習生涯中，最難忘的是毛鈞年老師。雖然沒有讀他任教的中國歷史科，但卻很喜歡私下找這個老師聊天。在這個共產黨員老師身上學到許多東西，一輩子受用。

毛鈞年有一兄長毛藻年，早年在香港培正中學畢業後，一九五五年入讀香港大學物理系，一九五九年獲榮譽理學士學位畢業。他的太太駱韞珊亦是同年就讀於香港大學化學系。夫婦兩人早年已移居英國。駱韞珊有一妹妹，是一位作家，筆名若智。若智在其著作《歲月遺蹤》記述一事，讓我無意中尋獲一條地下黨的線索：「三姐駱韞珊在香港大學讀書，她也是一個前進份子，暑假她跟一些左派老師和同學被學聯邀請到北京訪問，周恩來總理接見了他們，當時任青年團總書記的胡耀邦也在場，他還跟來訪的師生們親切交談。」這大概就是前述李作雄參加的由陳君葆率領的北京訪問團了。

若智在書中說，三姐就讀聖士提反中學，本是虔誠教徒，後因不滿教會事務而離開，轉投愛國隊伍。她又對我說，她從三姐一班同學朋友中，也認識了李作雄。所以，我估計李作雄就是駱韞珊愛國之路的帶路人。據一位認識毛藻年、當年一起參加課外活動的退休教授表示，以他的觀察，當年的毛藻年百份之九十五是地下黨員。不過據若智說，毛藻年、駱韞珊夫婦在北京天安門「六四慘案」發生後已經覺醒。

毛藻年已於二〇一八年復活節早上離世。我在網上能找到的只有一篇悼念文章：〈好友毛藻年悄悄地走了〉，由德州大學達拉斯分校科研與研究教育副校長、物理系教授馮達旋撰寫。馮達旋於一九七二年九月在美國明尼蘇達大學完成理論物理博士學位後，到了曼徹斯特大學理論物理中心成為博士後，因而認識了毛藻年，得到他們一家人的照顧而成為摯友。

據馮達旋透露，毛藻年在香港大學畢業後到英國利物浦大學攻讀博士學位，他的博士導師是世界聞名的核物理學大師。毛藻年完成博士學位後，就到了曼徹斯特大學的實驗核物理組工作。馮達旋認為毛藻年對核物理有重要貢獻。

他也證實，一九七三年曼徹斯特來了幾位中國訪問學者，其中一位是吳祖澤，來自中國軍事醫學院，是癌症學專家，後來被選上中國科學院院士，也成為中國軍事醫學院院長。另一位是王祥雲，來自北京大學化學系，是放射化學專家。

在悼念文章中，馮達旋有一句意味深長的說話。他說：「我不能否認，我到了英國之後，我跟中國大陸認識的角度看來是一個分水嶺時候。在小圖書館竟然訂閱了中國物理學報。」言下之意是，他在英國受毛藻年的影響愛上了中國。

以上陳述，說明中共地下黨早於一九五〇年代初便已派員考入香港大學進行活動、滲透、發展黨員，比一九七〇年代火紅的國粹派足足早了二十年。而某些獲高級科學課程畢業的地下黨員，很早已經被派去外國繼續為中共工作。

後來，陳實在一次外出時，疑似被人跟蹤，驚慌之下違反組織紀律，私自跑回內地。他的不辭而別令司徒華與組織失去直接聯繫。鑒於組織紀律，無從打聽，他曾托以前的屬下向上級反映他的處境，不久歐陽成潮來找他，說是暫時來照顧他，並不是恢復正式的組織關係。歐陽成潮向司徒華解釋，陳實聲稱是跟司徒華見面後被人跟蹤的，所以以後不再與他見面。

一九五四年學友社恢復活動後，司徒華已經不再被使用，沒有被安置在領導的職位上，只在語文班講課，及在歌詠組教唱歌。雖然如此，歐陽成潮竟然叫司徒華以後不要回社活動，但又沒有給他安排其他黨的工作。司徒華對這種不合理的指示不予理睬，繼續如常返社。

書中這樣的記述可以說明，地下黨教育戰線全面動員發動奪權鬥爭的核心原因就是，地下共產黨對司徒華已不再信任，不再使用，且必須丟棄。第一是那次政治部搜查社址，司徒華不在場，有通敵之嫌。第二是陳實指控是見過司徒華之後被跟蹤，有出賣同志之疑。歐陽成潮亦已暗示司徒華和港英政治部有關係，出賣組織和陳實。

其實，作為地下黨的領導人，處理一個不再信任的同志，停止對他的聯繫便可甩掉，用不著這樣全線動員，大張旗鼓的鬥爭，這是地下黨教育戰線中人，投鼠忌器，缺乏自信的結果。我相信司徒華並未察覺黨已經不再信任他，如果他知道，他應該拂袖而去，與黨就此了斷，不會再糾纏下去。

司徒華少年時因政治理想而加入中共的「新民主主義青年團」，現在得到如此不明不白的結局，一直深深不忿。為作最後努力，他先後找過前領導人廖一原和在新華社工作的黨員弟弟司徒強，委託他們打探組織對他若即若離的原因，廖一原回覆「無能為力」。司徒強向上級領導反映後，司徒華即收到港澳工委高層安排在澳門和他秘密會面的通知。

一九六六年司徒華到澳門見到的是文匯報社長兼港澳工委常委孟秋江。他同情司徒華的遭遇，建議司徒華轉到海外繼續為組織工作，還叫司徒華現場寫了一份申訴材料給他。可惜孟秋江被調回國後受到批鬥跳樓自殺，事情遂不了了之。（後來，我的組織關係轉到歐陽成潮手上，他告訴我，司徒華通過組織關係向中央上訴，但被撥回廣東省處理，大概指的就是這件事。）

司徒華從澳門回港後，兒童報宣布停刊，歐陽成潮便停止跟他聯繫，他與中共的組織關係亦由此完全斷絕。司徒華對共產黨的評語是：「呼之則來，揮之則去，親疏有別，功利主義，只要甘心做一個馴服的工具，中共就會好好利用你。」

司徒華在回憶錄第二部中表示，一九五八年常委會改選時，他被圍攻的過程被形容為「奪權事件」。這一點令他最迷惘，因為他當時沒有被奪權的概念。他澄清說：「我並沒有訂立過甚麼候選人名單，那只是李作雄自己的名單，這是中共子虛烏有的打壓藉口。」他又說：「我除了創社初期，一直沒有再擔任過領導職務，我手中有甚麼權可奪呢？」

造成司徒華迷惘的原因有兩個：

一個是地下黨非常狡猾，他們從頭到尾並未向他明言一切，以致他不知發生何事而請李作雄向關老師瞭解情況。領導人歐陽成潮只叫他不要回社亦未告知原因，見他不就範就採取行動，利用組織紀律調派他去兒童報工作，以致司徒華一直被蒙在鼓裡，處於被動而迷惘之中。

另一個原因是，那時的司徒華實質上是一個不被信任，但又是半公開半幕後的學友社領導人，他直接掌握群眾，是真正擁有權力的人。共產黨對「權」的本質觀念與眾不同，一些單位或地區不能由黨全面控制，不能事事由它說了算，便覺得是失去權力，會坐立不安，寢食不安，必須強力箝制，嚴酷管治，加以鎮壓。所以事情很簡單，關鍵的問題是司徒華已不再獲得信任。在地下黨內不再被信任的黨員，就被打入十八層地獄無處翻身，申訴也沒有用。這是我的經驗。

在回憶錄中，我看到一個被中共利用後又遭離棄不獲信任、遍體鱗傷、痛楚悲憤的司徒華。他能把埋藏於心底的這一段私隱，坦誠地剖白於香港市民和他所愛的戰友面前，並不是一件很容易的事。特別是當大多數地下黨員均選擇隱瞞與遺忘的今天，更顯得他的難能可貴。他與我不同，他有很多負擔和顧慮，我敬佩他的勇氣和膽色。

司徒華的真情表白，使中共香港地下黨教育戰線中灰校線的存在和運作模式得到進一步的證實。灰校線利用學友社對灰校學生進行思想侵蝕，影響其生命，以達發展組織目的的策略，得到確鑿的證據。這也解釋了為甚麼那些資本主義教育堡壘，如香港大學，香港中文大學等專上學院，竟能生長出中共地下黨員的原因。

他的憶述，可讓香港市民清楚明瞭地下黨隱蔽的運作情況，從而聯繫現在香港政情作出相應的政策和策略，這是功不可抹的。我感謝司徒華，感謝他終於放下一切羈絆把事件坦坦蕩蕩地和盤托出，坦誠面對市民、戰友，面對中共，面對歷史。這是司徒華為香港作出的最後一件偉大的貢獻。如今，這個奪權事件經過五十多年的懸疑，是真相大白了，這個大白將對香港有深遠的影響。

三十多年後的一九九五年，我與前夫地下黨員柯其毅和女兒已移民加拿大，沒有交黨費超過三個月，我自認已經脫黨，不作公開宣布。隨著中共的暴政一件件被揭露，它的罪惡統治加於祖國人民身上的深重苦難，使我不斷地覺醒。「六四屠殺」更給我撕心裂肺的疼痛，那無法名狀的憤怒和悲哀，把我的心壓得快要粉碎。

看了李志綏的著作《毛澤東私人醫生回憶錄》後，我徹底地承認自己上當受騙，受毛澤東和中國共產黨的欺騙。當時感到全身毛骨悚然，猶如被髒水浸淫過一樣。一股激憤的力量，促使我把那些僅存的對毛的甚麼「功過三七開」、「他是理想主義者」、「好人辦壞事」、「他的詩詞很有氣魄」等等企圖為毛開脫的說辭，都通通扔進了垃圾堆，從而有一種不但要從組織上，更要從思想感情上與中共來一個了斷，一個決裂，要奮起行動的衝動。覺醒後第一件想到的就是「奪權事件」，它的醜惡，變成了沉重的包袱，我像被人姦污過後，全身沾滿髒物一樣難以安心，我必須做些事，才能無愧於自己的良心。於是，我不計較是否唐突，不理會別人的看法，提筆奮起寫下一封信給已經幾十年沒有聯絡的司徒華先生，請香港朋友轉交給他。我寫道：

一九五六年被地下黨派去學友社開展工作，在那裡，我曾不自覺地參與了他們對你的所謂「奪權鬥爭」，盲目地認同了他們對你的評價和批判。希望你還記得我。

寫這封信是為了表達我對你的尊敬，也希望得到你的寬恕。你離開學友社後所做的事，每一件都使我深信你有著崇高的理想和品格，使我無限敬佩。我曾經掉進中共的騙局中，走錯了路，如今經過幾十年痛苦的思想掙扎和反思，我終於尋出了我的路：「重新出發，追求自由民主」。

關於那「奪權」一事的真相，未知你們是否已經知道，我是非常樂意把我所知道的告訴你們。我與現在的學友社已經完全沒有關係，他們仍用過往的一套欺騙青年學生……非常渴望在九七之前能與你聚舊，回復大家的友誼，也想當面表達我對你的歉意。

我得到司徒先生親筆回覆：

所提及的「往事」，一直沒有人告訴我。但三十年來沒有停止過自我思索，反省，對比，印證，我認為我已找到一條越來越分明，雖不中亦不遠矣的脈絡。

請不必有任何內疚，對我來說，可謂「塞翁失馬」，否則，或許會失掉了獨立思考的能力，不能那麼灑脫走自己的道路，做出一點事來。這「往事」的真相，暫時還是不宜公開說出來，因為不利戰鬥，一切要從戰鬥的利益出發，個人恩怨算得甚麼呢？——

千萬不要再提甚麼「寬恕」，「歉意」等。今年我不會外出，明年大多會美、加一行，如路過溫哥華，當會一晤。

隨後，我再有回信，我說：

非常高興收到你的傳真，得到你的寬恕，我非常感激，你的寬宏大量讓我得到極大的安慰和鼓勵，解開了三十多年的心結，徹底拋下中共加於我身上的包袱，讓我繼續輕裝前進。

非常同意暫時不宜公開「往事」的真相之意見，道理我也明白，一切應從戰鬥的利益出發希望明年你來美、加之時，務必抽空見見我們。

由於我的無知，當了中共「奪權」陰謀的工具，傷害了學友社一批愛國菁英（即二十七君子）的感情，我在此也謹向各位致以萬分的歉意並請求各位原諒。

從此之後，我與司徒先生保持書信來往，直至他罹患重病。

在一次回信中，我向司徒先生提出一個寫作計劃，就是透過自己的經歷和學友社的活動，揭露地下黨在香港的運作，也希望在可能的範圍內發動更多朋友參加這個計劃。

我說：「相信你早期的經歷也非常重要，本希望你也能參加這個計劃，現知道不利戰鬥，我會把那部份省去。至於如何寫你在學友社的情形，我會先徵求你的意見。如何成書？可否學習《蝦球傳》或《新生群》那樣，以主角帶出故事？」

我告訴他，我不計較這個計劃有何價值，有何影響，我實在不要求甚麼，我是求心之所安，也相信這會是一件有意義的事。後果我已經估計在內，準備承擔一切壓力。

司徒先生回信說，計劃有意義，有作用，可行。意見如下：

一、要有明確目標，揭露、孤立、打擊當權派，激發、喚醒、促進健康力量，教育、發展、團結人民力量。

二、要有靈活策略，分散、分頭、分批。不要搞成一本小說，會太慢。分成一篇篇，選擇重點先寫。若干篇後可合編成書，要學寫回憶錄。

他又說：「重出江湖的某人，很有欺騙性，要先寫，狠狠地寫，而且目前會有轟動效應。寫文章的事要掌握分寸，尤其是發表的時機。寫好了，請通知一聲。」

於是，關於葉國華的文章寫成之後，我傳給他看，他回信說：「文章寫得長而亂，暫不宜發表，最好再加整理。」

我本不是寫作人，已經忘記怎樣寫文章。這篇文章的確寫得很糟糕，經許行先生逐字、逐句、逐段地修改後，我第一篇關於地下黨的文章〈從六七暴動到紅頂商人——中共香港地下黨外圍社團學友社的一段歷史〉，才能於一九九七年二月，以筆名牛虻，在《開放雜誌》上發表。

葉國華於同年二月獲香港首屆特首董建華委任為特別行政區行政長官特別顧問，我同月發表的這篇文章剛好把他打個正著。

為了不讓中共抓著我的把柄而誣陷我，在發表文章前，我聯同學友社戲劇組導演張懷，在香港報紙上刊登廣告發表聲明，解決了北角僑冠大廈社址的業權問題。

自此，我一發不可收拾地成為時事評論員，專門書寫關於中共地下黨的文章。曾希望發動更多人參加寫作的計劃未有實現。他們都各有原因，有些不想回憶，傷口仍痛，不想觸摸；有些顧慮重重，害怕中共報復；有些表示「算數啦，沒用的」。就看他們當時的覺悟和受傷的程度而定。於是，我好像做一件敲開頑石的工作，逆水行舟，知難而上，結果是，只我自己一個人孤獨地寫，很苦，很慢。

香港主權回歸中共之後，揭露真相的決心更加迫切，我沒有想過自己有沒有能力，有沒有人相信，會有甚麼結果。我只知道寫是了斷，也是清洗污垢的最好方法，是為自己的良心而寫，那時我心中只有一個「寫」字。我要告訴香港市民，香港有個中共的地下黨。於是，我問司徒先生，還繼續寫嗎？再寫下去就寫到奪權鬥爭，我將會把他在鬥爭中隱去，用陳大哥之名代替，希望徵求他的意見。

他回說：「第一篇文章的發表遇上時機，頗引起注意。由於傳媒的自律，只是某一個圈子內的人注意而已。有跡象顯示有人想把我說成與他是同一陣線的，為其打掩護，所以如寫奪權，要打擊這樣的企圖。詳寫奪者，略而有所改變面貌去寫被奪者，劃清兩者界線，對立起來。」

他又說：「奪權如要寫，把團體寫成原來是普通團體，因為不受領導被奪權，被奪權後就變了質。這樣對陳大哥較有利，最好還是根本避開他，雖然避開，還是會有人找到我頭上來的，由我去應付好了。」

這樣的來回討論，讓我深深地感受到司徒先生的矛盾和困境。他從不宜公開之囑託到認同應寫的妥協，是經過反反覆覆的掙扎的。他正處於香港政局的漩渦中，承擔著沉重的壓力。敵人每一分鐘都在抓他的辮子作為把柄，奪權鬥爭一事，是最好把他抹紅和扭曲的話題。

我當時非常感動，我想，這奪權問題雖然可以揭示中共醜惡的本質，但可能要司徒先生付出很大代價，真是不利戰鬥。權衡之下，我決定堅守我的承諾，不寫。我認為我沒有一定要寫的個人理由。

可是，這個奪權事件還有餘波。我這個不寫的承諾，持守到六年之後的二〇〇四年被打破了。我知道已與我離婚的柯其毅正準備把這件事寫進他的回憶錄中，而他完全沒有顧及司徒先生的境況和感受，一點也沒有諮詢他的意思。我曾猶疑過是否要阻止他，結果沒有，也知道阻止不了，加上當時司徒先生已不再參選議員，壓力已減，覺得也許是時候攞出這事了。

而且，因為知道柯其毅並無懺悔之心，他未必可以如實寫出真相及應有的立場，我也不願讓他來代表我的看法，因此不得不在病中匆匆寫下了那篇〈奪權〉，又因陰陽差錯地沒能在《開放雜誌》上刊登，便低調上了《大紀元網站》，香港沒有多少人看到。我已來不及徵求司徒先生的意見，刊登之後通知他時，明報記者已傳給他看了，他大概很不高興。我違反承諾，曾有信向他解釋，可惜他說沒有收到，所以不知道。而這篇〈奪權〉卻成為柯其毅回憶錄中的資料。

我哪裡知道，原來香港的輿論界中潛藏一種司徒先生是「左仔」，由學友社分兵出來搞非左派群眾工作之說，而我的〈奪權〉剛好為司徒先生作了解脫，我無形中也就成為一個證人，證實司徒先生清白無悔，脫離中共，讓我放下心頭上的大石。由想阻止到不阻止，並親自寫了出來作證，我只可說這是神的安排和掌控。

第二次奪權

司徒先生畢業於葛量洪教育學院，一生從事教育工作四十年，是葛師校友會觀塘學校校長。自離開學友社，脫離中共地下黨，擺脫了中共的掣肘之後，他全身投入社會運動中，創造出亮麗的成績，數十年來見證了大時代的變遷。

一九七二年司徒先生帶領文憑教師爭取合理薪酬運動，在抗爭勝利的基礎上，於一九七三年創立

「香港教育專業人員協會」（教協）[2]，並獲選為首任會長。他帶領教協參與無數社會運動，包括一九七八年反對校方貪污的金禧事件，得到市民、學生們的愛戴，暱稱他為「華叔」。

自此，華叔成為香港的著名人物，中共把他視為統戰對象，又開始重新使用他。他也安於被統戰，並未採取決裂的心態。他心中對中共還是有一些期望，希望在不違反自己信念的前提下，為國家向好的方向發展盡一分力。不過，學友社的慘痛教訓，令他學會面對中共要保持堅定的獨立性。

一九七七年後，學友社的李綺玲和接任主席的吳國藩都曾邀請華叔回學友社，為積極分子講述學友社創建經過，以及對學友社方針路線發表演講。前新華社社長許家屯曾在文章中說：一九八三年他剛上任時，他們視華叔為共產黨同路人，希望他能在爭取香港回歸中多有幫助。因此華叔被統戰，參加中英聯合聲明簽署儀式。一九八五年，中共更委任他和李柱銘為「香港特別行政區基本法起草委員會」（草委會）委員，後因發生八九年的「六四慘案」，他們兩人憤然退出草委會與中共決裂。華叔對中共的情意結終於得到徹底的解脫，在全港百萬人支援北京學運遊行當天，宣布成立的「全港市民支援愛國民主運動聯合會」（支聯會）上，獲選為主席。他為平反六四，爭取中國民主，走過二十一年。

一九八五年司徒先生開始從政，參與立法局教育界功能組別的選舉而當選為立法局議員。一九八六年他連同其他民主派人士舉行高山大會，爭取八八直選不果，並於一九九〇年組織香港民主同盟。一九九四年參與創立民主黨，翌年當選九龍東的立法局直選議員。至一九九七年六月三十日，民主黨因拒絕過渡臨時立法會，憤而集體辭職。他於一九九八年再度當選為立法會議員，至二〇〇四年不再

---

[2] 因港區國安法的實施，「香港教育專業人員協會」無法化解危機，已於二〇二一年八月十日宣布解散。

參選而退出政壇。一九八五年他受浸成為基督徒。

在以後的日子裡，我與華叔曾有兩次見面的機會。第一次是一九九六年華叔來我家探訪，我能夠窺見中共第二次奪權陰謀，就是在這次探訪的過程之中。

那年華叔答應在訪問美、加各大城市繁忙的旅程中順道抽空來訪，出發之前傳真一信，囑我聯絡趙善炬[3]，以便安排見面時間，並說明訪溫市期間將住在趙家，一切行程均由他代為安排。我得到華叔來訪的應許，知道他已不計前嫌，完全地原諒了我。我期待一次愉快的敘舊，滿心歡喜地打電話給趙善炬。

本來，對趙善炬已沒有印象，名字也忘記了，不知道趙善炬是何許人物。直至在通電話預約時間的談話之中，他突然叫我一聲「慕姐」（這是當年學友社的年青人對我的特別稱呼，現在變成一個符號，一聲「慕姐」便知道這是學友社舊人）把我嚇了一跳。後來我才想起他是「六七暴動」期間，學友社文藝組葉國華屬下的「皇仁書院鬥委會」所發展的第三層成員，那時只有十多歲。可能因為暴動影響學業，他成為該校有史以來第一個會考不及格學生，後來轉讀私校發奮讀書，在某師範學院畢業成為中學教師。

我高高興興地與趙善炬相約茶敘，幾十年未見，他的樣貌早已改變，要不是叫我一聲「慕姐」，我是斷然認不出來的。一輪寒暄問候之後，他向我表示，是應太太之要求，為了孩子的學業而移民，已經幾年了。他說他有搜集瞭解情況的習慣，所以一直注意著我的活動情況，知道我參加中華文化中心成為理事，並將會組織舞蹈演出。

3 趙善炬於一九九四年自香港移民加拿大溫哥華，同年加入世運旅遊，是世運旅行家俱樂部負責人。他的工作就是利用這個俱樂部聯絡旅行社的客戶組織群眾。

他又交代說，司徒（他這樣稱呼華叔）將住他家，因為他曾是教協的副會長。又說自己很熟識教協的情況，比如教協有一個資料庫，他可以隨時進去，把各種資料搜集起來，並且不無自豪地說，他搜集的教協資料是最完備的。這種講法像是把我當成是他的領導人，向黨彙報工作情況一樣，難道他以為我仍是黨員？我不禁猜想起來。

跟著他又得意忘形地說：「我現在仍有交黨費，保持了共產黨黨籍。」

「為甚麼？」我很奇怪。

「為了留在黨內瞭解情況。」他這樣回答。

聽到這裡我心裡著實吃了一驚。他已覺醒？為何又交黨費！他仍是黨員未有覺醒？這是人還是鬼？是刺探我？是信任我？他如何取得華叔和教協的信任而爬上了副會長的位置？而華叔竟然住在這個共產黨員家裡。這是怎麼一回事？不覺間我警惕起來。

我被一大堆問題弄得頭昏腦脹，思維混亂竟無法冷靜敏銳地問他，黨費交到何處？是不是溫哥華中國領事館？怎樣接組織關係？組織生活如何過？是單線聯繫還是黨小組？為了錯失這次盤問他的機會我足足遺憾了十年。

帶著紛亂雜陳的思緒，我迎來了華叔。趙善炬把華叔送到我家門口，向我深深地盯了一眼便自行離去，因為我沒有邀請他。華叔和藹可親，笑容可掬地與大家一一握手，他瘦削的面龐經過歲月的磨練，已經不再年青，但仍然精神奕奕，透出一種堅如磐石般的神色。原本計劃邀請一班學友社舊人，與華叔來一次學友社三代同堂相聚，但因趙善炬的出現，惟恐情況不明，不利戰鬥，取消了，只邀約幾位也可稱為三代的學友社舊人，包括陳煒良、張錦英夫婦和陸偉堅，加上柯其毅和我一同相聚，一別三十多年的重聚已經生疏了，大家百感交集，一時間不知從何說起。簡單地以一杯清茶款待華叔。

其實我心亂如麻，焦急憂慮，一心只想找個機會把一切告訴華叔。於是匆匆說了一回話之後，我便自行駕車單獨把華叔載到離家遠一點的「麥當勞」快餐店。一次難得的敘舊便如此簡陋地結束，我總覺得對華叔有所虧欠，遺憾呀！

在快餐店裡，我把趙善炬的一切，他與學友社、與皇仁門委會的關係以及懷疑他仍是黨員的憂慮告訴了華叔。他靜靜地聽沒有多說，只鎮定地證實趙善炬的確是教協的副會長，並說目前的一切均安全，希望我不要太擔心。說了一陣子，時間已經耽擱，我只得趕忙直接把華叔送到下一個餐聚的酒樓，並通知趙善炬不用來我家接回華叔。他會怎麼想？我也不管了。我鬆了一口氣，如釋重負，雖錯過了和華叔對照一下學友社奪權事件細節的機會，是憾事，亦是無奈。

在華叔離開溫哥華的第二天，趙善炬要求到訪，我接待了他，希望聽聽他有甚麼話要說。真沒想到，他單刀直入毫不客氣，要求我告訴他，我向華叔說了些甚麼？我是怎樣向華叔講及他在學友社的經歷？對話在很不自然的氣氛下進行，過程中更想探知我平時多與甚麼人聯絡，以便評估我目前仍有多大影響力。

為了安撫他緊張的情緒，我騙他說，我只向華叔承認我與他在學友社認識，且告訴華叔他當時只不過是一名十多歲的少年，不懂事。我這樣對趙善炬說，以為可以讓他覺得我在幫忙隱瞞華叔。誰知他仍非常不滿意，原來他希望我完全否認我在學友社認識他，要完全地抹去這段歷史，不要讓華叔知道他和學友社的關係。我告訴他：很難，我不能說謊說到這樣的程度，拒絕了他。他很不高興，終於悻悻然地離去。

他既是教協副會長，實應坦承自己的過去，為甚麼要向華叔他們隱瞞他是學友社的人，而且奢望可以隱瞞下去呢？這是相當可疑的。就憑這一點和一連串接觸的感覺，我判斷趙善炬仍在為中共工作，我的出現是他的估計之外，有些措手不及，亂了陣腳。

華叔回港後我給他寫了一封長信，告訴他這後續情況和我的看法：「在眾多的組織當中，教協是香港民主運動的基礎，與支聯會，民主黨等相比，教協是最難對付的單位，它才是中共的心腹大患，必定想方設法置之死地而後快。相信他們派地下黨員潛入教協取得信任，進行滲透分化，已經很長時間。目前潛伏於教協的地下黨員還未完全暴露。」

他回信說：「……不知是否熟悉三國演義的故事。對那位住在溫哥華的老朋友：一、爭取他做徐庶；二、在關鍵時刻把他當作蔣幹。要不動聲色，目前他也幹不了甚壞事。」

哎呀這徐庶、蔣幹是甚麼人呀，真把我弄傻了。在三國演義的哪一回裡呀？為甚麼以前閱讀時完全沒有印象？於是華叔又不厭其煩再來一信：「……說一說這兩個人物：徐庶侍母甚孝，本是劉備的軍師。曹操知道他這個弱點，抓了他的母親作為要脅迫他投靠，他因此就範，離開時向劉備推薦了諸葛亮接替自己。投歸曹操後，他『身在曹營心在漢』，終其一生未向曹操獻過一謀半策，亦即消極怠工。

蔣幹與周瑜是好友，在曹操手下當謀士。赤壁之戰前夕，曹操知道他與周瑜的關係，便派他過江來東吳刺探軍情。周瑜清楚他的來意，盛情款待他，並藉酒向他透露假情報，蔣幹回到曹營，向曹操建議以鐵鏈把戰船鎖起來，以克服北軍暈浪之弊。結果連鎖起來的戰船，給周瑜放一把火燒光了。北軍全軍覆滅，曹操僅以身免。這是五十多年前讀過的了，細節可能有出入之處。」

我趕忙找出三國演義一看，原來是在第三十六回〈元直走馬薦諸葛〉及第四十五回〈群英會蔣幹中計〉。看後不得不歎服華叔的遠見卓識和廣闊的胸懷以及對付共產黨的高超策略。他既能高瞻遠矚，自然有一種感染共產黨人，爭取他們變為徐庶的氣魄。我相信華叔和教協的朋友們一定會把他處理好，於是我就把這個趙善炬放下了。

一九九七年，華叔再訪問美、加，在溫市時仍住趙善炬家，我有些擔心，不大同意，但又理解這就是不動聲色，便沒有再說甚麼。事前我已和華叔約好再次見面，這次是直接和他約定時間地點，卻非透過趙善炬去安排。可惜臨到當天，華叔托朋友通知，因中共特務跟蹤監視得很厲害，約會要取消了。（我完全相信這與華叔住在趙家有很大的關係）結果我只能在公開講座上與華叔見了一面，握一下手。遺憾再增。

至於二〇〇六年華叔再臨溫市，我因重病，長滿瘜肉的胃常常滲血，無法約見華叔，只能勉力出席溫哥華支聯會舉辦的晚宴，和他再見一面。在晚宴上，他特別走近我，向我靜靜地說：「學友社這段歷史，我會在回憶錄裡詳寫」。

在這期間，我和華叔曾有一段關於地下黨的討論。

他說：「其實，香港有個地下黨，稍微有政治常識的人都知道。一九二二年海員大罷工，鄧中夏來港領導，香港的第一個黨員是蘇兆徵。如果只講出這一點，於世道人心，無多大益處，要有深刻得多的批判。」

我說：「你說的早期的香港地下黨，只存在於工聯會、中資機構、紅校等機構內。為甚麼香港大學、中文大學會出現地下黨員？地下黨員已經貼近身邊，這是很多人不能置信的。回歸之後所發生的事，特別是幾次立法會選舉，港人才看清了地下黨的存在和作用。有評論員說真的不能不相信有個地下黨了。一個大學生如何變成地下黨員，這是地下灰校線的運作結果，也就是我認為必須揭露的重點。當然，深刻的批判也很重要，但要有深層的揭露，才能有深刻的批判。」

華叔說要詳寫學友社的歷史了，說明他已認同我的看法，我很高興，於是一直在等，我以為還有時間，可惜……。

以後一段日子裡我沒有再和趙善炬聯繫，只知他在一間旅行社工作，是「卑詩抗日戰爭史實維護會」（史維會）的理事。這期間我離了婚且搬了住址，而我的第一篇關於地下黨員葉國華的文章亦已發表。一九九七年末，為紀念南京大屠殺六十周年，史維會舉辦綜合晚會《歷史的傷口》，我與趙善炬重遇。他負責票務，我負責節目統籌，過程中有了兩次有趣的交談。

第一次在售票交收結帳時。

他問我：「有人寫了文章『砌阿葉』（砌，粵語出手打人之意）我沒有看到，可否給我看看？」指的就是那第一篇文章，他假裝未看過，希望我承認是作者。

我帶笑地答：「為甚麼不讓香港朋友傳來給你或訂閱《開放雜誌》？」我不信他未看到，也沒有承認是作者。

他說：「不方便給地址。」很遵守黨紀似的，我想。

然後，他又問：「是否搬了家？搬到哪裡？吵架了嗎？」他在演出通訊錄中獲知我的電話號碼改了地區，不再是原來的列治文市。

我承認是搬了家，沒有告訴他具體地址。可能是因為我的錄音機，仍沿用柯其毅的聲音請人留言，把他弄疑惑了，問我是否吵架。

我答他：「哪有，沒有的事。」我是故布疑雲把他搞亂，這個答案使他拿不準我的實況。

第二次是節目彩排完畢後，他特別留下找機會問我：「現在搬到哪裡？溫哥華東南西北的哪一方？」

我說北方，實為南方，只想捉弄他，故布疑雲，告訴他假方向，假情況，無意中把他當作蔣幹。

他終覺沒趣而離去。

他刻意緊逼，苦苦追查我的近況，大膽而直接毫不掩飾，太著痕跡了，那種銳意刺探的醜態，令人討厭。這一次的接觸，加深我對他的估計：他仍在為黨工作，調查我的狀況是他的任務，要向黨彙報。他還告訴我年底要回港一行，是民主黨請他回去助選，即表示民主黨仍然信任他，而他正在吃兩家茶禮。

我把這次談話告訴華叔，希望他提高警惕，他回信說：「火兄（華叔對趙善炬的稱呼）還未見有負面的表現，再觀察一段較長的日子罷……再囑咐一句，火兄的事，千萬不要操之過急，慢慢看，慢慢來，將來也許還能夠拉出更重要的線索來，目前只作防守，不作任何進攻。」我是相當焦急的，擔心司徒先生未必相信我所提供的情況。

正是樹欲靜而風不息。直至學友社文藝組刊物《學藝》編輯，地下黨員宋樹材和他的黨員太太甘玉珍於二〇〇五年六月來訪，兩人都把一生的地下黨生涯和感受向我和盤托出，並願意讓我記錄下來，適當時候發表在宋的口述中，首先提到的是張綺玲（真名張燕萍，丈夫黃觀興）這個香島中學畢業生，是葉國華的下屬黨員。曾隨葉來學友社戲劇組後又離去，參加教協活動已經一段長時間，而且非常活躍。

宋樹材又揭露地下黨早於一九七三至七四年間由張綺玲負責成立了一個「六人黨組」，專門負責關注教師薪酬運動，並開宗明義要潛入、滲透、刺探、干擾和破壞教協，揚言要奪取司徒華的領導權。我大吃一驚，不禁驚呼：這是第二次奪權啊！事情果真得到進一步的證實，我的憂慮並非無中生有。

宋告訴我，他曾經是趙善炬的領導人（但幾次來溫市，趙對他都很冷淡，沒有任何接待）。後來宋與趙的組織關係轉給張綺玲，相信組成的「六人黨組」時，張仍是趙的領導。那個六人黨組就包括了趙善炬在內，其他五人是張綺玲、宋樹材、羅平、黎鳳娟和傅柏年。於一九九六年，華叔訪問溫市期間，我所遇到的趙善炬事件可以證實無誤了。宋說這幾個人中有的已經倒戈，成為教協的中堅份子，而傅柏年亦已從商，宋自己則自動脫黨，並未參加過對教協的行動。我把兩人的口述記錄妥為收藏，並未立即發表，一來考慮宋及其家人的安全，二來緊記著華叔關於「不動聲色」、「不利戰鬥」的囑咐，耐心等待時機。

我把這個新情況去信華叔，問他目前教協中是否真有張綺玲這個人。可能是事實勝於雄辯吧，他回信時有些緊張了：「我希望知道有關趙的盡可能詳細的資料，以前的和到加後的……你提供的資料，對我很有用。已改了名的張仍在教協……三十多年來，我都嚴防中共向教協奪權，當然我用我的方法對付，目前這危機比前更甚，所有任何情況都請先示。」

我按捺不住去信說：「按你來信所述教協情況有一種急迫感，是不是要把張綺玲等的密謀，一鍋熟地端出來，把它一網打盡呢？」

他仍然不主張採取行動，回信說：「關於張某在教協，不宜打草驚蛇。目前她是起不了甚麼作用的。我們還要靜觀，一步步地找出她的網絡來。是不能一網打盡的，此去彼來，有了其中的一些線索還較好辦。」

但，事情在急轉直下，宋樹材於二〇〇八年十二月不幸因車禍離世，我知道是時候了，便決心揭出這個事件。我寫了一篇悼念宋樹材的文章〈痛苦的覺醒——沉痛悼念宋樹材先生〉，其中略為提到這個神秘黨組，沒有完全刊出六人名單。

文章發表前我通知了華叔，他似乎更緊張了，來信詢問：「……宋所說的『六人黨組』，除文章所寫出的三人外，其餘三人是誰？雖然我大約能猜得出，但也希望能證實。張綺玲、趙善炬最近又重入教協的監事會，但他們的過去和現在都起不了甚麼作用。會務是公開的，不必刺探、干擾和破壞，恐怕還沒有這樣的能耐，何況我還是監事會主席。我希望他們是徐庶。謝謝你提供的資料。」

我對趙善炬自始至終都有一份憐憫之心。畢竟在學友社時，他只是一個少年，我是有責任的。因為希望他做徐庶，至這篇悼念文章發表前，我也希望通知他一聲。向旅行社負責人吳德行查問才知他已回流，在東莞一個農場工作。我打電話到東莞給他，他說自己做了農民，我一時不知說甚麼才好，只是問候一聲便收線。我相信他很快便會看到這篇文章，也會明白我老遠地打電話給他的原因。不過後來聯想到一則由民建聯刊登的，在東莞開設「專業服務中心」的廣告，覺得事有蹺蹊，憐憫之心便打了折扣。

終於，經歷了種種波折，我與華叔有機會再次相聚，那是二〇〇九年華叔最後一次訪問溫市。我借用許行先生的家與華叔見面，可以排除一切干擾，面對面輕鬆地談話，足足談了一個下午，約有四、五個小時之久，得到了一次真正的敘舊，還了我多年的心願。我們彼此問候，談及學友社舊人游順釗、馮以浤、張懷、陳煒良、柯其毅、李作雄等，我也問候了他的弟妹司徒衛幹、司徒嬋、司徒娟等，一股暖暖的激流湧至心上，我得到無限的安慰。

我們談到第一次奪權事件，彼此對照了各自的看法。華叔說：「實際上，李作雄的名單是他個人的，地下黨不過是利用它作為奪權的藉口。所謂路線鬥爭更是子虛烏有的煙幕，自一九五三年後我在學友社已無權無位，只教語文班，如果說有影響力，只不過是其他的人太無德無能而已。選舉後舊幹事會只換了兩人，另三人沒有變動，加了四個新人，其實內內外外的權都沒有變動過，何來奪權之有？」

聽他這樣說，我才知道原來他根本並不知道自己是被奪權的。我告訴他，我的領導人關老師確是用「奪權」這個字眼來形容整個事件，因為他雖無權無位卻擁有大多數群眾，許多青年學生都由他去組織學習，對他們有影響力，實際上就是幕後領導人。你的領導人不信任你，害怕你挾群眾自重，不聽黨的話，而奪走他們的權，所以要把你和一班朋友掃走。雖然你完全沒有這個所謂奪權之心，李作雄的名單根本沒有你的名字，但共產黨猜疑多忌，於是佈下一個誇張的計謀，要在選舉後更能穩當地掌控學友社的領導權。華叔聽後沉思了一會沒有作答，大概是並不同意。（二〇〇九年的這個談話，是在華叔的回憶錄《大江東去》尚未出版時進行的，因此兩人的說法維持原意，沒有共識。）

我們又談到教協副會長羅平，這位六人秘密黨組成員。我把經調查所知告訴華叔，羅平是教育學院出身，有英國學位，是摩利臣山工業學院文理系系主任，也是六人黨組成員的黎鳳娟是他的太太。他曾隨學友社系統的楊偉舉回國參觀學習，是學友社系統所發展的地下黨員，已經因癌病逝世。

華叔對我說：「是的，羅平臨終時向我坦白承認自己是潛伏在教協的地下黨員，不過他為人很好並沒有做過壞事。」

在回憶錄《大江東去》第三部〈嚴防中共滲透〉一節中，華叔更詳細地記述了當時的情景：「我知道在滲透者當中，有些熱心服務工作，後來退出共產黨，亦沒有再參加教協工作；也有些留下來，擔任要務。一位向我真誠相告，中共派他入教協的任務是甚麼。另一位身故的前副會長羅平，臨終前亦向我坦承是滲透教協的中共黨員……二〇一〇年十月初，黎鳳娟到聖母醫院探訪我，我告訴她我知道你們是中共黨員，但我亦知道你們是好人，沒有做壞事。」

華叔也在書中總結了經驗：「我的經驗是，共產黨滲透的目的，是要掌握這些團體的資料和內部運作方式，例如瞭解團體中的核心人物和工作人員，他們各自的人脈關係，他們的強弱項和長短處，怎樣透過他們的弱點去打擊或拉攏，甚至收買他們。

潛入教協的中共黨員也會私下搞串連，例如組織秘密小組或茶聚，聯繫一些相熟或同聲同氣的人，再利用這些人的群眾關係，透過民主選舉進入領導層，從而挾民意干預會務，或是販賣『私貨』推行他們的想法或計劃。他們的最終目標，是要掌握一個陣地，使該社團馴服於共產黨治下。共產黨的滲透是沒完沒了的，在乎你如何警惕，使他們不能得逞。」

華叔的話完全證實了那「六人黨組」的存在，也說明了共產黨員可以成為徐庶。是的，在華叔的領導下，教協已經成為一個大熔爐，可以把共產黨員熔化為徐庶。想到這裡，長久懸在我心上的一塊大石，終於可以放下了。

我們也談到張綺玲和趙善炬重新出現於教協的情況。我認為這「六人黨組」經過時日的變遷和這樣的揭發已經瓦解。但中共去除教協之心不會熄滅，現在他們再出現估計是聲東擊西的策略，另一個潛伏在教協的新的黨組早已成立。正是此去彼來，像蒼蠅一樣，需要常常用扇子驅趕。華叔點頭表示同意。

從現實效果來看，中共第二次佈局在「香港教育專業人員協會」向司徒華先生奪權的陰謀並沒有成功，這是華叔策略得宜的結果。談話結束時我感到非常快慰，一種完成任務的衝動在心中燃燒，竟不知道這已是最後的會面。

一個深受共產黨意識形態影響，而真誠地參與黨的工作的人，要擺脫，總得要經歷一番漸進過程。華叔也不例外，相信他是經歷了「六四屠殺」後才能真正地與中共在思想上、感情上劃清界線，義無反顧地走上一條追求自由民主的道路。

華叔是我覺醒後的精神導師。當我覺醒之後回望，看到了自己一身污垢，當我覺醒後前看，一片迷茫。這時，華叔寬恕了我，在我生命的最後部份中出現，以他錚錚鐵骨的光輝形象，以他諄諄的囑咐，引導我重拾信心和活力，培養獨立思考的能力，逐步走上揭露中共地下黨，追求自由民主的道路。他為我分析政情，嚴格批評我的文章，指點寫作經驗，還親手寄來一整套《三言堂結集》，讓我獲得有生以來從未有過的見識和力量。他的教誨將永遠銘感在心！

二〇一一年一月二日，司徒先生病逝於香港沙田威爾斯醫院，享年七十九歲。

華叔，請你安息，我將踏著你的前路繼續前進。

※ ※ ※

附 幾點關於司徒華先生的說明

自司徒華回憶錄《大江東去》出版之後，引起許多爭議，有善意的，有惡意的。我在此作出一些澄清，表達一些看法：

（一）

回憶錄第二部《挑燈看劍》中，華叔坦誠地憶述了他在中共地下黨內部的遭遇，承認自己曾加入中共的「新民主主義青年團」。這段保密了一生的經歷，令許多華叔的老戰友、同路人倍感詫異、傷心，甚至有被騙的感覺。因為他們從來沒有想過，華叔與地下黨有這樣深切的關係。

游順釗在他的一篇文章中，不無幽默地說：「如果他的回憶錄寫的大家都已聽說過的，他幹嘛在晚年裡，甚至在病榻上為此來操心呢？你們也願意花一百多塊錢和幾十個鐘頭時間去看這本滿是耳熟能詳的內容的回憶錄嗎？」

華叔沒有在生前把入團的經過和地下黨離棄他的前因後果公諸於世的原因是：「不利戰鬥」。這點在前文中，關於是否披露「奪權鬥爭」一事，我與華叔的討論已經表達過了。可以想像，如果華叔過早公開他與地下黨的關係，那麼他所創立的「教協」、「支聯會」或「民主黨」的工作必然節外生枝，使他窮於應付，好像開了一個缺口，讓敵人抓到把柄，把他打倒。華叔年青時投向中國共產黨的意願，是歷史形勢的產物，那個時代的青年，只要是稍有理想，稍有良知的，多數都逃不出中共的圈套，華叔當然也不能例外，我們何必責怪他的中共關係？

華叔在與中共長時間的糾纏中，認識了這個黨的本質，他在回憶錄中說：「青少年時代，我相信共產主義理想，嚮往沒有階級的大同世界。閱世了，漸漸發覺這是一個空想的烏托邦。更有甚者，發覺鼓吹這一套的人，往往是騙子，本身並不相信這理想，只作為幌子去達到卑鄙的目的而已。上世紀的國際共產主義運動，就是歷史上最大的騙局，多少人為此而犧牲了生命。」

他又說：「中共所宣揚的革命理想，吸引包括我在內的大批熱血青年，為所謂的革命獻身。我並不認為，中共是在奪得政權後蛻變，而是黨的本質的暴露。『鬥爭哲學』和『權力鬥爭』是共產黨的胎毒，從建黨的那一天起就不時發作。中共的本質是『絕對權力』、『權力第一』。」（《大江東去》頁一〇五）

華叔徹底的覺醒是在「六四屠殺」之後，他說：「六四血腥鎮壓，我對中共本質有了徹底的認識，並與之徹底決裂，令我自少年時代經歷民族苦難培養起來的愛國情懷，由幻滅，走向重建。」

從以上文字可以看到，華叔徹底覺醒，與中共撇清了組織關係後，經過嚴肅的反思，堅定地走自己的民主之路，並且在死後留下的回憶錄中，完整地向世人作出了交代，他是負責任的，我們不必再有甚麼懷疑了。

華叔是一位受害者，我們應該理解和體諒並且同意他的處理方法。

（二）

在回憶錄（《大江東去》頁二〇五）中，華叔披露教協副會長羅平和他的妻子黎鳳娟都是地下黨員，羅平在臨終前向他坦承是滲透教協會的中共黨員。為了這段記述，黎鳳娟發表文章〈我們不是黨員〉，高調否認華叔在回憶錄中的說話，還認為華叔是被我的文章所影響而記憶錯誤。

事實上，關於羅平和黎鳳娟是中共黨員的說法，還另有一個證據，那就是宋樹材在口述遺言中揭露的「六人黨組」，這六人的名單就包括了羅平和黎鳳娟，證實兩位的地下黨員身分與華叔的憶述完全一致。

為此，我在二〇一一年九月撰文〈回應黎鳳娟女士〉，告訴她關於這「六人黨組」一事。也讓她知道，我曾三次發表此文，首兩次都沒有刊出他們兩人的名字，直到二〇〇九年四月與華叔會面時核對，證明這「六人黨組」的確存在，才慎重地把六人名字，包括羅平和黎鳳娟，完整地刊出，並不是我的無中生有。

事件證明中共滲透教協的行動正在進行，也證明羅平經已覺醒，讓人們看到人性的光輝可以戰勝一切黑暗。我對黎鳳娟女士說：她和羅平是否黨員只有她自己和上帝知道。如果他們不是，我為他們高興，祝賀他們沒有上當入黨，是最大的幸事。但倘若他們真是黨員的話，出路只有一條，就是退黨。學習宋樹材吧，可以重新得到精神上的寧靜平安，請她三思為要。

（三）

在眾多斷章取義歪曲華叔文字的人之中，最為狠毒的莫過於聲稱是華叔老戰友的專欄作家蘇賡哲了。在《大江東去》出版後，我看過他總共二十篇以上關於華叔的文章，篇篇都是引用書中文字，經過鋪陳推論之後，認為華叔受中共要挾而向中共就範，以此攻擊華叔是裡應外合為中共工作。他反覆推銷這個自己創作出來的故事，沒完沒了，無非就是要毀掉華叔光輝的一生。

蘇賡哲也把我的文章句子加以扭曲，利用作為證據，令我不勝其擾。我為此撰寫了〈回應蘇賡哲〉、〈蘇賡哲錯了〉及〈誰在撒稗子〉三篇文章作為反駁。

在華叔回憶錄「解開我要求入黨之謎」（《大江東去》頁一〇一、一〇二）一節中，有如下的記錄：

一九八四年底，許家屯叫新華社副編輯林風到我家中，找我談話，邀請我加入中國共產黨，我即時拒絕。……我入甚麼黨？你都沒有解釋以前為甚麼甩掉我。你先解釋這個問題我才回覆你。當年中共對我，呼之即來，揮之則去。用卑劣的手段，多番排擠打擊，炮製很多莫須有的指控，而對我的申訴卻不了了之。這些問題不解釋清楚，我怎麼考慮入黨呢？

林風怕許家屯惱羞成怒，勸華叔用一個婉轉的理由回覆，華叔便抄錄了中共高官陳雲的文章作為回答。陳雲說：許多黨員只有暫時退出黨才能不受組織牽累，便於黨外活動。……大多數進步的中上層分子應該暫時只作黨外共產主義者而不必入黨。

以上的記載，可以看到當時的中共地下港澳工委書記許家屯的確希望把華叔作為培養對象，派人拉攏他，遊說他回歸共黨隊伍，其實是希望他恢復組織關係，不是重新入黨。以前中共的團員可以直接轉正為黨員，不必再舉行儀式。但卻遭華叔一口拒絕了。華叔向許家屯提出過去受辱之事，是給他一個難題，作為拒絕的理由，並非真要他解釋，也知道他是無從解釋的。至於華叔引用陳雲文章裡的話，是聽取了林風的意見，想給許家屯一個婉轉的回覆。以黨官的話語作為擋箭牌，華叔真正的意思是，自己離開了共產黨的組織更能做出很多有益的事，並不是說為中共做事。

自此以後，許家屯再沒有跟華叔提及加入中共的事，但卻在他自己的回憶錄（《許家屯香港回憶錄》，頁一四九）中寫下這樣的文字：「司徒華曾經是年輕教師愛中國、要求回歸中國的這一派，他曾自己要求參加共產黨。我到香港後，每年與司徒華見面一、兩次，他曾向我表示看到《陳雲選集》後，不想加入共產黨了。假如以非黨員身份，工作會更好做一些，個人自由度也更大一些。」

許家屯這樣的說法是非常奸猾的，他一方面說華叔自己要求入黨，卻並未說明那是一九六〇年代華叔作為超齡的「新民主主義青年團」團員對轉為正式黨員的合理要求，不是要求入黨，使人有極大的誤解；另一方面又把陳雲的說話當成是華叔的話，變作華叔是為黨工作的證據。這真是陷華叔於不義的最卑鄙下流的計謀。明顯地，華叔多次被中共糊弄，誣衊和陷害，而以這次許家屯的陷害為最。

為甚麼有些人不但不作同情，還總是懷疑華叔的清白，甚至落井下石，扭曲地說成華叔是苦苦要求入黨？

比如高爾泰，一位我曾為他在著作《尋找家園》所講述的悲慘遭遇而潸然淚下的藝術家，竟然在他的另一本著作《草色連雲》中，對華叔提出質疑，令我非常失望。

高爾泰先是在二〇〇八年發表了一篇文章〈我所知道的司徒華〉，文中除了感謝支聯會在「六四屠殺」之後，通過「黃雀行動」對他的營救外，更大大地讚揚華叔，說他一貫光明磊落，正道直行，價值觀層面上的理想主義精神，令人益增欽敬。又說華叔「有德，有智，有體又有群」，自然就有人文之美。

但兩年後，高爾泰在《草色連雲》中卻武斷地認為：「先生和中聯辦秘密談判」，就後悔以前的話說得「太滿了」。至《大江東去》出版，首次知道華叔「在黨的領導下以教師身分做地下工作的歷史」，便又痛切地感到「自己太輕率了」。

然後，高爾泰又簡單地，斷章取義地把許家屯陷害華叔的說話，說成是華叔自己的說話，他似乎真的相信華叔就是一個希望靠共產黨向上爬的人。這真是匪夷所思！

時至今天，華叔是否黨員或是否要求入黨已經不重要。華叔在他的行動實踐中證明了他的清白。難道他一生的功績，他堅決反對一黨專政，熱切追求民主自由的心，還能有甚麼可疑的地方嗎？

（四）

在《大江東去》（頁八十一、八十二）中，華叔有一段說話如下：

> 學友社由創辦到運作，在中共的實際掌握下，已經成為一個表面以英文書院學生為主體，實際上是進步學生的組織，並能在嚴峻的政治環境下得以生存下去。……在中共地下組織的教育戰線系統中，學友社是灰校線的成功典範……

看了這段文字，我是百感交集，久久不能平靜的。我同意「學友社是香港地下黨教育戰線的灰校線的成功典範」這個說法，學友社的確完成了中共培養高級知識分子黨員，去滲透大專院校和港府部門的功能，而這正是我很最傷感之處，因為這個成功的「典範」有華叔的功勞，也就是說，華叔參與創辦的這個「典範」，執行了披上灰色外衣、掩藏地下黨滲透工作的策略。我想，華叔對共產黨的這項「貢獻」即使是成功，也不過是助紂為虐而已。

我之所以傷感是因為我認為曾經為中共辦過事或出謀獻策的人，必須反思和懺悔。可是華叔沒有時間了，來不及為他的這種貢獻而反思，而懺悔。可以說，終其一生，華叔未能完全地洗清他曾接受的紅色污染，也就是毒狼奶。現在，他已經無法知道，中共利用這種披上灰色外衣的地下黨策略，正在臺灣以及全世界各國進行滲透、侵蝕和擴張。

（五）

我們必須明白，這本《大江東去》回憶錄，並不是由華叔親自一字一句、從頭到尾撰寫，而是由他的親人根據筆記、手稿和口述錄音整理而成的。他的弟弟司徒衛幹告訴我，他是執筆人之一。

雖然就全書內容來說，基本上盡錄了華叔的真實經歷，盡顯了他的思想、他的立場、他的語氣風格，但在一些關鍵的章節中，在用詞用句方面常有語焉不詳的地方，恐怕未能準確表達華叔的想法。尤其是關於〈解開我要求入黨之謎〉一節，不免容易引致部分友人的誤會，足以讓中共或奸人所利用，這是非常遺憾的。

三、接關係

修頓球場到了，我走下電車。記起關曼瑤老師的叮囑，我停下腳步，回頭細心審視隨後下車的幾個人：有三個男女掉頭向西走去，有兩個老婦橫過馬路，只有我一人是繼續朝東走。我放心了，這是甩掉「尾巴」[4]的最佳辦法。大約步行了兩個車站，我穿過馬路，掩進行人路上洶湧的人潮，沿著五光十色的店舖繼續前行。路過一個報攤，我買了一份《真欄日報》，放進大手提袋時，順勢小心地看看周邊的人，左邊不遠有一個水果攤，小販大聲叫賣，圍著幾個正在挑揀水果的人，右邊是一些過路

[4] 甩尾巴：擺脫特務跟蹤的方法。

的男女和一個面向馬路站著的人，我耐心地等待他的去向。不久，他跑過對面馬路了。確定沒有可疑人物跟蹤，我繼續順著灣仔道向東走去。

時維一九五九年炎熱的夏天，下午四時左右的下班時分。烈日仍然高懸，熱氣灼人，馬路上車水馬龍，街上行人熙來攘往，加上小販的喊叫聲，空氣顯得格外燥熱，悶熱的天氣使我的心情更加緊張。

我身上穿上的淺藍色陰丹士林布旗袍，是我最喜歡的，如果加上一條白色長圍巾，就像極了小說《青春之歌》女主角林道靜的革命者形象了。我又攜帶了兩本書，預先各用淺黃和深藍色軟紙包上封底封面，都放在大手提袋內，這些都是這次接關係的暗號。

走著走著，看到了ｘｘ餐廳就在馬路的對面，這就是地下黨通知我的接頭地點。我回頭再謹慎地察看前後左右的行人，作最後一次檢查「尾巴」，這是我生平第一次接組織關係，少不免格外地謹慎。確定一切「安全」了，我懷著興奮的心情，放開腳步走進ｘｘ餐廳，直上閣樓。餐廳顧客不少，人聲、杯碟碰撞聲夾雜在一起，頗為熱鬧。但樓上卻非常清靜，只我一人，這正是我所期望的。看看時鐘，剛好四時十五分，離約定的時間還有十五分鐘。我揀了一個可觀望樓下大門的座位坐下，侍者過來，我要了一杯紅豆冰。然後，把報紙拿出來放在餐桌的左邊，把兩本書放在報紙上，依指示把深藍的放於下，淺黃的在上。也沒有忘記把報紙上「真欄」兩字顯露出來。把這些關老師囑咐的接頭暗號安放定當後，我便定下神來靜靜地等待著。

這時，許多事情突然湧上心頭。自從被派去學友社，經歷驚異的選舉奪權，我當選為常務委員之後，關老師逐漸減少和我見面，我有些奇異的感覺。到了大約一星期前，她突然緊急地約我在學校教員休息室見面，這是前所未見的，我知道有事情要發生了。果然，她告訴我，因為學友社是屬於地下灰校線的系統，為了工作的方便和直接，黨領導決定把我從紅校線組織系統外調到灰校線的組織關係去，並定下了此次接關係的安排。她非常精細地，反覆地交代了所有接關係時的暗號、暗語，讓我用心記著。

聽了她的安排，我心中有些恐慌，也有些不捨。畢竟，我與她相處多年，離開多年教導我的老師，有些難受。她安慰我說，那邊也有很多好同志，可以互相扶持，彼此勉勵。她也囑咐我要相信組織，相信黨，事事依靠黨領導，和他們一起為解放事業而奮鬥。說到這裡我的心又踏實了不少，對於未來的生活充滿憧憬，便毫無異議地服從紀律，接受這個安排了。

準四時半了，我回過神來，從閣樓向下望去，只見一個婦人推門而入，沒有張望直上閣樓。我心內一緊，她已不慌不忙地走到我面前，眼神嚴厲地注視一下我的旗袍，再看了看餐檯上的書報，便說：

「阿珍，放工啦！」

「係呀，今日放早的。」

「今日有乜野好戲睇呀？」

「有呀，白燕個齣幾好睇架。」

「咁我地一陣一齊去睇囉。」

「好呀。」

只見她神色一轉，堆出了一個笑臉，這表示暗號、暗語均已對準了，可放下心頭大石，認定我就是她的接頭人，向侍者要了一杯檸檬冰水就在我的對面坐下。我吃著紅豆冰，細細地把她端詳一番：她中等瘦削身材，大約三十歲出頭。五官端正，眼睛炯炯有神。身上穿著淺色短袖襯衣，黑色長褲，一派國內幹部的風貌。我明白這個穿著簡樸、其貌不揚的婦人，就是我今後的領導人。

我們兩人繼續東拉西扯地說了一回話，便結帳下樓。走出餐廳，我跟著她一先一後相隔十步左右地走向電車站，又隨她於堅尼地城下車，沿山市街步上學士台。前面來到一棟古老大屋，婦人用三長兩短的暗號敲門，門開了，開門的竟是學友社的梁濬昇，他只向我點一下頭沒有說話，便引領我們走進一間陰暗詭祕小房內。我環顧四周，房間只有八十來方呎，近牆邊用兩塊木板搭成的高床上沒有任何被褥枕頭之類的寢品，床下及沿牆兩邊放滿了各色各樣的雜物，餘下的空間就僅夠擺放幾張椅子。

房內坐著的還有漢華中學畢業的李綺玲，也已在學友社見過面。另有兩名不認識的男子，只聽得他們同聲喊道：「大姐，好嗎？」原來這和我接頭的婦人被稱為「大姐」。大姐向我介紹：高個子大塊頭的是大陳，年紀最大的吸煙人是老林，而這個地下黨秘密會議地點就是梁濬昇的房間。

會議開始，大姐首先作了一番開場白，簡單介紹祖國自一九五八年大躍進，人民公社建立後，正快速地奔向社會主義，國際地位也日益提高等情況。跟著再重申地下黨工作的重要性，又傳達了上級領導對香港工作的十六字方針：「隱蔽精幹，長期埋伏，積蓄力量，以待時機」。

然後，她宣布我們在座五人是「學友中西舞蹈研究社」在經過選舉奪權後的領導核心組，它接受中共地下黨港澳工作委員會屬下教育戰線中灰校線的領導。雖然她沒有正式宣布，我相信這個核心組應該是灰校線屬下的學友社支部了。這五人中沒有了在學友社見過的疑似地下黨員胡國雄和何雁棠，只有梁濬昇和李綺玲就是我同志。我們三人當時在學友社的公開職務是：梁濬昇續任常務委員會的主席，李綺玲是文書，而我是聯誼部負責人。

關於學友社今後的工作方向，也是本次會議的另一議題。主要也是由大姐傳達組織的意見，沒有多少討論。根據領導上的指示，她認為學友社今後應該擴大團結，開展廣泛的愛國統一戰線工作，健全社內各組別活動，廣泛團結灰校學生。在社務工作開展過程中發展黨、團員，以落實積蓄力量的指示。為適合「舞蹈研究社」的名稱，將調派更多舞蹈人才來社，優先發展舞蹈活動。她開宗明義地表明，舞蹈是作為團結青年學生的工具，也是統戰本港舞蹈藝術界人士的手段，卻並未明確提及發展哪類型舞蹈，如何提高藝術素養，而這就是今後工作的大方向。

最後，大姐收起笑臉，非常嚴肅地講到本港階級鬥爭的嚴重情況。她說：「自一九四九年以來，港英政府抓捕黨員，把他們逮解出境已多次發生。我們地下黨的工作一方面要防備港英政府特務的破壞，另一方面要反擊國民黨特務的干擾，也要洞察托洛斯基派（即托派）的滲透。」

為了防範地下組織的暴露，這個核心組，實分三個層次。第一層最高領導是大姐，第二層是大陳和老林，第三層是梁濬昇李綺玲和我三人。大陳和老林既直接受大姐的領導，也直接幕後領導我們三個公開參與學友社活動並掌握具體工作的黨員。大陳和老林亦分別負責學友社內還有的其他黨員及黨組的聯繫。但他們二人和大姐是不會直接來社參加經常活動，只會作為觀眾出現在人多擠擁的聖誕晚會或公演活動之中，親身感受一下現場的氣氛。所以雖說這是核心組，其實公開在社內工作的我們三人是無法知道全局的，而我們的普通社員更完全不知道會有這樣的三位幕後人控制著學友社。

這個領導核心組實際上只開了幾次會，以後便由大陳一人領導我們三人定期每週開會一次，多在梁濬昇和李綺玲兩人婚後的家中舉行。大姐只在上級黨組織有重要事情需要往下傳達或時局的關鍵時刻才偶爾出現。老林不久便被調到別處工作，理由是他已不再適合學生工作，我只見過他一段短短的時間。公開與隱蔽兩手並用，採分而治之的方法，是中共控制地下工作的常規，這樣的保密功夫真是非常到家，正符合隱蔽精幹的原則。

大約經過兩年左右，這個核心組經歷重組成為七人核心組，成員增加了三人，包括老王、楊偉舉和柯其毅。這三人取代了老林，李綺玲和梁濬昇，至「六七暴動」時更加入梁滿玉，以大姐的機要交通員身份參加。[5]這時七人核心組的第一層仍是大姐，第二層便是大陳和老王，第三層則是由大陳直接領導的我和由老王直接領導的柯其毅、楊偉舉和梁滿玉。（如此這般，我有了幾位有組織關係的「革命同志」，與他們一起度過波濤洶湧的歲月，結下近二十年的千絲萬縷的關係，消耗了全部珍貴的青春。

會議結束，我們分批各自離去。我獨自趕到天星小輪碼頭，直奔九龍去。坐在船邊，我出神地看著小輪慢慢離岸，在美麗的維多利亞港緩緩行駛，想起今天新認識的同志，實在太興奮，心潮起伏就像拍打著船舷的輕湧的波濤，一波又一波。

「革命同志」，這個神聖的稱號，在蘇聯歌曲〈祖國進行曲〉的歌詞中如此稱頌：「……我們驕傲地稱呼是同志，它比一切尊稱都光榮，有這稱呼各處都是家庭，不分人種黑白棕黃紅，這個稱呼無論誰都熟悉，憑著它就彼此更親密。」

我常常想，革命同志之間，意謂著是一種具有共同理想，襟懷坦蕩，推心置腹，互助互勉，生死與共的關係。從眾多革命小說中，我是這樣認識的。小說《青春之歌》中的林道靜與盧嘉川和江華之間那種共同的革命理想與純潔的愛情；《牛虻》中的瓊瑪與亞瑟和瑪梯尼之間超越愛情的同志的愛，都是我所嚮往的關係。我曾經以為，一個人一旦被封上「革命同志」這個稱號後，便天然地具備了這種人類的最高貴的品格，最純潔的關係了。長大後，經歷了無數的風浪，我才知道，我所追求的這種人與人之間的崇高的關係，只在天上才能找到。

5 中共機要交通員的工作是把機密文件或檔案直接安全遞交到領導人手上，避免經郵局寄出時被查處，有嚴密的簽收制度。

不一會，船泊岸了，我帶著輕快的心情，隨著人流上岸，搭上了公車趕赴油麻地砵蘭街衛文學校。[6]快到門前了，一陣陣煨番薯的香氣從不遠之處撲鼻而來，想起還未有吃過晚飯，便信步向攤檔走去。小販把番薯埋在一個鐵桶做成熱爐的炭火裡，用慢火把它煨熟。他看我到來光顧，便按我的要求揀出兩條大大的煨番薯放入紙袋中。我手捧熱騰騰香噴噴的煨番薯，回到衛文學校。

紅校學生畢業後在不同時期有不同的出路，早期的絕大多數回國升學，六〇年代後則多由學校分配到各中資機構、工會或小規模親共學校工作。我被分配到衛文學校教書。

校長何衛文一家就住在校內，看來還未休息。我走過去和他們打過招呼，道過晚安，又向他們要了一杯溫水，便走上二樓的課室，進門後又不忘反身把課室門緊緊鎖好，知道自己單身，要小心為上。

打開窗戶，只見深藍色的天空正掛著一輪滿月，像一盞遠方的燈塔照亮著我的心，縷縷的月光從窗子傾瀉進來，灑滿一地，給我一份格外的溫暖。我剝開番薯，把清甜鬆軟的薯肉送進口中，也送走了一腔的倦意。

自從一九五六年家人遷居廣州後，我便沒有了固定的居所。最初寄居在大家姐家，但她的家人很多，沒有多餘的房間可以容納我這個姨仔，我只能睡在客廳的長沙發上，這似乎不是長久之計。加上大家姐與丈夫關係並不見好，她活得並不快樂。每逢晚上我臨睡前，姐夫總是來到長沙發前與我說一

[6] 衛文學校是一間小學，由內地來港文人何衛文創立，只有二百多學生。中共地下黨向何衛文進行統戰，使他於一九四九年在校內掛上五星國旗，成為「統戰學校」。校長年紀老邁，整天喝酒醉醺醺，所有校務交由兒子何侶寧打理。「六七暴動」時港英警察搜查學校，時任學校主任的何侶寧被捕，在獄中受虐，出獄後年歲未到五旬便早逝。現時的校長是他們的後人何其強。

些無關重要的話。大家姐見狀，便希望我搬出去。她說，如果沒有去處可以去女青年會，但我並不瞭解女青年會在哪裡，是甚麼機構。

在走投無路之際，向同班同學、曾經和我一同表演舞蹈的陳恩清求助，她倒是非常熱情地邀請我到她家住下。恩清的家在一個街角的樓上，有很大的走馬騎樓，空氣流通，寬敞舒適。她的母親是一位助產士，家裡佈置了兩個房間用作接待來生產的孕婦。當聽到孕婦的呻吟和嬰兒的哭聲的時候，我第一次感受到生命的奧秘。我在這裡住得很安心，非常感謝恩清和她母親的照顧。

在恩清家住了一陣子，母親知道後認為這也不是長久辦法，便去聯絡哥哥們的舊同學，麗華姐和萬姐。原來她們倆正準備合租一個房間共住，母親就請她們加入我這個小朋友，她們同意了，便在尖沙咀加連威老道租下一個只能放下一床一桌的小小的工人房。原準備做一張兩格雙層床，現在為了我便做成三層了。我們三人住在一起自稱「三劍俠」，麗華姐是研究文物的學者，萬姐是文員，都喜愛音樂和美術。我們相處得很愉快，我也相當感謝她們的幫助的。

我在這裡住到中學畢業，關老師通知我去衛文學校教書作為公開的職業。面見後，何衛文校長僱用我為全職教師，月薪一百二十元，後來加薪到一百八十元。我給母親九十元，每天回香島中學教職員飯堂吃飯，費用很少。如是者，我有了自己的收入了。

想到這裡，有了倦意，記起明天一大早學生便要回到這個課室上課。我匆匆地到洗手間梳洗一番後，便要安排睡處。我先移動幾張學生的書桌，把它們拼湊起來，成為單人床的尺寸。然後再在靠牆的長櫃裡取出被褥、枕頭、床墊舖在上面，這就成了我的睡床，可以讓我安然入睡了。衛文學校的這個課室就是我的居所。

四、領導黨員

說明

就我認識的中共地下黨員中，可以分為兩類，第一類我稱之為領導黨員，第二類則為基層黨員。領導黨員負責聯絡下級基層黨員，對他們傳達上級組織的方針指示，收集他們的思想動向，進行思想教育，以及佈置工作項目。領導黨員由上級黨組織派出，通常起著基層與上級的橋樑作用。他們都有公開職業作為掩護，真實工作卻是定期秘密會見基層黨員，通常每週一次。他們不會在其所領的單位公開出現，該單位的普通會員不會知道有這樣一位幕後領導人。有人指這領導黨員和基層黨員是上線和下線的關係，我認為這並不真實，因為這並不是單純的聯絡，而是要起到領導的作用。

梁煥然

梁煥然，領導黨員，代號大姐，是中共自國內派駐香港的地下黨員，潛伏在培僑中學當數學教師。她看來精明能幹，黨性很強，理論也有一定水平，常在講話中引用《反杜林主義》、《國家與革命》、《法蘭西內戰》、《共產黨宣言》等革命文獻。她對問題的歸納，分析和邏輯思維都有些功力，言論很能服眾，看著還算得上像個領導幹部。對於我這樣一個十八、九歲，嚮往革命的女孩子來說，她是有足夠的吸引力讓我自動地追隨她。

她也會約我單獨談話，關心我的生活及思想，常會問及健康、職業和婚姻狀況，如問我結婚多年為甚麼沒有生孩子等等。許多時我沒有把實情告訴她，始終，我對她，很難像對關老師那樣信任和忠誠。可以說，她由始至終未能真正掌握我的真實思想。

她常安排七人核心黨組進行學習，內容主要是毛澤東著作，重點是「階級鬥爭」的理論。比如在文章〈丟掉幻想，準備鬥爭〉中：「階級鬥爭，一些階級勝利了，一些階級消滅了。這就是歷史，這就是幾千年的文明史。拿這個觀點解釋歷史的就叫做歷史唯物主義，站在這個觀點的反面的是歷史唯心主義。」又如《實踐論》的「在階級社會中，每一個人都在一定的階級地位中，各種思想無不打上階級烙印……」再如《矛盾論》的：「社會的變化主要地是由於社會內部矛盾的發展，即生產力和生產關係的矛盾，由於這些矛盾的發展推動了社會的前進，推動了新舊社會的代謝。」

我們也學習了《共產黨宣言》，它在序言中開宗明義地說：「一個幽靈——共產主義幽靈，在歐洲遊蕩。」[7]預言共產主義的到臨，並鼓勵無產者聯合起來，發動革命，推翻資本主義，並建立一個無產階級的社會。它又闡述了唯物歷史觀：「一切過去社會的歷史，是階級鬥爭的歷史」。它宣稱：「整個社會分成兩個大的敵對的營壘，兩個大的互相直接對立的階級，資產階級與無產階級……資產階級不斷地利用無產階級的勞動力，為自己創造利潤和積累資本。然而，資產階級卻因而生產了自己的掘墓人，無產階級——近代工人。無產者將不可避免地意識到自己的潛力，並以暴力革命推翻政權，推翻資產階級。」概括起來說，就是消滅私有制。最後它號召：「全世界無產者，聯合起來！」

---

[7] 《共產黨宣言》是德國哲學家馬克思和恩格斯合著的政治文件，該宣言受「共產主義聯盟」委託於一八四八年在倫敦出版。它為階級鬥爭以及資本主義和資本主義生產方式的衝突提供了一個分析的方法，也總結了馬克思和恩格斯關於社會和政治本質的理論。

一九二二年，俄羅斯建立蘇維埃社會主義共和國聯盟，隨之建立第三國際，並向世界擴展共產主義。

我是相當認真地參與這些學習的。這些理論告訴我，它要建立的是一個各盡所能、各取所需的無產階級專政的共產主義社會。這個社會不會有階級，政府和國家，成為一個自由、平等的世界。在沒有其他知識資源可讓我去質疑、去選擇的情況之下，我完全地接收了這套理論。我認同資產階級和無產階級的存在，也認同兩者之間的鬥爭，相信這種鬥爭是推動社會前進的動力。我因而認為：「先進工人階級的政黨——共產黨，推翻資本主義制度的革命就是正義的、偉大的事業，參與其中就是光榮的行動」這種說法是正確的，並要付諸實行。這就是我對無產階級革命全部的認識，這個認識影響了我的一生。

但我並不認為我就是馬克思主義者，共產主義離我太遠了，我很難全部地去瞭解。我認為我只是一個愛國主義者，覺得共產主義理論適合中國，可以改造中國成為先進的國家，為祖國的解放事業作出貢獻才是我的理想。

自從中國經歷了一九五八年前後的總路線，大躍進，人民公社的三面紅旗運動以及大饑荒之後，毛澤東教條主義的階級鬥爭狂熱不但全無遏止之勢，而且變本加厲。他繼續大吹鬥爭號角，一聲緊似一聲，像追魂的鬼魅。至一九六二年中共八屆十中全會上，他作了《千萬不要忘記階級鬥爭》的講話，提出階級鬥爭必須年年講，月月講，天天講。他使階級鬥爭理論僵化為一個「恨」字，以至文化大革命期間八大樣板戲之一，京劇「紅燈記」中，竟然出現「咬住仇，咬住恨，仇恨入心要發芽」這樣嚇人的歌詞，把仇恨意識推上了極致。

學友社七人核心黨組當然亦步亦趨，緊跟毛主席的指示加快學習。有一次，大家正熱烈討論，梁煥然突然激情地說：「階級鬥爭是你死我活的，你不殺他，他要殺你，我們腦子裡一定要有階級鬥爭這根弦。」講到緊張時，她殺氣騰騰地拍著檯大喝一聲：「階級鬥爭喺邊度（在哪裡）？」把我的頭腦震盪得幾乎暈眩。作為一般性的理論學習，港英政府，國民黨和托派都是階級敵人，要進行鬥爭，我是明白的，可她這麼一聲「喺邊度」，突然把階級鬥爭拉到我們的面前，不只是理論學習了，要動真格了，那根被她拉緊了的弦，真把我嚇得目瞪口呆！自此，挖階級敵人的工作開始上路，成為貫串學友社工作的總綱。毛澤東在反右運動中定下一個配額，就是在一個機構中應要挖掘至少百分之五的「右派」，現在為落實這個配額，這個大姐可是費煞心思了。

梁煥然在黨內本可一帆風順，扶搖直上。從整個地下黨的層面看，「六七暴動」是失敗的，但灰校線的學生工作卻有可喜的發展，吸收了一批黨員和積極分子，灰校學生工作由一點點發展成一片片。梁煥然屬下的學友社，以組織學生文娛康樂和溫習功課活動為外衣的策略起了很大的作用，使她立了大功。地下黨總結認為，社團的形式對發展黨員工作有利，於是決定籌辦更多團體或機構，重新出發。

學友社系統建立了「楓華舞蹈學校」、「聲藝國樂社」、「海暉文化學社」，此外還有各式補習社等等。有一間於一九六九年成立的「思明英文中學」，是動員整個系統的人力物力建成的學校，初期校舍位於灣仔道，後於一九七二年搬至荃灣享禾街並於一九八七年結業。校監是李金鐘[8]，校長是香港大學數學系畢業的陳鳳潔，副校長及輔導主任是羅玉燕[9]，其他教師均由港大、浸

8 李金鐘：一九五〇年代就讀漢華中學，畢業後入讀中文大學，一九七九年任香港中文大學校友會聯會會長。大學畢業後初期在九龍塘中學任教，其後創立「思明英文中學」擔任校監，至該校停辦前的一九八五年轉去孔聖堂中學任校長。是高齡教育工作者聯誼會會長，是由漢華中學培養出來的地下共產黨員。

9 羅玉燕：浸會大學畢業，曾任「思明英文中學」副校長兼輔導主任。後在葉國華的太太陳保瓊為校監的耀中國際學校任職。是地下黨員。

大以及皇仁、英皇的中七舊生組成。當時我也動員過學友社的一些黨員學生轉校就讀該校。其中一位學生向我透露：「有一位神秘領導人，在校內沒有固定工作及身份，好像是大總管。平日衣著簡樸，只穿夏威夷恤及西裝褲。人們只稱他張先生。」我從其他渠道知道，這位張先生就是梁煥然的丈夫，後來被揭發出這個丈夫黨員竟然挪用學校公款私用，且生活糜爛腐化。當上級領導進行調查時，梁煥然竟意圖為丈夫掩飾，因而也犯了錯。聽說她丈夫後來被召回廣州勞改，大姐離了婚，也被召回國內檢討處分，失去了所有的職位。這些都是發生在我已離開香港之後。

直到近年，聽說許多黨員聚會時，都把那幾年地下黨的過錯，包括「六七暴動」的所謂路線錯誤，都歸罪於這位梁煥然大姐身上。這就是我的頂級領導人的下場。而據傳，她也已死了。

歐陽成潮

歐陽成潮，領導黨員，代號大陳，是培僑中學畢業的商界富家子弟。家族在灣仔經營米舖，他負責掌櫃，又在灣仔波斯富街開了一間餐廳。他繼承了家族遺產，並不是真正的無產階級。

在上世紀五〇年代，他曾經是晶報創辦人之一，也曾開辦金陵出版社，為學者盧子健和葉建源出版學術書籍。八〇年代被黨組織調動崗位，離開灰校線轉到商界工作。曾是香港協進聯盟及香港廣東社團總會創會成員之一，亦曾任該兩會的秘書長。是香港廣東社團總會慈善基金秘書長。

我這位地下領導人在那個時期走革命道路走得很辛苦，他的政治覺悟與黨的需要實在距離太遠，要去領導別人，帶人進步，可說是他的一個沉重的負擔。印象中，他沒有多少革命理論，無論學習甚麼，他的發言從來未曾使我共鳴過。

有一次，也是唯一的一次，他安排我單獨學習劉少奇的文章〈論共產黨員的修養〉，我很用心學習，從文章學習到：

共產黨員應在不斷的革命鬥爭中改造社會的同時也要改造自己，要鍛煉修養自己成為品質優良，政治堅定的革命者。

按黨章規定，黨員只要承認黨綱、黨章，繳交每月黨費，並在黨的一個組織內擔負一定的工作，就可成為黨員，但我們不應只做起碼夠格的黨員，要不斷力求進步，努力學習馬克斯列寧主義，把他們兩人作為我們鍛煉修養的模範。

黨員的個人利益要無條件地服從黨的利益。能否犧牲個人利益是考驗這個黨員是否忠於黨的標準。黨性和組織觀念是共產黨員最高，最純潔的道德表現。一個共產黨員的思想意識應只有共產主義的利益和目的，做到真正大公無私，沒有獨立的個人目的和個人打算，那他就是最有共產主義道德，最勇敢的共產黨員。共產黨員是人類中最偉大，最高尚的人。

所有這一套思想，我照單全收，沒有能力反對。甚至認同一些人的說法：一個共產黨員在黨內僅是一口小小的螺絲釘。

整個學習過程，歐陽成潮定睛看著、聽著我的發言，卻沒有說過一句補充的，鼓舞的，可以讓我記憶的說話。我想，他是滿意我的學習，可以向梁煥然交差了。他不是一位能夠鼓舞士氣，引發革命激情的領導人。他只像是黨內的一個工匠，負責上下傳遞黨的指示和情況，一個上級與下級聯繫的中介者，沒有任何個人的特色和創新。

有個時期他常常失約。約好的會期改了又改，就算是與他單獨約在他家族開設的餐廳見面也是落空的多，卻從未向我解釋原因，表示歉意。他對我還算稍為尊重，總會有個電話通知一聲取消或改期。李綺玲就比較慘，常常向我投訴他失約。約好了在某餐廳，等了他個多小時不見蹤影，事前事後都沒有電話，好像沒事發生一樣。她被輕視的程度竟至於此，我是相當驚訝的。我常想，不是說階級鬥爭形勢緊張嗎？這哪像是地下黨人的聯繫？歐陽成潮的階級鬥爭觀念那兒去了？他不是犯了地下工作的大忌嗎？那時，我的確懷疑歐陽成潮可能發生了甚麼事令他革命意志有所動搖而至消沉。但我是他的下屬，不便深究。我仍相信黨自會處理。

我知道李綺玲有向梁煥然投訴過，但我卻從未向梁提起，反倒是她曾向我查問事情是否屬實，我只淡然回說：間或有過。我沒有投訴，是因為我覺得一個人的革命熱誠和責任感，只能靠他自己的覺悟，投訴是沒有用的。

不過，我和李綺玲還是算得上是幸運的，我們有機會見到上一級領導黨員梁煥然，投訴也就有門了。聞說有些基層黨員與領導黨員只作單線聯繫的[10]，如遇上胡作非為，不負責任的領導，甚或非禮強姦下屬，就投訴無門，非常不幸了。

有一次，舞蹈組組長、芭蕾舞班導師柯其毅病了，我去探病，竟然遇到一件非常可笑的事。那是一個大白天，我去到彌敦道口的立信大廈，乘升降機上到十六樓，按下門鈴，柯其毅的家人開門給我，我謝過了就逕自步向柯其毅暫時用作養病的他母親的臥房。剛要踏進房門口，赫然見到一個高大的身影，正背向房門彎著腰用力地把著一把門柄，想把這通向原柯其毅臥房的另一度房門推開，顯然易見地，他是不想我看見他在這兒。只見他推來推去，推不開時，躺在床上的柯其毅輕聲說：「門鎖了，開不到的。」沒法之下，他才轉過身來尷尬地看著我，他就是歐陽成潮。三個人無聲地對峙了一

10　單線聯繫：指領導黨員與基層黨員之間不以小組形式而是作單獨見面的聯繫，使基層黨員沒有機會認識到其他黨員。

會，我不知如何是好，瞥了他一眼便裝作不認識，沒事般走近柯其毅，向他問了聲好。柯其毅也沒有作介紹，我正想著是否要說些甚麼來打破這個局面時，歐陽成潮便乘機向柯其毅表示告退脫身，由始至終沒有說過一句話就離去。此事，在以後的日子裡，三個人都沒有再次提起過。

這件事為甚麼好笑？因為黨紀規定，領導黨員有責任不應讓人知道誰是自己的下屬而暴露自己的身份。那時學友社還是在五人核心黨組時期，七人核心黨組尚未成立，我和柯其毅沒有組織關係，我不能確知柯其毅是黨員，只是猜想他可能是，當然更不可能知道歐陽成潮就是柯的領導人，而事情是，也不應該讓柯其毅知道我是黨員，更不應讓柯知道我是歐陽成潮的屬下。現在，這樣一來，甚麼都揭穿了，原來我和柯其毅都是歐陽成潮領導下的同志，哈哈，這還有甚麼所謂地下原則可說！

馮以浤回憶錄《小河淌水》有一段關於歐陽成潮的記載，其中這樣說：「上世紀八〇年代我在國內認識了廣州師範學院的黃德芬教授，並時有往還。一九九三年三月她來港探親，一天，我們見面時，她悄悄地告訴我，四〇年代後期，她在香港知行中學唸初中時被吸收為『新民主主義青年團』的地下團員，四十年前的老領導就是歐陽成潮。又說早些時候見過他，談話間提及我。歐陽成潮對她說，他早就『認識』我了，我是他多年前捕捉不到的『獵物』」。

後來馮以浤在我的文章中看到歐陽成潮的名字，才真正知道歐陽原來是學友社的領導人，多年前想通過司徒華發展馮成為地下黨員而不得。歐陽成潮狂妄自大，把馮以浤稱為「獵物」，掩藏了當年他領導的地下黨有一筆關於司徒華的糊塗帳。

據司徒華回憶錄《大江東去》第二部中記載，原來歐陽成潮也是司徒先生的地下領導人，書中說，當年的司徒先生因年紀已大，超過了「新民主主義青年團」團員的年限，希望轉正成為共產黨員。後來歐陽成潮接受傳媒訪問，輕描淡寫地抹去過去所發生的事，把與司徒華的地下織組關係一筆勾銷。他把事情扭曲為：司徒華自己向他提出要加入共產黨，並說司徒華找錯了對象，他沒有門路，把事情推得一乾二淨，掩飾自己是地下黨黨員的事實。他又否認自己當年是學友社的領導人，說與司徒華只是一般朋友，在一些活動上見過面，不承認與司徒華有地下黨的領導和被領導的關係。司徒華批評他，嚴以律人，寬以待己。對下屬經常擺出一副嘴臉，要嚴格按組織紀律辦事，但對他自己則是另一副尺度。

幾年後，歐陽成潮又接受香港樹仁大學新聞網的訪問。當談到與學友社及司徒華的關係時，與上次受訪的論調一樣，否定過去的一切。他說他沒有直接參加學友社，只因學友社有許多演出活動，包括舞蹈、歌唱、戲劇等，他去看了便認識了一些人。又說司徒華向他提出入黨要求，而他告訴司徒華沒有渠道，要和他一起找找看。歐陽成潮不能承認自己是地下黨員，只好繼續說謊。他大膽說謊，竟忘記了世上還有一個以前每星期和他見面的梁慕嫻，這個見證人仍然存在。

歐陽成潮謊說他與司徒華沒有私交，卻評論司徒華，說他肯讀書，執著要做的事，人不錯。不過，後來政治觀點過激，燒基本法，主張結束一黨專政，太過份了。他在司徒華死後，誇獎一下，貶抑一番，假情假意，實在是令人作嘔。歐陽成潮已有九十多歲，仍然在世。

梁松明和盧壽祥

梁松明，領導黨員，代號老林。他的家族擁有多間餐室，其中一間就是「太子餐室」。他繼承家族的遺產後，全數捐獻給黨。梁松明的妹妹梁曼華是司徒華的弟弟司徒強的妻子，司徒強曾任新華社香港分社外事部副部長，為共產黨工作了四十年。梁松明也就是司徒強的兒子、新聞工作者司徒元的舅舅。司徒強於一九九三年退休，並於二〇一九年七月逝世。

梁松明本就讀於香島中學，後轉校至東方中學，為的就是開展灰校學生工作。他與梁煥然和歐陽成潮被稱為中共地下黨領導灰校學生工作的三人組。我和他在學友社的五人核心黨組見過一面後不久，他就被調離學友社，去當一份工人刊物《青年知識》的編輯，從事團結知識青年的工作。在「六七暴動」後，約於一九六八年左右，他又被派去刊物《青春周刊》做出版工作。這也許是因為他年紀已大，又常吸煙，不再適合做學生工作而被調動。

學友社舞蹈組組長柯其毅也曾就讀東方中學，梁松明就是柯其毅的革命啟蒙老師。他就讀東方中學高中一年級與柯其毅同班時，其實已經二十二歲。他們都喜歡唱歌，一起參加東方中學合唱團，每兩星期一次合唱活動完畢後，兩人總會步行回家，日漸熟絡，無所不談。梁松明經常向柯其毅講解「八路軍」[11]的作戰事蹟，也帶柯其毅去他姐姐在廟街開設的餐廳午飯，詳細解釋蘇聯與中國的革命和中共在香港的活動情況。言談間他表示自己關心貧苦人民的生活，要為他們而奮鬥。他也熱愛國家，為了使中國富強起來，要作出犧牲。他告訴柯其毅，他相信中國共產黨會建立一個新中國。

最初，柯其毅有許多疑慮，不想更進一步涉及政治。但梁松明用柯其毅喜歡聽的八路軍小鬼隊英勇作戰的故事打動他而至流淚。[12]為了追看這些故事，梁松明介紹柯其毅閱讀親中共的《華商報》。

11 八路軍：一九三七年根據第二次國共合作的有關協議，中國共產黨的武裝力量，「中國工農紅軍」處於陝西的主力部隊，由國民政府改編為「國民革命軍第八路軍」，簡稱八路軍，是「中國人民解放軍」的前身。

12 八路軍屬下抗日組織：「兒童團」的小戰士，人稱小鬼隊。負責村頭站崗放哨，盤查行人路條，清查漢奸。也負責村與村之間通信聯絡，遇上特別緊急重要信件，便插上三根雞毛，連夜送到，被稱為「雞毛信」。小戰士一般配備紅纓槍和大片刀作為自衛武器，不配槍。

他又向柯其毅解釋中國人民解放軍的「三大紀律，八項注意」[13]，說明中共的解放軍是軍紀嚴明，勇敢作戰的軍隊，與國民黨軍隊有根本的區別，證明中國共產黨的正確性和可信性。

梁松明為了團結同學，經常組織郊遊、野餐、划艇等活動，也邀請柯其毅參加。在活動中，柯其毅看見他揹上最重的背袋沒有埋怨，熱心為各人預備三文治和果汁作為午餐，樂在其中，打印《黃河大合唱》歌詞，教導大家熱烈地歌唱，活動完後總會做好清潔善後工作，任勞任怨。此外，柯其毅又知道他常與同學談心，借錢給有困難的同學，為同學補習功課。梁松明真心愛護同學，真誠為群眾服務的精神感動了柯其毅，覺得他是一個無私和可靠的人，對他尊敬有加。

於是，柯其毅所有的疑慮都被解除了。他終於認定國民黨軍隊是腐敗的，日本軍隊是殘酷的，只有共產黨、毛澤東才能救中國和中國人民。他讚揚梁松明是一位老實而正直、真誠革命的同志。

後來，聽說梁松明的兒子患自閉症進了青山醫院[14]，太太也在七〇年代因病去世，而他自己也於一九八五年過身，可以說，他在世上沒有遺下多少痕跡。據司徒華回憶錄《大江東去》的記載，他在彌留時對梁曼華說，他們過去對司徒華的懷疑是錯誤的，他明白司徒華不是那種人。他已經為此向港澳工委寫過多次報告，為司徒華辯解，並說很想見見司徒華，直接面談，但最終沒有機會見面。梁松明是一位老實而正直、真誠革命的共產黨員。

盧壽祥，領導黨員，代號老王，在漢華中學任教數學。他於一九六二年才被地下黨灰校線調派來學友社，取代歐陽成潮，直接領導舞蹈組三位基層黨員，包括柯其毅、楊偉舉和梁滿玉，並且也參加

13 「三大紀律，八項注意」：毛澤東於一九二九年向紅軍發布的訓令。「中國人民解放軍紀律條令」中明文規定的軍紀。

14 青山醫院：香港歷史最悠久的精神科醫院，一九六一年落成。

了七人核心黨組。這時的七人核心組除盧壽祥和舞蹈組三人外，還有歐陽成潮和他屬下的我，以及大姐梁煥然。梁濬昇和李綺玲已被剔除，不再參加。自這個時期之後，大姐每一次都來參加並親自主持會議。

我相信盧壽祥是真懂舞蹈的，在一次漢華中學的晚會上，看過他編導的「瑤族長鼓舞」，編排靈活流暢，民族風格到位。瑤族人的長鼓運用得輕巧明快，配合著優美且風格獨特，我一生喜愛的「瑤族舞曲」，構成一幅輕盈歡快的舞蹈圖景。他被調來學友社領導舞蹈組，當然是為了增強舞蹈方面的實力了。

自從盧壽祥來社之後，七人核心黨組便開始學習毛澤東的《在延安文藝座談會上的講話》，毛澤東思想進一步地在學友社落實。

一九四二年在延安，一批文藝工作者被召集開一個座談會，毛澤東在會上發表了這個講話，確定了黨對文藝工作的基本方針，指導和推動黨的文藝事業。這篇講話毒害並控制了全國人民的思想，讓十多億人奉為聖旨。知識人受害最深，自覺不自覺地墮入他那「文藝與工農兵結合，文藝為無產階級服務」的囹圄之中。他的講話一直遺害至今。

毛澤東講了甚麼？他講了：文藝為甚麼人的問題是原則性問題。文藝是革命機器的組成部分，故要有階級觀點、階級立場。文藝作品是給工農兵看的，只能歌頌不能揭露。知識人為使自己的作品符合工農兵的感情必須進行思想改造，要把自己改造成為以無產階級為本，消滅個人個性及藝術良心的文藝工作者。這就是歷年來毛澤東逼迫知識人思想改造的根源所在。毛澤東批判以下各種思想狀態：

他批判：「陽春白雪」作品，推崇「下里巴人」作品。即普及重於提高。[15]

他批判：以藝術標準為首的文藝批評，認為為藝術而藝術是不存在的。

他批判：人性論，認為沒有超階級的人性。

他批判：人類普世的愛，認為世上決沒有無緣無故的愛，也沒有無緣無故的恨。

他主張：文藝服從政治，要建立文藝界的統一戰線。

於是，毛澤東作出結論：文藝界存在嚴重作風不正的東西，為要純潔隊伍，必須從思想上、組織上認真地整頓一番。這也就是由延安時期到建國後連綿不斷的整風運動的原因。

中國作家不是沒有反抗過的。一九五四年胡風向中共中央上書三十萬字，反對放在作家頭上的五把刀子。這五把刀子是指：「文藝為政治服務」；「文藝要和工農兵結合」；「共產主義世界觀」；「思想改造」和「民族形式」。但結果胡風被打成「反革命」，判無期徒刑。「胡風反革命集團」一案觸及二千一百人，逮捕九十二人。隨著後來的反右運動和文化大革命，中國文藝從此衰落，再沒有反抗的聲音。

不但沒有反抗的聲音，令人憤慨的是，反而出現了獻媚和稱頌的聲音。二〇一二年，中國作家協會在北京人民大會堂舉行「堅持以人民為中心的創作導向」座談會。中國作協主席鐵凝在會上說了一番令人噁心的說話。她說：毛澤東同志的「講話」是馬克思主義基本原理與中國革命實踐和中國革命文藝實踐相結合的光輝文獻。在中國特色社會主義文藝發展處在新的歷史起點之時，重溫講話「倍感

15 「陽春白雪」、「下里巴人」都是春秋戰國時期楚國的歌曲。陽春白雪屬於較高雅的音樂，下里巴人屬於較通俗的音樂。

親切」。

更有甚者，在「講話」發表七十周年之際，作家出版社推出《毛澤東同志〈在延安文藝座談會上的講話〉百位文學藝術家手抄珍藏紀念冊》一書。他們把一萬七千字的「講話」分成一百小段，邀請一百位作家及藝術家，包括諾貝爾文學獎得主莫言，每人抄上一段，銜接起來就是一個整版。手抄者得稿費一千元。我想請問，那一百位手抄作家還能說得上是作家嗎？

是次學習後，學友社有了很大的改變，排演的節目趨向階級的、民族的和黨性的。我必須坦白招認，那時的我是完全地同意毛澤東的講話，同意階級立場，同意改造思想。我並不知道這種整風改造，實際上是和個人與生俱來的自由思想作殊死之戰，所帶來的痛苦是多麼可怕，多麼的殘酷。今天看來，所謂的文藝為政治服務，實質是為共產黨政權服務，帶著極大的欺騙性。那時，我是沒有能力去分辨的。

盧壽祥在中國改革開放時期，被調進新華社香港分社工作，任職新華社顧問室顧問。已經去世。

五、基層黨員

說明

自一九六二年，被選為學友社主席之後，我開始環視一下全社的情況，發現學友社的基層黨員，全部埋伏在各個興趣活動組內，即是說，每個興趣活動組內都有地下黨員主持大局。他們都各有領導黨員去聯絡管理，不用我去關心。我也不會查問詳情，我知道我並不是他們的領導人。而我這個主席無論在常委會發動甚麼全社總動員的工作，比如籌款、演出等，都不用擔心，因為各活動組內的基層黨員自會全面配合支持。

基層黨員的工作除了準備每週活動內容及排練演出節目外，亦在接觸學生的過程中，揀選適合的對象，加以思想教育，培養愛國精神，當達到一定水平時，便發展其成為團員或黨員，建立黨組織。這些基層黨員一般都有一份公開的職業或接受黨組織的生活補貼。

舞蹈組：成立與發展

舞蹈組基層黨員有：柯其毅、楊偉舉

一九五六年，當我初到「學友中西舞蹈研究社」參加活動的時候，社內只有一個領舞組，由歐陽榮生負責，主要教導各國土風舞。據查，歐陽榮生是中華基督教青年會屬下方圓社創建成員之一，相信他的舞蹈材料就是來源於此。我參加了每逢週六舉行的歌舞集常會，每次活動在領舞組帶領下，大家圍成一圈跳上一段土風舞，我喜歡跳舞，便盡情地跳，忘我地跳，那是一段非常愉快的學友社生活。

據司徒華先生回憶錄的記述：一九四九年上半年廣州還未解放，一些從事地下學生工作的中共黨員由廣州逃到香港躲避。那時學友社剛成立不久，有三位朋友，即周青、黃堅、方鬼來教授各種土風舞，可見學友社自成立起便有跳土風舞的傳統。

可是不久，我見到有異軍突起，一位叫柯其毅的人，突然在社址內教授兩位年輕女學生陳寶珠和梁印雪學習芭蕾舞基本動作，沒有練習用的扶把，就用桌子代替，似乎要開辦芭蕾舞班。我感到事

有蹊蹺，這不是在歐陽榮生的領導範圍外另搞一套嗎？歐陽榮生同意嗎？柯其毅這樣的行為有沒有經過學友社常務委員的同意？我不知柯其毅是何方神聖，我有許多疑問，但估計事情一定有地下黨的授意。不過，我非常羡慕那兩位學生有這個練習的機會，芭蕾舞高雅的舞姿令我傾倒，優美的伴奏曲令我陶醉。我樂見芭蕾舞班的成立，也希望有機會參與其中。

在一九五八年初，學友社已經遷址至旺角彌敦道七百一十九號二樓，在一場奪權選舉後，歐陽榮生和一批有理想的青年菁英以及司徒華先生通通被迫離開了學友社。而我卻當上了常務委員會委員，成為聯誼部的負責人。這時柯其毅與陳維甯，加上另一舞蹈老師余東生三人組成了編導小組，並開設舞蹈班，主要教授芭蕾舞和外國民間舞，形成舞蹈組的雛形。

一九五九年是學友社建社十周年，編導小組排練了多項亮麗的節目，在香港大舞台戲院的紀念演出初露頭角。節目有：芭蕾舞《天鵝湖》雙人舞（柯其毅出演男主角，女主角則向外邀請一位姓黃的舞者參演）、《藍色的多瑙河》及民間舞《滑稽波爾卡》和《祭神舞》。為了進行統戰工作，是次演出還請了盧家熾、黃呈權、梁浩然、李鷹揚等中樂名家助陣。當時沒有中國舞節目，就向漢華中學和培僑中學借將，請楊偉舉幫忙排練了《孔雀舞》、《彩綢舞》和《西藏舞》參加演出。

這場演出完滿結束後，地下黨組織從漢華中學正式調派了共青團團員楊偉舉，一位熟識中國舞蹈的老師來社參加舞蹈組工作。這樣，舞蹈組才正式成立，由柯其毅當組長，楊偉舉副之。如此，中國舞班和芭蕾舞班並存，與柯其毅可說是一中一西分庭抗禮，領導人說這是「土洋結合」。可惜的是，因為陳維甯和余東生並不是黨員，不是培養對象，逐漸遭到排斥於舞蹈組領導層之外，兩位後來均黯然離開。（幾十年後，陳維甯仍憤憤不平，無法相信這是地下黨的作祟，也不願意接受我代表地下黨向他的道歉）。

最初兩年我有參加芭蕾舞及中國舞的基本訓練，也參與節目排練及演出。我很享受作為一個演員的那種興奮的感覺，緊鑼密鼓的排練，緊張的整妝候場，舞台上伴隨音樂，渾然忘我，翩翩起舞的自由飄逸感還有散場後夜半之時，全體人員在大排檔中白粥宵夜，興高采烈，輕鬆調侃的情景，真的令我畢生難忘。

有一次，我正在後台化裝間穿衣整裝等待出場，聽到有跳《劍舞》的演員，因不滿化妝效果，在後台大發脾氣鬧事，揚言要罷演。這可真不得了，演出時台上的舞蹈圖形缺了一人，像崩了一角，會很難看。我過去處理，發現她情緒激動不可收拾，無法安撫她繼續演出。於是決定臨危上陣，自己出場。通常，我們排演節目時，為了防避發生意外或階級敵人的破壞，都會有後備演員制度。我曾排練過《劍舞》作為後備，可以勉強出場。《劍舞》是有驚無險地演出了，只是，我自己知道，在台上，我的每一個動作都會慢了一兩秒時間，因為要跟著其他演員的動作才能記得連貫的舞步。

這段時間，我有兩次回到國內觀賞正式芭蕾舞團演出的機會，我視這為黨對我的獎勵。一次是一九五九年由蘇聯著名舞蹈家烏蘭諾娃應中國的邀請，率領莫斯科大劇院芭蕾舞團來華演出多項精彩劇目，有《吉賽爾》、《仙女們》、《天鵝之死》和《天鵝湖》。我到廣州觀看的是《吉賽爾》。這是我人生第一次看到的完整的舞劇，使我對芭蕾舞有了更全面，更深刻的認識。烏蘭諾娃輕巧飄逸的舞技，細膩深情的表演，特別是吉賽爾因愛情受騙而發瘋的那一場令我心碎的經典演繹，被公認為悲劇藝術的頂峰，是世界級的範例，令我終生難忘。移民加拿大後，我不斷追看她的其他劇目，如：《淚泉》、《羅密歐與朱麗葉》等，永遠懷念她。她已於一九九八年逝世。

另一次是在深圳看由中國中央芭蕾舞團，中國第一代芭蕾舞演員白淑霜主演的《天鵝湖》完整版，我這才真正看到《天鵝湖》的全貌。自此，我迷上了芭蕾舞，除了追看上述所提的劇目，還愛上了《睡美人》、《唐•吉訶德》、《斯巴達克斯》、《海盜》、《舞姬》等其他舞劇。

在隨後的時日裡，有兩件事需要記載。第一件是一九六一年我有上海之行。歐陽成潮帶著柯其毅，楊偉舉和我去上海市舞蹈學校參觀。位於上海虹橋路的上海市舞蹈學校，成立於一九六〇年三月，當時是一所中等舞蹈專業學校，學制六至七年，設有民族舞表演專業和芭蕾舞表演專業。學生除學習舞蹈，也學習音樂和一般文化課程。一九六四年，該校師生根據同名歌劇改編演出了《白毛女》，是芭蕾民族化的一次嘗試。

上海市舞蹈學校造就了一批知名舞蹈家，我所知道的有譚元元和黃豆豆。黃豆豆一九九五年演出的《醉鼓》和《秦俑魂》都是膾炙人口的作品。該校副校長、民間舞專家朱蘋老師於一九九六年移居加拿大溫哥華市，我和華裔舞蹈界朋友舉辦「中秋茶敘」歡迎她。我曾把上海市舞蹈學校學生排練時的照片給她看，她認出了她的學生，說出他們的名字。朱蘋老師在溫市仍然繼續教授舞蹈，終生為追求舞蹈事業的發展和提升作出貢獻，是不可多得的舞蹈老師。

我們也遊覽了上海的許多地方，如上海南京路、上海外灘、上海人民公園、上海大世界，更去到上海衛星城市閔行等地。我們被招待得非常好，我住在寬敞的一廳一房裡，闊大到可以作為練舞場。早餐有雪白的饅頭和豆漿，晚餐有四菜一湯，大魚大肉，令我們感到相當滿足。卻不知道，那時的中國正值三年大饑荒時期，許多地方糧食供應不足，許多人飢餓而至水腫，更有許多人飢餓至死，甚至出現人吃人的慘劇。回中國參觀，不會看到真相，這是我後來才知道的。

在回程的火車上，歐陽成潮問我是不是很喜歡跳舞，我回答「是」之後，他竟指示我不要花時間跳舞，應該專心搞好行政和抓思想工作。於是我接受指示，慢慢地放下了舞蹈練習和演出，成為一位熟練的舞台演出組織者，在學友社組織了無數的演出。每場演出都費盡心思去安排前台、後台、舞台以至通道安全的各項事務，保證演出順利完成。

我的確曾有過夢想和抱負，要把學友社發展成一個學生演藝團體，追求藝術上的提升。特別是一九六二年成為學友社主席之後，我這個願望更加強烈。我想到，除了演員的培養外，舞台上各種效果的配合也很重要。為了支援這樣頻繁的演出，需要訓練一些舞台工作人員。在我的建議下：成立了裁剪組，由李綺玲負責為演員設計和縫製服裝；成立了美工組，由馬志強負責舞台設計佈景和裝置；又成立了電工組，由鄧梓煥負責專門研究舞台燈光效果。那時，我真以為可以把學友社辦成一個演藝團體。

第二件事發生在一九六二年，那年我已經二十三歲，加入共青團已有七年。歐陽成潮覺得是時候介紹我入黨，向我發出邀請，問我是否願意。我一直以來，認為黨員的稱號相當崇高，作為黨員要有很高的標準，我自己未達水平沒有資格，不想加入。現在聽到歐陽成潮的邀請，也就放下這個執著，我一口答應了他，表示同意。柯其毅和楊偉舉的情況與我差不多，我們三人在歐陽成潮及盧壽祥帶領下回廣州辦理轉正入黨手續，成為中國共產黨黨員。我們去到「小北花圈」附近的一幢西式兩層洋房住下。有一位大年紀的女同志來打理我們的飲食，一位叫小劉的女同志來聯絡照顧。轉為正式黨員不用舉行儀式，只要有兩位同志介紹並填寫一份由小劉帶來的表格，便可完成入黨手續。他們說，歐陽成潮和盧壽祥就是我們的介紹人，而這些表格將存放在廣州的檔案庫中。我們住了兩三天就回港，最後一天有市及省領導同志設宴招待，我沒有記著那些領導人的名字和職位。

舞蹈組發展很快，在以後的日子裡排演了很多五彩繽紛的節目，可以獨當一面承擔，主辦了三屆共六場舞蹈專場公演，而節目水平也日漸提高，追求專業。計有：中國舞：《花間彩蝶》、《鄂爾多斯》、《瑤台仙子》、《鳳凰山下牡丹開》等，民間舞：《在公園裡》、《廚中樂》、《溜冰舞》、

《匈牙利板櫈》等，芭蕾舞：《天鵝之死》、《浮士德片斷》、《林中仙子片斷》、《百合花圓舞曲》、《四小天鵝》等不一而足。

中國舞演員陳君雯（真名陳倩玲）來自培僑中學，柯其毅發展她成為地下黨員，也就是她的領導人。她是舞蹈組的台柱，曾與楊偉舉合演很有水平的《弓舞》雙人舞，也曾演出古典舞《雲中仙子》，是楊偉舉以敦煌壁畫《飛仙》為靈感所創作的獨舞。

在眾多節目中比較成熟稍具創意的還有：一九六〇年以安徒生同名小說改編的頗具規模的芭蕾舞劇《賣火柴的女孩》，由柯其毅和陳維甯合作編導，陳寶珠擔任主角；一九六一年柯其毅編導並由陳維甯擔演的芭蕾男子獨舞《浮士德之舞》；以及楊偉舉編導的《亞州舞蹈專輯》。

在香港大會堂剛剛落成之後的一九六二年三月，舞蹈組破天荒地首次在音樂廳演出了三場，每場長達九十分鐘的三幕五景中國古裝神話大型舞劇《仙羽神弓》。該劇由姜成濤作曲，聯合音樂學院長王光正指揮，近三十位樂師組成的管弦樂隊現場伴奏，並由楊偉舉負責編導及兼任男主角，充份顯現了他的舞蹈才華，是他的登峰造極之作。是場演出動員台前幕後工作人員共一百五十多人，擔任顧問的舞蹈、音樂、戲劇各界人士共二十三位。港九四電台及十多家報刊報導演出消息，演出的評論在各大報章刊出，可說是盛況空前。

此外，在一系列的演出中，我們邀請到「黃仁曼芭蕾舞學校」參加演出五個節目，又邀請了舞蹈家毛妹客串新疆舞《摘葡萄》及芭蕾舞《天鵝之死》，並與柯其毅合演芭蕾雙人舞。攝影名家袁鏡泉、錢萬里更邀請舞蹈演員為「香港攝影學會」作舞蹈造型攝影活動，真是盛極一時。這些邀請，只有我們這些地下黨員知道，這是統戰工作的任務。

這階段的學友社舞蹈組，出現了多位出色的舞蹈演員，後來都成了專業舞蹈工作者。一位是芭蕾舞演員文漢揚，他在學友社時間不長，但學友社帶引他走上舞蹈生涯，是他的啟蒙之地，而柯其毅可說是他的啟蒙老師了。再有一位是陳維甯，他在學友社時期已經是演員和編導，初露其天賦的才華。他被排擠後，轉職麗的電視台成為專業演員和編導，移民美國後仍繼續為舞蹈貢獻力量。此外有三位柯其毅的學生後來都堅持了舞蹈工作。一位是梁惠女，她後來去了麗的電視台成為專業舞蹈演員，現已是一間舞蹈學校的負責人。另一位是梁印雪，曾參加由文漢揚、鄧曼妮創辦的《香港青年芭蕾舞團》，成為專業舞蹈演員。再有一位是梁慕珊，她成為聖保祿天主教小學的舞蹈教師，經常為學生排練節目，參加校際舞蹈比賽。二〇〇〇年香港舞蹈界聯席會議出版的一本《香港舞蹈歷史》，有關學友社的一段文字，並未說明學友社在舞蹈方面的成績，文內更刻意抹殺柯其毅的舞蹈成就，實在有欠公允。

然後，事情有了急劇的變化，經過一輪《在延安文藝座談會上的講話》的學習，七人核心黨組成員批判了以前的封、資、修節目，學友社的表演節目慢慢地有所改變。楊偉舉開始走階級路線，排演了舞劇《風雨黎明》，以貧苦市民在水災中的困苦，隱晦暗示黨的光輝照耀。芭蕾舞班也不落後，柯其毅用陝北民歌《山丹丹開花紅艷艷》編成芭蕾舞，穿民裝，帶頭巾，學習中共的芭蕾舞劇《白毛女》，從西洋回歸民族了。直到「六七暴動」，學界鬥委會組成的文藝戰鬥隊，由楊偉舉和張懷共同領導，更排演了一大堆為抗暴服務的節目四處演出。我自己更召集全體灰校鬥委會學生，借用漢華中學一個課室開了個學習班，學習毛澤東的「講話」。我作了專題報告，鼓動學生要為工農兵服務。我已忘記了我在會上說了甚麼愚昧無知的話，事實上，那時的我連甚麼叫做人性的描寫也不懂。

有一齣令我至今仍然感到痛心，由張懷、楊偉舉創作劇本並導演的獨幕話劇《毛主席恩情比海深》，它宣揚奴化教育使人變成鬼，毛澤東思想使鬼變回人，是執行毛澤東的文藝路線，文藝為政治服務的頂峰之作，與以前的舞劇《仙羽神弓》真有天淵之別。毛澤東的「講話」把學友社的三位藝術工作者柯其毅、楊偉舉、張懷批倒，雖不至於像國內那樣成為右派，要去勞改，但他們的藝術生命就此泯滅了。今天我想，人的思想的確可以被毛澤東去改造、去洗腦的，如果你不覺醒不反抗的話。

文藝作品真要為一個甚麼東西而服務的嗎？這是我去國之後需要學習弄清的一個題目。其實，文藝作品不為誰服務，不為國家，不為政治，不為階級，更不為政權服務。作品所寫的人物可以是達官貴人，也可以是工人農民，只要能自由地探討人性及反映時代，寫出人類在社會環境掙扎中的人的表現，提升人類的精神境界，就是優秀的作品。作家也絕不能被改造，一旦被毛澤東改造了，就無法寫出精彩的作品。

今天，令人憤怒的是，中共仍然經常地無理禁書，不因書中內容如何，只因恐懼人性的描寫。他們害怕揭露人性的醜惡，更害怕彰顯人性的光輝，作品一旦描寫了人性的真貌，就失去為中共政權服務的功能，這就是毛澤東「講話」精要秘密的所在，是中共無法向人民公開宣告的。在這種毀滅作者藝術視界和創作想像功能的環境下，除非反抗，中國不可能有優秀的作品出現。

我認為，批判毛澤東思想非常重要，要根除毛毒的根本所在。我常常難以解釋為甚麼有那麼多的聰明、有智慧、有學問的大知識人都願意跟隨中共，甚至甘心情願地被毛所改造，還感恩戴德。毛澤東的那一套理論絕不簡單，至今未有過時，仍然像陰雲蔽日一樣影響著中國，需要花心思、花力氣去把它批倒。衷心盼望深受毛澤東思想所害的中國藝術家們，從二十世紀的陰影裡走出來，擺脫一切羈絆走上文學藝術的正途，在未來的歲月裡創作出幾部真正偉大的作品。

關於學友社舞蹈組的歷史，已經真實地記錄在一本史書《拾舞話》的中、英文版及影片中。這本書的出版得要感謝香港「城市當代舞蹈團」所策劃的研究計劃：「香港舞蹈口述歷史——五十至七十年代」。他們訪問了十位當時的舞蹈工作者，包括楊偉舉和我。兩位研究員李海燕、林喜兒和錄像製作人黃漢棟，於二〇一六年十月來到溫市，向我作出訪問。他們讓我盡情地、完整地講述了這段不尋常的歷史，令我感到非常快慰和感動。

《拾舞話》榮獲二〇二〇年「香港舞蹈聯盟」第二十二屆舞蹈年獎的「舞蹈服務獎」，衷心感謝他們為舞蹈事業所作出的貢獻。

柯其毅

柯其毅，廣東省潮陽縣人。柯氏家族有一生意，是香港中環的「汕頭花邊公司」。柯父是元配所生，元配因受不了柯祖父納妾而自殺輕生。柯父因而不受寵愛，在他就讀聖保羅男女中學三年級時，柯祖父下令不准繼續學業，要求只有十五歲的他輟學到花邊公司做文員。柯父後來轉去中國銀行工作，家族生意全由叔叔們把持控制。

柯其毅的母親八歲時被有毒癮的父親，以三百銀元之價賣到柯家成為童養媳，之後由柯祖父決定把她許配給大兒子柯父。後來柯父的胞姐帶著柯母一同去廣州讀書，並由柯父資助她進入廣州婦科醫學院就讀，完成三年兒科及婦科課程，畢業後成為一位婦兒科醫生。柯父、母後來結婚並誕下兩兒一女，柯其毅排行第二，哥哥是柯其剛。

一九四一年十二月八日，日本軍隊襲擊啟德機場入侵香港。其時柯父正在廣東省台山縣為中國銀行工作，柯母帶著三個年幼的孩子，經澳門珠海去到梧州與柯父會合。其後他們一家再去了重慶，柯氏兄弟在重慶時已看到中共的《新華日報》，也到過「新華書店」，初步曉得了共產黨，以及毛澤東、馬克思等政治人物。

日本於一九四五年八月十五日投降，香港光復，他們一家分批回到香港。柯父繼續在一間汽油公司做文員工作。柯母在九龍廟街租下一個鋪位，前舖用作賣香煙、汽水等雜貨，中間做一個縫衣店，後舖有一診所及家人的居間。柯母沒有考取香港醫生執業牌照，借用親人的證件出診及助產，成為無牌醫生。當時正值戰後，百廢待興，香港政府對此現象採取睜一眼閉一眼暫時容忍的政策。柯母廢寢忘食地工作，收入豐厚，全家生活安定。

然而，在逃難過程中，發生一件非常不幸的事，使他們一家陷入烏雲蓋月般的境況。事情發生於在澳門停留其間，他們發現柯妹左腳腫脹至膝蓋，柯母的執業醫生證書只能在中國使用，不能看診。澳門的醫生認為那只是發炎，簡單地在皮膚上動一下手術，並沒有治好。在兵荒馬亂的情況下，再也找不到其他醫生，兩個哥哥只好背著妹妹繼續上路。在路上，柯妹的病情一直惡化，腫塊出現在頸部。柯母沒辦法之下帶她去看中醫，這自然沒有功效可言。雖然柯母在中國可以診症，但她只是婦科，醫學知識很有限，加上沒有醫療設備可用，她始終不能確定妹妹患的是甚麼病。

直至回到香港後，他們才找到專科醫生，醫生斷症是骨結核病，結核菌竟然走到骨那裡去。經過一輪針藥治療無效後，醫生決定要動用左腳切除手術，否則妹妹的生命難保。柯妹在十三歲那年被割除了左腳，這是多麼的不幸啊！

雖然柯母日以繼夜地工作賺錢，竭盡可能地供給柯妹最好的補品，鮮奶、雞蛋、雞肉和針藥，但柯父仍然埋怨柯母，說她雖是醫生，卻沒有在初期把女兒照顧好，以至釀成後患，一發不可收拾。柯妹年紀小，在疾病痛苦之中，也認同了父親的看法，她恨所有人，所有事。這個家充滿恨意，兩位兄弟仇恨柯祖父和叔叔們，柯父、柯妹怨恨柯母，在交織一起的怨恨情仇中，沒有快樂可言。

戰後，柯其毅回港，入讀東方中學認識了梁松明。這位地下領導黨員不斷向柯其毅進行思想教育，使他願意一生為窮苦人民效力；使他願意為中國的自由、平等、富足和強大貢獻力量；使他願意為掃除中國人民的苦難而工作；使他願意冒著生命的危險為黨的事業作出犧牲；最後使他願意加入共產主義青年團。那是一九四七年，柯其毅十六歲。

梁松明在香港北角一幢老房子的一個單位，黨的秘密機關內，為柯其毅舉行了入團儀式。梁松明在牆上貼上的毛澤東像旁又貼上兩面黨旗營造氣氛。隨後一位壯男到來，是作為見證人的另一領導人。儀式開始，他們先是站立鞠躬，然後向為國犧牲的同胞靜默三分鐘。再唱國際歌。隨後是宣誓開始，柯其毅舉起右手跟著梁松明唸出誓詞：「我，柯其毅宣誓，我將遵守共青團的規則和紀律，我接受黨的領導並獻身黨的事業，無論在任何危險的情況下，我不會暴露同志和黨組織。」宣誓完畢，梁松明和證人與柯其毅握手道賀。證人對柯其毅說：「你要忠於黨，黨永遠是偉大、光榮、正確的。你要盡可能延長你的學生身份，需要時黨會照顧你。」

柯其毅曾經對朋友說：「我不是因為信仰馬列主義，不是因為信仰共黨，我根本未看過《資本論》。實在是小時候剛好抗日戰爭，愛國的氣氛很濃厚。一九三七年在導群學校接受的完全是愛國教育。當時只有四歲，我們唱國歌，升國旗，那時當然是國民黨的。流行的歌曲《松花江上》、《槍口對外》等影響很深，此外還有捐款運動，使我種下愛國思想。

日本機轟炸桂林路經梧州，向我們一大群在河灘上玩耍的孩子們掃射，我看見有人中彈倒地，腸子也流了出來。我一共被打過三巴掌，在一九四一年時，一次日本兵要入屋搜查，我遲了開門，被打了一巴，另一次是在街上賣煙仔，也被日本兵打了一巴，還有一次在重慶，當時載有蔣介石軍隊的車輛正路經田邊，在田邊玩耍的我，為了好奇爬上田基，竟被他們一掌掃下去。這些經歷，深深地刻印在我的腦海中，促成我長大後變成一個愛國者。」一個愛國者誤入自稱是馬列主義黨的窠臼，是不是歷史的錯誤？

一九六三年我和柯其毅結婚了，住進柯母的家，彌敦道立信大廈十六樓，一層三房兩廳寬闊的居所。這是她用一生的積蓄付上首期買下的。這時，柯父已經離開香港去了非洲的衣索比亞，在一間華人餐館做會計，直至一九六五年才回來與柯母同住。柯妹已經亭亭玉立，恢復了健康的身子。柯母為她定造了一隻義肢，使她可自由走路，又請來補習老師為她補課，並送她進入名校嘉諾撒聖瑪利書院讀書。她畢業後去政府部門工作了一段時間，便搬到政府員工宿舍居住。香港沒有協助殘障人士的設施，柯妹不喜歡香港，覺得香港人歧視殘障人士。不久，就在一九六五年，她獨自移民加拿大溫哥華去了。幸好她可以踏油門駕車，工作和生活還算順利。至於柯母，因為有人揭發柯母無牌診病，不能繼續看症，便向我們提出把物業權轉給我們，希望我們照顧他們終老。我竟狠心地對她說，我們要做無產階級，不能擁有物業。她於一九七一年賣了房子與柯父一起追隨女兒移民而去，已於一九九五年在溫哥華病逝。

那時，柯母的病人多是親戚、朋友、同鄉和他們的孩童，家中客人來來往往串流不息。在穿插的來人中，當然也少不了來開會的，我和柯其毅各自的領導黨員和被我們所領導的青年學生。日以繼夜的地下會議就在我們的睡房內進行，與外面大廳中並排坐著等候治療的病人相映成趣。有時為了防止暴露，我與柯其毅要會見的人彼此不能碰面，更要把睡房用布幕隔成兩邊，我和他各佔一邊與來人會面。現在回想，正像狡兔三窟，可笑之極。

在芸芸眾多來客之中，有一個特殊人物，引起我的注意。他叫唐賦榮（代號阿唐），高高瘦瘦，面色青白，常常笑容可掬，待人謙恭有禮，很有親和力。他來，主要是請求柯母為他打補身針，聽說他曾患肺結核病。他最初稱我其毅嫂，後又跟黨內其他人一樣叫我梁慕或阿慕（學友社的年青人稱我慕姐，而他們的兒女現在就稱我慕姨了）。雖然與我從沒有深度交談來往，但他給我的一種比普通朋友更深厚一點的親切感，總讓我揮之不去，勾起我的好奇心。

唐賦榮常常帶同太太詹西陵一起來，我與她見過面，後來在中華基督教青年會方圓社見到她跳土風舞時，便認出她來。詹西陵畢業於崇基學院，一九六九年參加補考，以優異成績拿到中文大學中國文學學士學位。我的革命啟蒙老師朱榮楷的太太陳淑芳，也是中文大學畢業，她曾告訴我，她的革命思想來源於詹西陵的帶領和指導。還有另一位中文大學畢業生說，他是由詹西陵發展成為中共地下黨員的。我相信詹西陵是中文大學的地下黨支部書記。

母親免費為阿唐療理身體，令他一直心存感激。幾十年來，即使我們已移民外國，他的問候和探望都沒有停過，特顯他是一個知恩圖報，很有人情味的人。我發覺他與柯其毅相當稔熟，像多年的朋友，但見面對談時卻又刻意保持距離，大家心照不宣的樣子。看得出他不像是普通病人。

之後，柯其毅親口向我承認，唐賦榮是領導黨員，早期曾領導過他，他們之間有過一段不可思議的經歷。事情是，柯其毅於一九四九年行過宣誓儀式，加入共產主義青年團之後，為了團結更多學生，梁松明指示柯其毅轉學到廣大中學就讀，而阿唐也是廣大中學的學生，於是把柯其毅的組織關係由原來的梁松明轉給唐賦榮，阿唐遂成為柯其毅的新領導人。接上關係後，柯其毅便向阿唐彙報自己的思想狀況，表示對黨有疑問：黨會殺自己人，像國民黨一樣嗎？黨內黨員之間是平等的嗎？這給阿唐一個措手不及的難題，沒有想到柯其毅會有這樣的想法。阿唐給他的答覆是：要相信黨，黨不會這樣的。顯然，這個答案不能平息柯其毅對共產黨的疑慮，且令他對唐賦榮失去信任和尊敬。

柯其毅為甚麼會有這些疑問？完全是因為他的哥哥柯其剛。事緣就在中共的人民解放軍勢如破竹地橫渡長江，向著南方各省挺進，國民黨兵敗如山倒，節節後退的時候，地下黨號召香港青年回國參軍效力祖國，在《華商報》上刊登招募啟事。柯其剛也受到了愛國熱潮的影響，決心響應祖國號召北上參加人民解放軍的幹部訓練營。他留下字條與柯母道別便偷偷離家。柯其毅把他送到火車站，依依惜別。但是，五個月後，他回來了，全身破爛，骨瘦如柴。他是一個人偷跑出來，步行了一個月才回到家。沿途幸得鄉人的幫助，供給食物衣著才能倖存而回。他厲聲警告柯其毅說：「其毅，你必須相信我所看到的一切，不要再相信共產黨，革命並不是他們所說的那樣，他們只是宣傳，他們說謊。」

原來，柯其剛去了廣東韶關，再與一群參加者步行十二天去到雲南昆明營地。在所謂受訓過程中，他看到了兵分兩灶，高級軍官有魚有肉，四菜一湯，普通士兵只一片薄肉，一碗菜湯。伙食的等級界限是那麼明顯，看不見平等的存在。他還說：「那些軍官並非訓練我們，而是勞役。我們只是常常被責罵，被掌摑的勞工。我不是唯一的逃跑者。」

由柯其剛親身經歷的中共經驗而觸發的疑問都正正擊中了黨的要害，本應有足夠的精神力量救出這兩兄弟脫離中共的魔爪。可是，事情的發展峰迴路轉，並不是你我可以想像得到的。事情因為梁松明又再出現而逆轉。大概是因為唐賦榮向黨彙報了柯其毅革命思想不穩，眼看他就快意志消沉離黨而去，而他自己無力說服挽救。黨知道柯其毅一向信服梁松明，兩人關係親如兄弟，遂決定再派梁松明出馬與柯其毅見面，意圖重新鼓動柯其毅的革命信心。

梁松明不敢誣說柯其剛說謊，原因是所有人都知道他忠厚老實，不會口出謊言。梁松明只能拿出兩個招數：第一招，分析哥哥可能是捱不了苦，才口出怨言。這一招也不能奏效，因為柯其剛一向吃苦耐勞，任勞任怨，在抗戰期間，一家人逃難回國途中的大小粗活全由他一人來承擔。柯其毅不能信服。

然而，第二招卻輕易地把柯其毅降服了。因為梁松明說：「如果黨有甚麼錯誤，黨員的責任就是努力工作去改變黨的錯誤。」這句話如同一頂金剛罩，它是那麼崇高，那麼偉大，當它重重地罩在你頭上的時候，更能把黨內的污垢通通遮蓋掩埋了，你不能動彈，也無力抗拒。柯其毅被說服之後，又用同樣的，被降服的道理去勸說哥哥：「那些軍官來自五湖四海，沒有受過多少教育。黨內樹大有枯枝，我們的責任是要改正那些腐化的軍官。」如此這般，加上其時中共已經節節勝利，社會上對它充滿了期待。這兩位年輕的兄弟，沒有逃脫黨的誘惑，又再為黨賣命。柯其剛最終學會了汽車及電器修理，由梁松明介紹進入旺角勞工子弟學校任教電工課程，月薪八十元，貧苦終生，沒有受到地下黨的培養和信任，已於早年逝世。他至死也沒有原諒柯其毅沒為他申請移民，即使是嘗試一下也沒有做過。回顧這對兄弟的過去，令人無限欷歔，慨嘆生命總有一個軌跡，無法踰越。

當時，中華人民共和國宣布成立，香港愛國革命高潮達至頂峰，卻引來港英政府的反撲。鎮壓、拘捕、黨員和工人領袖被逮解出境。地下黨組織遭到嚴重破壞，組織關係運作停頓。在一片白色恐怖的情況下，阿唐仍然定期約見柯其毅，並下達警告指示：銷毀一切可能暴露黨的證據，如照片、報紙、雜誌等；如有任何突發情況迅速逃跑，不要被捕；小心叛徒。

一九五一年的一天，兩人本約好在佐敦道拔萃女書院旁的紀念碑前見面。柯其毅在那裡等了十五分鐘，不見阿唐出現。發生甚麼事呢？在這政治形勢如此惡劣的時刻，可能有各種的估計：這約會是陷阱？阿唐出事被捕了？或者只是遲到？高度警覺的柯其毅選擇了迅速離開。以後，他都在同日、同時、同地點上等候，希望阿唐出現，可是沒有，唐賦榮自此消失。經過三個月的等候，沒有任何黨的消息，柯其毅知道自己失去與地下黨的聯繫了。

沒有了黨領導的柯其毅，記著宣誓時證人曾指導他，要保持學生身份，便轉讀威靈頓英文中學，畢業後考進崇基學院就讀經濟及商業管理系。這時的他培養了多方面的興趣和生活：舉重、劍擊、划艇、風帆、攝影、駕駛汽車、古典音樂和芭蕾舞等等，也在基督教團契小學任教。大學畢業後去了一間丹麥洋行工作，生活真是多姿多彩。他像一隻甩掉繩索的猴子，盡情地享受著這些被黨所批判的資產階級生活。他本來又有一次機會自此擺脫共產黨的控制，做回正常人。但是，生活的軌跡再一次擺弄著柯其毅的生命。

柯其毅到 Azalea Reynolds School of Ballet 學習芭蕾舞。該校舉辦過多場芭蕾舞表演。柯其毅曾在《仙女們》中擔任男主角及一九五九年的《天鵝湖》中扮演王子的角色。雖然每場都是精簡了的，不太專業的演出，但我仍然佩服這位老師的魄力和勇氣，而柯其毅也就成為香港第一代男性芭蕾舞演員之一。舞校當中有一位女演員叫 Myra，知道柯其毅喜歡跳舞，便介紹他來到「學友中西舞蹈研究社」參加活動。由於以前參加過中共的三十八團體，經驗告訴柯其毅，學友社有地下黨人，他的到來會驚動他們向黨彙報，調查他的來龍去脈。因此決定留下並等待，他對黨沒有死心。這說明柯其毅到學友社並非由黨所派，而是自投羅網。

果然，經過總共六年的等待，直至一九五七年，梁松明再次來電聯絡柯其毅。見面時只告訴他有一位女士將是他的新領導人，交代了接關係的細節和暗號，便先行離去。黨的關係終於接上了，但關於這六年時間，竟然沒有解釋，也沒有追問，當然沒有答案。這是一段讓人無法理解的經歷。雖說黨曾停止過一段時期的組織生活，但據我所知絕對沒有六年這麼長久。故此，我相信當時柯其毅向阿唐彙報的「疑問」，令阿唐失去對柯其毅的信任，甚至嚇怕了黨的領導，害怕他出賣同志。斷絕聯絡就是放棄，柯其毅是被黨放棄了的共青團員！他們從何解釋？

柯其毅又再向女士如實地彙報了六年來的生活狀況。她告之，留在學友社，等待黨進一步通知。

據柯說，此女士就是前文提到的，在朱榮楷的小閣樓聚會出現的何榮基的太太。很快柯其毅的組織關係正式轉給歐陽成潮，可說是黨重新接納他為同志，而工作崗位就是學友社舞蹈組。當年柯其毅開始在學友社教導兩位女學生學習芭蕾舞基本動作，沒有經過公開的常委會的批准程序，相信就是發生在這個時期，由歐陽成潮所指示而進行的。這樣由地下黨直接安排工作的做法，自然令到領舞組的歐陽榮生等人非常不滿及憤怒。這是我第一次發現黨可以根據需要直接在社內安排人事做工作，不用理會公開的社團工作程序。而柯其毅就像是奉旨行事般，悠然自得地進行，也不用理會其他人的看法。

司徒華回憶錄中有一段非常生動的對柯其毅的描述：「此中有一人行徑古怪，經常擺架子，自以為芭蕾舞技藝比他人高強，地位超然。每逢大家開會唱歌時，他就站在後排，蹺起手，臉上露出似笑非笑的表情，恍如目空一切，不時露出領導人身份。被社友形容是突然而來的新貴，給他一個貶義的綽號：『垂死的燒鵝』。」我是看到這段文字後，才知道當時的社員是這麼討厭他。

據我觀察，這時候黨和柯其毅的關係其實已經異化成為一種角力。一方面黨重新審視這個人，已經一身資產階級氣味，意識形態的差異令黨無法再次信任，但既然他自動來到學友社，重投黨的懷抱，那就加以使用。當時學友社正要發展舞蹈活動，籌備舞蹈演出，他正合用。這可能也是梁松明的主意。

另一方面，柯其毅為那六年斷絕組織關係，耿耿於懷，心有不甘，總要在各方面表現積極進步，忠心革命，以取得黨的信任，而至走向極端。那是一九六〇年，柯其毅決定放棄那份高薪優職的洋行工作，接受歐陽成潮的要求去當學友社的全職秘書，由常務委員會正式聘請，月薪一百二十元。柯其毅相信生活上黨會照顧，自己應以革命為首。

現在回望，歐陽成潮這個領導黨員，因為不能直接參加學友社的活動，很難瞭解基層的情況，要利用柯其毅秘書的身份，方便隨時探知他所不能知道的角落，或指派柯其毅去做一些特殊任務。比如約見戲劇組導演張懷，查問戲劇組情況，安排新活動，又如處理另一戲劇組人鄧梓煥的疑問等等。也不排除這是對柯其毅能否為革命犧牲的考驗。柯其毅就好像是直接向歐陽成潮彙報的私人探子。我是第二次領教了黨可以根據需要，直接在學友社安排人手做事的傳統習慣。柯其毅並不覺得這是被利用，還以為自己很有權力，沾沾自喜，說是與我這個主席平起平坐，他是第三手領導。

我認為柯其毅去當這個秘書，是一種革命極端主義的表現。一個共產黨員，在和平環境中，並不一定需要作出這樣的付出。直至盧壽祥成為柯其毅的領導人後，由他指示柯其毅另找工作，柯其毅找到一間美國公司，出任經理，那已經是一九六三年的事了。至「六七暴動」後，柯其毅又轉去中學教書並兼任無薪金的學友社兼職秘書工作，收入很少。當我的女兒出生時，由柯其毅的黨組織決定，補助二百元托兒費及若干元的租金補助，所有這些均由他一人經手，我並未沾手。

後來，我問柯其毅，那消失了的阿唐為甚麼又來到我們家？他說：有一中學同學大明與阿唐合作做塑膠模型生意，他去探訪大明時重遇阿唐，知道他健康欠佳，便幫助他。儘管不再是領導人，阿唐仍是能互相關懷的朋友。阿唐曾兩次到溫哥華探望柯母，一九九一年那一次最能敞開心扉地和我們長談。關於金禧事件，關於葉國華，關於國內腐敗轉公款為私產的情況都有談及，讓我覺得他還是比較明辨是非，分清善惡的黨員。他給我一張名片，顯示他是「兆徵萬聯國際有限公司」的董事兼財務經理，但說現已退休。至於黨的工作，當然沒有提起。不過，我絕對相信他仍在為黨工作，已經是灰校線的高層領導黨員，黨的工作不會有退休這回事。多年來，他都有聖誕卡、電郵來問候，直至我把刊登出來的地下黨文章寄給他才停止。可能已把他嚇了一跳，不方便再聯絡了。

就我所接觸到的灰線地下人中，有兩種不同類型的黨員。一種是由紅校線經過洗白轉出灰校線的，這種黨員組織力強，革命理論較多，口若懸河，大原則大方向講得一套套，能煽動年青人的激情，很有吸引力。像葉國華、蔡培遠等。另一種完全在灰校成長的，就理論較少，但最懂得關心學生，那種關心是全方位的，無微不至的，使那些被帶領的學生感激流涕，因感動而歸順，梁松明、唐賦榮、柯其毅等都是這類。兩種黨員雖各有功能，但灰校黨員極其隱蔽，不易暴露，其作用更大。灰校線的黨員，因為要隱蔽身份，像普通老百姓那樣去讀大學，有高薪優職甚至出國留學都可得到黨的認同或根本就是由黨派出去的。較之那些留在中共機構如工會、學校，相對低薪清貧的黨員來得富裕無憂，常常引致那些機構黨員的妒忌。

大約在一九六五年間，歐陽成潮通知柯其毅去聯絡芭蕾舞蹈家張珍妮和鋼琴家李輝夫婦，說：他們向新華社表示需要一位男演員與他們合作排演舞劇。柯其毅曾演出舞劇《天鵝湖》的王子一角，正是合適的舞伴。柯其毅當然知道新華社的意圖，張李夫婦是統戰對象，排演舞劇是一項統戰任務。於是便有了後來的李輝作曲並鋼琴伴奏、張珍妮及柯其毅分演男女主角的的芭蕾舞劇《春戀》的演出。這場演出應該是柯其毅舞蹈生涯由業餘水平提升至專業水平的頂峰之作。之後，柯其毅與他們開始交往成為朋友，直至「六七暴動」的興起。

統戰工作是怎麼一回事？我在二〇一九年曾發表過一篇文章〈中共的秘密武器——統一戰線〉加以介紹。

〈中共的秘密武器——統一戰線〉

「統一戰線」（傳統英文譯名 United Front，簡稱統戰，漢語拼音直譯 Tong Zhan）是中共自稱的三大法寶之一。毛澤東總結共產黨奪權成功的經驗是：「一個有紀律，有馬克思列寧主義理論武裝的『黨』；一個由這樣的黨領導的『軍隊』；一個由這樣的黨領導的『統一戰線』。這三件是我們戰勝敵人的主要武器。」[16]

「統一戰線」是共產主義陣營的鬥爭策略，具有悠久的歷史，其始創人是馬克思、恩格斯，經列寧創新後傳入中國。王明是中共領導層中，倡議轉變政策建立「抗日民族統一戰線」第一人。一九三五年中共中央政治局在瓦窯堡會議上決議建立「抗日民族統一戰線」的策略。

毛澤東時代的「統一戰線」已經不單只是列寧所倡議的國與國之間、黨與黨之間的結盟或聯盟，而是發展進步勢力，爭取中間勢力，孤立頑固勢力。他確信由於日本帝國主義的入侵，國民黨營壘在民族危機來臨之時，是會發生破裂的，共產黨的任務是把紅軍和全國的工人、農民、學生、小資產階級、民族資產階級匯合起來，建立一個廣泛的民族革命統一戰線。他總結：當革命形勢改變時，革命的策略，革命的方式也必須跟著改變。要利用矛盾，爭取多數，反對少數，各個擊破。[17]

毛澤東因應統戰策略可以作出極大的妥協。一九三七年他提出，為了建立「抗日民族統一戰線」可實行：「一、把陝甘寧革命根據地政府改名中華民國特區政府，紅軍改名國民革命軍，受南京中央政府軍事委員會指導。（請注意：香港特別行政區的設計並非鄧小平首創）；二、在特區政府區域內，實行徹底的民主制度方針；三、停止武力推翻國民黨；四、停止沒收地主的土地。」[18]這裡可以看到毛澤東的統戰政策的隨機性、實用性、功利性，中共的所謂革命的本質不過是經過計算沒有理想的農民起義。

可見，統戰只不過是共產黨在新形勢、新條件下奪權的策略，即原則堅定性和策略靈活性相結合。它可以把原來的死敵變成統戰對象，可以把原來聲稱要打倒資本主義、推翻國民黨政權、建立社會主義

16 毛澤東，〈論人民民主專政〉，《毛澤東選集》，頁一三六九。
17 毛澤東，〈論反對日本帝國主義的策略〉，《毛澤東選集》，頁一二八。
18 毛澤東，〈中國共產黨在抗日時期的任務〉，《毛澤東選集》，頁二三八。

和共產主義的最高綱領放下，轉變成建立民主共和國的最低綱領。在統戰的策略下，為了籠絡人心，中共作出有原則、有條件、有限度的讓步，聲稱要實行自由民主制度，其鬥爭策略的靈活程度，不得不讓人嘆為觀止。

毛澤東堅定地確信，敵人營壘是可分化瓦解的：「頑固勢力以後要逐漸分化，利用他們的矛盾，採取分別對待的政策，用極大的力量去團結中間派和進步派。」[19]所以統一戰線的任務就是分化和瓦解敵人，講究的是如何利用矛盾，分辨打擊或拉攏的對象，以及採用分別對待各類人物的手法。毛澤東又提出：「拿自己的策略武器去射擊最中心的目標，而不是把目標分散，以至主要敵人沒有打中而浪費彈藥。把極少數的打擊目標驅到狹小的孤立陣地上，把敵人營壘中被裹脅的人們，過去是敵人而今日可能做友軍的人們，都從敵人營壘中拉過來。」[20]

他為「統一戰線」作了歸結：「統一戰線的原則有兩個，第一是團結，第二是批評、教育和改造，為了改造先要團結。」[21]看吧！與統戰對象交朋友投其所好、關心其困難給予利益、邀請委任、高級別上賓款待等都是團結的手法。團結你、溝通你、邀請你，是要改造你、收降你。認清統一戰線的本質，是破解其奸險的首要法門。

「統一戰線」是中共生死攸關的生命線，自上世紀三〇年代一直沿用至今沒有改變。現在仍然有一個舉世無雙的中國共產黨中央委員會統一戰線工作部，簡稱「統戰部」，內設民族、宗教工作局，港澳台、海外聯絡局，西藏工作局，新疆工作局等共九局，專門負責統戰國民黨人、少數民族、宗教事務、

19 毛澤東，〈目前抗日統一戰線中的策略問題〉，《毛澤東選集》，頁七〇三、七〇六、七〇八。
20 毛澤東，〈論反對日本帝國主義的策略〉，《毛澤東選集》，頁一〇四。
21 毛澤東，〈文化工作中的統一戰線〉，《毛澤東選集》，頁九一三。

港澳台商人、海外僑胞以及外國政府官員等。目前（二〇一七至二〇二二年）的部長是尤權。

中國改革開放之初，鄧小平重建統戰部，指示這個時期的統一戰線是「愛國統一戰線」。自中共總書記習近平上台以來，亦十分重視統戰工作，在一系列統戰工作會議上對「統一戰線」的性質、內容、方式和方法作出新的詮釋，做了多項突出而具體的指示，比如：

「統戰工作是黨的特殊群眾工作，要有特殊的方式方法，講求很強的工作藝術。」

「對統戰對象要建立經常性聯繫渠道，引導其政治觀點，增進其政治認同。要重視和解決他們的政治利益和具體利益，盡心竭力幫助他們解決實際問題。」

「做好新形勢下統戰工作，必須善於聯誼交友，統一戰線是做人的工作，是為了壯大共同奮鬥的力量。」

當一個人被中共選中成為統戰對象時，他立即面對一連串心理的、感情的、原則性的思想掙扎以及修養和品格的考驗。他會有榮耀感、滿足感，以為自己更被重視。他們既然與中共做朋友，不知不覺中有一份見面情，為中共給予的好處感恩戴德，便開始為中共的罪行開脫，不好意思拒絕中共的要求，不想得罪中共，進而為中共辦事，失去普世價值的底線。如果被統戰者開始立場變化，對是非黑白，平等公義閉口不言，不再批評中共，即是說中共統戰成功了。

時任加拿大駐華大使的麥家廉（John McCallum）是一個明顯的例證。他於二〇一九年一月，當中國華為副董事長孟晚舟在溫哥華被逮捕，加中關係陷入僵局時，先後發表兩次講話，先是認為可以幫助孟晚舟反駁引渡的觀點論據，後又提出如果美國放棄對孟晚舟的引渡要求，對加拿大而言有極大好處，兩次失言讓加國總理杜魯多不得不解除他的職務。其後，麥家廉又再在接受香港《南華早報》訪問時說出，他曾警告北京不要對加拿大進一步採取制裁行動，否則會變相幫助聯邦保守黨在大選中獲勝。

有豐富歷練的外交官麥家廉為甚麼會一而再地站在中國立場去評說孟晚舟事件，公然地教導中國如何干預聯邦大選，而不是捍衛自己國家的利益？我認為這是中共在他身上施行「統戰」政策的結果。

要破解中共的統戰策略，人們要有高瞻遠矚，胸懷坦蕩，無私無求的品格，要有堅定的民主信念和信心，更要認識中共的本質，才能看穿中共的陰謀詭計，不會上當受騙。西方各國的官員，特別是那些長駐中國的外交官們，必定處於中共統戰磁力場的包圍中，要有堅決拒絕被統戰的決心。這個過程，無論是對統人者或是被統者來說都是一場心理戰爭，這就是統戰策略的厲害之處。

時至今日，中共利用人們血濃於水的愛國本能，在香港建立的「愛國統一戰線」，正得心應手地發揮作用。「統一戰線」策略也正在全世界的每一個角落裡推進，他們靠著廣大市場為餌，引誘各國資本家來華投資，把中國共產黨養大，養壯，讓他們有能力反噬一口。關於中共對各國的滲透狀況已有紐西蘭、加拿大、美國、澳州等國的教授、學者和官員出版了巨細無遺，精彩絕倫的報告或文章，令筆者感到無限驚喜。

最後，「統一戰線」的英文譯名（United Front）是歷史遺留下來的名稱，已經不能表達現代中共統戰工作的特質，本人建議把英文譯名直譯為漢語拼音「Tong Zhan」。

也許張珍妮、李輝夫婦並不知道學友社背後的底蘊，不會察覺這就是統戰手段。他們欣然邀請柯其毅共舞，完全是出於對藝術的追求，認為這不過是很正常的藝術合作活動。但我們這些黨員知道，作為學友社的公開負責人，我更非常清楚，這些表演工作都是統戰工作，是有目的的。我們的目的是利用表演活動，不著痕跡地由認識繼而交往，再進一步灌輸愛國思想，爭取他們向中共靠攏。幸而這些工作皆因「六七暴動」而戛然而止，工作層面僅止於交朋友階段，並未造成更大的傷害。以後，每當想起，當時我們竟在這些純潔高雅的藝術中滲進了骯髒的統戰政治，我便不由得感到一陣陣噁心。

在此，請讓我對當時受矇蔽的藝術家們表達我的歉意。本人在此揭示真相，只希望香港人嚴加防範，不要再上當受騙。

柯其毅於二〇〇五年出版了回憶錄 *Song of the Azalea*。《明報》刊出特稿及〈司徒華反應〉一文，文中說：「華叔表示與柯其毅接觸不多，但對他的印象不甚好。又說柯其毅的太太曾給他電話，對學友社奪權一事道歉。但在書中，柯其毅形容當年是『奉命而行』。華叔說，當年柯其毅也有份奪權，他們盲從附和。柯其毅在書中表示不贊同『六七暴動』的暴力行為和殺害林彬，華叔認為如果他當時認為不對，應該當時就退黨。」

柯其毅曾寄了一本回憶錄給華叔，華叔在回信中說：「大作中幾乎除我之外，其他人都用假名，但有些我還是知道是誰的……我覺得寫回憶錄不為自己樹碑立傳，不是抒發個人的憤懣，而是要把經驗及身而教，有益於世道人心。」

柯其毅回覆說：「書中用了你的名字，如有衝撞，我在這裡先致歉意。事緣梁海涵（梁慕嫻筆名）的文章〈奪權〉用你的真名在先，而你直認不諱曾組織的學友社是中共的外圍組織，所以改用你的真名。」

後來，華叔又另發一信給我談及此書，作出比較坦白的批評，他說：「柯其毅的書寫得很粗疏大意，連學友社地址也搞錯了。全書似乎除我一人外，其餘多人都是假名，我以為，除非不寫，否則全用真名。我在港也無顧忌，你們還怕甚麼……我為甚麼對他無甚好感呢，沒有個人恩怨，但卻記得很清楚，近五十年前他初入社時說的一句話：『像我這樣的人入社就是你們好運（意即，益咗你地）』。我詫異他是何方神聖，觀察久了，覺得並不神也不聖。」至此，我才知道，那時的社員對柯其毅有很大的意見的原因，便也寫了回信。

經過閱讀上述幾封來往的信件，我有了以下幾點思考：

思考一、

此書並不是柯其毅從頭到尾親筆書寫的，是請了許多人在他的草稿上重寫，故而，粗疏大意便在所不免了。我同意寫回憶錄不是抒發個人的憤懣，而是要把經驗及身而教。此書就是這樣子哀哀怨怨，哭哭啼啼的訴說自己如何為共黨所害。我並不喜歡。老實說，比起國內那些反右、文革的受害者來說，我們的所謂受害真是微不足道，有甚麼好說頭的。再者我們也是參與者，受害也害人，我們總應該找出自己那一部份來反省懺悔。我看不到柯其毅有這樣的想法，他對我說，都是他們（中共）的錯，他自己不需要反省懺悔。共產黨害到他對不起母親，這是全書的要旨，但我並不同意，他應該檢討自己的錯處。至今，書已經出版了，卻始終未見他有這個覺悟。

思考二、

司徒華說全書除他之外都用假名。有朋友說，甚至連太太也用假名。柯其毅在回覆信中推托是我用華叔真名在先，好像罪不在他，問題不是可不可以用華叔的真名，而是為甚麼單單用他的真名。雖然柯其毅說他是冒著生命危險去寫這本書，但我認為「危險」不是主要原因，主要原因是司徒華已成為著名人物，書中用他的真名可以增加此書的價值，促成暢銷。

我曾對華叔說：「寫回憶錄應該寫真人、真事和盡可能的真姓名。是否用真名，我完全不是因為恐慌。我是有幾種考量：一、是否觸犯法律條例，避免發生訴訟；二、那人現在仍為共黨做事，作惡多端者，應揭露其真名，以便讓港人尋根探源，找出來龍去脈；三、已經幡然覺悟則姑隱其名，以留後效；四、有些無辜被寫進文章的應盡量用假名，以示尊重別人的私隱。但，〈奪權〉一文用了你的真名，實在是非不得已，與上述各點無關。這是因為你是文章的主角，似乎無可逃避，真對不起。」

思考三、

柯其毅說他沒份奪權，都是他們去奪的，他只是「奉命而行」。這令我想起漢娜‧鄂蘭的一本書《平凡的邪惡：艾希曼耶路撒冷大審紀實》。鄂蘭於一九六一年前往耶路撒冷出席艾希曼的大審判後寫下這本著名的審判紀錄。艾希曼是二戰猶太人大屠殺的主要責任人和組織者之一。在審判中，艾希曼自辯說，自己只是遵從命令，是「奉命而行」，與柯其毅一樣。鄂蘭指出，當任何人甘願放棄對善惡是非的判斷力而去服從極權的命令，那麼最平凡的人也可以導致最極端的邪惡。艾希曼體現的是「邪惡的平庸」或稱「平庸的邪惡」。這是鄂蘭最著名的概念。其實，只要是沒有思想能力的，在集中營裡服從上級命令，就意味著你已經變成謀殺者的共犯。只要你服從了，就等於支持，參與執行就要負起責任，就是「罪」。所以我與柯其毅「奉命而行」概念相反，我認為曾經為中國共產黨出謀獻策，為它辦過事的人都有罪，都應反思懺悔。艾希曼終於被送上刑場。

思考四、

至於書中寫我的部分，有多處錯誤的描寫和敘述，把我的事情、我的說話算作是作者的，讓我有暗箭傷人，拉我落水，拿我作擋箭牌之嫌。

後來，我寫了一封信及一個書評如下：

各位朋友：

自柯其毅的回憶錄出版以來，許多朋友向本人查詢不少問題，從中得知朋友間流傳著不少關於Wei Yee（書中人物，即梁慕嫻，下同）的流言，使本人深感不安。經過一年沉痛的思考，不得不在艱難的病痛中決心寫下這篇書評，以供各位評論。本文並不打算公開發表，只希望傳給看過此書而又認識梁慕嫻的朋友閱讀，以示我的不同的看法。

時至今天，已是基督徒的我，已經可以做到無怨無恨。我唯一仍然堅持的，是把真相、善惡和是非黑白講清楚。能夠平靜而客觀地作出評論，從而獲得了心靈的釋放，是我所渴望的。

謹祝　身體健康！生活愉快！

友：慕嫻　謹上

Sept.29，2006

附〈評 Song of the Azalea——給關心Wei Yee 的朋友們〉

（一）

本書作者有許多誇大和錯誤的記述，以下是幾點重要的更正：

頁一七三，行十三：

地下黨的確有分配式婚姻存在，但梁慕嫻從未聽過她自己也被分配了。曾有朋友看罷本書，詢問我被分配給誰，令我啼笑皆非。柯其毅和梁慕嫻分屬不同的黨組織，他的黨領導人說了甚麼關於我的事，因著黨紀所限，我不便查問。

頁二二四，行一：

是我自己不願意生孩子，我清楚知道養孩子會影響革命工作，對革命的熱忱和使命感驅使我自覺地延遲生育。直至三十一歲，經柯其毅的催促，我明白，已經到了無可避免的時候了，才懷下第一個孩子。黨組織對我生孩子一事並未有任何干涉。

頁二二四，行二十六：

事實是，女兒一天都沒有回家住過。柯其毅在我出院的同一天直接把她送到寶貝托兒所中寄養至三歲，只在滿月的一天抱過回家。

頁二五六，行十七至二十五：

這完全是錯誤的敘述，我的確真有親自向柯其毅提出過離婚。這完全是我基於黨的原則，對黨性的遵從而提出，並不是領導人對我的要求。

頁二七九，行一至十一：

作者的記述有很大的錯誤。我總共提出過兩次離婚。

第一次——一九七三年，因為作者要求移民加拿大，上文已提過。

第二次——一九九六年，我提出離婚，柯其毅同意。

但是，柯其毅在書中所說的一九八二年，儘管因為他投資失敗，經濟非常困難，我並沒有在這一年提出過離婚。作者的記述非常錯誤，有一種陷我於不義的感覺。

（二）

本書寫作基調與八〇年代的「傷痕文學」類同，都是訴說自己為中共所害的經歷，發洩自己的不滿，吸引讀者同情，並無深究前因後果。作者在本書中處處著重表達自己如何積極為黨工作，積極革命，隱隱地流露著一絲絲的領導慾。地下黨和他斷絕六年關係，但他為了顯示自己真革命，去了「學友社」尋找黨。為了參加那場所謂革命，一而再地鑽進了一個血債纍纍的共產黨，這可說是作者自己個人的一種選擇。今天，難道就不應想一想為甚麼？

比較國內「反右」「文革」等運動的受害者來說，他們是在中共控制了一切生活資源下被迫洗腦，並無任何去路可以選擇，而作者生活在香港，接受崇基學院的西方教育，卻未能洞悉中共的奸詐。魔鬼撒旦為甚麼可以收買到浮士德的靈魂，共產黨為甚麼可以騙倒你？難道就不應該找找原因？

為了黨的事業，作者不惜低薪擔任「學友社」秘書一職，薪金不夠一日三餐的開支，寧願去街邊後巷的食檔吃那些剩飯剩菜卻感到欣喜，因為可以與工人同吃，可以瞭解工人階級更多。這不就是自動接受思想改造嗎？作者忽視父母兄妹的親情，放棄了對父母兄妹的關愛和照顧。他吃和住都在母親家裡，卻一分錢家用也沒有付給母親，把全部薪金送給了黨，這不是一個黨員應有的品德和合理的行為。後來，他去教書，當我表示革命者也要生活時，他批評我不夠革命，而他是最革命的黨員。柯其毅甚至單單為了符合黨的要求，要去娶一個地下黨員而犧牲愛情。他追求的是一個非常認真地參加革命、時年只有二十歲，而卻是作者自己所不愛的梁慕嫻，以革命之名把愛情婚姻送上所謂革命的祭壇，這是單純的革命嗎？究竟人性的底線在哪裡？這實在是革命的極端主義。

作者做出多項的犧牲向黨顯示自己革命的決心，從而爭取黨的信任。可惜的是，黨始終對他步步為營，從未信任。他越是得不到信任，就越是走向極端，越極端越認為旁人不夠革命的同時，也把自己推上最革命的位置不能回頭。而據我在黨內的經驗，實情並不需要如此極端主義，這也是作者自己的選擇。

我認為，革命的極端主義雖仍是革命，但這革命卻包含了雜質，並不純粹。這是來源於一種個人的追求，比如領導慾。柯其毅希望藉著黨的培養爬上高位是顯而易見的，書中有一段記錄他與葉國華較量的情節。柯其毅說，港澳工委領導人要求葉國華和他為「六七暴動」中灰校學生情況及發展黨員經驗作出報告。他說，葉國華只收集了報紙上的資料交差，而他自己的報告卻是認真詳細地向學生調查所成。後來領導人盧壽祥向他說，遲些時候黨將會提升一人，柯其毅或葉國華。結果是，葉國華速升兩級，竟高過盧壽祥。柯其毅顯得很失望和憤怒，認為黨是盲目的，分不清好黨員或壞黨員。

總的來說，這是不純淨的革命導致走向極端的典型例子，柯其毅是一個革命的極端主義者。中共固然罪惡滔天，但每個參與者在揭露其醜惡罪行的同時，也該對自己的選擇負責。宋樹材說：「我們是受害者，也是害人者，過去曾積極為黨工作過的就害得人更多。」這是一句深刻反省的話。從本書的內容看，作者回顧一生，並未有任何反省的精神。把對母親的歉疚、對梁慕嫻的虧欠的責任通通推給了共產黨，以為就可以釋懷了嗎？

(三)

「學友社」舞蹈組曾於六〇年代初期對推動香港的舞蹈普及活動起過相當大的作用，可惜中共地下黨遵循毛澤東文藝為政治服務的路線，使舞蹈活動的方向和目的有了根本的改變。作者是舞蹈組組長卻沒有就這方面作出批評。

(四)

儘管有以上的更正和批評，對於*Song of the Azalea*一書，本人仍予以肯定的是：作者柯其毅願意用自己真名實姓揭露中共香港地下黨的活動情況，是地下黨在香港存在的有力證人，使本書成為關於地下黨一個方面的證據。

最後，作為一個基層黨員，柯其毅除了教舞、編舞、跳舞之外，自然少不免要為黨發展黨員，建立黨組織。根據我調查所得，柯其毅自己直接發展的黨團員有：陳漢廷、何婉薇、梁慕珊、鄧梓煥、陳君雯以及九龍塘中學的三人。從其他黨組織接關係的有李崇鈞、黃艷琼。這樣的成績從黨的角度看，也算是不錯的。

楊偉舉

楊偉舉祖籍廣東海豐，香港出生，在漢華中學畢業，在學期間已加入中共的共產主義青年團，並於一九六二年與我和柯其毅在歐陽成潮和盧壽祥的帶領下，到廣州辦理入黨手續，成為中國共產黨員。

他於二〇一六年接受城市當代舞蹈團策劃的〈香港舞蹈口述歷史——五十至七十年代〉的訪問，其內容在《拾舞話》一書中刊出。在書中，楊偉舉回憶自己在漢華中學初中三年級時已經跳舞、編舞，更到大公報等機構向其職員教授舞蹈。學生時代最成功的表演有蒙族舞《鄂爾多斯》和《龍舞》。

楊偉舉於一九五九年四月學友社十周年社慶紀念演出後，由地下黨正式調派到學友社，成為舞蹈組的中國舞編導老師，也加入了七人核心黨組。

他是我的舞蹈老師。我曾參加他主辦的中國舞蹈班，學習中國古典舞和民族民間舞的基本訓練，比如做手，小腕花，雲手，小射雁，踏步翻身，跑圓場等等。我也參加演出，其中較喜歡的有古典舞《瑤台仙子》，蒙族舞《鄂爾多斯》，和青海民間舞《花兒與少年》。楊偉舉說，他第一個認真創作的作品是《花間彩蝶》（即《梁祝》片段）。這個舞蹈是以俞麗娜演奏的《梁祝小提琴協奏曲》的最後一段「化蝶」為主題音樂，運用中國古典舞的做手和芭蕾舞的托舉技巧，還用乾冰製造雲海瀰漫的夢幻舞境來表達梁山伯和祝英台堅貞不屈的愛情。他是向芭蕾舞蹈老師廖本農學習托舉技巧，使該舞既有芭蕾的元素，又有古典舞的東方之美，得到觀眾的讚賞，多次重演。

此外，楊偉舉還有兩個傾力之作。其一是一九六二年在香港大會堂公演的大型舞劇《仙羽神弓》。這是由他編導，並親自擔綱演出的三幕五場中國神話舞劇。另一作品則是內容與《仙羽神弓》截然不同的《風雨黎明》，這個舞劇反映香港大雨成災後的情況，是楊偉舉經過學習毛澤東〈在延安文藝座談會上的講話〉後的產品。他說：「當時大陸正流行訪貧問苦，要憶苦思甜，我們不要忘記別人的苦。」可以說，這也是楊偉舉緊跟黨文藝路線下的產品，他認為舞蹈應該反映社會歷史現實。後來，楊偉舉更與戲劇組導演張懷合作排演了話劇《毛主席恩情比海深》，是他們倆實踐文藝為政治、為階級鬥爭服務的極端之作。

五〇年代的香港，中國舞資料相當缺乏，取得舞蹈資料的唯一途徑來自國內。那時的舞蹈老師多數經由地下黨安排到國內觀摩學習。比如到廣州光孝寺華南歌舞團學習基本訓練，把舞團編成的舞作如《鬧花燈》等的音樂、曲譜完整地帶回香港排演。楊偉舉也不例外，經常回廣州學習及搜集舞蹈素材。記得有一次我隨他到華南歌舞團學習，因為基礎較差，我只能學會一些作品的基本動作，但楊偉舉卻有能力把一支又一支舞蹈的基本動作完全學會，而且把每支舞蹈的音樂錄音、圖形編排、服裝頭飾要求等細節也搜集完備。所以拿到香港演出時都能跳出基本原貌和風格，很少走樣。比如《花兒與少年》、《苗族婚禮舞》、《越南嚨鏘舞》、《日本漁民舞》等都很受歡迎。

我和楊偉舉沒有多少個人的交往，只在排舞和籌備演出的過程中有所接觸，發覺他是全心全意教舞編舞，醉心於舞蹈的老師，同時也是一個非常自我中心的人。也許他接受了一種叫做導演權威的理論，導致他常與負責製作演員服裝的裁剪組的李綺玲產生磨擦。李綺玲常常向黨領導投訴，說楊偉舉經常改變節目演員人數，今天說好的八人，幾天後卻增至十二人，打亂了她在購置布料飾物等方面的預算，令她疲於奔命，增加工作困難。事情也常常勞煩我介入調停，平息事故。所以，楊偉舉是一個很難接觸學生，不善聯繫群眾的人。因而，我知道他是相當痛苦的。他是藝術工作者，不是黨的政治思想工作者。

當中國文化大革命進行得如火如荼，國內「鬥私批修」運動方興未艾，每個人都得自我檢討，「鬥」出自己的私心，批判自己的「修正主義思想」的時候，香港也正處於「六七暴動」期間，學友社七人核心黨組也亦步亦趨緊跟中央。有一次會議就是安排大家「鬥私批修」，我們七人除梁煥然外，都作了自我批評，檢討得失。楊偉舉的自我批評特別沉重，記得他當時眼泛淚花，引用瞿秋白的〈多餘的話〉，說自己參加革命是歷史的誤會。讓我留下深刻印象，至今難忘。

瞿秋白是中國共產黨早期領袖和締造者之一，曾兩度擔任中國共產黨實際最高領導人。一九二七年瞿秋白因陳獨秀被免職，而成為繼陳獨秀之後中國共產黨第二任最高領導人。一九三〇年他被中共黨部指為機會主義者和異己分子的庇護者及左傾教條主義者，於一九三一年被解除中央政治局委員的職務。瞿秋白於一九三五年在福建長汀被南京國民政府逮捕並槍決，時年三十六歲。〈多餘的話〉是瞿秋白臨刑前在獄中完成的一篇遺言，表達其由文人從政的曲折的心路歷程。他說：

「像我這樣的性格，才能，學識，當中國共產黨的領袖確實是一個歷史的誤會。」

「馬克思主義的唯物論哲學，唯物史觀，階級鬥爭理論，政治經濟學，我都沒有系統地研究過。資本論——我就根本沒有讀過。」

「我的一點馬克思理論常識，差不多都是從報章、雜誌上的零星論文和列寧幾本小冊子上得來的。」

「我的一知半解的馬克思主義知識」，使我「逐漸地偷到所謂馬克思理論家的虛名。」

「總之，我其實是一個很平凡的文人，竟虛負了某某黨的領袖的名聲十來年，這不是歷史的誤會，是甚麼。」

「一場滑稽劇就此閉幕了。」

「告別了，這世界的一切。」

第一次看到這篇遺言時，我很年青，只覺得這位中央領導人瞿秋白只是哀哀怨怨的，沒有一點兒革命志氣，黨中央對他的批判大概也是正確的了。但後來覺醒了，再看，我反而欣賞他的坦白，因為我產生一個疑問：中國共產黨究竟是不是一個馬克思主義的政黨？那些經歷過黨內殘酷的權力鬥爭而奪得權力，最終建立了中華人民共和國的中央政治局常委們，比如毛澤東、周恩來、劉少奇、林彪、鄧小平等等，有多少人是研究過馬克思主義的？難道他們也像瞿秋白一樣，是濫竽充數，掛羊頭賣狗肉的所謂共產主義革命者？我一直在尋找答案。

楊偉舉以歷史的誤會來評定自己的革命生涯，恐怕沒錯。根據我的調查，作為基層黨員的他，親自發展的黨員只有堅仔一人，另有兩人阿津及阿鑄是由其他黨員轉組織關係給他去領導的。這樣的成績，從地下黨的角度看，當然不合格了。

後來，楊偉舉被調進中聯辦，已於二〇二一年一月離世。中聯辦送了幾個花圈，署名分別是副主任盧新寧和宣文部人事部及退休員工聯誼會。

香港區黨員：從無到有

香港區基層黨員有：李宗鈞、關業昶、葉國華、宋樹材

當我於一九五八年被選為學友社常務委員，並擔起聯誼部工作後，我開始注意香港區的情況，當時香港區沒有黨員，沒有黨組織。在奪權鬥爭後仍留下參加活動的大約有十多人，在灣仔盧押道租賃一個單位進行活動。其中有一位叫陳煒良的，在選舉中也當選為常務委員，被選為副主席兼舞蹈部負責人，也帶領著香港區的活動。看來，他應是地下黨的培養對象。我常參加香港區的旅行、茶聚活動，聯絡這個區的學生。有一次，一位譚姓女同學邀請我參加在家中舉行的生日會。我欣然赴會，用過點心、飲品後，為數十多人的來賓圍坐一圈玩集體遊戲。譚同學要求大家先自我介紹，只見眾人沿著排座各自報上名字：John、Mary、David、Ken、Julia……一個個陌生的英文名字傳進耳朵，有一種奇妙的感覺。很快輪到我，我呆了一陣子，沒有英文名字，只好報上中文名，很尷尬。回家後，我為自己取了一個英文名字 Florence。

陳煒良告訴我，他曾參加蔡培遠主持的讀書會，他的愛國思想是由蔡培遠所傳授的。他的姐姐、哥哥、弟弟、妹妹全部染上紅色愛國思想，都來過學友社。不過，他很快便離開學友社考進香港大學數學系，畢業後去了加拿大深造，獲得博士學位。回港後，進入香港中文大學任教並升級至數學系主任。後因事移民加拿大溫哥華，以收租為生，幸運地完全脫離了中共的影響。

李崇鈞

當時，香港區另有一位奇特的人物，名叫李崇鈞，外號十三歲半。他是一個沉默寡言，相當內向的男士，在一間英文書院任實驗室管理員。他曾對我說，他常常喜歡走到跑馬地天主教墳場靜坐思考，那種極端孤僻的性格令我相當驚訝，不過，我相信他在婚後將會有所改變。

大約在一九六〇年左右，香港正流行「立體聲音響系統」，著名樂評家陳浩才在中環萬宜大廈紅寶石餐廳主持「HiFi音樂欣賞會」，每周末定期舉行，介紹推廣古典音樂，展示古典音樂由立體聲播放的美妙旋律，深受音樂愛好者的喜愛，把無數的觀眾帶入古典音樂世界中。為了調查研究，我也曾去過一次，得到高級的享受。

李崇鈞酷愛古典音樂，有一個時期，不知是誰的建議，他也在灣仔社址舉辦「周末古典音樂欣賞晚會」。使用的一套HiFi音響設備，聽說是向香島中學朱錦添老師借用的。我特別喜歡這個晚會，每周定必出席。李崇鈞把小小的社址佈置一番，幾張鋪上白色檯布的小桌上，擺放小花和小燭，配上柔和的燈光，營造一種浪漫安祥的氣氛，坐在那裡覺得舒坦，快意。

聽著貝多芬的《命運》，柴可夫斯基的《悲愴》，還有羅西尼的《威廉・泰爾序曲》，加上約翰・史特勞斯優美，輕快的《藍色的多瑙河》，《皇帝圓舞曲》，《維也納森林的故事》，每一句旋律，每一段節奏，交織著一個絢麗壯偉的世界，令我聽得如癡如醉。我永遠不會忘記李崇鈞曾對我解釋貝多芬第五號《命運交響樂》中，那最著名，最受歡迎，貫徹全曲的四個音符，短短短長，me me me do...re re re ti... 是命運的敲門聲。全曲均以這個「命運動機」展開，震動心弦，緊扣生命。這是我人生中第一次較為全面地欣賞古典音樂的機會，可說是一次音樂的啟蒙。

可是，大煞風景的事情發生了。有一次，音樂晚會正要開始，發現喇叭箱內的喇叭不見了，事後追查原因，懷疑幾個人。當時的黨組織會議有主席梁濬昇、李綺玲和我及歐陽成潮。最後由李綺玲在會議中定案：是階級敵人的破壞。一名叫譚富強（諢名好蠢）的社員被指控，理由是他私自多配一條社址門匙。就這樣，決定召開社員特別大會進行批判。在大會上當場宣布，開除譚富強會籍並要求他立即離開，沒有給他申辯的機會。兩個喇叭的失竊事件上升為階級鬥爭，正是小事化大，無限上綱。譚富強參加舞蹈組活動，個子高大俊朗，跳起紅綢舞來特別好看，是一個單純樸實的好青年，突然如此地把他打成階級敵人損害他的名譽，實在是非常殘忍的事。後來知道是有一位常務委員鄧梓煥叫他多配一條門匙，他是完全清白無辜的。但不單是公開的常務委員會，連我們的黨員組織也沒有公開澄清，恢復他的名譽，就此不了了之，留下這一冤案，無人過問。與中共歷次運動殺人後，那種死皮賴臉不認帳如出一轍。

雖然我沒有參加這個社員大會的批鬥，因為剛好去了澳門交流學習，但整個事件的處理過程和手法，我是一直在組織會議中聽到的。當時的我，階級鬥爭之說已經深入腦海，認為打擊階級異己是必須，既然同志李綺玲這樣定案了，我亦沒有這個覺悟和力量去提出異議，也就完全同意，任由事件發展下去。但隨著歲月的增長，心中的不安，不忍，日漸加劇，終生無法忘記，我必須承認我是同謀者。至大約九〇年代初，大家已經幾十歲了，譚富強帶同太太來溫市探望我們，共進晚餐。對於他能心中無恨，仍來見面，我非常感動、慚愧。我對他說：我代表學友社向他道歉，請他原諒我們的錯誤，寬恕我們對他的傷害。當時，我看到他雙眼通紅，可知他實在未有釋懷，我心中非常難過。可惜他已經去世，無法再向他表達我的懺悔。

李崇鈞是由葉國華發展成為中國共產黨員的，其組織關係後來被轉給柯其毅領導。不久，李崇鈞與曾潔美一起組成了香港區第一個興趣活動組：「輕音樂組」，吸收愛好音樂的學生參加，並排練了節目，參與一九六四年全社「第三次救童助學」的演出。我於一九八二年回港時曾去探望，他已做了父親，有三個男孩子，一家人過著簡樸而安定的生活。後來他也帶著太太來訪，我看到的他，在時光的銷蝕下，音樂的情懷已經蕩然無存，一去不返了。

根據我的查考，李崇鈞並沒有親自發展新的共產黨員。

關業昶

大約是一九六二年的一天，我接到一通電話：

「喂！我想找梁慕嫻，她在嗎？」

「我就是。」

「梁女士，我叫關業昶，我希望與你面談。」

「有甚麼事嗎？」

「是的，我有一事請求你幫忙。」

聽到這裡，有些好奇心，我決定見他，想知道他有甚麼事，便安排了時間，在學友社旺角社址接見他。

關業昶中等身材，三十歲出頭，衣著簡樸。坐定之後對我說出他在生活上的困境。原來他現在居住的地方很簡陋，是一個單位的半露天平台內的一個床位，睡下的時候，平台的屋頂只能遮蓋下半身，上半身的頭和面都露出平台頂之外，下雨的時候就無法睡覺，希望我能幫助他。

「誰告訴你我的名字，說我能幫助你？」我問

「是蔡培遠介紹的，他曾向我交代，到學友社找梁慕嫻，她必能幫助我。」

「你是如何認識蔡培遠的？」

「是在易通英專認識，我們都在那裡讀書。」他說。

啊！我的心跳動了一下，原來是蔡培遠，我從許多渠道知道他。李綺玲常向我提起這個名字，講述她和他如何想方設法發展灰校學生工作的事情，處處表露他們是灰校學生工作的先驅。我也從領導人的口中知道蔡培遠，提及他的工作情況，我一向認定蔡培遠是地下黨員。現在聽關業昶說起，想不到與我素未謀面的他，竟然也知道我，對我如此信任，我有點兒感動。再看看關業昶，覺得他忠厚老實，言詞懇切，又有蔡培遠的介紹，自然可信，不用再多查問。當下二話不說，也沒有請示上級領導，便收留了他，安頓他在灣仔社址住下。及後，他在中環寫字樓找到文員工作，生活便安定下來。

後來，我非常高興地知道，原來阿關懂得吹口琴，而且擁有全套口琴樂隊的樂器，大小長短、高音低音一應俱全，共十多支，完全是口琴樂隊的格局。二十世紀五〇年代，梁日昭先生在香港電台播放口琴節目大力推動，口琴活動深受香港中學生的歡迎。當年香港經濟情況欠佳，一般普通家庭很少買得起名貴的樂器，只能負擔平價的口琴，這項活動便在一般的官立學校大行其道。我又回憶起朱榮楷在「香港中華基督教青年會口琴樂團」演出的情景，覺得口琴活動很有意思，便建議阿關開設口琴組。他在灣仔社址開辦口琴班，訓練學生組成口琴樂隊，自任口琴組組長。這樣香港區的第二個興趣活動組便成立了。

經過一段時間的操練，口琴樂隊於一九六三年第一次參加全社的「首次綜合性」演出。當時樂隊

有一個長長的，圓筒形的低音部樂器，一時還未能訓練出可以演奏的演員，需要由關業昶親自吹奏演出，樂隊指揮的角色只好由我暫時擔任。我是有信心的，因為香島中學的溫虹老師曾教授過樂隊指揮的基本知識。一般基本指揮法，如二拍子、三拍子、四拍子的手勢，我都略懂一、二，於是就大著膽子踏上指揮台上陣了。

關業昶是被葉國華發展成為地下黨員的，在葉的領導下經歷了「六七暴動」。

至「六七暴動」的尾聲，阿關得知早已移民加拿大的母親，年事漸老，乏人照顧，為與母親團敘並奉母至終，阿關也移民了。多年後，阿關從加拿大多倫多到溫哥華探望我，他說，他的移民有向葉國華彙報，並得到他的批准，葉本來答應為他聯繫海外地下黨關係，不知為甚麼後來卻不了了之，令阿關的心懸在半空，七上八下，終至移民期限已到，等不及了，只好悵然離港。他又說，他在多倫多仍在尋找地下黨，常去一些專賣中共書籍的書店徘徊，希望與黨接上關係。我心中不禁失笑，好一個愚忠的傢伙啊！他終究有沒有接上關係？我看可能性很少。其實，他已被黨所離棄，他是否知道？據傳，阿關寫下回憶錄交給戲劇組導演張懷修改，回港後又交給葉國華看，葉叫他交給蔡培遠，阿關給蔡之後卻沒有下文。我看是不同意發表。

我相信，作為基層黨員的關業昶並未親自發展過新的地下共產黨員。

蔡培遠

蔡培遠，一九五八年畢業於漢華中學。他洗紅底的過程很徹底，畢業後先去易通英專學英文，再於一九六六年進入香港理工學院（現為香港理工大學）供讀機械及電機工程，一九七二年至一九八四年間在西營盤救恩書院當數學教師。不過，這只是他公開的資歷，實情是，他一直在做地下工作，專門負責團結發展大專院校學生，經常活躍在大學圈子裡，重點是香港浸會大學和香港理工大學。他是地下黨灰校線學友社系統的領導黨員。

一九八四年，蔡培遠被黨調派進入新華社香港分社擔任教育科技部副部長，從此以幹部身份公開從事大專學生工作。這説明蔡培遠地下身份已經暴露，因此他不會像唐賦榮那樣成為灰校線的高級領導人。他從未來過學友社參加活動，但因地下黨的關係，我和他彼此互知各自的存在。

大約是一九六三年，在一次公演中，文藝組有一個朗誦節目《漁夫和金魚的故事》，我發現那位扮演小金魚的女孩子，口齒伶俐，感情豐富，表演得很逼真，讓我留下深刻印象。但不久她便銷聲匿跡，不見蹤影。直至幾年後的「六七暴動」期間，她才又突然出現在我的面前。

這時，她已是一個亭亭玉立的少女，就讀浸會學院（現為香港浸會大學）。她自我介紹名叫阿儀，有事來請我幫忙。原來，她帶同在培道女子中學讀書的妹妹來見我，説她們一班同學想成立「鬥爭委員會」，希望我能領導她們。我應允了便幫助她們召集幾名志向相投的同學舉行會議，宣布成立了鬥委會，並向媒體發出成立公告。我又組織她們油印傳單，定口號，計劃在校撒放傳單行動，幸好行動中沒有人被捕。這個鬥委會發展得很快，轉眼間已經有十多人。暴動過後，一些成員參加了學友社中樂組的活動，一些則移民澳州或加拿大，初期與我還有聯絡。這是一群非常長情的女孩子，在我準備移民的時候，妹妹和鬥委會成員還為我舉宴送行。我非常安慰的是，我並沒有發展任何一位成為地下黨員，她們都沒有因「六七暴動」改變了很大的生活軌跡。但我仍有歉意，我沒有向她們交代離港放棄革命的原因。當時的我身心疲累，思想渾沌，已經無法理清思緒。

因為組織這個培道女子中學鬥委會，我常到阿儀的家，開會，吃飯，談話，有時留下過夜而成為她的朋友，看著她成長，結婚，生育。她告訴我，她全家六兄弟姊妹全都是蔡培遠一手發掘出來的「左仔」，深陷程度各有不一。姐姐雖早已移民美國，卻並沒有擺脱中共的控制，經常神神秘秘的寫信來回聯絡一些人物，也常要求代買中樂樂器。直至八〇年代阿儀才有機會去美國看望她，發現她原來還在屋內地庫組織了一隊中樂隊，利用這種活動團結群眾。姐姐的移民一定是地下黨的安排，並交給她一個繼續革命的任務，可能在外國接上地下黨組織關係。

阿儀的弟弟張適航也是跟著蔡培遠長大，更被發展成為地下黨員。他曾經是「香港學聯旅遊部」有限公司的董事總經理，最後被黨領導人勒令交回旅遊部領導權給地下黨。

以下是關於「香港學聯旅遊部」事件的背景和真相：

事情引起我的注意，覺得要揭露真相，是因為二〇一四年「雨傘運動」後，網上看到許多惡意攻擊「香港專上學生聯會」（學聯）的文章，都是由地下黨人聯同本土派以及一些人云亦云的無知網民合謀之作。他們窮追猛打，抹紅抹黑，散播不盡不實的資料。為了致學聯於死地，更抖出學聯歷史上的「學聯旅遊部」問題，試圖質疑學聯的經濟來源，財政透明度等等，強加「親共」的罪名於現在的「學聯」頭上。

學聯的學生領袖們勇敢站出來帶領全港學生進行雨傘運動的時候，我已經記起了「學聯旅遊部」之事，恐怕或遲或早總會有人掀出這段歷史污衊現今的學聯。於是我找出保存二十多年的一份資料，希望可以釐清一些事實，於二〇一五年四月發表文章揭發事件。

上世紀七〇年代，香港學界有一段為期不短的所謂火紅的日子，當時最嚴重的情況，是香港大學及中文大學以及一些專上學院的學生會都被中共地下學生黨員所奪權而被控制，地下黨員當上學生會主席，長期壟斷了學生會。這些掌握了學生會的地下黨員順理成章地成為當時學聯的骨幹，學聯因而被中共地下黨員佔據主導地位，使之成為中共的工具。一九七一年在學聯幹事會屬下成立的「學聯旅遊部」自然是中共地下黨的外圍組織。可以說，這盤生意其實是地下黨產業，其成立的目的是藉旅遊之名組織內地交流，進行統戰工作。當時旅遊部的人物中，我所知的有張適航、吳德行、侯叔祺等。

一九九三年，我收到阿儀一封關於「學聯旅遊」事件的來信。隨信附上的是一九八六年十一月當時在「香港學聯旅遊部有限公司」服務了九年的董事總經理張適航及服務了十一年的副董事總經理梁柏頌致同業先進及朋友的公開信，以及在明報刊登的「香港學聯旅遊部有限公司」關於張適航及梁柏頌的辭職聲明。張適航在公開信中提到：「由於本人與公司董事局其他成員，對公司發展目標及業務政策等所持的觀點及看法，存在著不可調和的矛盾及衝突，致使我們作出上述離職決定。」阿儀口頭告訴我，張適航是被黨的上級領導人唐賦榮勒令把「學聯旅遊」的行政管理權交回給地下黨，因為這是黨的產業，不是張適航個人所擁有，張因而憤然辭職。我認為，這證明張適航與地下黨出現分歧，可視為他脫黨的證據。他為黨工作九年，結果一無所有地離開，不以個人利益為重，不戀棧權位，令我敬重。

阿儀在來信中更說：「學友社一事與學聯之事同一性質，有人想奪權而從中獲利。」這是說地下黨聯同一些黨員向張適航奪權，就像當年黨的領導派我到學友社向司徒華先生奪權一樣。我是相當理解的，當中共黨人發覺屬下黨員思想遠離黨的觀念或出現分歧的時候，便不再信任。

一九八九年，北京天安門「六四屠殺」，令學聯的學生領袖們覺醒起來，要與中共切割，由支持中國共產黨轉為支持中國民主運動，爭取香港民主。於一九九三年出售「學聯旅遊」及其相關業務，並改名為「學聯及學生活動基金有限公司」，以便管理售出的資金，負責每年撥款支付學聯經費。但據報，「學聯及學生活動基金有限公司」董事局組成方法，乃為學聯與當年創辦及營運學聯旅遊的榮譽成員商討後的結果，以確保這家獨立公司不會偏離成立的目的。我相信，這些榮譽成員中有親共人士或黨員，學聯出售的對象是地下黨，榮譽成員是代表地下黨的一方。成立這個公司是地下黨開出的交易條件，是為了留下一線控制學聯的機會。學聯的學生們不能一刀切斷，乾淨俐落完成交易，是受到地下黨的掣肘。那時的學生是不可能洞悉中共這種深沉的陰謀的。

由於各大專院校學生曾受中共紅色污染，被「祖國」兩字所迷惑，陷入中共意識形態的深淵。由專上學生所組成的學聯，無可避免地被中共滲透奪權。「學聯旅遊」是這段歷史產下的毒瘡，而「學聯及學生活動基金有限公司」則是一劑不能根治毒瘡的藥物，這是歷史遺留下來的惡果，與今天已經覺醒、領導全港「雨傘運動」的學聯不可混為一談。歷年的香港大學生幾經追尋求索，才能掙脱中共的桎梏，能夠獨立思考，走上自由民主之路，我們應該加倍愛護珍惜。

至「六七暴動」末期，我又再次聽到蔡培遠這個名字。當時黨組織通知我要與一位女地下黨員接組織關係，原來她正是我的表妹阿霞。她在香島中學畢業後被派去香港工會聯合會屬下的「勞工教育促進會」擔任教師，並加入成為共產主義青年團團員。當時地下黨跟隨中央政策，強調學生要與工農結合，接受工人再教育。故此蔡培遠常去工聯會接洽安排灰校學生訪問工人、向工人學習的活動。阿霞負責聯繫和參與因而與蔡認識並發展感情，終於結成夫婦。在一次組織會議上，我的領導人梁煥然問：「哎呀，這個阿蔡，怎麼老遠地跑到工聯會找愛人？」（她的意思是我們灰校線與工人線是不同系統）她問我，你的表妹很漂亮嗎？我一想，啊，是呀，她真的很標緻。

但是，當時我見到的表妹，已經面容憔悴，情緒低落，滿面淚痕地向我盡情傾訴她的苦況。她告訴我她的婚姻生活很不愉快，蔡培遠是一個自私的大男人，在家脾氣暴烈，發起火來常擲東西，但對其他外面的同志卻很不錯，是一個兩面人。這樣一個號稱是共產黨員的人令她很失望。

她告訴我説，後來黨組織指示她見大陳（即歐陽成潮），告知她轉組織關係去灰校線，被派去「聲藝國樂社」做社團青年學生工作。她始終不願意轉正成為共產黨員，大陳很感意外，於是安排她來見我。可是，當時的我只能聆聽，表達同情和關心，沒有甚麼可以幫助。一方面因為在地下工作已久，知道這是關於蔡培遠的事，是有關別的黨組織的事，如果我介入干預，向上級反映，一定會有很多是非壓下來，令我煩於應付。為恪守地下原則，我沒有為表妹做過甚麼，深感遺憾。另一方面因革命熱情鋭減，我已無力再作任何正言不諱的事了。

蔡培遠已於二〇一九年八月病逝，終年八十二歲。中國國務院港澳事務辦公室主任張曉明發出唁電，稱蔡培遠以本地幹部身份，長期任職於香港中聯辦，負責教育科技界和知識界的聯絡工作，間接承認蔡培遠是中共地下黨員。

阿儀

阿儀，培正中學及浸會學院畢業，也是在蔡培遠的培養中長大，被發展成為地下共產黨員。（有人指出，她曾參加培正中學的「紅藍學社」，但目前未有進一步的資料去證實。）阿儀告訴我，蔡培遠與她單線聯繫，常常單獨見面，竟單方面對她發生非份之想。我相信這就是她來學友社參加朗誦活動的原因。她的組織關係後來轉由歐陽成潮負責。

阿儀在浸會學院期間，組織「浸會學院鬥爭委員會」，發動同學參加「六七暴動」，是鬥委會負責人。暴動過後，地下黨經過總結，吸收了學友社的經驗，認為社團對團結發展學生很有作用，決定成立更多社團。在地下黨新政策下，阿儀整合浸會和理工兩校的鬥委會，於一九七一年組成地下黨外圍組織「海暉文化學社」。該社由阿儀擔任社長，設常委六人，包括何兆佳、莫婉芬、宋立揚、朱鑑全、吳榮欽和李國強，其中何兆佳是阿儀的丈夫，兩人現已離婚。就我所觀察，除阿儀是黨員外，常委之中最少還有二至三人是地下黨員。

該社建社之初共有九十六人，創辦費用由阿光的母親贊助，真空管擴音機由蔡培遠捐贈。阿光，浸會學院化學系畢業，是鋼琴教師。司徒華在回憶錄（頁一六四）上指，翟暖暉女兒受中共上級指示，試圖破壞文憑教師薪酬抗爭運動。要她在群眾集會中傳達「打倒司徒華，支持林華煦」的口號。所指的就是阿光，文中又說她後來退黨。海暉後來接受黨的指示與另一外圍組織「聲藝國樂社」合併，改名「旭暉文化學社」，由王文闖任社長，地下黨員馬兆麟任副社長，已於一九九三年九月結束活動。

該社常委中的吳榮欽畢業於福建中學及浸會學院中文系。是一位才華橫溢的二胡彈奏好手，可以說是「海暉文化學社」的靈魂人物。他訓練了一支海暉中樂隊，於一九七四年在香港大會堂音樂廳首演。他也曾演出二胡獨奏曲《三門峽暢想曲》及《延河暢想曲》，由阿光伴奏。吳榮欽與學友社戲劇組的阿潔結為夫婦，兩人於一九九四年移民美國。目前在美國明尼蘇達州定居。

一九九四年我收到阿儀轉來陳明鋒給她的一封信，信中說及他們已把旭暉社址賣出，大概是把出售所得的資金在河南省新蔡縣投資興建了「旭暉希望小學」。信中附上《旭暉通訊》，記述他們出席開幕禮的經過。他們捐了五十萬港幣給青少年發展基金會，其中十萬元港幣撥入全國希望小學發展基金，其餘四十萬港幣用於新蔡縣旭暉希望小學的建設。此外，亦在浙江省泰順縣捐建了另一所希望小學，於稍後組團去參加開幕典禮，云云。看來，這些地下黨人並沒有停止工作。

作為基層黨員的阿儀有沒有為黨發展到地下黨員？我沒有找到可證的資料。

葉國華

葉國華，真名叫做葉允鴻。他五官端正，矮小身材，外號矮肥，說起理論口沫橫飛，很有感染力。他是香島中學低我一屆的同學，是學生會中的紅人，非常活躍。畢業後他被分配到信修中學教書。一九六一年入讀浸會學院中文系，讀到三年級還沒有畢業便到德智英文中學教書至一九七四年。他家住南昌街一間布匹店後面，舖後有一閣樓，就是他的地下會議基地。

約在一九六二年，在學友社舉辦的活動中，我驚訝地認出葉允鴻改用葉宇騰這個假名來參加活動。他為甚麼來「學友社」？不怕暴露身份嗎？他畢業後為了洗去紅底，不是去了浸會學院讀書嗎，為甚麼沒有讀下去反而來了學友社？我向領導人梁煥然查詢，得到了答案。她指示，葉宇騰是自己人，他需要來學友社鍛煉鍛煉，著我給他分配工作。

鍛煉鍛煉？為甚麼？我暗自忖度，他應該像我一樣在香島中學加入了共青團，但不是像我那樣被派來學友社工作，而是在社團之外組織灰校學生的讀書會，屬於灰校線學友社系統的領導黨員。難道他領導的小組出了問題，成員信心動搖，情緒低落，領導不下去了，散了？是不是他變成空心老倌，沒有了下屬群眾，在黨內失去信任，於是被調來學友社鍛煉鍛煉？究竟又是甚麼原因令他領導的小組散了？是作風修養不好？理論水平不夠？沒有群眾觀點？沒有實際工作經驗？還是犯了黨規？啊，我想通了，他需要鍛煉的是具體的組織工作能力，而不是滿口的空談，這是黨組織為幫助他成長的權宜之調動。我滿腹疑慮地觀察下去。

梁煥然告訴我，「學友社」是革命熔爐，人多，熱氣高，革命幹勁足，可以互相鼓勵，不容易思想低落。縱使對革命形勢不能理解，也會因著社內人多熱烘烘的，社員間彼此的關懷而撂下疑惑。參加社內的實際工作，也可訓練組織能力，學習群眾觀點，為黨造就領袖人材。所以在外面情緒低落或有問題的黨員或積極份子，都會送來學友社裡鍛煉，不過組織關係就不一定轉來學友社，往往鍛煉了一段時間便又銷聲匿跡。但是，這樣的調動容易暴露地下身份，被識破後不能再做極其隱蔽的工作。

自此以後，我開始明白，學友社是地下黨的基地，有著培養幹部的功能，只要是革命的需要，黨會調動各類黨團員進社。我也開始習慣許多看似頗有來頭的人物在社中進進出出。對於他們，我這個主席不必太多過問，也不要想著去領導他們，他們自有相關的黨組織去管理，我這個主席只是扮演一個關心、協調和配合的角色。不過，這樣一來，也讓我洞悉不少人物的秘密。

那時，學友社正在熱火朝天地籌備舞劇《仙羽神弓》的演出，台前台後兩三百工作人員，僅演員及樂隊就有百多人了。領導人提醒我要注意階級鬥爭，防止階級敵人包括港英特務、國民黨特務和托派來破壞，我腦袋繃得很緊，需要把籌備工作組織得天衣無縫，其中服裝管理一項就是重要的一環，若是被人偷了一件就會妨礙演出，要找一個可靠的「自己人」來管。我看葉宇騰有這樣的來頭，並不是泛泛之輩，便遵領導人指示，分配他專門管理服裝和道具，要求他不能遺失出錯。只見他把幾十個寫上演員名字的紙皮盒子排放在練舞場上，像個中藥舖抓藥的師傅般，依次放進演員的服裝，紮好後押送去大會堂音樂廳。到了音樂廳後台，又把服裝依節目順序分發給每個舞種的負責人。演出順利完成後，我見他工作井井有條，有責任心，也甘心接受我的指派，不嫌工作煩瑣細碎，我對他有了好感和信任。

當時香港區只有口琴組、輕音樂組兩個活動組，發展不大，人丁單薄，未有黨組織。我就放心地把整個香港區分配給他全權領導。當時曾有人告誡我說，這個人投革命之機，這是養虎為患，我哈哈大笑，沒有理會。

學友社的黨組織，是遵循毛澤東發明的「支部建在連上」的建黨原則，把黨支部建在基層活動單位上。

一九二七年中共領導的南昌、秋收起義失敗後，毛澤東帶了一支部隊向井岡山前進，可是他怎麼也穩定不了部隊。開小差逃跑的越來越多，出現整個排利用放哨的機會集體逃走的現象。隊伍到達江西省永新縣三灣村時，毛澤東總結了經驗，對軍隊進行改編，首次提出「支部建在連上」的建軍制度。建在連上的黨代表稱支部書記，連以上的軍、營、團設黨委書記，連以下的班、排設黨小組。這樣，便確立了黨對軍隊的絕對領導，為「黨指揮槍」這一政治原則奠定了堅實的基礎，史稱「三灣改編」。一九二九年毛澤東主持、納入「三灣改編」原則的古田會議通過決議，從此成為中共今後建黨、建軍的一項基本原則和制度。中共建國之後，利用「三灣改編」的「支部建在連上」原則，像變戲法一樣，把國家的軍隊收編成中國共產黨的御用軍隊。

為甚麼是在「連上」？按一般軍隊編制：總、軍、師、旅、團、營、連、排、班來說，連隊屬於軍隊的基層部份。黨的支部要建立在「連」上，就是要黨組織建在基層單位中直接抓著戰士，牢牢地掌握基層士兵的思想動態、作戰意志，並進行政治思想教育工作。有作者說：這是把黨的組織系統一竿子插到底，一直建到基層單位去。

毛澤東對「支部建在連上」有如下評述：「黨的組織，現分連支部、營委、團委、軍委四級。連有支部，班有小組。紅軍所以艱難奮戰而不潰散，支部建在連上是一個重要原因。」（《毛澤東選集》第一卷〈井岡山的鬥爭〉）

中共建國之後，「支部建在連上」的原則與制度，對黨的基層建設也起著重要的指導性作用，更在全國範圍內落實。與連隊相對應的基層單位，在農村，過去是生產大隊，現在是行政村。在城市，是街道委員會，工廠車間，學校班級及教研室等。於是農村黨支部書記，社區黨支部書記，企業黨支部書記，機關黨支部書記等等充斥全國，滴水不漏。（國民黨之所以失敗，基層空虛是其原因。國民黨之基層只及縣、區為止，共產黨的基層一直下到社會結構最底層，填補了國民黨的空虛。）黨的各級機構都有兩套班子，一套是黨委系統，一套是行政管理系統。所以是，東西南北中，工農商學兵，都在黨的領導之中。中共相信只要在基層上建立了黨支部，就可達成全面管治的目的。

這樣，地下黨在學友社的每個基層活動組建立黨組織就是理所當然的任務了。葉宇騰在香港區領導了輕音樂組李崇鈞和口琴組關業昶這兩個組長，並發展他們成為中共地下黨員，使香港區有了第一個黨支部。後來他又創立文藝組，初期自任組長，組織了一隊朗誦隊，排練節目《漁夫和金魚的故事》，於一九六三年參加全社「首次綜合性」演出。以後還演出了《王小二歷險記》、《無孽龍》和《建社誦》等。文藝組又出版一份刊物《學藝》，由宋樹材任編輯。葉宇騰和宋樹材都在文藝組內發展了很多黨員，為香港區建立多個黨支部。這時葉的領導人是盧壽祥，我在七人核心黨組會議上常常聽到盧壽祥講及葉的工作情況，如此，葉宇騰便變成基層黨員了。但他在香港區所發展的黨組力量，成為他日後在黨內東山再起的本錢，也為他今天的地位和財富打下了基礎。

至「六七暴動」興起，地下黨灰校線提出統一的鬥爭口號是「粉碎奴化教育」。葉宇騰卻把它激進化，宣揚激進極左的思想，號召學生抵制會考，宣稱香港快要解放，鬥爭快要勝利。他帶領香港區學生參加暴動，響應「港九各界同胞反對港英迫害鬥爭委員會」的號召，組成各校的鬥委會。

有一天，在社址內，只有我和他兩人，他正打開親共報章數著有多少間學校的鬥委會上了報。

「幾多間了？」我問。

「一百多。」他說。面上充滿著勝利的微笑：「其中百分之八十是我的。」

是他的？我瞧他一眼，驚訝地發現他竟把黨的成果據為己有。八成鬥委會都是他的旗下？那麼他有了地盤，可以向黨邀功了。我和他的區別被他一語道破，彷如一盆髒水潑向一個純潔的靈魂一樣。這次談話給我留下深刻印象，至今不曾忘記。

群眾發動起來了。地下黨通知準備大遊行，我們連夜在北角社內籌備一切：寫橫額、印傳單、編口號等忙得不可開交。當夜約有三十多人在社裡，葉宇騰也在。忙到十二時左右大家都餓了，有些女同學煮了些白粥，備了糕點，讓大家裹腹。只見葉宇騰坐在社址中央一把闊椅上，前後左右圍著男女學生，有些遞茶，有些遞粥。他正在滔滔不絕地大談粉碎奴化教育，港英必敗，鬥爭必勝的道理，一派毛澤東在井岡山鬧革命似的領袖模樣，與幾年前管理演員服裝時忍辱負重的神態不可同日而語。

後來有通知說，大遊行取消，原因是學友社所在的北角僑冠大廈已被防暴隊包圍，我們立刻把所有傳單、布幕等拋棄，銷毀，然後解散。

大約在一九六八年初，有一天葉宇騰聯絡我，希望與我詳談。我早已估計到，因梁煥然告訴我他犯了錯誤，冒犯了一位女子，要把他調離學友社。見面時，他向我檢討了一大堆，作了一些空洞的自我批評，還讚揚我一大番，要向我學習等等。當我禮貌地表示勉勵後，他回復常態問我：

「你知道我們現在是第幾級幹部嗎？」

「甚麼？」我驚訝得很。

這真正是一個不折不扣的個人野心家。幹革命這麼多年，我可從來沒想過這個問題，他一定是想探知我是否同道。

「第幾級？你知道嗎？」我小心地問。

他當時的確曾告訴我是第幾級，我現已忘記了，最多不出市縣的級別吧！就算因港澳地位特殊，也不會超出省級範圍。可以相信，他是以爬上中央的位置為最終目標的。

暴動後，地下黨決定處理從鬥委會發展而來的群眾。葉宇騰帶著一批最忠心而能幹的手下離開學友社自行建立基地。他經過揀選，把所有名校大校的學生全置於自己名屬下，像揀肥豬肉一樣。而已經畢業不再是學生的、思想情緒低落的、已經暴露的、不是名校的、不能駕御的，總之是已經無利用價值的，通通都轉給我們這些留社的黨員接手。帶走的約有二三十人，都是各校的精英，有些成為地下黨員後，考上港大、中大、浸會、理工等大專院校，成為左右大專學生運動的火種，領導大專學生運動。為要延長學生身份，其中個別學生黨員畢業後轉系再讀，成為職業學生，沒有認真鑽研學問，沒有學懂一個專業，白白度過寶貴的青春。有些黨員出任學生會會長、專上學聯會長、旅遊部負責人等。葉可說是吃盡了暴動的甜頭，滿載而歸。他藉此抓到不少大學生甚至留學生成為他在黨內爬上高位的踏腳石。據我找到的不完全的資料顯示，葉宇騰親自直接發展的地下黨員有李崇鈞、關業昶、林兆榮、阿潔、葉淑儀等。

離開學友社的葉宇騰繼續教書，亦繼續領導那些跟著他離社的黨員。這樣他就回歸領導黨員的地位。據柯其毅回憶錄中記述，他得到地下黨領導人的青睞連升兩級，黨內地位超越盧壽祥，大概與唐賦榮平起平坐了。

改革開放初期，中共香港地下黨號召仍留在黨內沒有脫離的黨員從商，採用撥款、撥代理、給關係、給項目等政策，以群眾運動方式支持全黨下海。於是灰校線學友社系統中，有人主理深圳墓地生意，有人主持學聯旅遊部，有人開設貿易公司，好不熱鬧。學友社的繼任負責人們也不落後，開辦了一門大陸加工生意，也與葉國華合作組成體育用品公司。這些生意有些因失敗而結束，有些還在繼續。失敗了的人，有些打回原形，有些卻駕名牌車，住大屋，成了香港的小富翁。化公款為私產，並不只是發生在國內，香港地下黨也同樣出現。

至一九七五年，葉開始改用假名葉國華從商，這是他地下黨生涯的一個重大轉變。他接受《九十年代》月刊總編輯李怡的訪問，刊登在一九九七年九月號上，他說：起初，他用十多萬港元與人合夥收購一間膠袋廠，沒經營多久，適逢大廈遭火災而結業。他繼而轉行做機械代理，出口塑膠機器到東南亞，又於一九八二年成立運科國際公司，開展電腦生意，先從電腦產品貿易起步，再向電腦及高科技電子產品製造業方向發展。他的商務範圍逐漸擴大，包括：電腦、橡膠廠、國際學校、酒店、保安、醫療以及與太太陳保琼共同擁有的「耀中教育機構」。所有這些業務組成運科集團，他本人是運科集團主席及董事長。他也不斷買廠房、買寫字樓、買住宅，物業不斷增值積累了財富，漸漸地成為香港的小富商。

據我調查所得，葉國華在國內的教育機構有定期學習聚會，連外國籍高層也要參加。至於在香港的，則有葉國華親自開辦的定期研討會。據悉他有一位名黃富榮的當召集人，動員人們參加，聆聽葉國華主講的國情分析。

比較我所見過的領導黨員，如梁煥然、歐陽成潮、唐賦榮、蔡培遠的公開身份都只是一個打工仔來說，葉國華是相當特殊的領導黨員，他得到黨的許可和培養。

那麼，葉國華做生意的第一筆資金是從哪裡來的？他在訪問中自稱：他的錢完全是出售美孚新邨的房子得來的，共賣了十多萬，再加上自己儲蓄的十萬元，合共二十多萬作為啟動資金。

然而，一九九一年前領導人唐賦榮來溫哥華探望我們，對我們說起葉國華卻有不同的說法。他說：地下黨曾兩次撥款給當時正在商海浮沉的葉國華。第一次是百多萬港元，就是他在訪問中提到轉行做機械代理的時候。但是不久，他卻宣稱生意失敗，本錢經已虧光。於是至八〇年代，又有地下黨的第二次撥款八百多萬港元，且調動人力協助。這樣，他才有了如他在訪問中所講的發展電腦工業和上海生意的基礎。這就是葉國華從商的背景以及資金的來源，並不是訪問中所講的賣房子的十多萬元便可成事的，他有意隱瞞事實。地下黨兩次撥款，精心培養他成為富商，給予他一個公開的身份，使他有了擠上主流社會的本錢，開展各種統戰工作，對政治問題發言，進而推舉他進入管治班子。葉國華被稱為紅頂商人、政治商人、開明商人，說明他已達到成為黨內投機者的目的，完全符合他野心勃勃的性格。

隨著時間的流逝，我們開始看到這位已有足夠財力的小富商葉國華，開始在江湖上出手。

事緣一九八九年北京「八九民運」期間，時任中共中央政治局常委、國務院總理李鵬代表中央政府於五月宣布戒嚴，香港《文匯報》社長李子誦等人憤然在社論欄目上以「痛心疾首」四個大字開天窗，用破天荒創舉表達對中共的不滿。至天安門「六四屠殺」之後，李子誦及十五位員工，包括程翔、劉銳紹等脫離《文匯報》。李子誦與副總編輯程翔於同年十一月創辦一份關心中國政治的嚴肅雜誌《當代》時事周刊，由程翔任總編輯。但雜誌創辦兩年以來已虧損纍纍。

這時葉國華的公司有香港大學校友認識程翔進而聯繫。程翔不想輕易放棄這份刊物，與葉多次洽商談判，最終達成協議於一九九二年四月實行，葉國華首次成為被廣泛關注的新聞人物。據程翔所說，葉國華不是收購《當代》，而是承辦，不是投資，沒有股權。葉負責給錢讓《當代》辦下去，開支由他負責。但到一九九四年二月後，葉以虧蝕為由停止支持，不再承辦下去，他不是老板，故沒有遣散費。明眼人可以看到整個事件的效果是，葉國華執行黨的意圖，把程翔他們糊弄了一番後，既為自己建立一個慷慨開明的形象，增加了知名度，也為地下黨立下一功，促使《當代》結束。他的雙贏，使評論界很迷惘，承辦《當代》不怕得罪中共，他有甚麼法寶？這個疑問的出現是因為不知道葉國華是地下黨員的緣故。

自此以後，我密切地注意著葉國華的一舉一動。

在八〇年代初，我曾有一次回港之行，聽到不少關於香港要回歸祖國的消息。最初，我很為那些以前的黨員同志們高興，因為這樣一來，地下黨就應該浮出水面，每個黨員都可以公開自己光榮而偉大的黨員身份。記得年青時為黨辦事的時候，我們同志間的對話，常有提及對香港解放的憧憬。就像小說《紅岩》裡的許雲峰和江姐在獄中盼望中國解放的急切之情。後來，六七暴動期間，我又多次聽過不少工會負責人急切地講到香港快將解放。葉國華也曾在學友社號召學生們粉碎奴化教育，放棄會考，因為香港快要解放。可想而知，那時的地下黨人是多麼熱切期望香港解放。解放了，香港就是黨天下，黨員們再也不用掩掩藏藏地活著，更吐氣揚眉地向香港人展示光榮的黨員身份。想像一下共產黨全面掌管全港治權的滋味，也足夠地下黨員們去陶醉一番了。這就是地下黨員的掌權心態。

想不到的是，正當大家意氣風發，摩拳擦掌，等待九七大限來臨之時，鄧小平一點也不憐恤地下黨人的苦楚。一九八四年《中英聯合聲明》的公布打破了地下黨人的解放夢。聲明中第三段第十二條明確訂定，中華人民共和國全國人民代表大會將根據中華人民共和國憲法制定並頒布中華人民共和國香港特別行政區《基本法》，規定香港特別行政區成立後不實行社會主義的制度和政策，保持香港原有的資本主義制度和生活方式，五十年不變。香港地下黨人盼來的不是解放軍操過羅湖橋進佔香港，而是「一國兩制，港人治港，高度自治」的回歸，他們的失望可以想像得到。

當其時，香港回歸在即，一切計劃正緊鑼密鼓地部署。我首先發現中共並未打算停止地下黨在香港的運作，也沒有讓它公開的準備。黨員的真正身份將仍然龜縮在地下不見天日。我開始質疑中共的所謂一國兩制，高度自治是一場大騙局。我認為只要地下黨仍在鬼鬼祟祟地活動，香港便沒有真正的一國兩制。我相信他們準備炮製的一招，是地下黨幕後掌權的伎倆，而且把地下黨變身為「民主建港協進聯盟」（民建聯），讓地下黨員參加進去，以便間接地掌權。

跟著我又發現葉國華除在一九八三年與朋友合辦「經緯顧問公司」（一九九〇年結束），致力研究工作及搞國內幹部培訓班外，又在一九九五年創立「香港政策研究所」並任主席，為中共研究香港回歸的政策，民主黨副主席張炳良及中央常委盧子健是參與者，後者更是葉的僱員。葉國華有錢之後，不斷資助政治團體和基層社團及藝術社團建立關係。他出手資助兩個泛民政團，一九九二年「匯點」的會址是葉的物業，同年「民主民生協進會」的總部也是葉的物業。二〇一一年民協主席馮檢基在一篇題為〈好心包租公〉的報導中，證實民協自一九九二年起一直以友情價向葉租用其物業作為會址，葉從未加租云云。葉說，他的任務就是與民主派溝通協調作為橋樑，實為統戰工作。

葉國華在政治文化界非常活躍，以開明商人的面目周旋於民主黨派之間，不斷擴大人脈網絡，處處表露他有可溝通中港關係，聯繫中央的秘密渠道，毋需經過港澳辦。據傳媒報導，葉國華在一群友好飯聚時，喝多了後說，若九七年後再要在政治舞台上角逐，他肯定可以在中國官僚體系內獲得一個相當高的位置，大概就是中央吧。一些民主派人士被他的神秘面紗所蒙蔽，為他的花言巧語弄得團團轉。難道連司徒華先生也不知道他的真面目？我心中大叫一聲：「大事不好了！民主黨大佬們可能上當了」。我預感到葉將會是為治港方略向黨出謀獻策的主要人物。他一定是要爬上高位。不，我大聲反對，不能讓這樣的人物來治港。

這時，我已有了初步的覺醒。一九九五年李志綏先生的回憶錄揭露毛澤東荒淫無道的私生活，使我徹底地承認自己上當受騙，受毛澤東和中國共產黨的欺騙。看罷此書，我感到全身毛骨悚然，猶如被髒水浸淫過一般。一股激憤的力量促使我把那些僅存的對毛的個人崇拜，甚麼功過三七開；他是理想主義者；好人辦壞事等等企圖為毛開脫的說辭都通通扔進了垃圾堆，從而萌生與中國共產黨來一個思想上的了斷的想法。我開始有寫作的意欲。

「寫」是了斷，也是清洗污垢的最好辦法，更是揭露真相的最好途徑。我寫作的決心越來越迫切，我沒有想過自己有沒有能力，有沒有人相信，會有甚麼結果，我只知道我是為著自己的良心而寫。那是一九九六年，我心中只有一個「寫」字。我要告訴香港市民：香港有個地下黨，中國共產黨在香港以地下黨形式運作。它不只存在於中資機構，工會，紅校，而是藉著「六七暴動」大量地發展到大專院校及其他各種機構，而葉國華是實證地下黨員，我可以作證。我要告訴香港人，由於中共繼續以地下形式存在，間接掌權治港，香港沒有真正的一國兩制，高度自治，那只不過是一場大騙局，我們再受騙了。香港的政治遊戲不能按常規進行，要有新思維，新策略。我也呼籲中共必須讓地下黨公開，讓地下港澳工委書記公開站出來，光明磊落地參與治港，不要瞞騙全世界，還香港市民一個公道。

也許真是天意，我的第一篇揭露葉國華的文章〈從六七暴動到紅頂商人〉在《開放雜誌》一九九七年二月號發表的時候，正好趕上董建華宣布將在行政會議外，設立現制度所沒有的特別顧問職位，並委任葉國華為特別行政區行政長官特別顧問。一切竟然真的如我所料，葉果然走出台前，攀上高位，凌駕在特首之上。我看出，因董建華不是黨員，中共便要安排一個顧問來扶助，以便聯繫地下黨。可以說，地下黨是透過董建華來管治香港，董只是一個傀儡。原來他們是把公開與秘密雙結合的一套黨的管理方法拿出來，依樣畫葫蘆地管治整個香港！

我的文章發表後，葉國華的地下黨員身份即時受到關注。在李怡的訪問中，關於他的身份是所謂開明商人還是港共地下幹部？他沒有說清楚，刻意隱瞞，竭力掩飾，說自己受過共產黨教育，曾用共產黨員標準要求自己，只是曾想過做共產黨。他把自己打扮成一個親共而又局外的人，既為中共說話也為民主派說話。一個中共的局內人卻用局外人的口吻說話，引人上鉤，解除別人對他的防範，其欺騙性何其大也！

訪問中，他又說了一段玄之又玄的話：「大家不必擔心我是共產黨，今日我說如果你是共產黨，不要再愚弄別人了，如果你不是共產黨，就不要被人愚弄。」來為自己推脫。這個如假包換的，狡猾如狐的地下黨員，要管治香港的野心昭然若揭，正在愚弄著香港人。

葉國華於二〇〇二年七月被董建華辭退特首特別顧問一職。但他仍然是地下黨灰校線領導黨員，有消息說，他是取代梁煥然的學友社幕後領導人。

歷史既然不幸地讓我窺見了地下黨的一角，就像看到了一個嚴密堡壘的一個破洞，只有不斷擴大這個破洞，才能尋出香港管治之謎。於是，我變成一個時事評論員，專門撰寫關於地下黨的文章。寫著，寫著，就這樣寫了二十多年，其間有許多朋友關心地說：為甚麼要寫這種文章？何必得罪他們呢？也常有朋友問我，你不怕嗎？你不怕中共向你報復嗎？這時，我會想起范仲淹的〈靈烏賦〉中的名句「寧鳴而死，不默而生」。

生性耿直的范仲淹擔任北宋京城開封知府時，大力整頓官僚機構，剔除弊政，看到朝政過失都理直氣壯的批評，開罪了老謀深算的奸官，被君主貶為饒州知州。友人寫了一首〈啄木〉詩和一首〈靈烏賦〉給他，勸他不要像啄木鳥一樣，對貪官過於直言，招來殺身之禍。又勸他不要像烏鴉那樣，報凶訊而招唾罵於里閭。范仲淹以同樣題目的〈靈烏賦〉回應，斬釘截鐵寫出「寧鳴而死，不默而生」，表達自己寧願因仗義執言而被陷害致死，也不沉默無言，苟且偷生。

「寧鳴而死，不默而生」是我座右銘。

默默支持鼓勵，囑咐我注意安全，避免傷及無辜的朋友很多。不敢表態，害怕到連看一眼文章也不敢，甚至斷絕來往的也不少。朋友們的關懷和鼓勵，我心存感激，衷心感謝。對於那些害怕者，我也願意理解和原諒。每個人都有自己的人生觀、價值觀和對生活方式的選擇，我會充份地尊重。

時間去到二〇一一年，我寫下的文章已經很多，足夠出版一本書，便與《開於雜誌》總編輯金鐘先生聯絡，承蒙他的支持，拙著《我與香港地下黨》於二〇一二年二月二十八日出版。該書彙集了自九七年以來曾發表過的文章。主要內容有兩個：

一是以我個人在地下黨內生活的經歷，不斷警告香港人，中共在香港以地下形式運作，「一國兩制」不可信。我寫下這樣的文字：

如果中共在港仍以地下形式運作，一國兩制就是一場偷天換日的騙局，這就是所謂港人治港的真相。（一九九七年六月）

決定地下黨不公開，誤導港人以為真的回歸中國，而實質卻是回歸中共香港地下黨，一國兩制名存實亡，不是真正的港人治港，高度自治，所謂一國兩制只是一個騙局。（二〇〇三年八月）

香港回歸實在是還政於黨，中共利用香港地下黨偷龍轉鳳地接收了香港政府，是違反了基本法。（二〇〇四年六月）

中共為甚麼不把地下黨公開？共產黨早有深謀遠慮的計劃，知道在基本法的規範下，他們無法公開統治香港，只有留著地下黨，潛伏於香港的各個角落，才可神不知鬼不覺地慢慢搶奪香港的控制權，地下黨的歷史任務還未完成。由開初到現在，共產黨從未打算過真的讓香港發展資本主義制度五十年不變。只要地下黨仍在鬼鬼祟祟地活動，香港沒有真正的一國兩制，所謂一國兩制，高度自治是一場大騙局。（二〇〇九年）

另一是透過觀察和分析香港回歸十多年來的政情發展，揭穿地下黨如何逐步地破壞「一國兩制」的計劃。我寫到二〇一〇年，更指出梁振英正在密謀競選「特首」，我告誡港人，中共中央正在計劃推出一個地下黨員來當特別行政區行政長官，並預言香港這塊自由之地將在五年內失守淪陷。

二〇一二年三月五日，金鐘先生來電邀請我親臨香港，出席三月十八日召開的「新書發布會」，講解拙著內容。我即時就答應了，於是我有香港之行。這時，我已是一位基督徒，二千年受洗。我直覺地感到這是一個來自神的使命，必須順服。但收線之後，我哭了。我懷疑，帶著一個自二〇〇六年開始病症復發，長滿息肉，天天滲血的胃，坐上十多個小時飛機回港，帶著一個每晚胃酸倒流，無法安睡，要吃藥、吃肉、打補血針才能止痛的胃回港，行嗎？我能完成使命嗎？這些困難痛苦如何克服？正在疑慮不定的時候，我突然想起，牧師不是常常教導要「憑信心」去做一件事嗎？信心是甚麼？就是憑著對神「無所不在，無所不能」的信心，對祂必有「安排，看顧，承托，成就」的信心，而最重要的是對祂呼召的「正義性和必要性」的信心。於是我作了一個懇切的祈禱，把一切向神交托，便「憑信心」開始準備出門的一切：辦護照，整頓行裝，向兒女交代等等。

由三月十七至二十日我在香港三日三夜期間，首先出席了「新書發布會」。走進會場，只見一大群記者擠滿了全室，長短攝影機密密地一字排開，閃個不停。這樣的陣勢我一生未曾遇過，感到一陣暈眩。這時，有一股熱力流遍全身，它使我有力量以堅定的腳步踏上講台，支撐我鎮定地講解回答來自觀眾和記者的提問，看到滿堂的記者和讀者，專心的聆聽，熱烈的發問，我獲得無窮的力量和勇氣。

我在會上發言，介紹地下黨在學友社的活動情況及那些被我洗腦而加入組織的學生。我說：我身體移民，心沒有移民，有些事情未做完要繼續做，就是為公義而寫作。我告訴大家，我觀察到地下黨正在神不知鬼不覺地向著香港各個領域擴展，因而要以自己的親身經歷見證地下黨的存在。

我告訴香港人，我把地下黨員分為三等，就是實證的、推算的和行為實質的。梁振英是推算地下黨員，理由是：梁振英一九八五年獲中共委任為基本法諮詢委員會執行委員，三年後接替毛鈞年擔任基本法諮詢委員會秘書長。以中共的規例，秘書長職位必須是共產黨員，毛鈞年是黨員，後來更證實他是實證的黨員，故此，梁振英也必是黨員才能接替秘書長這個職位。

當時，有一股力量讓我有足夠的勇氣去指證梁振英地下黨員的身份，預告他正在準備當特首，我大聲吶喊：「反對地下黨員當特首」。我也把地下黨員當特首的禍害向港人宣告，我說，到那時，特首的背後將會有一個太上皇，地下香港工委書記才是香港真正的領導人，香港的核心價值將會一個個地消失。

整整三天，香港的傳媒源源不絕，傾巢而出，二十多家中外媒體，有報刊、電台、電視台，一家接一家的記者輪著向我訪問。各大報章鋪天蓋地般刊登了關於地下黨的問題，引起社會廣泛的討論。可以肯定地相信，香港市民，上至高層學者，下至普羅大眾已經接收到地下黨的訊息。他們真切渴求瞭解有關地下黨的問題，令我無限感動，也無限感慨。畢竟，這個課題對他們來說太陌生了。

在最後一天的下午，我被邀請出席了一個公眾學術論壇，由公共專業聯盟及香港城市大學教職員協會合辦，主題是：「假若中共黨員統領特區政府……」，主持人是公民黨的黎廣德先生。多位專家學者，包括程翔、張達明、陳家洛參與了討論。與會者有：李鵬飛、張楚勇、金鐘、麥燕庭、梁國雄等。這大概是香港的第一次，也是唯一的一次有關地下黨問題的公開討論。我更是首次參加這樣的論壇，意義重大。香港終於有人明白了事情的真相，勇於面對，直接思考，真不枉此行。我的使命終於完成了，很感安慰，並衷心感謝。

其實，在港的三個晚上，我都不能安睡，整晚起床幾次，分段睡覺，是胃痛。吃藥，吃肉才能止痛。第一晚我很擔心，明天能出席發布會嗎？有足夠精神講話嗎？最擔心的是：會上將要講的全是政治問題，非常敏感，萬一精神不夠說錯了，怎麼辦？我心裡非常不安。可是很奇怪，這樣輾轉反側的疼痛到了早上八時左右便自然地消失，我又可以精神奕奕地梳洗整理出門，接受一天頻繁的行程。我對著鏡子說：「天父呀，感謝你，原來你真的一直與我同在，使我無後顧之憂。」

此行回港，正值香港舉行特首選舉，三位候選人演說，辯論，拉票，鬥得如火如荼。觀察一下，有一種預感，梁振英將會當選成為「特首」。（梁振英已於二〇一二年三月五日當選香港特別行政區第四任特首，二〇一七年卸任）。絕望之感壓在心頭，覺得很悲哀也很憤怒。我雖然沒有像舊約聖經的「約拿」那樣逃避過神的呼召，但寫了十多年「地下黨」文章，卻得到一個「地下黨員當特首」的結果，我有是不是「白寫」了的疑問，我曾宣布「罷寫」。就像「約拿」，因神的轉意，改變原應降災於尼尼微人之諾而不悅發怒一樣（約拿書第三、四章）。我詢問神：「為甚麼？為甚麼要讓香港人受地下黨管治之苦？我不能理解。」

幸得一位傳媒朋友的幫助，專程送我去歌連臣角紀念花園拜祭司徒華先生，讓我完成一個心中無法釋懷的心願。看著華叔的安息之所，看著他的遺照，腦海裡重現與華叔交往的種種，我百感交集，淚盈於眶，就在向華叔獻花三鞠躬的一刻，心中突然浮現了一句話：「華叔走了，一個階段結束了，這位最早的民運領袖已經完成使命，息勞歸主。」頓時，一陣暖流走進我心，讓我明白新局面將會出現，新的領袖將會興起，希望就在前方。那是聖靈的啟示和安慰，是神的帶引和鼓勵，令我重拾寫作的信心。那次拜祭很及時，有深層的意義。

回到溫哥華的第一天，我看到一篇狙擊我的文章：〈地下黨、梁慕嫻、梁振英——偽命題與真命題〉，作者是沈旭暉。他在文章中質疑我是否真是地下黨員，批評我推論地下黨員的方式對葉國華、梁振英等似略有無限上綱、訴諸動機之嫌，而得出探討香港誰人是否地下黨員只是一個偽命題。言詞之間不無對葉、梁褒揚有加，十分欣賞。不過，在文章裡我竟然可以找到一條關於梁振英的新線索，真是意外的收獲。於是，我寫下回應文章〈梁振英地下黨的新線索——回應沈旭暉先生〉。

〈梁振英地下黨的新線索——回應沈旭暉先生〉：

由於沈旭暉先生的文章〈地下黨、梁慕嫻、梁振英——偽命題與真命題〉提及筆者的新書《我與香港地下黨》，本人現有以下回應：

一、

首先我要說的是：沈旭暉懷疑我：「梁慕嫻是否真的是地下黨員」。本人用了十五年時間把自己在地下黨內的親身經歷寫了出來，涉及很多人物、事件，有時間、地點和照片，請問有哪一位非共黨人士能夠如此詳盡地描述過地下黨內的運作情況？我的經歷證明地下黨的確存在，可作證供之用，請問沈先生，這樣客觀存在的前提都否定的話，你又何必要寫成這篇文章？否定我在中共地下黨團近二十年的履歷，用心何在？我不明白。

二、

葉國華是實證地下黨員，並非推算出來。有三個證人。一個是筆者，新書中第一篇及其他多篇文章都有講及他的地下身份，我們在地下黨的「學友社」系統共事多年。另兩位是宋樹材和甘玉珍，他們都是被葉國華領導的地下黨員，書中《痛苦的覺醒》中有詳細的記載。如果三個人的證供，仍未能滿足沈旭暉求證的要求，我無話可說了。

三、

沈文中關於梁振英出任諮詢委會秘書長，出現兩個不同的版本。一個是梁振英版本，梁稱他能獲北京賞識而加入「基本法諮詢委員會」並晉升秘書長要職，是因參與解決新界土地續約問題，得到實業家、愛國人士安子介的注視，並透過已故港區人大代表廖瑤珠介紹而得。

另一個是葉國華版本。他向港澳辦李後推薦兩人，一是梁振英，一是陳毓祥，而最終梁振英被選中。梁只以一頓飯表示謝意後，數十年沒有再與葉國華聯絡。沈旭暉未能在文章中解釋因何有兩個版本，誰是說謊者，因為沈不是地下黨員，無法去追索。

這是很重要的線索。但在推論下去之前，我必須說明白的是：就像基督徒有時講屬靈的説話，有時講屬世的説話一樣，解釋地下黨問題也要留意，他們有時講公開的地上話語，有時講秘密的地下話語。

四、

我認為上述葉、梁兩個版本是同時存在的。梁振英版本是可以公開向公眾交代的地上話語，葉國華版本是秘密的地下話語，他的推薦是應黨內上級領導循內部關係的要求，本不應公開。中央當然更相信自己的黨員葉國華，所以真正能夠促成梁振英上位的是葉國華的黨內推薦。但葉心有不甘、耿耿於懷於他的功勞被掩了，於是憤然向年輕人「踢爆」，是違犯黨規的行為，要知道，他也是一個野心勃勃的失意者。葉、梁兩人都隱瞞了一半的真相，都是説謊者。

五、

我要感謝沈旭暉在這敏感的時刻把葉國華版本公之於世。就憑這個版本，我可以斷定葉國華就是梁振英早期的地下黨領導人。事情起因於「六七暴動」，英皇書院有鬥委會。那時，葉國華在學友社香港區領導著的「輕音樂組」內有一英皇書院學生阿陸，葉國華把阿陸和學友社以外的英皇書院學生合組成英皇書院鬥委會。暴動後，葉國華服從地下黨領導人指令撤出學友社，另組新地盤，黨領導人把英皇書院鬥委會轉回給學友社地下黨員柯其毅去領導。

據柯其毅回憶：他接手時的英皇書院鬥委會只剩下四、五人，為首的高年班學生姓尹，卻又被指是可疑人物，尹覺得自己很冤屈。而阿陸則因參加暴動，被學校懲罰，英文科考試總不及格，而失去升大學的機會，後被指派去中資機構工作。梁振英是英皇書院學生，在暴動期間只有十三歲，大約是讀F1或F2，參加鬥委會只可能是「拉衫尾」的角色。柯其毅接手的英皇書院鬥委會沒有梁振英，相信是經葉國華篩選過，把可以升學的、有培養條件的留在自己屬下，沒有轉給柯其毅。可以判斷英皇書院鬥委會原是學友社系統的葉國華所領導，可以推算出梁振英在中學時期已經加入中共地下黨，葉國華是他當時的領導人。而這就是葉國華培養青年梁振英成長的一條線索。

後來的發展，梁振英竟然當上特首是葉國華所始料不及的，難怪葉要向年輕人吐露心聲。當然地，據明報報導，葉國華為要掩飾地下黨和自己的身份，也有一個可以公開的地上說詞：就是他創立的智庫顧問公司，獲新華社委聘推薦人選。但總的來說，未見有其他資料說明葉與梁的結識經過。

六、

當香港回歸在即，中央急需用人之際，由黨循內部關係向葉國華要求推薦人材是順理成章的，也可證明葉當時在黨內地位不低，很有權威，有能量把梁振英送上中央。梁的組織關係也從此轉去中央，葉不再是他的領導人了。依照黨的保密原則，規定組織關係如轉變了，有了新的領導人後，與原來的領導人沒有了組織關係，就不應聯絡，如在公開場合碰面也只當作陌生人。尤其是葉國華的地下身份已被我揭露，梁振英當然不應再與他多加聯繫，以免染紅自己。沈旭暉大可不必為葉國華打抱不平，責備梁振英的無情無義。實際上他們倆人只不過是執行地下黨黨規行事而已。

七、

由於是地下的原因，黨員沒有文件證據，「推算」是分辨黨員的最好方法，也是唯一的方法。我的「推算」是從事實根據出發的推算，並不是普通人無憑無據的估計或猜測，也只有我這樣的一個具有親身經歷地下生活經驗的人才能從地下黨的黨紀、關係、歷史中觀察推算出來。這樣的推算也許不能作為「呈堂證供」，但可把事件的來龍去脈解釋得清清楚楚，離真相已經不遠。

八、

沈文中有許多斷章取義的地方，比如說「一個職位前任是黨員，後任也必是黨員」的說法。我的「秘書長要職必須由共產黨員來當」這一黨內前設條件的句子，被沈旭暉切割了。又比如「單線聯繫沒有證明」一說，並不是我的原話。實在是，地下黨為了保密無論是單線或是小組均沒有留下證據。這都是因為沈旭暉不是地下黨員，不知地下黨運作情況之故。

九、

沈旭暉現正自動地接受著葉國華的「統戰」而不自知。「統戰」有兩個步驟，首先是交朋友並資助送利益階段。這階段是為了得到一個接觸的機會，希望受統對象同情共產黨，不批評共產黨，然後才是愛國、洗腦、改造，進而受控為共產黨服務。

葉國華對青年學者沈旭暉的統戰目前只在第一階段，看來其目的已經達到。面對沈旭暉這樣有才學、有思考能力的學者，我估量葉國華也不敢輕舉妄動，需要慢工出細活，放長線釣大魚。我想，如果沈旭暉完全沒有甚麼利益需求的話，何必把自己染得紅白不分？

後記

在漫長的抗衡中共入侵香港的戰鬥中，眼看著我所寫的見解、預測、警告，竟然一步步地變成現實，而大多數香港人卻像「魯迅的鐵屋中熟睡的人們一樣，並不感到死的悲哀。」我承認我是敗陣了。我的憤怒和悲傷達致極點之時，卻昇華為意興闌珊、灰心失望，宣布罷寫。然而，在回港之行的最後一擊中，我遇到一位年輕的記者，是他親切的一聲「慕姐」把我失神的腦袋召喚回來。他讓我意識到我再不是革命路上的「慕姐」，而是脫胎換骨了的民主路上的「慕姐」，鼓舞我在挫折中重新上路，於是我重新寫作，便有了這篇文章。

二〇一二年四月

國際關係學者沈旭暉一九七八年出生，先前是香港中文大學社會科學院副教授，曾就讀美國耶魯大學政治系，二〇〇六年獲牛津大學政治及國際關係博士學位。他也是葉國華為主席的「香港政策研究所」的董事。

很久以前，我看到一篇沈旭暉以「香港青年政策研究所」（Roundtable）召集人身份撰寫的文章，介紹一本為紀念 Roundtable 成立，於二〇〇四年十月出版的書《後特區啟示錄》。文章中，他說明了他們與葉國華的關係，他說：「葉先生不拘泥於形式主義，對 Roundtable 成立樂觀其成，繼續通過個人身份和『耀中教育機構』提供沒有附設條件的實質支持……這份與時並進的人生態度，與 Roundtable 的理念不謀而合，對他的感激，是衷心的。」

二〇一四年七月我收到 Roundtable Institute & Its Network 通識教育交流學會研究助理馮可欣女士來郵，邀請我參與「衛奕信勳爵文物信託：六〇年代愛國學校教育及當時社會運動之口述歷史研究」

的訪問。我相當驚訝，這個 Roundtable 竟然有膽量來邀請我，也算是有些少底氣。我拒絕了他們的邀請，我看出他們是希望把「六七暴動」說成是愛國學生運動，把我作為陪襯。他們竟然把我當作統戰對象來對待，是可忍也，孰不可忍也！這個計劃已經完成，名為《記憶——1967 年殖民地香港的愛國青年際遇口述歷史》。

本文寫到這裡時，我發現沈旭暉已經移居臺灣，近年活躍於評論界，發表不同於以前親共立場的觀點，似有回歸自由民主、普世價值的心態。他主持的網上節目，經常大膽訪問民主派人物，不怕得罪中共。但他接受《立場新聞》記者盧斯達訪問時，卻完全沒有提及以前的事，好像沒有發生過似的。我有許多疑問沒有得到解決，比如：他現在如何看葉國華和地下黨？他與Roundtable的關係如何？有沒有繼續接受葉的資助？他由親共轉向親自由民主的契機是甚麼？有朋友竟然問我，中共行事手法非常陰險毒辣，甚麼事情均可做得出，沈旭暉有沒有可能是中共派去臺灣的臥底？

我雖然向他們說，至目前為止，我看不到有這個可能性。我衷心希望他是真正覺醒，覺今是而昨非，經過深入反思，徹底看清中共的本質，真心追求自由民主。他聰明，有學識，將是一個不可多得的人材，對民主陣營將有所貢獻。但我心內一直不安，我總覺得我不能就這樣發表這些往事，我必須尋個水落石出，找出真相，對沈旭暉有一個準確的判斷，要對他負責。

於是，在二〇二一年八月，我聯絡了沈旭暉，與他有了一段長達十多天的電郵對話。經過雙方坦誠直率的表達和解釋，我有了以下的結語：

沈旭暉沒有加入中國共產黨。

他的良心已經戰勝了葉國華的統戰術。

他已堅決地辭去所有中共的或親共的機構和公司的職位。

他已完全離開 Roundtable，與它沒有任何關係。

他為發表的文章〈地下黨、梁慕嫻、梁振英——偽命題與真命題〉向我道歉兩次。

他一直堅守的普世價值和人文精神助他覺醒，看清了中共的本質。

承蒙沈旭暉先生的尊重和耐心，作出懇摯的回答，一解我心中的疑雲，在此特表謝忱，謹祝他和他的家人平安，健康，快樂。

這次香港之行，有一事件發生在溫哥華，也需要記載。

我上飛機回港前一天的早上，一位多年朋友謝女士來電：「你是不是要回香港？是不是要出版一本書？」

我很詫異，我回港的行程一直保密，沒有人知道，她是怎麼知道的？

「是的，我明天回香港，是要出版一本書，你是怎麼知道的？」對她，沒有必要隱瞞。

「是這樣的，今天早上中國駐溫哥華總領事館的副總領事李文慈和僑務領事胡夢玲一同來我家，問我很多問題：你是否認識梁慕嫻？有朋友說她要回香港，你知道她是不是要回香港出版一本書？梁慕嫻是不是身體不好？甚麼病？胃病嗎？你去找梁慕嫻，問她是否真要回港？甚麼時候回去？我向她們承認我是認識你的。」

李、胡二人向謝女士提問了一大堆問題，並交託查問任務之後便離去。稍後胡又去電追問謝女士向我查問的結果，催促她完成所託。又向她瞭解我的病狀，是看中醫還是西醫，是否一個人回去，有沒有人幫助等。謝女士下午再來電話告訴我，她已經向胡說明：梁慕嫻明天將回香港並出版一本書。這樣，溫哥華總領事館就得到我回港的準確日期了。

中國駐溫哥華總領事館派員來查問我的行程，並未使我恐懼，只是迫使自己非常冷靜地思考整件事的因由。

首先，謝女士如何認識李文慈？他們又怎麼知道謝女士與我認識？謝女士是個作家，本來並不關心政治。她說，她是參加很多文化活動，如「加拿大華人作家協會」，偶然認識李文慈的。又因撰寫家鄉縣誌，曾得總領館僑務領事的幫助回中國調查研考。

我相信謝女士不可能向他們提到我的名字。但我能想到的可能就是，我曾為「溫哥華支援民主運動聯合會」籌辦紀念「六四」音樂晚會，邀請謝女士參加朗誦演出。也邀請過她參與我組織的采風演藝協會的工作。這樣，我和她的名字便一同刊印在這些演出的場刊上。這是唯一可以證明我與謝女士是認識的。如果真是這樣，我也佩服總領事館的工作人員，收集資料的精細詳盡。

然則，為甚麼總領事館要證實我的回港，又要追查日期？直至我回港後，看到中共喉舌《大公報》在新書發布會的當天，以罕見的頭版整版篇幅，攻擊我的回港活動，以「支聯會黑手操弄，謀破壞特首選舉」為題及五篇文章，批判我回港的目的。事件本全由金鐘先生全程策劃，文章中卻誣衊支聯會主席李卓人就是幕後黑手。我這才想通了溫市所發生的一切。

雖然出版社金鐘先生嚴加保密，但總有一些消息泄漏出來。香港中聯辦探知我回港出書的消息，當然要作出還擊的安排，卻苦於無法知道準確日期，只知道我住溫哥華。於是中聯辦向中央統戰部請示並請求幫助，中央統戰部責令溫哥華總領事館查證。誰知溫市方面也一無所知，於是便出現了領事們氣急敗壞地追問謝女士的這一幕。香港地下黨終於得知我到港時間，便有充足時間組稿及時向我作出還擊了。

事後謝女士向我道歉，說自己出賣了我。我安慰她，這不是她的錯。這件事使我確認中共能力之強、之準、之細，也使我確信中共地下黨是全球性的。

另外，還發生了一件奇妙的事，我認為應該讓讀者們知道，現記載如下：

從香港回到溫哥華之後的六月，我在溫哥華舉辦了一場「梁慕嫻有約」新書答問會。會上來了二十多人，其中有一位是我不認識的女士。她發言表示對地下黨問題很感興趣，也很熟識，後來我入醫院做胃癌手術，就忘記了她。

直至二〇一三年尾，我開始復原之時才想起，朋友帶她來探望我，我才知道她是一位香港的女教授。坐定之後開始談話，她首先向我承認她是中共地下黨員，被地下黨員高苕華帶領並發展入黨。[22] 她為了進入女青年會為黨工作，受洗成為基督徒，但並不信主。後來，看到異象才真正信主。目前，她每星期在家中開設查經班，邀請一位牧師來講道，我曾參加過一次。她樂於助人，捐款給中僑互助會，給溫支聯，也捐款支持我的寫作，還吩咐她的傭人送來食物給我，是一位好心腸的女士。她曾對我說也要動工寫回憶錄，但終於沒有動筆。有一段時間我與她常有電話聯絡，她告訴我許多關於她的經歷，讓我知道更多關於地下黨的資料。

一位香港女教授的故事（根據我們的電話談話紀錄）：

我曾在廣州培道女子中學就讀，於一九四九年來港定居，並入讀香港培道女子中學。

[22] 高苕華：在燕京大學修讀社會系，畢業後在英、美兩國接受社會工作訓練，在瑞士女青年會世界協會接受行政管理課程。回港後任培道中學訓育主任和社會學教師。一九五二年加入香港基督教女青年會，一九六二年出任總幹事。曾任市政局及立法局議員、香港社會服務聯會執行委員、香港兒童福利會會長、基督教協進會副主席、第八屆全國政協委員、香港基本法諮詢委員會執行委員。二〇一九年十二月離世。根據中大教授的口述，證實高苕華是中共地下黨員。

學校教師高苕華影響我的思想，有一天帶我和另一同學到她家去，並拿出小書《劉胡蘭》讓我們學習。大約在一九五〇年，我的母親知道她的意圖，叫她不要再找我，但沒有效用。

後來高苕華辭去教職，到香港基督教女青年會做總幹事。在一九五〇至五一年間，她叫我參加女青年會的團契活動，並要求我洗禮，並非真信耶穌，洗禮是為黨工作。後來我也當上女青年會的董事。香港基督教女青年會是中共的「竇」。多年之後，我見到異象才覺醒，真正信主。

高苕華現在仍是女青年會的名譽董事，在北京開辦幼稚園，賺了很多錢。

一九五三年我在培道女子中學畢業，為了學好英文，再轉讀聖瑪利學校，後在民生書院教過書，於一九五五年入讀香港大學。當時地下黨領導人唐賦榮曾聯絡過我，見過他的太太詹西陵，也是一位地下黨員。一九五七年港大畢業後在社會處工作了兩年，一九六三年黨派我出國深造，上級黨組給我一萬元補助。我去了溫哥華入讀UBC。其間去過中國同學會，見過吳清輝。一九六七年回港後進入中文大學教書，這時地下黨改派李清作為我的領導人。他在「集古齋書店」做職員，太太是戚劍飛。

我去北京見領導要經過澳門，由廣西上去。這時我所屬的黨組織不屬於港澳工委系統，是地下黨另一支極其隱蔽的系統。舉一例說明，地下黨員毛鈞年是我港大的同學，曾去過學友社，後潛伏在循道中學教書，後又被調任新華社副社長。有一次，毛鈞年因事找我幫忙，但遭李清制止，命我不要幫他，以免暴露我親共的思想意識，因毛鈞年已經公開共產黨員身份。這說明毛鈞年是不知道我的真面目的，而這是兩個不同系統的不同政策。為了隱蔽，我所在的黨組織甚至容許我在公開場合表達反共立場。我的黨組織系統是否與前香港警隊助理警司曾昭科同屬一系統？即是直達中央的國家安全部系統？

由於葉國華的緣故，激發我的寫作意欲，讓我出版了文集《我與香港地下黨》。這本書是一顆破解地下黨的種子，將在香港發芽生長。我回港之行使港人知道，他們正面對一場慘烈的抵抗中共入侵的爭戰。我是成功的。

宋樹材

宋樹材走了！突然地，毫無徵兆地猝然離去，讓我幾乎無法置信。人生的難以逆料令我醒悟到，要做的事情必須立刻去做，不要拖延等待。二〇〇九年二月我發表了這篇悼念文章。

〈痛苦的覺醒——沉痛悼念宋樹材先生〉：

宋樹材於二〇〇八年十二月二十三日在南非開普頓市因車禍而離世，他的太太甘玉珍受了重傷，現仍在深切治療室中，相信可以渡過危險時期，當地朋友協助其家人辦理各項事宜。宋樹材的葬禮已於一月二日舉行，八十多人出席，寧靜中為他送行。居住於北美洲共十五位學友社舊人聯名郵電表達哀悼，遙祝宋樹材平安上路，並祝願阿珍早日康復。

宋樹材八〇年代開始和我通信，斷斷續續向我訴說了他一生坎坷的經歷。一九九一年第一次來探望我們一班住在溫哥華的學友社舊人之後，他與我結下了一層互相信任，互相勉勵的密切情誼。知道我正用倉頡輸入法練習打中文字，還特地把他自己的倉頡字典軟體寄來，令我較易上手。

在以後的多次來造訪或電話談話中，他表示支持我繼續把地下黨文章寫下去。他在一九九一年的來信中說：「我和你們的觀點比較一致和共鳴，主要是我們在過去一段長時間內，全心投入黨的工作，為實現偉大理想而戰鬥一生，但最後才發現被中共所利用，結果浪費了我們寶貴的青春，箇中滋味，外人實難以明瞭。在『六四屠殺』之前，我對中共還有一些幻想，希望中國能改革成功，但自慘劇發生之後，它逼使我自覺地走上反共的道路。到了今天，我認為要無情地揭露共產黨醜惡的面目，以免它再危害社會，危害年青人，這是我義不容辭的責任。有時真覺得好笑，我是由中共一手培養出來，但竟然成為他們的掘墓人。我希望能夠以有限的棉力，撰寫一本回憶錄，以警世人。」最終，宋樹材沒有親筆寫成回憶錄，因為他是公務員，又恐怕會傷害到一些人，而且恐怕以後回港有麻煩等等顧慮，就把它擱下了。

不過，在二〇〇五年最後一次來訪時，他用了近三小時，讓我完整地記錄下他的地下黨生涯。我小心地保存著這篇口述歷史，並不急於發表。沒想到，這個記錄竟然就是他的遺言。我心中的震撼無法用筆墨形容，為寄託無限的哀思，只有含淚整理他的口述記錄：

我家有五兄弟姊妹，由單親母撫養成人。我的愛國思想來自參加洋務工會的舅父，因我哥哥在漢華中學就讀，我在四年級時也進了漢華中學讀書。一九五七年中學二年級時加入中國共產主義青年團，當時只有十六歲。

後來，曾與港英政府發生鬥爭事件的中華中學[23]，由中共的統戰單位轉變成地下黨直接領導的紅校需要支援，漢華中學送去先生，送去學生。正就讀中學三年級的我就此被送去中華中學讀書，並在漢華中學老師、共產黨員李潔儀的領導下，組織該校學生會和建立地下黨組織。至一九六一年又被地下黨調動組織關係，改由蔡培遠領導，並轉讀北角培中英文書院，其間的主要工作是與劉妙玲及梁滿玉一起組

[23] 中華中學：建於一九二六年，本是被中共統戰的學校。一九五八年港英政府以該校校舍是危房為由，強行關閉該校。後得各方支持得以重開，而變成由中共直接掌控的紅校。一九六七年「六七暴動」期間，中華中學發生爆炸事件，該校被用作製造炸彈之地。一名學生在學校實驗室內受到重傷，失去左手的一部分。該校被政府責令停辦。其時的校長是黃祖芬。

織學生旅行敘會等活動。後來，發現健康出了問題，我常常無故流鼻血，是心漏症。

一九六二年黨又把我的組織關係調給葉國華（即葉宇騰）領導，與香島中學畢業生黃觀興（張綺玲的丈夫）一起合成三人黨組，並被葉國華接去學友社文藝組工作，負責編輯刊物《學藝》。我以學校為單位聯絡刊物讀者，組成「學藝之友」網絡。後黃觀興被調離三人黨組，另加入林兆榮，仍是由葉領導的三人黨組。這裡有一段可笑的插曲：因為我早前加入的是共青團，是團員。最初無論葉國華如何引導，啟發，暗示及曉以大義，要求我轉為共產黨員，我都不為所動而拖延著，因為我覺得黨員的標準非常崇高，我還沒有資格入黨。後來，葉告訴我他的困難，原來他並沒有依照規定經過入團的階段便直接發展林兆榮為地下共產黨員，現在如果我仍是團員的話，那如何組成葉、宋、林這三人黨組呢？於是我只好答應轉為共產黨員，否則真不知如何辦才好。這樣，文藝組的三人核心黨組才終於成立，而我們的公開職位是：葉為導師，林兆榮為組長，我是編輯。

在文藝組工作期間，在葉國華的領導下，我總共發展了十五人成為共產黨員。（按：阿宋讓我紀錄了全部十五人的真名實姓，只有一人是我不認識的。看看名單，他們大多數都曾為葉國華後來的飛黃騰達獻過力，這批人就是葉向黨邀功的地盤勢力，阿宋實際上是葉國華升官發財的墊腳石。據我所知，這十多年來，宋樹材常常遊走北美各大城市與香港之間，就是因為掛念著這些黨員和一班舊人，其中最惦念、最放心不下的就是阿孫，常常提及。）

一九六七年初，「六七暴動」爆發之前，我在一次搬動一包白米的時候暈倒，我的心漏症發了。（按：記憶中，當時阿宋與幾位社員在北角社址開辦學生食堂，以平價午餐服務附近的學生。他自己當大廚，工作實在是太勞累了）與家人商量後，知道廣州有醫院可做這個心臟手術，但回國開刀需要費用，我的直接領導人葉國華只口頭上同意做手術，但並無一分一毫的資助，只要求我嚴格要求自己！？幸得母親和家姐送來一點錢，柯其毅也送來了兩三百元，洋務工會為我套匯[24]約千多元以備不時之需，我才能成行。（按：阿宋於二〇〇五年來溫市時，務必要請出柯其毅共進晚餐，當面表達感謝之情，了結多年的懸念，我躬逢其會，是為陪客。）

至四月，在母親的陪同下，我去到廣東省人民醫院門診部求診，因此，我其實沒有直接參與香港「六七暴動」。這時的廣州，與全國一樣正處於文化大革命的高潮中，一切已經失序。手術程序安排沒有黨為我處理，只靠自己爭取，以普通病人身份就醫。整個住院期間只有一位蕭伯，說是廣州領導人來過一次。葉國華更是無信、無電話關心。現在回想起來，這樣獨自在那無法無天的文革時代回國就醫，真是相當危險的。在我最困難、最無助的時候，看不見黨，我為它貢獻終身的黨究竟在哪呢？這時我才看清他們的嘴臉，甚麼偉大的黨是你的靠山，是你的後盾，甚麼深厚的階級感情，都是欺騙愚弄我們的手法。

整個手術和復康的艱難過程都得感激學友社的一位數學老師李佩蘭的丈夫陳先生的鼎力幫忙，才能順利渡過。陳先生在中山大學任教，在文革的非常時期，還是晚晚來醫院陪伴，遞茶遞水。出院後我先住姨母家，陳先生竟還可買到生魚為我煲來湯水。後因文革影響，交通斷絕，就直接搬到他的家休養，受到他無微不至的照顧，待到稍微康復，最後仍由他親自送我回港。由四月至九月，在廣州共逗留了五個月。這位陳先生是我生命中的大恩人，我無限感激。經過這大手術，心漏症是治好了，但身體仍然孱弱，後來又得了肺積水病，過著貧病交迫的生活。

香港「六七暴動」在年尾結束後，地下黨決定調動一批學友社的地下黨員離開學友社。我和葉，林

---

24 套匯：即利用不同的外匯市場，不同貨幣種類，不同交收時間，以及一些貨幣匯率和利率差異進行從低價一方買進，高價一方賣出，從中賺取利潤的外匯買賣。

兆榮以及一些黨員都先後撤離到外面去繼續打天下，留下陳美蕙繼續做文藝組組長。林兆榮去了文理英文書院，後轉裘錦秋中學當文員，黨組織關係也轉到《青年樂園》那邊，由張深永領導。

我則繼續在葉國華領導下工作。我們租了一層單位，繼續編輯刊物《學藝》（後改名《探索》），又與張適航、陸文斌、嚴蘊明、梁潔河、沙瑤璋等開辦「進修補習社」，可說是艱苦經營著。刊物結束時有剩餘郵費二萬元，葉國華為搞生意要求我交出，我指出這不是黨的錢，是群眾籌募所得，沒有交出。後來我用這些錢幫助了一些有需要的學友社舊人，餘款在文藝組舊人敘會時用去。

在我脫離共產黨前，地下黨決定組成一個特別六人黨組，成員包括張綺玲、趙善炬、羅平、黎鳳娟、傅柏年和我。我曾領導趙善炬一段短時間，然後把這黨組織關係轉給張綺玲。這個六人黨組的目的，開宗明義是要打入「香港教育專業人員協會」，刺探，干擾，破壞，最終是要奪取司徒華的領導權。（**聽到這裡，我不禁驚呼，這是第二次奪權啊！**）可幸的是，不久之後我就脫黨，沒有參加他們的具體行動，否則的話罪孽就更深重了。不過，我確知他們真的鑽進了「教協」，羅平和趙善炬更得到信任和重用而成為副主席。（**詳情請參閱本書第三章第二節〈第二次奪權〉**）

那段時間，我的生活非常困苦，黨每月只提供一百元（後加至一百五十元）生活津貼，領導人葉國華要求我自力更生。我只好去賣報紙，有一個非法檔口，也分身派報上戶，收入還要負擔補習社的租金。結果實在做不下去，便自己決定去津貼學校做校工，因為可以不計學歷，收入卻有四千元，生活較為容易一點。但是卻又招來葉國華這個黨領導人「無紀律」、「先斬後奏」的批判。

我和甘玉珍結婚的時候，黨只送來幾百元禮餅費。我沒錢做西裝，用紙皮做的枱是唯一的傢俱和床。有了孩子便想去墮胎，生了孩子卻沒有奶粉錢。生活無著便自己去找兼職，竟被葉國華批判「走資本主義」，當時真有走投無路之感。我曾邀請一位英皇中學的積極分子入黨，他說：「你無職業，你的衣著不成樣子，入黨？難道要我學你一樣嗎？」我非常難過。

一九六八年後期，國內形勢反覆不定，那些新加入的黨、團員情緒不穩，爭執不斷，彼此衝突日益嚴重。我只能像機械人似的繼續做傳聲筒，傳達上級的指示，卻無能力解決他們思想上的疑問。我在個別談心中如實向領導人葉國華反映自己對國內形勢的困惑，其實是向他求助，希望他給予實質的幫助。我向葉表示反對批判劉少奇，認為他的《論共產黨員修養》一書並沒有錯，覺得他之所以被批倒，只不過是「成為王，敗為寇」的結果而已。葉大吃一驚，覺得我的思想偏離黨意，革命意志不穩，當他企圖說服我而不果時，便向上級打小報告。後來，周恩來身故，四人幫下台，一時間好像天就要塌下來，只感到天昏地暗，大地茫茫一片不知歸處，我連做人的勇氣也消散了。加上感懷身世，年紀大，無學歷，健康日漸不濟，我不禁潸然落淚。故友重敘時怨憤之聲不絕於耳，變成訴苦會。

自調離學友社後，阿珍被安排去了《青春周刊》（前身即《青年樂園》）工作，月薪只一百八十元。阿珍的組織關係轉至《青樂》那邊，我與她沒有了組織關係。結婚之後，有一天，阿珍那邊的黨組領導通知她回廣州參加學習班。我送她一程，在火車上，阿珍和盤托出，說這次學習班的目的是專為批判我的落後思想，要求阿珍與我劃清界線，不要讓我拖後腿。我覺得很奇怪，我的思想從來沒有向她說及，為甚麼會傳到《青樂》那邊？追問下去，原來事情是由上而下，是葉國華把我的思想狀況向上級打了報告之後，由更高一層黨組安排這個學習班，並責成《青樂》那邊執行。這令我非常震驚憤怒，覺得被騙，被出賣，他們是要阿珍離開我呀！我遂決定隨阿珍同到廣州當面對質，我要問問他們，是否因為我的思想而逼我們離婚。廣州方面黨領導人知道事情敗露，旋即宣布取消學習班。回港後，我質問葉，他卻推說不知情，是誤會。他開始疏遠我，一個月或多個月才約我見面，也開始隔離我，不再讓我與任何同志接觸，與以前對我的甜言蜜語有天淵之別。我有冤無處訴，自此與黨的關係陷入冰河時期，在無聲無息中慢慢結束。

一九九六年我移民南非後曾回港與葉國華共進晚餐，在坐亦有其他學友社舊人。這次會面並沒有帶來甚麼驚喜。他除了滔滔不絕大談「耀中教育機構」的發展大計，並無談及任何私人事宜。當各人回顧文藝組的一些往事，涉及某些具體事物時，他大都扮作失憶。有人提起說，有一位黨員說他「有義氣」，他有點惱火說：「過去的恩怨要一筆勾銷，人騙我，我騙你。」這就是他的人生定律，讓我更清楚瞭解他一點悔意都沒有，不願為過去的行為承擔責任，更遑論會有內疚之意了。

當地下黨發覺我打算脫黨時，把我的組織關係轉給盧壽祥，曾經用過多種建議來「挽救」，向我提出，我可以去中資銀行或回漢華中學工作，又建議送我去北京。我完全沒有答應，有意擺脫他們，寧願去做津貼學校校工。我對共產黨失望之極，我的心已死，決心自己奮鬥，闖出一條血路。自一九七七年起毅然到政府成人夜中求學，做個高齡學生。經過四年左右的苦讀，經歷三次公開會考及中文大學入學試後，我申請轉入津貼學校工作，由助理書記做起，最後考取政府繕校員職位，成為公務員直至退休。阿珍也去讀師訓班[25]並當上甲級教師，生活開始逐漸安定。

回顧過去，我有這樣的反思：

人終歸是感情的動物，那些舊事像魔鬼纏身一樣，在心底深處翻起令人心碎的浪花，過去一幕幕的片段常常在我腦海中迴盪，對一些舊友的處境常常牽掛和擔心。

我因家貧，願為貧苦大眾獻身，也願為國家犧牲青春歲月，是我自願的選擇，我不責怪任何人。可是我的過去，只是一個傳聲筒，一個木頭人，沒有靈魂，我的生命有何價值？

我很內疚，因為自己太積極工作，影響了很多人，令他們走上一條不正常的道路。知道他們生活過不好，我很難過。正是「我不殺伯仁，伯仁因我而死」[26]。我願意承擔責任說一聲「對不起」。我是受

25 師訓班：「在職教師訓練班」，是港英政府於五〇年代為舒緩教師緊缺的教育措施。兩年在職教師可以考試入讀訓練班的兩年課程，畢業後即成為甲級教師。

26 這句典故出自《晉書・列傳三十九》，意即伯仁的死與我有間接關係。

害者又是害人者，雖然我積極工作不是為了自己，但錯誤的積極，就是錯誤，我自己要承擔。

對共產黨瞭解多了，知道他們手段卑劣，背信棄義，爾虞我詐，爭權奪利。為了打擊別人，不惜造謠中傷，我對他們憎惡到極點。中國共產黨對有用的人就盡量使用，對無用的人就要消滅，比國民黨還差。葉國華就這樣，是一個無情無義，虛偽成性，麻木不仁，沒有操守，不擇手段，行為卑劣的共產黨員。我本希望中共可以和平變革，但我又感到無能為力，很無奈。中共為權力而生存，它應該滅亡，而不是改革。只有徹底打倒共產黨，中國人才會有好日子過。

宋樹材送我一本自製的詩集：《三木堂詩集》，在編者語中，他説，編印此書的目的是自娛，藉詩歌盡情抒發積壓多年的感受，總結自己的一生。其中的兩首是：

〈少年愚〉

往事如煙魂未散／思潮洶湧蕩迴腸／一片丹心成泡影／白頭哀嘆少年愚。

〈人世間〉

少小胸懷衝天志／頭角崢嶸三十年／紅苗嘲醒南柯夢／羞愧無顏空自悲。
冷眼旁觀浮世態／深慶覓得樂逍遙／輕撫白髮回頭看／無愧人間愛真誠。

宋樹材勤懇工作，辦事風風火火，故有「把火宋」的稱號。他長情念舊，很有義氣。大時大節必定送錢給有需要的朋友，問候年長的學友舊人。去年初，還邀請了孫釗玲到南非他的家小住，還了一個心願。

關於我和柯其毅因移民問題與共產黨決裂一事，他也曾仗義執言，向黨提出這令親者痛、仇者快之事件的疑問，是否值得深思，如何避免和補救？當時的答覆是：事件嚴重，無可奉告，局外人不要過問。數年後盧壽祥向他說，當時只是一點誤會而已，雙方都有不對的地方。這也許算是一個正式的說法。

我最難忘的是，自我離婚之後，有一段時間，因種種原因，我不願聯絡過去的舊人，幾乎與大家斷絕了來往，但阿宋卻不斷向全世界各大城市的朋友詢問，追尋，直至找到我的地址和電話，然後立刻動身來探望我，令我非常非常感動。阿宋自始至終未曾放棄過我，他的重情重義，他的關愛之心，常常是我生命的動力。

宋樹材痛苦的覺醒，沉重的懺悔，在香港地下黨中，尤其是灰校線中實在少見，悔悟之後又願意揭露出來，更堪稱鳳毛麟角，這是我最覺珍貴，最感痛惜的地方。學友社舊人陳維甯說：「宋樹材，一個被共產黨遺棄的黨員，因為挺著一條堅硬的脊樑，終能擺脫中共的魔掌，硬是勇敢地闖出一條自由的，獨立人格之路，非常難能可貴。」宋樹材那一身傲骨，令我肅然起敬。

阿宋移民南非，終於達成多年的夢想，過上寧靜和平的「採菊東籬下，悠然見南山」[27]的退休生活。

請安息吧，阿宋，我的好友，你生命中閃耀的光輝，永遠值得我們懷念！

以上這篇悼念文章，我曾傳給甘玉珍和她的女兒。甘玉珍於二〇〇九年尚在南非醫院治療期間給我來信。她說：「你寫阿宋生平的文章，我已拜讀過，好寫實。事因我這兒有朋友訂閱《開放雜誌》，她影印亦放大了你的文章給我和女兒看。阿宋泉下有知亦會感謝你為他剖白內心世界的苦悶。」

宋的女兒也有來信說：「父親曾告訴我他年青時候的事情。我的父親永遠是我的英雄。他一直是

27 詩文出自魏晉詩人陶淵明的〈飲酒詩・其五〉，全詩集共二十首，本詩為第五首。

自強不息的。母親也已經讀了，她非常勇敢和堅強。」

我也給宋的女兒回信說：「你們看了文章，讓我可以放下心頭大石，非常感激你們的理解，請代我向母親傳達我的歉意，我無法在文章刊出之前告訴她，請她見諒，也請她批評指正。」

作為基層黨員，宋樹材總共發展了十五名地下黨員，我存有全部名單，但不打算在此公開，為這十五位地下黨員保留一點秘密，希望他們都幡然覺醒。

戲劇組——階級鬥爭的重災區

基層黨員有：張懷、鄧梓煥、張綺玲、葉淑儀、阿潔

在學友社眾多的階級鬥爭事件中，一宗傷害最大也極為荒謬的案件，令我最傷感，最難忘，必須沉重地記錄下來的，莫過於戲劇組的「三家村小集團事件」。

學友社的戲劇組成立較早，由一九五五至六六年的十年多時間內，在香港藝壇上作過一定的貢獻。一九五五和五六年，我還未出現在學友社的時候，戲劇組已經連續兩年參加「中華基督教青年會」主辦的第一屆及第二屆戲劇展覽的演出，合共四場，觀眾達五千人，得到好評。一九五五年的劇目是四幕古裝話劇《林沖夜奔》，由有舞台演出經驗的張懷飾演林沖，歐陽榮生出演高衙內，吳嘉淞扮演花和尚魯智深。一九五六年參展的劇目是五幕歷史古裝話劇《高漸離刺秦王》，導演談浩文是從外邊請來的。劇中，張懷飾演高漸離，譚敬堂演秦始皇，陳維甯演秦二世胡亥，主題曲《風蕭蕭兮易水寒，壯士一去兮不復還》由司徒華演唱。兩齣戲的舞台設計都是由胡國雄主理。

一九六二年二月，戲劇組再在娛樂戲院以四幕六場古裝劇《釵頭鳳》響應《華僑日報》舉辦的救

童助學運動義演。作為組長的張懷請來著名翻譯家和劇作家姚克當顧問指導排演，而這時的我已是學友社常務委員會委員之一。劇中那一首陸游在悵然萬狀中賦出的〈釵頭鳳〉：「紅酥手，黃藤酒……錯錯錯……莫莫莫……」纏綿悱惻，對他那殘缺的愛情所表達的絕望之情令人心碎，讓我留下深刻的記憶。這是一台初具規模的劇作，馮長善飾演的書生陸游清雅倜儻，加上其他扮演陸母和趙士程等一眾演員，真是濟濟一台。唯獨美中不足的是尚欠一位花旦。在社內找不到適合人選，張懷請來外援，一位女士扮演了唐琬一角。

就在這段時期，我已成為學友社主席，葉宇騰（即葉國華）也來到學友社。他不是單獨一個人來的，是帶上一串人等，包括張綺玲、葉淑儀和阿潔、阿興、阿璋三姐妹，全部參加了戲劇組。這樣，真是皇天不負有心人，張懷終於在戲劇組內找到了花旦，她們就是葉淑儀和阿潔。葉淑儀身材高挑窈窕，五官細膩精緻，樣子甜美漂亮，舉止溫文爾雅。阿潔氣質高雅，舉止大方，都是可造之材。戲劇組於一九六三年四月在大會堂劇院和一九六四年一月在大會堂音樂廳公演的話劇《喜臨門》以及於一九六四年三月在大會堂劇院公演的時裝話劇《郎才女貌》都是由她們擔綱主演。

後來戲劇組於一九六四年十二月和一九六五年十月又在大會堂劇院公演的四幕五場三景大型古裝話劇《如姬》，再由葉淑儀和阿潔分場擔演如姬，她們在劇作中都有雍容優雅，自然流暢的表演，我內心充滿對她們的期待。加上陳浩機演信陵君，潘海濤演魏王，江紹河演侯嬴，阿愉演侯女和平原君夫人，張綺玲演魏母，鄧梓煥演朱亥，至此戲劇組可說是人強馬壯，可以在藝術上再攀一層樓了。

我聽過張懷主講的戲劇講座，講的是俄國著名戲劇及表演理論家斯坦尼斯拉夫斯基的寫實主義戲劇理論《演員的自我修養》。這位理論家創造了自己獨有的演劇體系，堅持以體驗藝術為創作核心的現實主義創作思想，有別於其他的「方法派」和「表現派」。這種表演理論追求逼真，如同生活。要求演員要有豐富生活體驗以便深入角色，活在角色中，投射真實感受去感動觀眾，讓我受益不淺，畢生受用。當高行健獲得諾貝爾文學獎後，我把他的現代主義戲劇理論《表演三重性》（即演員與角色之間加入一個中性演員的過程，也就是說，演員在進入角色之前的一段生活現實中的個人準備）與斯坦尼斯拉夫斯基的理論作一比較，很有收獲。我認為高行健的戲劇理論是在斯坦尼斯拉夫斯基的體驗藝術的基礎上，加上中國戲曲的原理發展而成的。

我常常喜歡坐在排練場邊觀看戲劇組排戲，感受一下張懷如何像魔術師般把一群年青人訓練成似模似樣的演員，從中得到無限的樂趣。看著張懷不斷地古裝、時裝、悲劇、喜劇等藝術上的探索，演員在他的悉心調教操練下日趨成熟，我滿心歡喜，常常夢想著這個戲劇組可以發展成半專業的劇團，在香港戲劇活動中出一分力。

我存有張懷於一九七四年的一封來信，內中有一段對我的感念：「說實在的，我對慕姐向有敬仰之情，在以往的日子裡，芸芸眾友之中，就算她是最瞭解我的，或者說是賞識我的，『士為知己者死』這句話儘管如何批判，我還是這麼說的。回憶自我離『學友』後這幾年間，只有她一人是仍然一片真情地，熱烈地，歡迎我回去的，其他都是虛偽的，甚至是仇恨的，這一點我體會得到。你們未移民之前，我的確還有多少留戀『學友』，到今天，真個是一了百了了！」我與張懷理念相通，惺惺相惜，可惜……

後來，張懷被嚴厲批判，說他所搞的那一套話劇都是封建的、資產階級的和修正主義的大毒草，毒害青少年。無法抵抗階級鬥爭意識形態的壓力，張懷終於投降，在「六七暴動」期間所組織的「文藝戰鬥隊」中導演了一齣《主席恩情比海深》，為毛唱讚歌。在普慶戲院上演，得到領導人的讚賞，應工會邀請演出多場，對學生影響不少。但是，一位才華橫溢的導演卻從此消失，而我的劇團夢也就此幻滅。

這時毛澤東的號召「千萬不要忘記階級鬥爭」，已經形成一股陰風，一陣緊似一陣地吹遍神州大地。批《海瑞罷官》[28]；批《燕山夜話》、《三家村札記》[29]，毛已奏起那毀滅一切的文化大革命的前奏曲。港澳工委當然也惟恐緊跟不力，組織黨團員和積極分子上韶山、上井岡山朝聖，不斷挑動階級鬥爭的神經，發動「澳門一二三」事件[30]。學友社也不例外，領導人梁煥然也在窺探階級鬥爭動向，搜捕階級鬥爭對象，終令戲劇組首當其衝，成為階級鬥爭的重災區。

28 《海瑞罷官》是一九五九年四月，北京副市長吳晗根據中共中央主席毛澤東號召，學習明朝大臣海瑞直言敢諫精神而寫成的一齣京劇。劇中講述海瑞不畏權貴，平反冤獄，卻被罷官的的故事。但一九六五年十一月上海《文匯報》發表姚文元的〈評新編歷史劇海瑞罷官〉一文，改變評價，斥責《海瑞罷官》一劇為反黨、反社會主義的大毒草，並指它影射了彭德懷事件。中共撤免吳晗職務並攻擊他的上司彭真，因他是劉少奇的支持者，事件由此揭開了文化大革命的序幕。彭德懷是中華人民共和國開國元勳。於一九五九年七月在江西廬山召開的中共中央政治局擴大會議（即廬山會議）上致函中共黨主席毛澤東，指出大躍進、人民公社的錯誤，這就是非常有名的萬言書。結果他被毛定性為反黨集團之首，被撤銷國防部長等職。中國文化大革命時期，他被紅衛兵押送回北京受審，終死於一九七四年十一月，享年七十六歲。

29 《燕山夜話》是中國作家鄧拓的雜文結集，《三家村札記》是中共北京市委機關刊物《前線》的一個雜文專欄，由鄧拓、吳晗、廖沫沙輪流撰寫。一九六六年被姚文元、關鋒等人批判成反黨、反社會主義、復辟資本主義的大毒草。一九六六年三月毛澤東及康生等人批判了《燕山夜話》和《三家村札記》為有目的、有計劃、有組織的一場反黨、反社會主義之大進攻，成為文革序幕中標誌性事件。鄧拓因此含冤而死。

30 澳門離島氹仔向當局申請擴建校舍，並違規動工。當局派出警察前往勸止不果，引發警民衝突，造成二十四人受傷。氹仔居民提出懲兇、賠償等五項要求。中共發動親共人士隨即把抗議行動升級，時任香港《新華社》社長梁威林及副社長祁烽親臨澳門指揮。一九六六年十二月三日在總督府門前發生衝突，演變成大規模騷動，防暴警察施放催淚彈並開槍射擊，結果釀成八百二十三人死亡，二百一十二人受傷，六十二人被捕。最終以澳門政府簽署投降書，認罪賠禮，表示深切的歉意，事件方告結束。

就在《如姬》演出後不久，梁煥然通知我必須到戲劇組的核心組看看，他們常鬧意見，有些不大對勁，希望我去擺平一下。通知我去的是核心組而不是核心黨組，也沒有說明要接關係，這一定是特殊情形下的權宜處理方法。我茫無頭緒，只好遵命前往參加他們的會議。

到會一看，我呆了一陣，真的很複雜。這裡其實只有四人：葉淑儀、張綺玲、鄧梓煥和張懷。我觀察和推算一下，葉淑儀和張綺玲隸屬葉宇騰領導（葉則隸屬盧壽祥），他們一進學友社我便知道了。張懷的幕後領導是歐陽成潮，是從許多蛛絲馬跡中洞察出來的。鄧梓煥是漢華中學超齡學生，隨李綺玲來社，當時並未入黨，只是積極分子，後經由柯其毅發展其入黨。所以我曾說，葉宇騰一進入學友社就領導了半個戲劇組。這四個人各自分別隸屬不同的領導人，彼此沒有從屬關係，可說是不同派系，不知為何發展成這樣的一個群龍無首，各自為政，貌合神離的畸形組合，怪不得要我來看看了。那時我知道，在這個非正常組合中，我將無所作為，也沒有解決問題的權柄，相信領導人的心思只是要求我瞭解情況向她彙報，我能做的就只能是向上報告了。

葉淑儀在會議中的表現，令我非常驚訝。她這個富家小姐怎會幹上革命？她不像。她刁蠻任性，沒有原則。不喜歡的話，會發小姐脾氣，隨時可以躺在床上不起，令大家拿她沒法，與舞台上的她判若兩人。她是怎樣走上這條革命之路的呢？我擔心她如何能走得通這條艱難曲折的革命道路。

因為參加「六七暴動」，葉淑儀沒有考進中文大學，年屆中年後才取得英國某大學學位。她的青春歲月就是這樣白白地被地下黨浪費掉，我常常記掛著她。幾年後，當我托人把第一篇關於葉國華的文章傳給她看的時候，她已轉軚，不同意我的文章。原來她已重投地下黨懷抱，且當上培僑中學副校長繼續為黨工作，令我非常失望。後來，我想了一下，覺得完全可以理解，她沒有別的路可走，接受地下黨的安撫是唯一的出路。她終於靠著黨在社會上找到一個位置，安頓了自己，我還能有甚麼可以說的呢？

葉淑儀在「六七暴動」期間已經成為領導黨員，她領導過巴富街官立中學鬥委會，該校學生盧永泉是被她發展的地下黨員。盧曾去過地下黨外圍組織「聲藝國樂社」，讀過函授商科ＭＢＡ，做過船務。多年前當上「民主建港協進聯盟」（即民建聯）的總幹事，即是民建聯的大管家。二〇一〇年民建聯在東莞設立專業服務中心，希望藉此加強團結在國內生活或做生意的香港專業人士，吸引更多專業人士加入民建聯。這個中心表面是民建聯副主席溫嘉旋負責，其實真正全權操作者就是盧永泉。葉淑儀也領導過伊利沙伯中學鬥委會，發展了該校學生黃艷琼為地下黨員，黃的組織關係後來轉給柯其毅。

張綺玲（原名張燕萍）是香島中學畢業生，丈夫黃觀興（已過世）亦是香島中學學生。我對她知之不多，未曾有過單獨聯繫。在參加戲劇組核心組會議時，我看到的她是一個工工整整，循規蹈矩，沒有異議的人。她性格深沉不易外露，是地下黨最喜歡的一類黨員，而她也是最忠心最聽話，為黨工作至今不變。離開學友社後，進入浸會書院中文系就讀，主要從事普通話教育。根據宋樹材的遺言揭露，她領導一個六人黨組潛入「教育專業人員協會」（按：詳情請參閱本書第三章第二節「第二次奪權」）。不過至今為止他們並未奪權成功。我知道，在整個香港民主陣營中，地下黨認為「教協」才是他們的心腹大患，曾經派遣過不知多少黨員進入「教協」活動，張綺玲六人黨組事件所揭露的相信只是冰山的一角，今後仍會繼續。張綺玲亦積極兼顧學友社的社友活動，幾乎所有活動都見到她的影蹤。

至於鄧梓煥，是漢華中學畢業生，實際知識水平只及小學程度，體態粗豪，是工人大老粗的樣子，任職印刷廠收帳員，後在學友社開辦電工班。我不知道他為甚麼被送來學友社這個學生團體，在這裡他無法找到合適的結婚對象。他向我訴過苦，而我卻愛莫能助，我也聽過不少女孩子投訴他胡亂追女仔。最後，由梁煥然作主勸服一位大齡未婚的高級知識分子地下黨員許配給他。這是典型的黨主婚姻，我當時感到非常可怕，無法想像他們將如何相處。鄧梓煥離社後一直從事黨的區議會基層工作。

我與阿潔接觸不多，只知道她曾患病，常常看到她臉頰紅疹和關節炎，我很關心她的病況。後來又聽說黨組織要求調動她進入新華社工作，卻被她拒絕了。她與「海暉文化學社」的靈魂人物吳榮欽結為夫婦，一起移民美國，從事首飾設計生意。兩人曾到訪溫哥華探望我，彼此相見甚歡，看來她的健康情況已經好轉。他們沒有回流香港，我在此遙祝他們身體健康，工作愉快。

參加在戲劇組這個核心組會議後，我瞭解到不少情況。原來全戲劇組的組員中，除葉宇騰帶來的人外，尚有潘氏、江氏、梁氏和曾氏的兄弟姊妹共約十多二十人，均被學友社多彩多姿的學生活動所吸引而自動入社。核心組在「六七暴動」前討論到階級鬥爭情況時，已開始由葉淑儀和張綺玲二人提出潘、江、梁三氏眾人疑似階級敵人。她們作為疑點的根據竟是來自葉宇騰的。看來，為了緊跟黨的腳步，葉是不惜一切地搜尋階級鬥爭對象，這是司馬昭之心路人皆見的。且看看他如何掄起那大棒子，敲打著這個戲劇組。

所有這些關於戲劇組的情報，由我根據核心組所聽到的，以及盧壽祥根據葉宇騰所報告的，向梁煥然主持的七人核心黨組彙報後，梁煥然評定潘、江、梁三氏兄弟姊妹均被列為階級敵人，故又稱「學友社三家村小集團事件」，以此響應黨中央對北京三家村的批判。

在《如姬》一劇中飾演魏王的潘海濤是潘氏兄弟姊妹的大哥。傳來的罪證是：潘有意追求姐姐阿興，而她是黨員，正是葉宇騰的人，於是引起軒然大波，認為是潘這階級敵人要引誘姐姐，乘機打入共產黨內。本來只是一件青年學生社團常見的感情事件，潘海濤絕沒有想到自己已踏上地雷，觸到葉宇騰的神經，入侵他的地盤勢力。於是被上綱上線，打成階級敵人，真是無中生有的冤案啊！潘氏全部兄弟姊妹同時受牽連，妹妹阿瑜由張綺玲作主轉送漢華中學就讀，算是一種處理，但在漢華，她也沒能擺脫被定性為階級敵人的陰影，一直受到歧視。

江氏兄弟姊妹就更加冤枉，只因大哥江紹河是帶引潘海濤入社參加活動的人，於是也被株連，一同被打入另冊。而根據他的作風和出身較似國民黨人作為根據，就被封為國民黨特務。在眾多的受害者中，江紹河是我接觸最多的人。他沉實穩重，樂於思考，有領袖才幹。當初看他在話劇中扮演老角唯肖唯妙的出色演出，我已有些驚喜。後來又看到他的一篇散文，描寫獅子山的形狀，很有哲理思想，留下深刻的印象，決定培養他成為骨幹積極份子，他當時已經被選為常務委員會委員。他被打成階級敵人之後，我仍關心他，探訪過他。可惜彼此已有心結，互相防範，無法再有任何溝通了。

關於梁氏兄弟姊妹的罪證就更離奇。說是因為他們的父母，一位是官立巴富街英文中學的主任，一位是官立啟德小學校長，都表現愛國，送子女來社參加活動是有所圖謀。在聖保羅男校讀書的梁氏大哥和他的弟妹們均被打入另冊，正是欲加之罪，何患無辭！

共產黨不相信官校教師竟會有愛國的，似乎官校中不應有愛國者，愛國是共產黨的專利。為要說服我們這些黨員，地下黨以英皇書院的一位教師郭存本為佐證，不斷告訴我們這位郭老師上課不怕談愛國，夠膽在這間官校內顯露愛國報紙、書籍，而不受港英政府干涉。他的愛國不可信，一定是港英特務，裝扮愛國姿態吸引學生。官校教師愛國就成為罪證，於是把他打成反革命。

後來，我得到一本英皇書院同學會出版的《永懷郭全本老師》文集，書中充滿了同學們對郭老師的感讚和愛戴：

● 郭老師一生以育才為己任，不以屢受當時政制迫壓而屈志。

● 郭老師性格嫉惡如仇而從不妥協，實話實說而從不奉承，令他屢罹求全之毀。
● 他被橫遭標籤為「左派」，卻被左派懷疑復受左派冷待，右派說他左，左派說他右，老師一輩子冤哉枉也！
● 殖民地色彩濃厚的校園裡，他沒有讓我們忘記祖國。他人死了，卻還活著。

多年後，因郭全本老師過身，我看到潘銘燊的一篇文章〈大寫的人〉，他說：「郭老師儒雅之餘，更多流露激情。我們在班上常常感受到老師熱愛祖國，崇尚中華文化。母校英皇書院特多愛國志士（例如陳毓祥先生）難道不是由於老師的薰陶嗎？國家，人群需要的是老師這樣不向邪惡妥協的，頂天立地的大寫的人。」可見，郭全本老師的確非常愛國，而港英政府是允許他們的存在。

潘銘燊在送別郭老師時又說：「我對您有超乎尋常的尊敬，您在英皇書院這樣典型的官立英文理科主導的學校向學生灌輸祖國的意識，是何其困難的事，那個時代作為公務員而左傾該受多麼大的壓力呢！但你嘗試了，您『自反而不縮，雖千萬人吾往矣』的勇氣，表現了中國知識分子的棱棱風骨。」

英皇書院同學們的話語令我非常感動，郭全本老師的確是不懼權貴的真正愛國者。

共產黨的愛國與郭老師和梁氏父母的愛國本質上的不同在於，共產黨的愛國是要引渡你去愛黨，是扭曲的，是陷阱。這些老師則是有脊樑，有公義，有獨立思考的愛國，是天然的，純真的愛國。我稱他們是「愛國獨行俠」。共產黨最怕這種人，既然無法招安收編，統戰收買，就索性把他們打成反革命。我記得當時有許多這樣的大學生、學者、教師都得到同樣的反革命待遇。梁氏兄弟姊妹的遭遇是由此而起的。

至於曾氏兄弟姊妹未被落案，是因為他們有一個姑姐曾憲璣在「港九工會聯合會」（即工聯會）

任要職，有個紅後台，正是根正苗紅便免於受罪。

幸好，這裡畢竟是自由法治的香港，任葉宇騰等地下黨人如何胡天胡地，也不能像大陸文革那樣打人殺人，禁閉勞改。七人核心黨組只能用隔離手法離棄他們，無論是大型的、小型的、紅校的、灰校的鬥委會大會，及各種行動，如「飛行集會」（按：即「快閃集會」）等等，都沒有通知他們，更不讓他們加入灰校鬥委會。但是，這十多二十位熱血青年，同樣感受到中共輿論的渲染和社會的熱潮，愛國熱情一發不可收拾，雖被隔離，仍自發地緊跟形勢，自己組織沒有共產黨領導，不被承認的鬥委會。至此，戲劇組便完完全全地被葉宇騰及地下黨人所摧毀。

大約是「六七暴動」後，有一天，代號老林的梁松明前領導人突然到訪對我說，他正在負責主理一份刊物《青春周刊》（前身為「青年樂園」），而江紹河也加入了這份刊物的工作。他的專程到來是要向我查證關於江紹河被打成反革命一事。他說江紹河工作積極，表現很好，是一個好青年，他想發展他成為黨員，礙於「學友社三家村小集團事件」的定案而受阻。他要求我作證，重新評定江不是階級敵人，為他平反。

我想了一下，把當時決定的經過說了一遍，卻並未說出「江紹河不是階級敵人」這一句梁松明希望我說的話。

他憤怒地說：「那麼你是不願意為他平反了，你知道你這樣做是阻礙一個青年的入黨，扼殺他的前途嗎？」

我只瞪著他，沒有再說話，把個梁松明氣得半死，拂袖而去。我始終無法知道江最終有沒有入黨，黨的原則在我腦子裡發酵，使我當時沒法推翻黨的結論，我是對黨負責不是對人負責。我錯了嗎？我一直思考，把這個問題帶到加拿大去。

直至在加拿大這個自由、法治的資本主義社會生活多年後，我學會了「無罪推定」（presumption of innocence）這道理，才能完全釋懷。根據陶永強律師的《實用法律指南》一書撰述：「在法庭上，被告罪名未成立之前，他是被視為無罪的。控方提出的證據必須使法官沒有合理的疑問，只要法官仍有合理的存疑，被告便應判無罪，目的是保證不會誤殺無辜。」（無罪推定是現代法治之刑事司法通行的重要原則，即未經審判證明有罪確定前，推定被控告者無罪，是國際公約確定和保護的一項基本人權。）沒有確鑿證據，江紹河就是無罪的，可疑人物不能定罪。中國幾十年運動中大大小小的階級鬥爭案件，都違反了這個國際公約。我豁然開朗了。衷心地向潘氏、江氏、梁氏的兄弟姊妹們說一聲「對不起」，特別是江紹河，我的確錯了，在此懇請他的原諒。不過，現在回頭看看，如果我當時真的阻礙了他的入黨，那未嘗不是一件幸事，但願他終於逃出了共產黨的魔爪。

其實，我不是完全沒有質疑過階級鬥爭這理論的，我最終的被說服是因著《共產黨宣言》中的一句：「一切過去社會的歷史是階級鬥爭的歷史」及毛澤東的《矛盾論》：「社會變化主要地是由社會內部矛盾的發展，即生產力和生產關係的矛盾，階級之間的矛盾推動了社會的前進。」等等這些令我當時不懂得爭議的理論。我當時想，既然社會發展因矛盾，特別是階級矛盾而起，為推動社會前進，自然地要搞階級鬥爭，要找尋階級敵人了。

但是，當中共提出「階級鬥爭，一抓就靈」即所謂鬥爭的哲學的時候，它已把階級鬥爭由社會哲學思想僵化成教條主義，他們開始製造階級鬥爭，製造鬥爭對象。階級鬥爭成為功利化，工具化，為政治服務的手段。進而演變成仇恨文化，將刻骨的「恨」當作精神支柱，當作生存的動力。毛澤東宣揚：「與天鬥，與地鬥，與人鬥，其樂無窮」，可怕之極。我開始質疑，階級鬥爭是一劑毒藥，它要殺死的是「人性」。在加國生活後，我發現社會發展的動力不是階級鬥爭，而是自由，這天賦的稟性，才是人類社會發展進步的動力。

「六七暴動」後，戲劇組曾恢復排戲，於一九七〇年左右在明愛中心演出了《荷珠配》。演員有張懷、黃子石、曾慶偉、陳浩機、阿潔、孫佩冰、陳國星等。陳國星於二〇二〇年末透過程翔與我聯絡，並傳來《荷珠配》演出劇照，緬懷學友社戲劇組的生活。他已於二〇二一年九月因癌病在美國舊金山逝世。

裁剪組、社會科學研習組、補習班、美工組基層黨員有：李綺玲、梁滿玉、李佩蘭、劉妙齡、馬志強

我在學友社認識的李綺玲，是首位與我有密切接觸的黨內同志。那年會見梁煥然，接上灰線組織關係後，我在梁濬昇住房內召開的五人核心黨組會議中見到她。後來她和梁濬昇一同被調離這個組，取代他們的是七人核心黨組。

李綺玲中等身材，相貌平庸，帶一把破銅鑼般的聲音，年紀較我略長。她與人談話時喜歡用手搭在人家的肩膊上以示親切。她在漢華中學畢業並在那裡加入共青團，進入學友社後轉為共產黨員。和我一樣，她也是被地下黨調派到學友社開展學生工作，聽說她在漢華中學時已經參與組織灰校學生回國參觀學習的工作，比如一九五八年的「新會訪問學習及勞動團」就有學友社的李作雄、游順釗、吳嘉淞、司徒衛幹、梁濬昇、歐陽榮生等積極分子參加。李綺玲後來與梁濬昇結婚，育有二女。一九七四年我離開學友社移民加拿大後，她仍留下擔任學友社的領導工作至今。

那時，我的家人已移居廣州，我向歐陽成潮彙報我的生活狀況，告訴他我沒有安定的居所，他主

張我和李綺玲合租一個房間同住，由地下黨組織負責繳付房租，也可作為黨組織開會之用。李綺玲本有父母弟妹的一個家，可能是為了方便工作，她也寧願搬出來與我同住。在離九龍旺角社址不遠的石壁道盡頭處，有一幢多層樓房，我們租下內裡的一個小房間，佈置一床一櫃，我便有了一個安定的居所。後來覺得房租太貴改租九龍城一層舊樓的，原是廚房旁的工人房。既然大家是同志，為了革命走在一起，我期望與她情同姐妹，彼此真心相待。

我們兩人都有紅校背景，無論衣著打扮，言行舉止，生活作風都帶有那種「艱苦樸素，唯我革命，咄咄逼人」等脫離社會、脫離群眾的作風，與學友社內的灰校學生格格不入，很難融入他們的生活之中。我首先想到，我需要改變衣裝，把過去在學校穿著的白襯衣藍長褲收起。我約了李綺玲一起去買些布料，裁剪些衣裙，添置些社會上時款的窄腳牛仔褲，改變一下形象。誰知在一次梁煥然也來參加的組織會議上，李在有意無意間，輕描淡寫地說了一句：「梁慕比較喜歡穿窄腳牛仔褲。」

我覺得有些錯愕，這有甚麼喜歡不喜歡的，不就是為了工作需要嗎？我不知她想甚麼，大概是要告訴領導人，我喜歡時尚物質，有小資產階級氣味，而她則是有堅定的無產階級立場。梁煥然聽了，狠狠地盯了我一眼，卻沒有說甚麼。她大概是既擔心我受資產階級生活方式腐蝕，又不得不認同我適應社會的需要。後來還有幾次事件。

因為工作非常忙碌，那時沒有洗衣機，我常常把待洗的衣物浸在盆子裡，等候有空時才清洗，李綺玲看不過眼，替我洗了。最初令我很感動，以為她很樂於助人。那知她又在會議上抖了出來：「梁慕沒空洗衣，我替她洗了。」

輕輕的一句，特顯她熱愛勞動，有樂於助人之心，反襯出我勞動觀點薄弱，生活一團糟。這樣地向上級報告，令我對她曾有過的感動由是蕩然無存。

我對她本以同志相稱，常以姐妹相待，兩個女孩子的談話也會涉及一些心事。結果她又在會議上報告：「梁慕說她很喜歡某某。」

這可真把我氣個半死。至此，我可以確定此人是一個專門愛打小報告的小人，我需要與她保持距離，小心防範，她並不是我所追尋的「革命同志」。我想，難道這就是對黨忠心嗎？我鄙視這種以揭別人私隱來表忠的行徑，認為這裡有一種卑劣的心態。回想起來，也許在我參加共產主義青年團之初，我的與生俱來的自由意志已經悄悄地保護著我，為我堅守住一點點的自我空間了。後來，李綺玲發覺我們之間已經話不投機半句多，便搬回家裡居住。

歐陽成潮曾問過我，同志間為甚麼這樣淡薄？

「同志就應該有同志的感覺。」我只回了這一句話。他哪裡知道，我所追求的是牛虻式的同志之愛，純粹，真誠，互勉。

李綺玲和梁濬昇結婚後住在旺角區一幢六層舊式唐樓的頂樓。聽說是梁濬昇在青山醫院工作的哥哥買下給他們安居的。這也許與黨的無產階級原則有所違背，所以他們不願直接承認擁有這個物業。他們把全層樓房間隔成五六個房間全部出租，自己只佔用了一個較大的頭房。李綺玲如此懂得營生之道，令他們有了安定的生活。歐陽成潮和我們一起開的組織會議，常常就在他們的房間裡召開，梁煥然也有來參加，有時一開就是幾個小時。我們在眾多房客的注視下出出入入，似乎失去了階級鬥爭的警覺，我常常質疑這是否正確。

李綺玲第一個女兒出世，坐月子時，我曾特地去探望過她。我沿著樓梯上到六樓，走進門戶大開的前門，穿過兩邊排列著出租房間的長長的走廊，來到他們夫妻所住的頭房。這大約一百多呎的單邊房，只一床一櫃一嬰兒床，非常簡陋，也雜亂不堪。牆上釘著無數木架，每個架上堆滿各種各樣的瓶瓶罐罐，大都是已經用完而未丟棄的，主人似乎從沒有整理整理的意欲。我見到滿地滿床都堆滿了衣物，小生命正在小床上大聲哭喊，滿面淚痕的李綺玲正坐在床邊整理嬰兒衣物尿布。我看到了一幅非常淒涼的情景，令我非常驚訝。

「梁濬昇呢？」

「他去買奶粉，去了幾個小時，現在還沒回來，女兒快要餓壞了。」

「為甚麼？」

「他常常是這樣的，出去了就喝酒，醉醺醺地回來，還嘔吐一床一地，我還得為他清理。」

「他怎麼會變成這樣？」

「你哪知道，他根本不愛理家務，結婚時在他家的床底下收集到一大堆臭襪。」李綺玲自顧自的繼續說。

這真把我嚇壞了，不知說甚麼才好，不知如何安慰，表達我的同情。待了一會兒，我不想繼續看下去，沒等到梁濬昇回來，便趕緊起身告退。我在街上，走著走著，不願停下腳步。腦袋裡不斷轉動：「結婚生子，結婚生子」，多麼可怕！我迷茫，我悲傷。她以後怎麼辦呢？還能繼續革命嗎？只能做個家庭主婦？難道一個女子要結婚生子，就不能幹革命？

我曾問過歐陽成潮關於梁濬昇的事，他說：「是的，阿昇有酒癮，你們都不知道。他常常在社內開完會後，便一個人到大排檔喝酒，李常向我投訴。」

我沒有再說甚麼，想不到梁濬昇已經變成這樣的人，李綺玲原來嫁給一個意志薄弱的所謂革命者，我真誠地為她傷心起來。我也想到自己，有些害怕。婚姻育兒會影響革命工作，這是我以前未有想過的。

李綺玲後來組成裁剪組，吸收的組員較多是在職女工，沒有灰校學生，因此很難發展學生骨幹，但裁剪組在全社頻繁舉辦的公演中卻起著重要的作用。李綺玲為演員設計服裝，採購布料，剪裁縫製，為各場演出增添五彩繽紛的色彩，我很感謝她們的貢獻。不過，因為每年一場接一場的演出，李綺玲每場都總要留在後台管理服裝，處理演員換裝事宜，沒有機會到前台觀看現場的氣氛和觀眾的反應。她向歐陽成潮投訴，希望在演出當天安排她到前台工作。

歐陽成潮對我說：「當然啦，每場演出，你是主席，穿上漂亮的衣服在前台風風光光地奔奔走走接待來賓，而她卻被困在後台無人知道，會有失落感。」我明白了他的意思，在籌備下一場演出時，我通知李綺玲，這場的服裝工作由我負責，她只需事前把縫製工作做好，演出當天她可以到前台去。那天，我安排了各項工作後，便歡歡喜喜地到後台完成服裝管理工作，我覺得這只不過是一種分工，沒有甚麼情緒上的不快。由於我對李綺玲的各種投訴，都採取高姿態的處理方法，使她再沒有甚麼可挑剔的餘地，以後就再沒有聽到她的投訴了。

一九九二年十二月我收到宋樹材的來信。他告訴我，李綺玲想請律師為社址問題與我打官司，又說李綺玲要到美、加兩國活動，目的就是要找到我，談談關於社址的問題。宋關心地問我將如何應對。

學友社於一九六六年七月以五萬五千多港元在北角僑冠大廈二十四樓購買一個單位作為北角社址，後又在灣仔洛克道嘉賢大廈購買了一個單位的天台業權作為灣仔社址。不知甚麼原因，地下黨這兩次購買都沒有用學友社名義而是用個人名義購買。北角社址用了梁濬昇、李綺玲、張懷和我四人名字，灣仔社址則只用梁濬昇和我，於是我們都成為業主。購買社址的資金主要來自地下黨，但為了掩飾這一事實，除舉辦三場籌募社址基金晚會外，還在社員中發動籌款運動，在過程中讓地下黨的資金可以透過社內的黨員，當作是他們個人籌得的款項，與其他籌款一起存入學友社的銀行戶口。這樣一來，黨外人士便以為購買社址的資金真的是由社員籌募而得。

我給宋回了信，告訴他社址問題的來龍去脈：

……一九七四年當我正準備離港赴加時，李綺玲已經托人傳話：必須簽下業權授權書梁慕才可離去。但那時我根本沒有心情去理會她，而且發誓以後不要再見此人一眼。一九八二年我回港一行，她找上我，在電話上用常務委員會，用社員大會的壓力來恐嚇我，我也沒有理會。這樣拖了十年，今年暑假她來到溫哥華又要找我。葉淑儀告訴我，是她把我的電話號碼給了李。我托葉告訴她，不要找我，我不會見她。哪知她仍然要找我，來電時我沒有接聽，由女兒告訴她我不在家。然後她又想趁我正在一位社友家敘餐時，突然來個不請自來，幸好我已向各人交代了，使她吃了閉門羹。

這樣擾攘了幾個星期後，有一個叫陳瑞林的，自稱是代表李綺玲的律師來電，說有文件要交給我，我叫他寄來便可。之後，他又突然在我家門前出現，送來幾份文件要我查收。由於我並不認識他，且他的行為並不光明磊落，我沒有開門，只站在露台上與他對話。言語間他提到甚麼會由法官判案等字眼，又指我有霸佔社址為私人財產之嫌。因此我很憤怒，只叫他把文件插入郵箱，沒有親手接收。李這樣窮追不捨，聽人說，是要考慮申請「居者有其屋」，卻因做了業主影響申請資格。

阿宋，我有幾點想法希望聽取你的意見：

兩個物業除黨的資金，還經過許多人落力捐獻而得，並不是私人的財產，應該是國家的物業。據一些朋友指出，現時值至少二百萬港元以上。我已離港，且剛做完大手術，體弱多病，不知還有多少歲月，本應把我的部份交托出去，這樣我省時又省力不用煩惱。但問題是我可以交給誰？我曾想過可否交給新華社？也想過寫一封公開信給世界各地的社友，徵求他們的意見。事實上，當我一想到如果由於我的疏忽而使這筆財產落到某人或某集團的袋裡時，就會有對不起大家的感覺。因此我定下一個原則，只有當我明確知道這些物業不會變成私人或小集團的財產時，我才會簽下授權書。否則我會和他們周旋到底，就算影響我的健康也在所不惜。

阿宋再給我回信：

我非常明白你的感受，這並不是錢的問題。不要把人民的財產交給那班人，也不要交給新華社，這正中了他們的奸計。其實他們最見不得光的，就是當時不用學友社的名義購置，而秘密用私人聯名購買，已是不為法所容，難為她竟有膽量以法律解決。

結果是，上述的各種想法，我一件也沒有做過，因為我於一九九六年六月收到代表張懷的何福海律師行致梁慕嫻女士的來函，內容如下：

逕啟者：

有關：香港北角英皇道395號僑冠大廈A座23字樓4號室之業權饋贈聲明

本律師行現受張懷先生之委托，就上述事項作以下聲明。

查上述物業，登記業主為梁慕嫻女士、梁濬昇先生、李綺玲女士及張懷先生。經商討後，同意將各人的業權，饋贈學友中西舞蹈研究社（簡稱學友社），以百分之百無償形式轉名。轉讓之法律手續，交律師依法辦理。

而張先生特此聲明，在轉名手續辦妥後，張先生對上述樓宇之法律責任即告完結。此後有關一切轇轕，均與張先生無涉。

張先生應付之律師費用，均由受贈人——學友中西舞蹈研究社（簡稱學友社）負責。而本律師行在此項手續中，為張先生之代表律師。

由於此項手續是關乎「學友社」之業權利益，故張先生於此表明其立場，並促受贈人儘快辦理接受轉讓手續。亦盼閣下同步進行業權饋贈之法律步驟。

此致

梁慕嫻女士

何福海律師行啟

一九九六年六月二十八日

附件：隨函附上刊於一九九六年六月二十八日本港報章之有關聲明

看了之後，我深思一下，明白了張懷的意思。距離一九九七年七月香港回歸中國的日子漸近，是時候處理這件事了。於是我聘請溫哥華陶永強律師作為代表，依照張懷模式辦理饋贈的法律手續，並在香港《明報》和《大公報》上刊出聲明啟示。我們四位饋贈人都簽下一份交還物業條約，同意將各人的業權饋贈學友社，而學友社作為受贈人亦承諾，將承擔信託責任，同意其利益歸學友社而不是私人。

這樣，擾攘多時的學友社業權問題，終於完滿地解決。

梁滿玉與李綺玲一起組成社會研習組。梁滿玉是培僑中學畢業生，來學友社後先參加舞蹈組並在舞劇《風雨黎明》中擔任主角。她也就是前文所說的，以梁煥然機要交通員名義參加七人核心黨組的地下黨員，是得到黨充份信任和培養的明證。梁滿玉曾經在七人核心黨組會議上彙報說，李綺玲曾檢討自己的思想，承認常常妒忌梁慕嫻。

相信社會研習組的活動能夠吸收到灰校學生，梁滿玉也有能力和水平去發展新黨員，其中有兩位黨員是我見過的。一位是後來擔任學友社社長的陳潤根，一位是曾任學友社總幹事，現仍是名譽社長的鍾樹根一九七四年加入學友社，後來被地下黨調派去「民主建港協進聯盟」開始從政。一九九一年當選區議員，二〇一二年當選第五屆香港立法會議員，然而五年後為地下黨所拋棄，結束從政生涯。

在學友社認識了李綺玲同志，使我知道所謂革命同志是怎麼一回事。我與李綺玲並沒有絲毫個人恩怨，那時我懂得防範保護自己，也有群眾實力，並沒有被她傷害到。可以說，在共產黨內我從來沒有遇到一個志同道合，可以推心置腹，肝膽相照的同志，哪怕就是柯其毅，我失望之極。

毛澤東的兼任秘書、《廬山會議實錄》作者李銳和他首任妻子范元甄都是延安時期的老幹部，他們的女兒李南央發表了一篇文章〈我有這樣的一個母親〉。文章中，李描寫這位幹部母親的德行，活靈活現，入木三分。她說：母親有堅定的無產階級立場，常說「親不親階級分」，而毛澤東是中國人民大救星，沒有毛便沒有我們的幸福生活，要世世代代記著他的恩情。她就像魔鬼附身那樣，誰反對毛澤東，就堅決打倒誰。母親動不動說別人右傾，是資產階級思想，要狠毒批判，而自己是最堅定，最革命的。她大義滅親，冷酷無情，沒有人情味，喜歡向黨彙報，尖酸刻薄告發別人反動思想。李南央說，這個人生活在共產黨和毛澤東的精神牢籠裡，腦子裡被清洗得充滿狼毒，活著只有刻骨的恨。

范元甄是典型的中共幹部形象，是中共長年累月階級鬥爭教育下的產物。這種黨文化孕育出來的產品，都變成餓狼到處咬人。我們常在中共媒體中看到的外交部部長王毅和《環球時報》總編輯胡錫進就是這種仇恨教育下的品格低下、惡形惡相的戰狼。在那個時期的李綺玲，充其量就是打點小報告，只是那種幹部的雛形。她雖然接受過紅校的黨文化教育，但始終是生活在港英時代，未能發展成范元甄的瘋狂極端的水平。我慶幸有一種力量對我的保守，使我沒有跌進這樣可怕的囹圄中。

聽說李綺玲的女兒和孫女都已經信了主耶穌基督，希望李也受到她們的感染，停止再為中共工作。

有一段時期，我發現學友社出現了兩個活動組，一是補習班，由李佩蘭和劉妙齡負責，另一是美工組，由馬志強負責。

我在學友社當上主席之後，漸漸習慣了地下黨調派其黨員進進出出學友社的潛規則。這樣的調動不會通知我這個主席，當然更不會徵求我的意見。對於這種規則我並不介意，認為學友社是地下黨灰線的堡壘，屬於黨的，不是我自己的地盤，我只為黨工作，那時的我是相當忠心的。於是，我的工作態度是，凡是有黨員在內的活動組，我不會加以干涉或去領導。黨領導們亦歡迎我這種態度，沒有我的阻礙，更便利他們工作。不過，我沒有想到的是，這些共產黨員，並不是我所想像的那樣純樸忠心，他們爭權奪利，發展自己的地盤勢力。這都是後來我才知曉的。

故此，我與這兩個活動組的黨員沒有多少聯繫。只曾探訪過李佩蘭，關心她的生活情況。她是中學的數學教師，丈夫就是在廣州照顧患病的宋樹材的陳教授。李和丈夫分隔兩地，獨自照顧婆婆和孩子，生活困難。我看望她時，她的情緒非常低落，沒有革命意志，一直在說自己「爛泥扶不上壁」。她和丈夫已經移民加拿大，我們曾見過面。

劉妙齡則與楊偉舉成婚，育有一子一女，兒子的名字叫楊穎宇[31]，她生活並不愉快，兩人已經離婚。馬志強曾有女朋友林小琪，但分了手，他很快便離開學友社，無影無蹤。

除此之外還有舞台技術組，由鄧梓煥負責；一九六八年成立的自然科學組，由吳國藩負責，而他就是我離社後接任為學友社主席的人。

合唱團

基層黨員：梁啓民

合唱團的指揮梁啟民是我的五弟，在他還未中學畢業的時候，我帶他到學友社參加活動，改變了他的一生，我為此懊悔終生。

31 楊穎宇：香港歷史學家，香港大學歷史系，一九九九年取得博士學位。他在香港考試及評核局任職評核發展部經理。楊博士被捲入二〇二〇年香港中學文憑考試歷史科爭議，於同年八月辭職。二〇二〇年文憑考試歷史科一條有關中日關係試題：「日本於一九〇〇年至一九四五年對中國帶來利多於弊，你是否同意此說」。考評局在教育局提出要求後，最後宣布取消有關試題。史家稱之為「庚子科場案」。楊穎宇接受立場新聞訪問時透露，爆出歷史題風波前後，他被中共喉舌報章《大公》、《文匯》連日攻擊，翻查他在社交平台上的帖文，又公開他的住址及家人資料。楊博士離職後曾在《蘋果日報》頻道介紹香港歷史，直至《蘋果》停刊。他日前受沈旭暉訪問時表示，沒想到一道普通的歷史題會受到追擊，政權的粗暴干預，一夜之間剷除行之有效幾十年的歷史科考評制度。他說：《蘋果》的停刊使他感到「Big brother is watching you」，觸法他認為不宜留在香港，於是匆匆流亡英國。學友社舊人通知我，楊穎宇就是楊偉舉的兒子，我非常高興。通過沈旭暉與他聯絡，我和他在電郵上回顧他父親的生平，也講及他母親的近況。

一九五六年，父親帶五弟和四個弟妹遷居廣州時，他只有十四歲，就讀初中二年級。他們在廣州東山龜崗大街租下一層樓房住下，五弟便進了廣東華僑中學讀書。

啟民於一九六〇年利用暑假回港之機留下不再回穗，然後入讀新法書院繼續學業。這時，我帶他來到學友社參加舞蹈組。他曾經與我一起排練舞蹈，同台演出。後因三哥梁定民所工作的建築事務所招聘圖積繪圖員，五弟便停學進入事務所學習繪圖。

自當上學友社主席，我開始考慮如何發展社務，發覺啟民很喜歡音樂，有唱歌天份，歌聲雄厚圓潤，音域寬廣，是很好的男高音。我想，他一定是在廣州受過音樂和歌唱的訓練，便邀請他在學友社的公演晚會上表演獨唱。那天他唱了那不勒斯民歌《我的太陽》，歌聲嘹亮，風度翩翩，很受觀眾讚賞。於是我又建議他組織合唱團，他答應了。招募團員的工作很順利，很快便組成二十人左右的合唱團。他親自擔任指揮，把一群喜愛唱歌的年輕學生訓練成四聲部合唱團，於一九六三年首次參加全社在大會堂劇院的公演。

就在這段期間，我發展了五弟成為地下黨員。我當時想，這個合唱團由梁啟民做指揮，而他卻不是共產黨員，黨組織便無法領導這個合唱團。學友社的活動組一定要接受黨的領導，只有發展了啟民成為黨員才能置合唱團於黨的領導之下。我遵從「黨領導一切」支部建在連上這種黨的組織原則而作出決定。我邀請五弟加入共產黨，他喜歡學友社的生活，對我也很信任，便答應了。我向上級領導人彙報，得到他們的同意，便為五弟舉行入黨儀式，使他成為共產黨員。

學友社有一傳統活動，就是每年舉辦的聖誕舞會，我第一次來到學友社參加的就是聖誕舞會。自搬遷至彌敦道七一九號ＡＢＣ餐廳二樓後，我們繼續舉辦這種充滿浪漫色彩，熱烈奔放氣氛，令學生們樂而忘返的舞會。由於社址寬濶了，晚會能容納的人更多，吸引灰校學生更多。

在某一個舞會中，五弟認識了一位九龍真光中學初中三年級女學生，成為情侶，他們年紀輕輕就結了婚，生下四女一子。啟民有一份安定的工作，有足夠經濟能力養家，但生活並不愉快。後來，在「六七暴動」後期，便發生了婚外情事件。

「六七暴動」末期，我的領導人歐陽成潮已經被調離灰校線，去了商界繼續為黨工作，換上盧壽祥來領導，我向他報告了啟民婚外情一事，他安排了一次掛布幕會議。那天，在一層樓房的中共地下機關內，掛上長長的大布幕，盧坐在布幕的一邊，我和五弟坐在另一邊，我們只聽到盧的聲音，五弟未見到他的真面目。盧說了很重的話：「我們黨實行一夫一妻制，不容有婚外情，希望梁同志好好處理這件事」。

自我離港赴加後，我已脫黨，五弟自然也失去組織的聯繫，而我與他也再沒有聯繫。他後來告訴我，黨組織有派員聯絡他，但他決心不再恢復組織關係。我最感安慰的是，在他經濟上最困難的時候，也沒有走進中聯辦投靠共產黨。

在一九九四年左右，香港面臨主權回歸中國，啟民帶著一位頗有姿色的女人來溫市見我，說是要移民加國，投資物業。原來這個女人是雲吞麵店的老闆娘，相當富有。記得那年冬天去機場接機，只見兩個身穿長長的拖到腳跟的黑色貂皮大衣的人緩緩走來，活像兩隻大黑熊向著我翩然而至。他們身上的黑毛閃閃發亮，可知是名貴上品，價值不菲。我有哭笑不得之感，這是五弟的第三個女人。

啟民的變化很大，追求物質生活，夢想發財致富。口中不是吸著煙斗就是咬著雪茄。他告訴我，香港的富翁大都駕駛賓士車，他覺得很俗氣，不想跟風，要別出心裁。他買積架車，在路上更覺威風。他利用這個女人的錢，大做地產生意，賺了不少錢。當時他正準備在香港開發土地興建一座十多層高的大廈，投資約過億元以上。他來溫市除了購買住房，也希望把金錢轉移海外，請柯其毅為他們在溫市尋找適合的居所和投資物業。

柯其毅侍候這兩人心理並不平衡，心情很不愉快，最後鬧到要上法庭打官司。他們請了一個刁鑽的律師，誣告柯其毅服務不周並騙取十萬加元，又凍結了我們的銀行戶口。一時間，陷我們一家於絕境之中。幸好上帝有公義，香港回歸後的一九九八年發生了「亞洲金融風暴」，香港企業破產，銀行倒閉，股市崩潰，匯率貶值，失業率上升，房價下跌，出現負資產。啟民的建造生意一落千丈，建好的大廈無人問津。他宣布破產，沒有能力繼續打這個溫市的官司。我們這才鬆了一口氣，回復正常的生活。

在這艱難的情況下，那個女人捲走了銀行的所有存款夾帶私逃。五弟變得一無所有，在南京的一間建築事務所重操故業，回歸繪圖員職位。這本可繼續營生，可惜不敵癌細胞的侵襲，他於二〇〇六年在南京逝世，享年六十五歲。

我寫著，寫著，無限嘆息，無限感慨，沉重，傷感。

我責問自己，五弟的一生，我究竟應該負上多重的責任？

淚水已模糊了字跡，我再也無力觸打鍵盤，無法再思索下去，只好擱筆。

讀者們，請諒。

中樂組

基層黨員：梁慕嫻

中樂組是由我自己白手創立的。自從被黨組織調派到學友社工作之後，我一直做著公開的領導工作，由常務委員到主席，學友社的九個興趣活動組的成立都沒有我的直接參與。

一天，大約是在一九六三年，歐陽成潮對我說，黨組織要求我自己親自組建一個新的活動組，以便豐富社員的課餘生活。我立刻明白他們的想法，是要考驗一下我的組織能力，聯繫群眾的能力，培養我懂得從基層做起的思想，積累基層工作的經驗。我很樂意並且充滿信心，覺得這樣一來更能發揮我的才能，我答應了。經過思考後，我認為學友社還未有中國樂器的活動組，便決定成立中樂組，歐陽成潮也同意。

成立中樂組的第一步當然是招收學員，開辦中國樂器班。我記起香島中學有一小樂隊，經常在校內以及社團的節慶活動中演出。於是便回到香島中學，找上前黨領導關曼瑤老師，請她調派一位懂得中樂樂器的同學來支援。

關老師很是支持，選派了女學生陳敏莊，一位跟從後來成為琵琶演奏家的林風學習琵琶技巧的好手來參加籌建中樂組。經過見面，我向陳敏莊介紹了學友社的情況以及組建中樂組的初衷與理想，她表示認同並答應開辦琵琶班。後來，在社員中發現一位教授小提琴的老師黎景芳，他經常也彈奏二胡，便請他開辦二胡班。同時又知道了一位社員陳樹桂懂得吹笛子，便又請他開辦笛子班。陳樹桂後來走上專業道路，成為香港中樂團的樂師。

我非常感激這三位朋友的拔刀相助，讓我順利組成了三個樂器班，達成組織中樂組的第一步。公開招募學員的工作非常順利，一群愛好中樂的灰校學生紛紛加入，各班很快滿額。三個樂器班最初是在旺角社址開班，後來於一九六六年，北角社址落成後，便改在北角活動。這樣，學友社的第十個活動組便宣布初步成立了。

如何促進學員們的學習熱情，增進對中樂的瞭解，鼓勵他們提高演奏技巧，是我要進一步思考的問題。我知道有一個香港校際音樂節，每年二月至三月舉行各項音樂比賽。比賽類別有聲樂、合唱、鋼琴、弦樂、樂團等，其中還包括有中樂。這個音樂節的目的當然也和我的想法一樣，鼓勵學生學習，提高音樂水平。

不過，我想，我似乎不能讓學友社的學生參加這樣的比賽，但可以在社內學員之間進行較量。於是，我想到一種很好的方式，叫做「觀摩」。此後，中樂組在社址內舉辦了多次「中樂組觀摩晚會」。晚會上，除了本社的學員上台演出，吸收經驗外，也吸引了不少愛好中樂的灰校學生來參加，其中不乏各種樂器的好手，使中樂組的發展有了更好的基礎。

有了一定基礎後，我開始著手組織樂隊。陳敏莊、黎景芳和陳樹桂三位老師是必然的台柱，我透過培僑中學代請施盤藏助陣樂隊的關鍵樂器——揚琴，加上在觀摩晚會上認識的兩位灰校學生的笛子好手，以及琵琶、二胡、笛子三個樂器班中進步很快的學員，勉強地組成了一支十多人的中樂隊。仍缺的一個指揮，由我自動請纓上陣，並於一九六五年首次參加全社的公演。後來，施純澤接替我成為中樂隊的指揮。

我對中國音樂本來一無所知，只因組建中樂組，讓我增長了不少知識，學會欣賞中樂，從而添加了一種新的愛好。有一陣子，我買了一架揚琴，請了老師，上了幾堂彈奏技巧課，要不是「六七暴動」的發生，我肯定可以成為一個揚琴演奏者。至生命的最後，我仍然為今生未能學會一種樂器而深感遺憾。

組建中樂組，對我來說，是生命中一件非常愉快的事。除了學會欣賞中樂，並證明了自己的組織能力之外，最值得歡欣的，是結識了一批年青的朋友。他們當時都是思想單純，心地良善，立志向上的少年學生。看著他們完成學業，成家立業，結婚生子，我成為他們的忠實朋友，心中有無限的感動。但每當想起他們的時候，我不曾忘記在學友社帶領他們愛國愛黨，進行思想洗腦的工作，影響了他們一生的往事而感到內疚，要向他們說一聲：對不起！

音樂予我的美好體驗

我常常坐在一旁，聆聽學員們的排練。看著聽著，有些樂曲耳熟能詳，盡可跟著吟唱。我特別喜愛琵琶齊奏這個節目。只見十個或八個手抱琵琶的女孩子，一字排開坐在台上，她們撫弄琵琶，彈挑，輪指，掃拂或推拉時，一幅「手」之抖動的圖景出現了，整整齊齊的煞是好看，加上抑揚頓挫，時緊時慢的美妙旋律，讓我想起白居易《琵琶行》長詩中的名句：「輕攏慢撚抹復挑，初為霓裳後六么。大弦嘈嘈如急雨，小弦切切如私語。嘈嘈切切錯雜彈，大珠小珠落玉盤。間關鶯語花底滑，幽咽泉流水下灘。」不過，我最喜歡的還是她們的琵琶齊奏《彝族舞曲》。

我熟知的著名二胡樂曲有很多，除國樂大師劉天華作曲的《病中吟》、《良宵》外還有《二泉映月》、《江河水》、《大浪淘沙》、《賽馬》、《三門峽暢想曲》、《豫北敘事曲》等。《二泉映月》為十大二胡名曲之首，是中國著名民間音樂家華彥鈞（小名阿炳）的代表作。他自幼受父親嚴格訓練，擅演笛子、琵琶、二胡等樂器，年輕時得眼疾而至雙目失明，流落街頭以賣藝維生，故被稱為「瞎子阿炳」。他的《二泉映月》充分流露一位飽嘗人間滄桑的盲眼藝人所發出的深沉的嘆息，如泣如訴。他的演奏是那麼哀怨淒楚，彷彿正在沉痛控訴自己一生的不幸遭遇和人間的不平。他的演奏展示其獨特的民間演奏技巧和風格，以無與倫比的深邃意境顯示中國二胡藝術的獨特魅力。

一九五〇年中國音樂學院音樂研究所楊蔭瀏先生，為瞎子阿炳錄製了三首二胡曲，三首琵琶曲的音帶。這六首作品，包括《二泉映月》才得以傳世，成為世界名曲。

不過，我特別喜歡的卻是東北民間曲樂《江河水》，雖然它所顯示出來的各種情感——痛苦、哀傷、淒涼、激憤，堪稱是《二泉映月》的姐妹篇。我更喜歡它有一段段淒美的、哀怨的催人淚下的工整的旋律。

我曾聽過日本著名小提琴家西崎崇子演奏這首《江河水》，她的演奏技巧固然無懈可擊，可惜我聽著總有一種缺欠的感覺。那是因為小提琴的音色無法表達中國人淒愴哀怨的情懷，只有二胡才能奏出那種幽怨的情感。中國最著名的二胡演奏家閔惠芬，是我最欣賞的一位。一九七七年日本指揮家小澤征爾帶領波士頓交響樂團訪華，曾被閔惠芬演奏的《江河水》感動得流淚，說：「她拉出了人間的悲切，連休止符也充滿了音樂。」

至於琵琶，則是東亞的傳統樂器，在中國已有二千年歷史，大概是在秦朝時期出現。著名的曲目有《十面埋伏》、《霸王卸甲》、《春光花月夜》、《陽春白雪》、《大浪淘沙》、《彝族舞曲》等。其中《十面埋伏》和《霸王卸甲》均取材自楚漢相爭之垓下之戰。《十面埋伏》以劉邦為主題，寫出劉邦漢軍的勇武雄姿，決戰勝利以及凱旋的英雄氣概，刻劃得勝之師氣勢磅礡的大戰場面。而《霸王卸甲》則以楚霸王項羽為主，渲染他交戰失利，別姬自刎的英雄悲劇。

劉德海是著名琵琶演奏家，生於上海，師從林石城等。他把《十面埋伏》這一首古樂改編，根據琵琶演奏技巧的特點，增加煞弦、絞弦等技法，使這首琵琶曲更能把那場大戰表現得淋漓盡致，無論是表達列營、擂鼓、走隊和排陣等樂段均特顯生動形象，栩栩如生，令人有身臨其境之感。劉德海的高超技藝，獨特風格和極大的表演熱情，吸引和征服了國內外廣大的聽眾，他是集演奏、教學、作曲、理論、指揮於一身的音樂大師。他於一九七九年曾與指揮家小澤征爾及美國波士頓交響樂團合作，並於一九八二年與柏林愛樂樂團在柏林合作演出。他的琵琶藝術足跡遍及世界各地。劉德海曾親臨溫哥華市演出，我有幸出席現場欣賞。大師出神入化，層次分明，高超境界的演出，令我嘆為觀止，終生難忘。一代宗師劉德海已於二〇二〇年四月離世。享年八十三歲。

此外，笛子這種樂器也已有七千年的歷史，著名的樂曲有《鷓鴣飛》、《姑蘇行》、《喜相逢》、《牧笛》、《燕歸來》等。最著名的笛子演奏家是陸春齡。

聆聽中國音樂成為我的另一種愛好，它可以使我重溫一些民族情懷，一些鄉土風味，但卻絕對不能取代我對西方古典音樂的愛好和熱烈的追求。我喜歡西方古典交響樂，它有深厚的內涵，可以是戲劇性的，史詩性的，敘事性的，也可以是描寫的，抒情的，回憶的，有嚴密的結構和豐富的表現力。交響樂反映和描繪人類生活中的掙扎和衝突，以撼人心魄或溫柔委婉的曲調，帶出一種博大的、崇高的、深厚的精神力量。我經常被它波瀾壯闊，美輪美奐的樂曲所感動而進入音樂的境界和想像的空間。

我也喜歡室內樂，享受它豐厚而華麗的和音，精雕細刻，細膩含蓄的旋律，常常為之廢寢忘食。當然，我更喜歡的是奏出優美旋律，表演出神入化技巧的各種樂器，如鋼琴，小提琴，大提琴等的獨奏了。透過互聯網的學習，我曾先後欣賞過十一個國家共四十三位作曲家的作品。幾乎世上所有著名作曲家的作品都聽過了，那種滿足感是中國音樂無可比擬的。

雖然因為忙於組織各種公演，我沒有多少時間和精力，也不熱衷於發展地下黨員、黨組織。但我必須承認，作為一個基層黨員，我也不能倖免地像其他活動組的基層黨員一樣，也做了一點發展黨員、黨組織的工作。

我在中樂組的學員中揀選了適合的對象，去接觸他們，瞭解他們，帶領他們認識祖國、共產黨和毛澤東。在二胡班內我揀選了阿權和阿中，組織他們一起學習中國歷史，特別是「百年來帝國主義侵華史」。以鴉片戰爭為特例，教導他們中國如何被喪權辱國，激發他們的愛國情緒、反帝思想，進而感謝中國共產黨。這樣的一套對待灰校學生的教育內容，是相當奏效的。不過我最後沒有發展阿權入黨，因為知道他的養母已移民加拿大，阿權是她唯一的兒子，阿權有責任去侍奉她，我便放過了他。我又用階級教育去激發阿中的革命熱情。有一次，因為雨災，我帶他去訪問那些貧苦的艇戶，他很激動地說：「中國共產黨真偉大呀，這個黨拯救了無數的貧苦大眾。」這樣的教育本來很成功，但我還是沒有發展阿中成為黨員，因為發現他的父親是親國民黨的，便放棄了。

雖然沒有像葉國華那樣，把那些天真的學生一網打盡，但我必須坦白承認，我仍然是有發展黨員的。我發展了陳敏莊以及阿芬、阿明和阿桂為共青團員，並把後三人組成小組，作為中樂組的核心黨組，由阿芬當組長。阿明被我發展之後，才知道他是獨子，將來要供養父母，所以他後來表示要出國求學，我就不再拖留他，讓他自動脫黨。他後來學成回港，成為中學教師。

還有一位二胡班的阿添，當時是一間工業中學的學生，他告訴我他家境非常窮苦，父親是專門收集垃圾的清潔工人，養育四個子女。他們常常去教會領取免費奶粉，把那裝奶粉的布袋取回家後，拆開做成上衣穿到身上，背後便是一面美國國旗。他家所居住的木屋區經常水浸，他們兄弟小時候要坐在木桶裡在水上浮動。我聽了，一方面覺得很辛酸，另一方面又明白他這樣的家庭背景，正符合黨的階級原則，是最好的發展對象。但我也沒有發展他。因為一轉念之下，想到他是長子，這一家人的未來必須由他來支撐，我便放棄了培養他為黨員的念頭。他後來去英國留學回港，成為土木工程師。

此外，有兩位女士很值得記述：

陳敏莊個性豪爽開朗，不拘小節，是一位積極追求上進的姑娘。作為琵琶班的導師，她非常認真負責，學員們都喜歡跟她學習，在她指導下進步神速，很快便能排練琵琶齊奏節目上台表演。我發展陳敏莊成為了地下黨員，並在「六七暴動」後指派她帶領一批學員在學友社外另組「聲藝國樂社」，成為地下黨另一個灰校學生外圍組織。當我一九八二年回香港旅行的時候，曾關心她的黨籍問題，她說，她沒有接上新的組織關係，因此，我相信她已經脫黨。陳敏莊離開學友社和「聲藝國樂社」後，跟從林石城大師學習琵琶演奏技巧，走上專業樂師的道路，在一九七四至七九年間成為香港中樂團的琵琶演奏員，代表香港中樂團以獨奏者身份在英國巡迴演出，更於一九八二年亞洲藝術節中與香港管弦樂團合作演出陳子華作品《琵琶與敲擊協奏曲》，獲得一致好評。陳敏莊於一九七九至二〇〇〇年間任職香港音樂事務統籌處中樂部音樂主任，負責中樂器樂及樂團訓練工作。期間，她亦兼任香港中文大學和香港演藝學院的琵琶導師。

另外，陳敏莊在樂團指揮方面也有進一步的學習，在指揮技巧上接受多位大師名家的指點和訓練。她曾以副指揮身份帶領香港青年中樂團赴澳洲巡迴演出，至二〇〇四年四月被邀任「香港彈撥中樂團」[32]總監及駐團指揮。

我在一個影片上看到陳敏莊的琵琶獨奏《十面埋伏》，那是香港公開大學三十周年校慶晚宴上的演出。原來她是香港公開大學的學生，完成了中國人文學科的文學士兼讀的五年課程，這次是以校友的身份作出表演。她以情感澎湃、起伏跌宕、撼人心魄的琵琶獨奏，把一場激戰形象化地彈撥出來，扣人心弦，技驚四座。比較以前在學友社時期的演出，她現在是更成熟了，有大師級的風範，更有她自己個人的凌厲的風格。我看著，感到稱心如意，快慰非常。

我欣賞陳敏莊。她對普及中樂的貢獻，對藝術的精益求精，對知識鍥而不捨的追求，都讓我非常感動。她有一個美滿的家庭，幾十年間，她多次和夫君來溫哥華探望我，使我感到無比的安樂。

[32] 彈撥樂器：以手指或撥子撥弦，如柳琴，琵琶，中阮，大弦，三弦，以及用琴竹擊弦而發音的彈弦或擊弦樂器，如揚琴，古箏。

阿芬是和她妹妹阿芳以及三位同濟中學的同學一起來到學友社的，那大約是在「六七暴動」的前夕。她們都說是有一位姐姐指引她們來找我。我介紹她們參加中樂組的器樂班。

阿芬是一位開朗正直，心地良善，聰明勤快，平易近人的女孩子。她辦事盡心盡力，穩妥負責，很得社員們的愛戴。她熱愛祖國，對革命有堅定的意志。我很喜歡她，發展她成為地下黨員並指派她為中樂組組長及核心黨組組長，領導阿明和阿桂。實在是把一個重擔子壓在她的身上。記得在將要移民加拿大之前，我突然想到，自己這樣一走了之，對阿芬和一群跟隨我革命的學生來說，是非常不負責任的行為。當時我能夠想到的就是把學友社的一些內幕告訴他們，讓他們有一個選擇。於是，我召集了大約十多二十個我還能聯絡到的社員，來到我家聚會，其中主要是中樂組的成員。

在會上，我向他們講解說，學友社的本質是地下黨的外圍組織，有三位不在社內參加公開活動的人士在幕後領導著這個學友社。那時我還未想把那三人的真實姓名公開，便用「孔老一」代表梁煥然，「孔老二」代表歐陽成潮，「孔老三」代表盧壽祥。後來，我稱這叫做「孔夫子聚會」。因為那時中國正在進行「批林批孔運動」[33]。我在會上並沒有講及移民的前因後果。那時的我，尚無法釐清事情的來龍去脈，以致讓這些朋友留下疑團，以後不斷向我提問為甚麼移民？不過，當晚，我向大家承諾，兩年後回港。

自從一九七四年七月離港後，我與阿芬有通信聯繫。由七四年十月至九五年一月，我一共保存了

33 批林批孔運動：一九七一年九月十三日，時任中共中央副主席的林彪及其妻葉群和兒子林立果等，駕駛的飛機墜毀於蒙古人民共和國首府溫都爾汗，機上九人全部死亡。林彪專案小組在林彪住處，查獲林彪肯定、讚揚孔子的材料，向毛澤東報告。一九七四年一月，經毛澤東批准發起一場批判林彪與孔子的運動，目的是要借題發揮打倒總理周恩來。是為「批林批孔運動」。

十一封信。這些信件的內容，表達了阿芬的困境和思想感情，也描寫了學友社的情況，很有價值。現在重讀這些信，我仍然傷感，仍然沉重，仍然心酸，內疚之心有增無減。

阿芬留在學友社繼續幹革命，自然是接受黨領導人盧壽祥的領導。她在信中稱他為老三，兩人關係惡劣。她的第一封信就告訴我，她正面臨前途問題卻沒有得到老三的關心。她無論提出再讀書抑或找工作都得不到他的同意，等到阿芬已經沒有養活自己的生活費之時，老三卻提出要她去參加會考，引起阿芬的憤怒和反感，拒絕了他。阿芬對黨失去信心，覺得前路茫茫。信中也講及學友社的情況日漸變壞，人們對工作感情麻木，社員之間人情淡薄，而那些領導黨員卻沾沾自喜，自唱高調，工作輕率浮誇，只有面沒有底。他們對阿芬提出的意見不接受，反過來說她落後。阿芬說，領導人容許提意見的說法是騙人的。

阿芬告訴我，中樂組舊人阿碧，阿淑，阿琪，阿桂全部被排擠出來了。學友社的領導層黨員有計劃、有步驟地向群眾說，社內有階級鬥爭；用尖銳刻薄的語言，向不知情的群眾散播敵意，說她們脫離群眾，執行修正主義路線，不接受社的領導。阿碧，阿淑和阿琪都氣哭了，多年來，她們把自己的精神和時間全部付出，想不到竟有這樣的結果，令她們傷透了心。最終是由阿芬安排她們離開學友社，到別的單位繼續工作。阿碧去了文滙報廣告部，阿琪去了大專單位，阿淑去了中資銀行。阿芬說，對他們這樣卑劣地整人，簡直恨之入骨，憤怒之心難以形容。

黨領導人也打擊阿芬，說她路線覺悟低，受階級敵人的影響，走修正主義路線。當聽到他們對她的審判時，非常難過，但為了息事寧人，只好忍氣吞聲，以求心安。其實他們對她是又恨又怕，怕她像孢子繁衍那樣擴散開來，影響其他同學的思想。

阿芬在七五年十二月的來信說，她已經去了大公報工作，因為工作太忙，沒有時間兼顧學友社的工作，已向盧壽祥辭職，但盧不同意，因為這會「斷線」（即斷絕了黨組織對黨員和積極分子的思想聯繫），所以，她仍然要負責一些學習組的領導工作，這個責任不能斷，仍要見老三。也就是直到這個時期，阿芬的組織關係仍然在學友社，沒有轉到大公報去。

老三對阿芬說：「我也要提醒你，你對梁慕嫻的事，是非不分，路線不鮮明，你分析得不好，其他人就不明白了。」阿芬不服氣，反駁說：「錯不錯是人家的事，但處理得好不好是你的責任。你們把自己的錯也推給人家承擔，這點是最大的錯誤。」兩人如此爭論了一個多小時。

信看到這裡，我真是百感交集。她們一群只有二十歲出頭的年輕人，竟然要承受國內文化大革命一樣的批判、責罵、排擠，她們的委屈、無告和不解可以想像得到。我痛心，難過，憤怒，久久不能平息。

事情的起因完全是因我的移民事件。我被黨領導判下的罪名是「叛國投敵」，成為階級敵人。在中國的文化大革命中，一個人一旦被黨打成反革命分子後，他的朋友、同事、親人，包括父母、配偶、兒女，總之與他有過聯繫的人都不能例外，統統要與這個人劃清界限，以顯示自己的無產階級立場。站出來揭露這個人，批判他，打罵他都是必須的行動，否則就是敵我不分，沒有站穩無產階級立場，也同樣要被打成階級敵人。中共這種政策與封建皇朝的「株連九族」如出一轍，其可怕殘忍的程度令人髮指。盧壽祥要求阿芬批判我，與我劃清界限，阿芬卻堅決拒絕且仗義執言，她才是一位分清黑白、堅持正義的堅強的女子，令我非常感動。因為我的緣故，使阿芬蒙受不白之冤。阿芬，我在此向你說一聲，對不起。我有一種衝動，想要與你擁抱一起，同聲一哭。

阿芬一直關心我是否兩年後回港，也希望來溫哥華探望我。她說，她曾去探望戲劇組導演張懷。張懷告訴她：「慕姐在信中表示要回港，我曾寫信叫他們三思而後行。如果他們回港後生活和居住問題解決不了，我希望他倆到我家住，我絕對歡迎。最多我們有粥食粥，有飯食飯。」阿芬聽了非常感動，說：這才是朋友之道。她也來信表示，如果我們回港，生活困難的話，她會盡力替我們解決。她相信，她和一班朋友會幫到的。她相信我還會繼續革命，還抱有革命理想，準備介紹我到她工作的報館當翻譯員，甚至已詢問報館領導可否聘用我，那位領導說可以考慮。後來她移民去了澳洲，又邀請我去澳洲居住，說可以照顧我。

然而，我告訴阿芬，我不可能回港了，兩年的承諾無法兌現了。那時，我生活得相當困難，兩個孩子還年幼需要照顧，是一個沉重的責任。而且中國共產黨經歷周恩來、毛澤東的去世，及四人幫的倒台，加深了我對中共的質疑，我已沒有了繼續革命的動力，回港的目的已經很模糊了。阿芬很失望，但很明白和理解我的心境，來信說，希望我放過自己，不要再高要求自己，也不用處處檢討和自責。我對阿芬和張懷這種超越一般友情的革命同志之愛，從心底感動、感激，銘記在心，不可忘記。

阿芬在一九七六年十一月來信說，在大公報工作，讓她深深體會到沒有謀生的技能，沒有為人民服務的本領，是相當痛苦的。她因為英文程度不夠，去訪英國官員，回來後交了白卷。她在學友社的一段生活，沒有得到黨領導人安排生活技能的培養，使她懊惱非常。於是，阿芬開始奮發求學，去理工大學讀營銷管理科和商業會計科，又開辦了一間包裝公司，接到外國訂單，生意蒸蒸日上。她說，生命的意義於她而言，再不是從前那種空空洞洞，高不可攀的使命感。阿芬是成熟了，穩健了。

阿芬於一九八四年左右移民澳洲，經三年大學生活，考取了學位，只需工作三年後考上會計師公會證，便可掛牌成為正式會計師。她來信說：「如果現在有人問還信不信過去所走的路，我的回答是：徹徹底底地不信，也不喜歡了。現在想來，以前實在太幼稚，太胡混了。我們這堆人都是被人玩弄於掌上的，平白浪費了寶貴的青春。」我明白，阿芬已經擺脫了中國共產黨的羈絆，真的覺醒了，開始她的新生活了。

在一九九五年一月最後的信中，她寫道，在澳洲生活了十一年，雖然很喜歡澳洲的寧靜安謐的生活，但總是掛念香港的最好的朋友，經常懷念卻別已久的豐厚的中國文化，於是決定回流香港。我相信，回港的阿芬，不會重投中共地下黨的懷抱。不過深受愛國教育的她，深埋於心底的愛國主義思想，可能就是地下黨對她進行統戰的武器。聽說，二〇二〇年左右，大概是香港國安法實施之後，她又回到澳洲去了。我遙祝阿芬身心健康，生活愉快！

學友社中樂組建立的經過，已經記載在吳贛伯編著的《二十世紀香港中樂史稿》之中。吳老師原籍江西南昌，一九八一年移居香港，是二胡演奏家，中國音樂理論家。他以捍衛中國傳統音樂及其發展為己任。已居於加拿大溫哥華多年。

六、結語

學友社自一九五六年一月至一九六六年九月的十年間，舉辦或參與了非常頻繁的舞蹈、戲劇和音樂的演出。其中包括有兩次參加香港中華基督教青年會舉辦的第一屆和第二屆「戲劇展覽」的演出；有一九五九年四月慶祝建社十週年的演出；有三屆共六場舞蹈公演；有三次應華僑日報邀請，為「救童助學」運動義演；有三次共六場全社綜合性演出；有三次共五場為籌募社址基金演出。這樣頻密的演出，學友社的確為香港文化藝術活動的普及作出了貢獻。

上述這些演出，雖由學友社主辦，但其實是由地下黨教育戰線，包括紅校線和灰校線全面動員來完成的，其中出售門票工作最為重要。學友社只負責組織節目，設計舞台燈光佈景及宣傳工作，由社內各個黨組織負責保證完成。所以我這個主席不用擔心門票出售、演出效果，只要做好組織協調便可。

除此之外，我們還有多次相當特殊的演出。那是因為梁濬昇的兄長在青山醫院工作，他為我們聯繫院方，邀請我們到青山醫院為病人演出。那些病人和院方反應都很好，很感謝我們，使我們非常高興，這也可以說是做了一點公益事情了。過程中，最享受的環節是在來回的車程中，我和演員們在車上盡情歌唱的時刻，革命歌，語錄歌，民歌，空氣中洋溢著團結的、歡樂的、興奮的氣氛。

我們秉承中共的傳統習慣，把工作辦成群眾運動。每場公演之前，都會召集社員回到各區社址參加張貼海報運動。那時，社內擠滿了社員，有人忙著分派演出宣傳海報，有人忙著組成街道小隊，更有人忙著煮漿糊，非常熱鬧。然後，大家帶上海報和一桶桶漿糊及掃刷，分批跑到香港各區的街道上張貼。聰明的社員們把海報張貼在電燈柱上或店舖之間的空牆上，總之貼在可以張貼的地方。這樣，一夜之間全港各區的街道上都能看到我們公演的消息。這不僅是為演出宣傳，而是中共做工作的秘訣——發動群眾。中共每一項工作都要發動群眾，形成運動，做成群眾熱烈響應、團結一致的景象，並在運動中發掘積極份子，作為發展黨員的對象。

人們不會知道，這樣一個小小的學友社內竟然潛伏了不少的地下黨員。他們趁著社內的演出工作和活動，做著不可告人的勾當——發展黨員，建立黨組織。欺騙了那些單純的學生和他們的家長。

我粗略計算一下，學友社有隱蔽領導黨員三人，即梁煥然、歐陽成潮和盧壽祥。他們領導著隱藏在各個活動組內的共十八個基層黨員，在十年間，主要是在「六七暴動」期間，共發展了三十六個新黨員。可以說，在觀眾們熱烈的掌聲中，在輝煌的光環下，掩藏著一個秘密的地下黨的陰謀。

自加入中國共產黨，我認識了不少共產黨員，絕大多數是令我失望的人物。他們不是追求權位，就是意志消沉，只有梁松明及唐賦榮是稍為符合我要求的兩人。我曾想，外國的共產黨員會是怎樣的人物？於是我想起聶魯達，五〇年代他的一首組詩《伐木者，醒來吧！》（伐木者，指美國總統亞伯拉罕・林肯，青年時期曾以劈棚欄木為生）曾在中國廣為傳誦。他以奔放豪邁的筆觸，讚美被迫害人民的英勇反抗，是拉丁美洲具高度思想性和藝術性的詩歌傑作。我因而知道他。

聶魯達是智利外交官與詩人，一九七一年諾貝爾文學獎得主，智利共產黨黨員。我曾看過一九九五年獲奧斯卡外語片電影獎《郵差》，講述這位浪漫詩人聶魯達與一位漁村青年的故事。也看過以聶魯達因被政府迫害，通緝，而四處逃亡，躲避，最後流亡海外的故事為題材的電影《流亡詩人聶魯達》。這些精彩的作品，揭示一個共產黨的真實心靈。他的作品洋溢著濃厚的愛國主義，沒有黨性作家的教條味。他有濃厚的同情心，關懷貧苦大眾至死未變，和權力慾望和暴力趨向沾不上邊。他是為理想而燃燒生命的共產黨員。

聶魯達晚年撰寫回憶錄《我坦言，我曾歷盡滄桑》（*I confess that I have lived*）。在書中，他說：「使我與中國疏遠的不是毛澤東，而是毛澤東主義。我所指的毛澤東主義，是重演神化一個社會主義者的個人迷信。」他終於對蘇聯和中國失望。

我認為聶魯達是深信馬克思理想的，是一位真正的共產主義者。

比較之下，中國共產黨黨員都不是馬克思主義者，只是一群有高度權力慾的流氓。中國共產黨是毛澤東主義黨，它的本質是絕對權力，權力為首。在革命時期是奪取政權，執政時期是保守政權，現在是擴張政權。許多人，特別是西方國家的共產黨員或民主左翼分子都弄錯了，以為中國共產黨是真正的馬克思主義政黨，其實他們是掛羊頭賣狗肉。

學友社是中國共產黨以地下形式在香港運作的典型案例，這種模式已經在世界各地，包括臺灣，如雨後春筍般不斷地生長。中共地下黨隱藏在公開的組織中，有以文化藝術形式的；有以同鄉會形式的；有以學術機構形式的；有以教育機構形式的……不一而足。以活躍在全球各大城市、各種大學的「中國學生學者聯合會」（ＣＳＳＡ）為例，根據 Alexander Bowe 的文章："China's Overseas United Front Work: Background and Implications for the United States"所顯示，ＣＳＳＡ受中國領事館的監管事實如下：

- 喬治華盛頓大學的ＣＳＳＡ受中國大使館指導，與大使館一起工作；
- 美國西南地區的ＣＳＳＡ組織章程規定，主席的候選人必須經過中國駐洛杉磯領事館批准；
- 加州大學聖地牙哥分校的ＣＳＳＡ網站稱，ＣＳＳＡ為中國駐洛杉磯領事館下轄組織；
- 加拿大阿爾伯塔大學的ＣＳＳＡ稱該組織是由中國駐加使館建立的；
- 哈佛醫學院ＣＳＳＡ組織稱受中國領事館資助。

不過，我認為以上所述的所謂指導、批准、下轄、建立，資助等資料都只是表面的現象，其實ＣＳＳＡ這個組織就是學友社模式的翻版。表面上是沒有政治色彩的學生學者聯誼組織，實際上卻潛伏著不計其數的、由各地中國領事館統領的地下黨員。他們在這個組織內做著黨的工作，控制著這個組織所有工作的方向，保證這個組織的領導權必須建立在黨員手中，並且發展黨員，建立黨組織。

第四章 職業・婚姻

學友社舊人伍鎮環移民加拿大了，我去探望這位前地下黨員，關心他的近況，希望他為黨貢獻了全部青春之後仍能生活得平安快樂。他的家座落於大溫哥華的本那比市，是一幢兩層高，三房兩廳的獨立屋子，四週綠樹林蔭，環境恬靜優美。夫婦兩人育有一子，有穩定的工作，看來生活是安逸的。想起他在香港大學就讀時期，為延續職業學生身份經常轉系，以致幾乎無法畢業的困境時，對他現時的境況，我感到非常安慰。

他招待我在客廳坐下便說：「以前毛澤東教導我們『毫不利己，專門利人』，『破私立公，鬥私批修』，『狠鬥私字一閃念』，都是要把我們改造成為『無私』的人。為了『無私』，我們的基本生活資源：衣食住行的需求，知識的積累，學業文憑的獲取，通通被批鬥掉。我們這些聽話的人，以為這就是偉大的革命，無私的犧牲。我們順從了，變成『無私』了，結果真的一無所有。」

他感慨地說：「共產黨沒有創造條件培訓我們，在我們還未吸收儲備足夠的生活資源，就忙著驅使我們去革命。幸運地，我還有時間，來得及憑自己的努力得到一個溫馨的家，奪回一個人應有的生活，回到生活的基本。許多人失去了一切，差不多回不過頭。」

他又說：「我們那時年輕，不知道正被他們盡情的使用。更不知道為了向上爬爭權奪利，他們其實早已把自己的前路安排得妥妥當當，這實在是一場騙局。」

他的一番話引起我很大的共鳴，令我深思，因為我的生活經歷與他同出一源：

一九五八年，香島中學畢業後，地下黨派我進入學友社開展學生工作之餘，還安排我去衛文小學教書，以解決我的生活費及公開職業身份。對於我來說，這本是一份輕鬆的差事，亦符合我要當教師的志願。月薪雖不多，但他們讓我住校，免去房租，香島中學的教師飯堂又容許我回去吃飯，因而節省不少開支。

不過，幾年後就幹不下去了，一方面是這間掛上中國國旗的學校與我在學友社不掛國旗的隱蔽性質有矛盾，令我常常不敢向社員公開自己的職業，身份不明對團結那些灰校學生是一大忌。加上何校長的兒子常常拖欠薪金，弄得我非常狼狽。我決定辭職，於是一場地下黨員找尋職業之艱難奇遇便開始了。

當時香港教育條例規定，中學畢業生可獲准成為私立小學的「准用教員」。我在報紙廣告欄上找尋小學教職，發覺並不困難，招聘廣告非常多，只要發信求職定必約見，一經面見定必錄用，可能是教師不足之故吧。

可是，我差不多一個學年便要轉換一間學校，為甚麼？因為港英政府的封殺。我每一次受聘後均需履行向教育司註冊的手續，雖然我盡量拖延時間，但沒有用，註冊文件一經呈交教育司，他們一查履歷檔案，就查知我的地下黨員身份。他們會通知校方，校方便用非常婉轉的方法表示下學期不能續約，比如說：教師過多，經費不足，或者索性說明是教育司的通知。我有自知之明，知道辯解無用，只好自行引退。

我轉過不少學校，有一間規模大至在全港開設十幾間分校的學店，這間學校的教師相當慵懶，在教員休息室看到一些教師的表現令我驚訝。有人天天穿上花哨時裝，向大家表演；有人不斷說笑，說些不雅的俗話；也有人天天伏在桌上打瞌睡，我問她為甚這樣疲倦，她竟向我說，她的丈夫晚晚要她。

有一間掛滿中華民國國旗的徙置區小學。國民黨是共產黨的死敵，我有點害怕，但因求職心切，便硬著頭皮去上任。第一天，我戰戰兢兢地走進三年級的課室，四十對小眼睛瞪著我這個新老師。我突然想起學生戲弄老師的故事，立刻檢視一下講台上的椅子和桌子，打開抽屜看看，恐怕裡面藏有蛇蟲之類。這時課室紛亂四起，有人舉手要提問；有人要求去廁所；更有人與鄰座打罵嬉笑，完全不把我這個老師放在眼內，把我氣得半死。第二天，我帶上一盒朱古力糖進課室，在每個學生面前放下兩顆。果然，課室就安靜了許多，我非常高興，也許這些孩子從來未曾吃過朱古力糖。不過，幾個月後我便想到，這間學校不能久留，這些國民黨人很快就會知道我的身份，我的人身安全便會有危險。

還有一間座落灣仔的中學，我擔任中一班主任。這個班有一班長，她眉清目秀，衣著整齊，勤奮學習，做班長工作井井有條，我很喜歡她。開課後兩星期，她自動由後排移至前排座位，目不轉睛地看著我專心聽講，引起我更多的注意。我開始接近她，與她談話，熟絡之後便向她介紹學友社的活動。後來知道，她果真參加了灣仔區的活動，使我很是高興。及至六七暴動期間，收到她的來信說，她已移民歐洲。

我不是沒想過增長知識充實自己、擴大尋職的選擇空間對於自己的重要性。曾經向梁煥然提出到浸會學院進修。她不置可否，只強調這會分散精神，難以兼顧學友社的革命工作，要我再三細想，實際上是不會熱心支持。後來遇上六七暴動的興起，我只好作罷，沒有堅持，「革命」把「私」字壓了下去。

後來我去教幼稚園。這一來，我與香港教育司倒是相安無事，沒有矛盾了。但卻出現新的問題，幼稚園校長要求我彈鋼琴就把我難倒。我是學過幾個月鋼琴的，右手彈些兒歌的主旋律，還可以應付，但左手的和音伴奏部份就困難了。沒有自己的鋼琴無法在課外練習，我只好臨場自己創造些簡單的 Do Mi So，Re Fa La 伴奏。那些小朋友被這些怪音樂弄得眼仔瞪瞪，我非常尷尬。這真是一次可笑的經歷，生活竟變得如此荒謬，我無法忍受下去，我問領導人梁煥然，我怎麼辦？她說：

「這是為革命犧牲呀，為了革命有甚麼工作不可做的？就算去做保姆也沒有甚麼問題呀。你的主要任務是學友社的革命工作，不是你的職業。你怎麼就只想著你自己的職業呢？這是個人主義，是資產階級的東西，是最害人的，你要小心反省。」

我一聽，這是批判我的思想了，感到非常意外，無法認同。她的革命原來如此脫離實際，脫離社會習慣，革命中原來沒有個人的空間。再者，我作為一個學生團體的主席，而我的職業是一個保姆的話，這是何等滑稽的事呀？革命竟然如此矛盾的嗎？我不能接受，我要繼續去闖。

結果，又讓我找到一份夢寐以求的中學教職，月薪四百元，是我的教學史上唯一的最高薪水，我真的非常喜歡。我把這些薪酬全數交給柯其毅，沒有為自己儲備一些錢的想法。那時，香港教育司准予教學十年以上的教師仍以「準用教員」資格任教中學。所以我就當上這所華英英文中學的教師。它設於灣仔的一幢西式洋房，樓下是校長辦公室和教員休息室，樓上設有五至六個可容納三十人的課室，是一間約有百多學生的全女子英文中學。該校由一對夫婦主持，丈夫是校長，是西方人，妻子是主任，是華人。主任聘請我教國文及中史，並兼任中三班班主任，可說是委以重任了。

教學多年以來，我從未獲得如此被人厚待過，重視過，肯定過。我非常興奮，立刻去購置一些辭解，導讀，課文分析等工具書。一面自學一面施教，基本上能夠應付自如。我還有機會把中史課程中缺乏的「鴉片戰爭」一課為學生們補上。總之，我獲得極大的滿足和安慰。

中三班的學生自由散漫，無心向學。有一次上課鈴聲已經響過，我已走進課室，一個學生手拿麵包果汁才慢條斯理地走進來，我一怒之下，罰她站立門邊，直至下課。我是從來不處罰學生的，尤其是女學生。她們大概知道這位平時溫溫柔柔的老師原來也這麼厲害，以後就收斂很多，不敢再犯。由最初的自由渙散，無精打彩，變得興趣盎然專心聽課了。

開課後一個月左右，主任突然請我加課，教中五的國文，把我嚇了一跳，這是會考班啊，我只有中學程度，能勝任嗎？我想，校長的重用大概是因為她從未遇過像我這樣勤快，認真負責任的老師吧！於是我又趕快去找尋一些國文會考指南，根據參考書來加緊備課，把自己不懂的先自學一遍，再教學生。我想到的是，我必須盡力做到最好，不要誤人子弟。

我實在太珍惜這份工作了，便用各種理由盡量爭取時間把註冊手續推遲，延長享受這份教學工作給我的快樂。可惜至下學期末，推無可推了，我只有交出了註冊表格。果然，無可避免地，就在學期臨終之時，校長突然變臉，對我很不客氣，可能認為我在欺騙她。我知道，是時候了，要來的終於來了。於是在我還未有機會獲知學生的國文會考成績之前，便被迫落荒而逃。

至學期結束，我都沒有收到離職前那個月的薪金，預計主任是要扣壓我的薪酬了。等到學期的最後一天，我帶著中三班學生的成績報告表回校，估計只要我派出成績表，我的薪金一定難以取回，那位主任將乘此機會侵吞我的薪酬不會發給我了。於是，我直上課室，向學生說明不能派發成績表的原因，是主任扣壓了我的薪水。說畢便徑直衝到樓下教員休息室，中三班及其他學生也一擁而入擠滿全室。這時，我突然想起《青春之歌》，書中的林道靜向群眾說話的壯舉，便學著站上一張椅子上，向著全體教員和學生，大聲譴責校方不發薪金的陰謀。

這時，主任匆匆趕到門邊一看，「嘩，共產黨呀！」她大聲叫了起來，然後慌忙跑回校長室。不一會兒，只見她手拿一張支票，急速地來到我面前把支票交給我。我收到支票後立刻派發成績表，之後便即時離去。我有完成一場戰鬥的感覺。

在港英壓制和地下黨控制的雙重鉗制之下，作為一個個人的我無法存在，也不懂反抗，只有就範，回到集體中去當個螺絲釘。我和伍鎮環一樣，在缺乏人生基本生活資源的情況下，就忙著為黨的革命匆匆上路。一股悲涼與無奈之感充滿了我的心。這是我在香港的最後一份職業。

許多年之後，我看到了一篇文章〈為私正名〉，不禁拍案叫絕，一直珍藏至今。作者齊健開宗明義認為：

屬於個人的為「私」，即自我意識。為自己求幸福，維護自身安全和權益等都是屬於私的範疇。人類和一切生物一樣，都有為私的本能，有了這種本能才能為自身的生存條件而奮鬥。與私對應，屬於集體的謂之公。歸根究柢，公的本質無非眾多私的綜合。私的弘揚擴大是為了保障和增進集體成員的私利，公和私相輔相成不可分割。私（Private Interest）與自私（Selfish），不應混為一談。私的惡性發展成為唯我主義，損害他人才成為自私。

中共實施社會主義改造，消滅私有制，把私定為萬惡之源，提倡「大公無私」，「一心為公」，實在是破了億萬人民地地道道的私（Private Interest），摧毀了一切人的獨立思考機會，堵絕一切個人奮鬥的管道，藉此鞏固加強中共一黨專政的自私（Selfish）目的。可說是破真私立偽公。中共在三年困難時期、文革後的崩潰邊緣以及「六四屠殺」之後，實質上都是向私讓步，向私求救。

共產黨餵養我的，是只有集體沒有個人的集體主義思想，已經滲入我心脾，我由一個集體主義者轉回一個個人主義者，所經歷的痛苦真是一言難盡。共產黨的滅「私」運動，貽害我的一生。齊健說：私是人類一切活動力量的源頭，是人類普遍地存在的本性，是社會進步發展的原動力，中共必須為「私」正名。

大約是在一九六二年，領導人歐陽成潮通知我要開一個學習班，學習毛澤東的文章〈反對自由主義〉。那天我按他所指定的日期、時間和地點，甩掉所有尾巴，確知沒有跟蹤的特務後，準確地到達一幢大廈，乘電梯上到指定的單位按下門鈴，開門的就是歐陽成潮。進門後我環視四週，是一間二百方呎左右的長筒形小單位，沒有隔間，沒有房間。左邊一堵灰白牆壁，沒有裝飾掛物，右邊一排窗子沒有窗簾。貼近大門右邊是洗手間和廚房，沒有炊具或茶具。冷！我打了一個寒顫，不是因為氣溫而是因為氣氛。我知道，這是臨時租用作為地下黨組織秘密活動的據點，連稍作偽裝的用具也省去了。梁煥然面向窗外站著，知道我來了，轉過身來說一聲：坐吧。房子中央只有一張四方折檯和三張椅子，並無其他傢俱。原來這個學習班就只有我們這三個人。

既然是隆隆重重的學習班，我事前便積極認真地充份準備。實在說，〈反對自由主義〉這篇文章非常簡單，無非就是說有一個叫「自由主義」的東西非常有害，可以產生思想上，政治上，組織上的各種惡劣傾向，是一種腐蝕劑，所以要反對。文章指出「自由主義」共有十一種表現，來源於以個人利益為第一位，革命利益為第二位的思想。

我認真對照一下自己的表現，自問人生的一切都以革命利益為第一位，與文章所述的十一種表現都搭不上邊，似乎沒有甚麼可以作檢討的地方。那麼領導人為甚麼要我學習這篇文章，有針對性嗎？想來想去，終於想到我有工作作風問題：自由任性。是了，領導人一定是對我這方面有意見。於是便細細回想一下各項工作情況，比如做事拖拖拉拉，通知別人開會慢吞吞，不到最後一分鐘不會動手等等一大堆。我把這些一件件一條條列好，準備在學習班上作一次嚴肅的自我批評。

坐定之後，我打開毛澤東選集中〈反對自由主義〉那一頁，把這篇文章端端正正地豎立在自己面前，然後滿有信心地開始侃侃而談：甚麼時候，甚麼事件有自由任性的表現，並且嚴格要求自己，在靈魂深處挖掘，狠狠地批判。這些都是當時學毛著運動所必須的思想鬥爭程序，我毫不生疏地一一表演著，足足講了差不多一小時。說著說著，我突然停了口，茫然地看著兩人，因為發覺他們都木無表情地坐著，並無反應。

這時梁煥然開口：有看過第四種表現嗎？第四種？我慌忙在文章中找出：「命令不服從，個人意見第一，只要組織照顧，不要組織紀律。」我不解，我哪有甚麼不服從，不要組織紀律的想法和行為？

「想想看，還有甚麼事情是『先斬後奏』的？」她又說，嚴厲地看著我。

這一聽，我的腦袋突然轟地一響，心頭一陣緊縮，無限悲哀。先斬後奏！原來他們的目的在這裡：我的戀愛問題！一個我最不願意與他們碰撞的問題。剎那間，我毫無準備，無以作答。她又再開口：回去再學習再想想，我們下次再談吧。於是學習班暫時結束，等待下次通知。

在一九五九年我正式被選為學友社常務委員會委員，擔任聯誼部的工作後，會議頻繁，工作忙碌。當時的我，對香港解放事業充滿信心，對人生充滿希望，是一個朝氣蓬勃只有二十歲的青春少女，關於人生之凶險，政治之詭秘，男女關係之複雜一無所知，像一張白紙，任人填寫。

那時，約在一九六〇年至六一年間，按黨組織指示我與同組黨員李綺玲在就近社址之處共租一房住下。每逢晚上會議完畢我獨自步行回家的路上，常常發現有人尾隨背後，回頭一看總是柯其毅。他說是同路，可以送我回家，其實他住在廟街，很遠。

他是舞蹈組組長兼芭蕾舞教師，以後就經常和他一起步行回家。起初我並沒有多在意，直到有一次我病了，他一大清早上班前到來探望，還帶上一些藥物，又送我一支筆型電筒，說是可在回家路上照明，很殷勤，很有心思，我不得不注意起來。他坐下來談話，問候病情，我靠在床上開始靜靜地細心觀察。他有一副並不英俊的面孔，但耐看。身材不高但體態矯健。這天他身穿一套米白色西裝，一副公子哥兒的模樣，原來他已有二十八歲，崇基學院畢業，是一位洋行職員。在我年輕的生命中從未接觸過類似的人物，但他並未至於使我厭惡，卻引起不少好奇心。誰知道，這個好奇心竟使我跌進深淵。

以後，柯其毅開始約會我，有時帶我去日本百貨公司買毛衣，說是為我保暖，有時去郊外或山頂為我拍照。有一次請我吃晚餐，到達時一看，是一間西式餐館。坐定之後，只見刀子叉子，湯勺茶匙，杯子碟子擺滿一桌，看來是要吃一個全餐了。侍者端來一道道美味的菜肴，非常豐富，有前菜，有湯，有主菜加配菜，然後是甜品和一杯香噴噴的西茶，我是很享受的。柯其毅不時停了說話，定睛瞟我一眼，好像是擔心我能否自如地運用這些餐具。其實，我自小由三舅父帶著出入過不少夜總會，見過世面，熟悉各式餐具的用途，使用起來駕輕就熟。事情至此，我開始確定這個男人柯其毅正在追求我，測試著我的反應。

然而，學友社內開始有一種聲音說，柯其毅用資產階級生活方式腐蝕梁慕嫻。我和他較多來往的消息也很快傳到地下黨領導人的耳朵中，歐陽成潮找我談話。他說：「柯其毅思想落後，革命意志薄弱，滿身資產階級氣息，作為戀愛對象，你是否要認真考慮一下？」

他一直在說，我怔怔地看著他，沒有搭上一句話。我實在難於啟齒，這樣的私隱叫我如何向一個大年紀領導人坦白？結果弄得他不知如何收場，但沒有放下一句阻止我和柯其毅交往的說話。

不過，他的話我是聽進心裡的。我天生對舞蹈音樂的愛好，令我忽視了柯其毅身上眾多資產階級生活方式的缺點而願意接近他。柯其毅的確不是我心中嚮往的牛虻式的戀愛對象，並不是我日夜希冀的那種。在來往的過程中，我們很少談及個人的革命理想、人生目的話題，反而是我教他如何接近群眾，如何撰寫工作計劃。可以說並沒有彼此思想的觸動和感情交流。

於是我用電話告訴柯其毅，我們之間要停止來往，沒有說出理由，沒有想過他有何想法。可是，兩星期後，舞蹈組編導陳維甯來探望，對我說，柯其毅向他訴苦，我不再和他來往，令他很難受，很痛苦。

「當初，你為甚麼願意與他來往，現又改變主意？」陳維甯質問我。

經他一問，我才知道，原來柯其毅是認真的，看重這段感情，不想就此放棄。他急了，才會讓陳維甯來說項，想改變我的決定，希望挽回一切。我心中有點兒不安。

我細心想過，我是滿有信心的。這個柯其毅，身邊有不少崇基學院和芭蕾舞學校的年輕漂亮、富有學問的女子不去追求，偏偏走來追求我這個紅校學生，唯一的理由是我與眾不同，我有革命思想，貢獻精神。我簡單地以為，如果他願意追求我這樣的女子，那說明他一定也要求進步，有嚮往革命之心，而且我已隱約知道他是地下黨員。就憑這幾點，我應該可以排除他的落後缺點而接受他的追求，是接受，很單純。

我不知道，是否冥冥中有一個主宰，早早地在我的心靈上安下了一條自由的底線，讓我得著勇氣，懂得去堅守和保護這自由意志呢？我決定這個戀愛問題由我自己去定奪，不容他們過問。我和柯其毅恢復來往，發展感情，繼而確定戀愛關係，沒有回頭。於是便有了這第一次學習班。

不久，第二次學習班的通知來了，我必須有一個應對的方法。我不是不知道恐懼的，初入學友社曾看到的那一幕使我至今心有餘悸。那時，有人通知我參加一個社員大會，到會一看，會議內容竟然是批判兩位社員的戀愛問題。有人站出來敘述事情經過，有人發出嚴詞質問，最不可思議的就是，兩位被批判者竟然也站立著，面對幾十個社員作出自我檢討，把兩人的私隱在眾目睽睽之下任人踐踏。我震驚得目瞪口呆很難接受，想不通，那兩位受害者是基於甚麼樣的思想支撐下，才能這樣地站在人前接受批鬥。

我真有點害怕，難道現在又輪到我被這樣批判嗎？於是，在這第二次學習班上，我決定主動作出妥協，吞下這一苦果，承認自己在戀愛問題上是「先斬後奏」，並且上綱上線自我批判：甚麼自作主張啦，無組織紀律啦，危害革命啦，總之一切毛澤東在文章上用過的詞語，我都用上了。不過，我仍堅守底線，沒有自動提出停止這段感情的發展。

這樣的自我批評獲得到歐陽成潮和梁煥然的歡顏，滿意了。歐陽成潮從口袋中拿出一疊非常軟薄的白紙，著我用幼筆細字把這次檢討內容在紙上寫成報告，將會提交上級黨組批閱。他補充說，以前的地下工作者用的是隱跡墨水，閱者要先塗上藥水才能顯出字跡，現在就不用了。

學習班就此結束，沒有命令我停止發展這段感情，讓我安然過關。我認為原因有幾個：一方面因為文革尚未發生，其時的階級鬥爭形勢相對地緩和。另一方面因為地下黨在香港處於地下環境，政策上與大陸有所區別。況且學友社正在用人之際，而我有組織能力，有工作幹勁，當然不想就此把我打倒。加上柯其毅也積極向黨表忠，放棄他的生活方式，成為可用的黨員等等。

學習過〈反對自由主義〉一文後，我明白，在毛澤東的革命隊伍裡，沒有個人隱私的自由和價值的底線，只有組織紀律。在中國文化大革命中的批鬥行動之前，早已經在學友社實行，說明這其實是中共制度化的治國傳統，是它的本質。進行批鬥就是鎮壓自由，杜絕自由生長的土壤。經此一役，毛澤東的自由主義有害論，深深地烙印在我的腦海中，並且帶到加拿大去。

移民之後，我發狂地找尋資料，在雜誌報章上剪下大量關於自由主義的文章，不斷地自學。原來自由主義是一個博大精深的系統性哲學思想和制度的理論，源於古希臘時期雅典人早已認知的「自由」，在其複雜曲折的歷史發展過程逐步形成自我完善的民主機制。可惜剪下的文章所講述的甚麼伯林、康德、海耶克等各種流派，甚麼積極自由、消極自由等理論，搞得我暈頭轉向而不可得。

直至看到英屬哥倫比亞大學亞洲學系中國思想史教授丘慧芬主編的《自由主義與人文傳統——林毓生先生七秩壽慶論文集》一書，才算是把自由主義的基本概念弄明白了一點。我這才發現，毛澤東的自由主義是狼奶，一經與加拿大這個民主自由社會相遇，便狐狸露出了尾巴。我這無知少女上了毛澤東集體主義的大當，竟然接受他的山寨版自由主義來批判自己，當時氣得七竅出煙，幾度失眠。雖然自知理論基礎薄弱，我仍然發誓要把這個自由主義弄個明白。

我對「自由主義」的學習心得：

- 自由主義是一種以自由為主要價值的哲學思想流派的集合。
- 自由主義的定義是：一個人，除了受強制或法律所限制之外，隨其所願而行的是天賦權利。每個人原本都是自由的，自由是一種公民權。自由主義是把自由置於首位，一切從自由出發。從人類的各種價值中間，自由主義認為自由價值優先。
- 自由的意義在於：自由與受人主宰或奴役是相對的，只有自由人才能發揮自由的意志，才有足夠的動力去追求自身的幸福和利益。自由提供了人為自己利益奮勇向前的動力，這是自由的重要意義。
- 自由基本上是指一個自由人的狀態，也就是說他不是一個奴隸，他一方面可免於奴隸所受的限制，另一方面可擁有因自由狀態而能有的權益。
- 自由包含著限制，因而只有在法律之下，才能享有真正的自由，人人服從法律，結果人人都有自由。也就是說，自由只有在法治下才能存在。

- 守法之最終要義乃在於尊重他人的權利更甚於己者。自由是假定每一個人都能更為別人著想，而不僅僅是為自己的自由著想。
- 自由必須和平等權等同起來，法律之前人人平等，被看作是平等自由概念中最重要的特質。
- 人的存在本身乃是目的，任何一個人都不是任何政府、社會組織或別人的手段和工具，易言之，個人本身是不可化約的價值，所以每個人都具有人的尊嚴。從這個意義上來看，人人是平等的。人的尊嚴蘊含了對人的尊重和自尊，也賦予了人自由的含義。
- 希臘歷史家修昔底德有一段名句：「我們的制度之所以被稱為民主政治，是因為政權是在全體公民的手中而不是在少數人手中……我們的法律平等公正，不因人而異，我們的公職選任和升遷以才能而不以階級為標準……我們在政治上的自由，也見於日常生活。要自由，才能有幸福，要勇敢，才能有自由。」

自由主義哲學思想體系對人類的貢獻是無可估量的。

毛澤東簡化扭曲自由主義的含意，愚弄全國人民。他的〈反對自由主義〉概括了中共的理論體系中的思想核心，就是取消自我、個人這個主體，只講集體、組織，以革命名義扼殺個人的自由意志和自由選擇權利。這個思想核心使無數中國知識人陷入個人與黨國關係糾纏不清的困境而不能自拔。

真正的傳統的自由主義學說傳入中國後，早期追求自由主義的近代中國知識人代表，多數把自由主義學說當作富國強兵的手段和工具，使得他們不但無法理解自由與維護個人內在價值應有的核心關係，也造成理論上的根本局限。如果說中國人以實用主義去看待自由主義而使之變了形，未能安穩地在中國生根成長的話，那不過是一個學習理解的過程，可以在隨後的發展中得到糾正而進步起來的。但是，一九四九年後毛澤東把自由主義連根拔起，讓它銷聲匿跡，而以他的〈反對自由主義〉來替代，斷絕了自由主義在中國生根成長的空間，埋葬自由主義的罪魁禍首就是毛澤東。

經過兩輪學習班，於一九六三年九月，我和柯其毅結婚，在一種反叛情緒下，義無反顧地成婚。我們沒有到婚姻註冊處登記，也沒有到廣州註冊。我沒有結婚證明書，認為一紙婚書並不能保障甚麼，思想左傾得很厲害。我們也沒有舉行婚禮，只在酒樓擺上三圍酒席，招待兩家父母和至親，也在學友社舉辦茶會，招待全體社員，宣告結婚。

新居很簡陋，柯其毅沒有徵詢我的意見便租了一個板間房，買了兩塊木板搭成一張床，買了一張小書桌和一個背後穿了洞的衣櫃，是維持無產階級艱苦樸素的本色。我不大高興，但沒有說話，我知道，我是與一個不斷努力表現自己很進步、很革命的男人結婚。結婚的過程，我心境平淡，沒有激情，沒有一絲一毫快樂和幸福的感覺，一切行禮如儀，是完成一個任務罷了。因為害怕影響革命工作，我沒有立即懷孕，女兒要到一九七〇年才出世。

婚後的生活出現一種我意想不到的情況，黨組織使夫婦兩人思想感情更加隔閡起來。我和柯其毅都一同參加七人核心黨組，但會議內容多為大方向，大政策，很少提及個人的或家庭事項。與此同時柯其毅另又參加由盧壽祥領導的舞蹈組黨組，礙於黨組織紀律，他們的會議內容我不能過問，哪怕是關於家庭事務的安排，柯其毅也不會自動告訴我。

比如我們經常要搬屋，曾住過旺角、九龍城、中環、銅鑼灣、灣仔、筲箕灣等地區，柯其毅說是階級鬥爭嚴峻，敵情緊張，黨組織決定要我們搬家，但我卻一點也感覺不到。又比如女兒出生之前，他們的會議決定要把女兒送去托兒所，卻不讓我知道是哪一間，也不讓我事先去參觀一下。女兒出世五天後，我出院之日，柯其毅由醫院直接把女兒送去由唐賦榮介紹的寶貝托兒所。我當時非常辛苦，有產後感冒，又有恥骨裂痛，不能正常行走，連憤怒抗議的力氣也沒有，只由得柯其毅去擺佈。直到產後一個月，我微恢復過來，柯其毅才抱回女兒，讓我多看一回。可憐的女兒在寶貝托兒所待到三歲才被帶回家。我帶著她去開會，把她置放在一張小板凳上坐著等我開會完畢，她真是非常乖巧的孩子。柯其毅只會執行黨組織的決定，完全沒有理會我的感受，我的意見。兩人之間的溝通交流空間，比婚前更加狹窄。

這段婚姻，在一九九六年三月結束。由開初到結局的原因，究竟有多少是政治的因素，有多少是人為因素，我要等到二〇〇五年，看過柯其毅的回憶錄後才能分辨清楚。[1]他在書中承認，在追求我之前，曾經愛過一位女士，是學友社社員，一起去張貼海報時相識，經一段時間的交往後，已經見過她的父母，大有談婚論嫁的可能。但經柯其毅向黨組織彙報戀情，卻遭歐陽成潮的反對，認為那女士不是地下黨員，這是破壞黨的規矩。柯其毅很沮喪，不知怎樣才能找到一個黨員來結婚。

後來，他發現了我，估計我這個主席多數是地下黨員，於是轉移目標來追求我。他在回憶錄中明言，與我並無任何浪漫感情，只不過是一個替代品。回想起來，那時的我完全感受不到戀愛的滋味，原因就在這裡。黨組織同意柯其毅對我的追求後，他藉著我的關係從此踏上學友社核心位置。在歐陽成潮的誘導下，柯其毅逐漸發展他在黨內向上爬的野心，我其實是柯其毅在黨內向上爬的踏腳石。看完他的書，我氣得面色慘白，心跳氣喘，血壓高升。柯其毅為向上爬而犧牲愛情，這是一樁無愛的婚姻。

1　即 *Song of the Azalea*。

第五章　六七暴動

一、前言

五十六年前的六七暴動，是我畢生之痛，從未忘記，也不願忘記。

六七暴動是一場由中共香港地下黨所發動，旨在奪取港英政府管治權的大規模動亂。一九六七年地下黨為緊跟國內文化大革命，藉著香港內部存在的階級矛盾、民族矛盾、官民矛盾煽動親共群眾起來，通過各種導致社會動亂的手段，試圖迫使港英當局向他們投降，從而奪取其管治權。六七暴動是中國文化大革命的一個組成部分，是文革向香港延伸的結果。記錄六七暴動成因、經過和結局的書籍非常多，其中由羅恩惠導演的紀錄片《消失的檔案》和程翔撰寫的《香港六七暴動始末——解讀吳荻舟》，是最詳盡、最真實、且最客觀的作品。

二、學友社的參與

那一年，我二十八歲，是加入中國共產主義青年團及共產黨已十二年的地下工作者，是地下黨的基層黨員，公開的職位是學友社主席。當時，我所屬的港澳工委（現改為香港工委）由梁威林任書記，祈烽副之。我在其屬下教育戰線的灰校線工作，直接領導人是梁煥然和歐陽成潮，六七暴動中我所執行的命令全由他們下達。

五月六日黃昏，我正在學友社旺角社址開會，門鈴聲響，有人開門，葉國華和幾位學生湧進來，異口同聲嚷著：「街上很多人聚集！」「打人了，抓人了！」「有人讀毛主席語錄！」「有人喊毛主席萬歲！」我和葉國華對望一眼，心照不宣，他輕聲地說：「出動防暴隊了，有人被捕。」他們從九龍新蒲崗大有街回來。

香港人造花廠九龍分廠設於大有街，因對廠方的苛例和減薪不滿，於四月中旬開始爆發工潮。那天，親共工人張貼大字報，手執毛語錄，高呼毛主席萬歲。港英政府出動防暴隊與在場工人發生衝突，拘捕二十一名工人，有工人被打受傷。港九樹膠塑膠業工會主席及成員被捕，是為「大有街事件」，也就是六七暴動的序幕。

「啊！真的幹起來了。」我一點也不覺驚奇，早有預感。

事實上，近幾年來，學習毛澤東的階級鬥爭著作，早已把我的頭腦武裝起來，鬥爭呀鬥爭，有種躍躍欲試的衝動。一九六六年的澳門「一二三事件」後，歐陽成潮派我去澳門。他對我說：「澳門的鬥爭取得重大勝利，你要好好學習他們的鬥爭經驗，我們香港也要大幹一場的。」因為保密原故，我不是參加慰問團而是單獨一人去，聽一些工會負責人介紹鬥爭經過，得到的經驗是毛澤東思想非常偉大，鬥爭要高舉毛澤東思想才可得勝。後來聽說他們只用了兩條語錄：一條是「帝國主義者如此欺負我們，這是要認真對待的」，另一條是「下定決心，不怕犧牲，排除萬難，去爭取勝利。」就把澳葡帝國主義者鬥垮，澳門被中共勢力完全控制成為半個解放區。我相當興奮，認同毛澤東的思想有很大的威力，使我們如澳門一樣，大幹一場把港英鬥垮，控制全港。

那天晚上，歐陽成潮來電，著我密切注意「大有街事件」的發展，暫不會約見，等候通知。經過十一日防暴隊與群眾再度對峙六小時，發生大騷亂並且宣布宵禁之後，至五月十六日「港九各界同胞反對港英迫害鬥爭委員會」成立，領導人才來電約見，說是要召開七人核心黨組會議。這次會議有兩個議程：一是討論學友社應否掛出五星國旗，二是指示參加鬥爭的具體行動。這是暴動結束前唯一的會議，鬥爭過程中只由歐陽成潮偶有來電通知或指示行動計劃。

第一個議題的提出是因為學友社最初成立之時，遵守中共中央：「隱蔽精幹，長期埋伏，積蓄力量，以待時機」的建黨十六字方針，也為了易於團結學生群眾，決定掩蔽黨的痕跡，不在社址內展示國旗和毛主席像，打扮成普通社團般運作。討論之初，有人認為，鑑於當前鬥爭形勢嚴峻，我們應該「下定決心，不怕犧牲，排除萬難，去爭取勝利」，與全港愛國市民一起戰鬥，主張掛出五星國旗，旗幟鮮明地彰顯愛國反帝立場。我力排眾議，反對這個建議，理由是從未曾聽過黨中央有解放香港的意思，相信中央一貫的政策是要留著香港等待與臺灣一起解放。學友社仍要長期埋伏，保持不紅的面貌，作長期打算，以隱蔽為主不能掛出國旗。領導人最後同意我的意見，學友社最終沒有在社址內掛出國旗及毛主席像。這一決定使學友社在暴動中存活。

不久之後，我有機會參加港澳工委組織的工會工人代表團到廣州「廣東省人民支持港九愛國同胞反英抗暴鬥爭委員會」（簡稱支港）的工人學習班。在分組討論時，有工人發言表示中央快要解放香港，我們應該更加不怕犧牲，勇敢作戰。我出言反駁，認為中央不會在這時解放香港，香港要留著等待與臺灣一起解放。工人們聽了，全體愕然，奇怪我這位灰校線代表竟有這樣的想法。

事後梁煥然問我是不是有過這樣的發言，我承認，她沒有批評我，這使我知道她同意我的想法，我是正確的。我一直認為，我沒有聽過中央要收回香港的黨內傳達，香港要等到時機成熟與臺灣一起收回是我的認知。但工人們卻渴望早日解放香港，盛傳中央快要提早收回香港的說法，這使我知道教育戰線與工運戰線有不同的傳達，有不同的看法。我隱約意識到這次鬥爭中，地下黨內有不同的路線和政策。這次事件也讓我知道，是工會工人把我的發言向上彙報，由港澳工委轉到灰校線我的領導人的耳朵裡，才會有梁煥然這樣的查問，我感到有點兒驚愕，覺得以後要小心一點了。

第二個議題不容討論，只是聆聽如何執行指示，梁煥然要求我們響應「各界鬥委會」的號召，動員學友社內原各興趣活動組中的同校學生組成該校的「鬥爭委員會」，並提出統一的鬥爭口號為「粉碎奴化教育」。

按照第一議程的決議，我們在北角社址內舉辦的追悼會上，沒有掛出國旗和毛澤東像，只有一幅寫著遇難者名字的橫額：工務局工人徐田波、中華煤氣工人黎松和曾明以及九龍船塢工會書記何楓，悼念完畢便拆卸。僅只一次，我以後就不再主辦這類活動了。

按照第二議程的指示，學友社的興趣活動組如舞蹈組、戲劇組、中樂組等迅速地全部停止了活動。原來參加活動的學生差不多都因為心裡恐懼而離去，只餘不足一百個黨員，以及經我們的洗腦教育有足夠愛國能量去承受鬥爭的積極分子。我們把留下的同校學生串連起來，組成該校鬥委會，在培僑中學校長吳康民為總負責人的學界鬥委會下，參與六七暴動。

究竟灰校線組織了多少個學校鬥委會？

二〇一七年十一月，我看到前香港中文大學崇基學院神學院院長邢福增教授以「動盪時代的挑戰：『六七暴動』與香港基督教」為題在講座中發布他的研究結果，螢光幕上顯示他根據一九六七年

《大公報》報導，整理出約有五十多所教會學校，包括天主教及基督教的學生，在六七暴動期間成立了鬥委會或戰鬥隊的名單。其中以天主教最多二十一所、聖公會十所、中華基督教會六所、浸信會三所及崇真會兩所，其餘的宗派尚有循道、宣道、信義會、青年會及獨立宗派等。以下是著名教會辦學團體曾組成鬥委會的學校：

聖公會：何明華會督銀禧中學、聖士提反女校、聖馬可中學、拔萃男校、拔萃女校、協恩女子中學、聖保羅男校、聖巴西流實用中學、聖保羅男女校。

中華基督教會：基協實用中學、真光、英華男校、英華女校、何福堂書院、培英。

天主教的名校：九龍華仁、聖瑪利書院、聖約瑟書院、聖心、慈幼、喇沙、瑪利諾女校。

啊！我不禁驚呼，這些名單不就是我們當時所組織和領導的學生鬥委會？從來沒有人如此精細地研究出這樣完整的名單，如果加上官立學校，如皇仁書院、英皇書院、伊利沙伯中學、庇理羅士女子中學、金文泰中學等和私立學校，如威靈頓英文中學、同濟中學、新法書院、樂道中學等，原來真有近百個灰校鬥委會啊！看到那些由我自己直接組成和領導的鬥委會名字，我全身發熱，頭頂出汗，像是一個小偷被人搜出贓物，羞愧之心油然而生，我深深地吸了一口氣，無限傷感。

許多學校的鬥委會多以戰鬥隊命名，如「浸會書院紅色女戰士」、「華仁紅星戰鬥組」、「聖保羅紅岩戰鬥小組」、「拔萃男校風雷戰鬥抗暴組」等等。最初的鬥委會多只有四或五人，隨時日經過發動才發展成十多人以上的組織。他們進行鬥爭的方法，包括發表聲明和投書報章，批評學校及港英政府；在學校裡派發傳單和張貼標語；在畢業典禮中放爆竹和撒傳單。灰校學生鬥委會成員都參加學界鬥委會在培僑中學、漢華中學和普慶戲院舉辦的「粉碎奴化教育控訴大會」，可說是灰校鬥委會的大聯合。參加大會的學生人人手持紅寶書[1]，會前會後唸毛語錄，喊口號，跳忠字舞[2]，唱語錄歌。其慷慨激昂，情緒高漲的程度，活像一個個著了魔的鬼魅。有些鬥委會成員還會聚在某一位同學家裡，一起向毛主席「早請示，晚彙報」[3]。也許，港英政府無法想像經過百多年實施的「奴化教育」，居然還會出現這種對毛澤東如此狂熱的學生。

有些學生的父母在親共工會或中資機構工作，支持子女鬥爭，所以許多鬥委會就在家中開會，計劃行動，訂定口號，印刷傳單。學生雖有上課，但基本上放棄做功課，差不多等於罷課鬧革命。實在說，他們還要防避學校的搜查，冒著被捕的危險。

學界鬥委會也組織成了一支「文藝戰鬥隊」（簡稱文戰隊），由楊偉舉、張懷、梁濬昇、陳君雯共同領導，負責編劇和執導。全隊共有二十多人，分為香港一隊、九龍一隊及二隊。由於文戰隊是由學界鬥委會所領導，楊偉舉宣稱文戰隊是獨立的戰鬥單位，不受學友社領導，所以關於他們的演出計劃，我並不知情，故而無從過問。

文戰隊的演員主要來自學友社系統的黨員和積極份子，多是那些未能串連同校同學組成鬥委會的散兵游勇學生。他們包括有何婉薇、柯淑儀、梁慕珊、錢本剛、黃山、方伊娜、梁仕添、張文清、許

---

1 紅寶書：即《毛主席語錄》，是毛澤東一些語句的選編，因書面套用上紅色，故名。一九六四年五月初由解放軍報資料室編選。一九六五年八月解放軍總政治部決定再版，有林彪題字並署名〈再版前言〉。

2 忠字舞：中國文化大革命時在廣場或遊行隊列行進間的歌頌性群眾舞蹈，是毛澤東崇拜的組成部份。

3 早請示晚彙報：是中國文化大革命時期流行於全社會的軟制度。是對毛澤東表忠心的祝頌禮儀。例行生活程序，即每天早晨向毛澤東請示，每晚向毛彙報。通過這種儀式可消蝕人們的判斷力、批判力，崇拜和臣服於權威之下。這是奴化精神的一劑毒藥。

意儀、黃小珊、錢本強、張藝瑩、陳競芳、李燕薇、梁綺紅、阮適建、陸偉堅、張適嫺、鄭新權、鄭文萍、梁詠華等等。

他們排練了許多抗暴節目，內容是歌頌中國共產黨和毛澤東，批判香港教育制度，激勵學生勇於戰鬥，敢於犧牲，例如《永記階級苦，緊握手中槍》、《忠字旗下表忠心》、《何楓頌歌》、《歐陽海之歌》、《敢》等等。表演形式多樣，有歌舞、話劇、朗誦、眾口詞、相聲和數白欖等。其中影響最惡劣的是一齣話劇《主席恩情比海深》。劇中講述一位灰校中五女學生，如何在港英的奴化教育之下，走上自殺的道路，又如何因參加六七暴動認識毛澤東思想而得救。該劇把香港教制度批判得一錢不值，卻把個毛澤東捧上神壇，向學生灌輸個人崇拜思想，是一劑洗腦的毒藥。

文戰隊演出地點多以各紅校或普慶戲院、高陞戲院為主，亦曾被邀到廣州為紅衛兵演出，以鼓勵他們更勇敢造反，有時甚至進行非常危險的街頭演出。據阿堅回憶，那天下午他們聚集在北角春秧街渣打銀行門前，拉起「香港官津補私學生文藝戰鬥隊」[4]橫幅，開始演出抗暴節目。一時間群眾聚集靠攏，阻塞交通，有事先安排的觀眾高聲叫好，也有人撒傳單。演出在二十分鐘內結束，學界鬥委會備有車輛接載撤退，也有工會工人保護其他文戰隊成員離去。這樣的演出，就像我們現在流行的快閃族。

說到那一年的遊行，港澳工委領導的各界鬥委會所發起的，由紅校學生，中資機構職工和親共工會工人所組成的典型毛派遊行隊伍，是人們最有印象的了。他們白上衣藍長褲；襟上毛像章；手上紅寶書，整整齊齊地操隊上港督府示威的隊伍，相信很多香港人都未有忘記。然而人們都忽略了暴動期間還有三次鮮為人知的「飛行集會」。這是由學界鬥委會組織，專為灰校學生而辦的遊行，人數約為

[4] 官、津、補、私學生：六七暴動期間地下黨教育戰線對非紅校學生的稱謂，我在本回憶錄中統稱其為灰校學生。

五百至一千人之間。第一次是北角英皇道，第二次是中環消防局前，第三次是九龍旺角彌敦道。當時每次遊行示威皆因大批便裝、軍裝警員的迅速掩至而被迫解散，遊行只能維持二十分鐘左右。示威組織者安排了及時解散隊伍，沒有與政府對峙的計劃，整體來說，已經避免了許多不必要的犧牲。他們組織這樣的遊行，只能在該社區擾攘一番，對於當時的大局而言影響不大，作用只能是顯顯姿勢，練練灰校學生的膽子，那些被捕的學生是白白地犧牲了的。

當年的阿堅是灰校畢業生，是文戰隊隊員。他曾在北角春秧街作過街頭演出，也參加了那三次飛行集會，對當時的情況有如下生動的追憶：

文戰隊的資深隊員其實只是我們四個男孩子，卻要在示威遊行中肩負一個重任：高舉橫額和帶領高呼口號，並在散隊時協助其他隊員安全撤退。當天接近下午一時左右，由學界鬥委會事先通過地下黨的秘密渠道通知動員而來的約一千名學生群眾，已經在北角華豐國貨公司、僑冠大廈、新都城大廈等處附近徘徊，扮作閒人散步遊蕩。他們三三兩兩，或走著或站著，都等待著一聲的號召。

準一時正，我等四個文戰隊隊員從人群中衝出，跑到馬路的中央，俐落地張開橫額並高呼口號：港英必敗，我們必勝！佯裝閒人的學生們立即響應，迅速湧出馬路並排列在我們後面，結集成浩浩蕩蕩的遊行隊伍。我們開始踏著大步，高呼口號，藐視香港殖民者的一切反動法律。這次示威遊行，因紅校學生的參與更壯聲勢，工人群眾也手持「物件」到場戒備。大量的親共機構派出公司車輛在各主要路口盡量封鎖或堵塞來往交通，以保護學生的安全。

就在第一輛灰色警車到達，防暴警察剛著地時，遊行隊伍已散開撤離了。我帶領著幾個文戰隊隊友向位於半山的蘇浙公學撤退，然後取道賽西湖附近的小徑步落北角的另一端。途中遇上其他隊友，才知道防暴隊經已駐防僑冠大廈外圍，黑黑的槍嘴指向大廈各層，部份撤離時失散的隊員及學生取道渡海小輪到九龍或紅磡。事後才知道，大部分過海的學生均被防暴隊截查或留難，也有人被捕。

約半個月後，地下黨又再組織了兩次「飛行集會」。在中環中區消防局前是第二次，文戰隊肩負了更大的任務：要將一支紅旗插在一個高約七尺的電箱上面，在短短的時間內將紅旗穩固在高位上並非易事，我們謹慎地商量了操作的方案。由於警方有了上次的經驗，有大量學生在同一時間徘徊在中環一帶等待集結的情況引起了他們的警覺。因此這次防暴隊來得特別快，大有要一網打盡之勢。當遊行開始，我們舉著紅旗正領著隊伍前進的時候，經已發現敵情，一輛輛滿載防暴隊的警車像一排排灰色幽靈由遠而近。我和另一位隊友相互支撐著登上了電箱，把紅旗固定後躍下時，差不多與防暴隊同步。正在危急之時，一把熟識的聲音高呼：打倒走狗！把防暴隊的注意力轉移了，也掩護了我們混入人群中準備撤退。那位高呼口號的也是我的隊友，他發現我等插旗後正處於危險之中，便不顧一切地引開警方的視線，幸好他也安全撤退。

經過北角遊行的教訓，我們本已決定以後不再經渡海小輪過海，因為在小輪上的二十分鐘內，已有足夠的時間讓警方以逸待勞地在彼岸等著我們了。不過這時已經太遲了，警察已把大約四個政府大球場般的範圍包圍起來，我們約二至三十個學生被團團圍住未能突圍，眼看這回沒有逃脫的機會了。突然有一隻手拍我一下：隨我來！一把並不熟識的聲音在我耳邊響起，有人順手拉著我和一班學生，並引領我們進入中區消防局內，讓我們避過一劫。他們是親共消防工會的人。於是，我們定下心神，好整以暇地走到窗前安心地觀看，欣賞警員如何善後這剛才還紛亂不清的局面。這一經歷真可說是：我中有敵，敵中有我了。

中區遊行後沒有幾天，地下黨通知又要組織在九龍旺角彌敦道鬧市上的遊行示威。由於預計參加的人數比前兩次多，整個行動的安排較上兩次來得更細緻。所有在彌敦道附近的中資機構、國貨公司、工會等都安排了避難中心，準備收容不能及時撤離現場的學生。隱蔽的救護中心則設在中僑國貨公司內。大概這次是準備與港英政府大打出手了。和前兩次一樣，分散在旺角彌敦道一帶成百上千的學生，正三三兩兩地等待著，只等紅旗一揚便可跑到街上結集遊行。但百密始終有一疏，過了約定集結的時間了，紅旗卻還未亮出，每人都開始心情緊張，因每遲一秒鐘危險性便相對增加一分。在人人都焦急萬分的時候，突然文戰隊的一位女隊友衝出馬路中央，大聲喊起一段毛語錄：下定決心，不怕犧牲，排除萬難，去爭取勝利。紅旗未到，示威橫額未達，這段語錄就成了集結的訊號，就是命令。由於這位女隊員的自覺和勇敢，將本來經已非常焦急，正無所適從的學生迅速集結起來，在港英政府能調動警力前來鎮壓之前開步遊行。在隊伍解散前一刻，紅旗和橫額方見出現，遊行總算是順利完成了。

阿堅他們的「飛行集會」其實非常危險，許多被捕的學生不但受到肉體的虐待，更失去學業前途，付出的代價是高昂的。領導人通知我要多加小心，不要被捕，所以我沒有直接加入遊行隊伍，只穿插在擠滿人群的行人道上，跟著遊行隊伍前行，在他們解散之前即迅速離開，所以我是安全的。

此後，由於港澳工委繼續在各處放置真假炸彈，市民生活受到威脅，對中共的所作所為產生抗拒和反感，地下黨無法再舉行群眾性的大型活動了。

這樣的飛行集會是否還有現實作用？

香港的這種飛行集會是繼承抗日戰爭和國共內戰時期中共所組織的遊行示威模式而來的。那時除了舉紅旗或橫額，唱革命歌曲作為集結群眾的訊號外，更有擲瓶子、撒傳單、喊口號等多種方式。它的特點是「快」：以最迅速的方法傳遞遊行指令；以最迅速的方法結集，以最迅速的方法解散，可以說是與警方的鎮壓行動鬥快。過去的遊行民眾在成功集結遊行後遇上警方持槍堵截時，多意圖與警方對峙提出訴求，脅迫政府妥協，但遇上冥頑不靈，兇惡狠毒的統治者就會做成慘重的傷亡。在沒有遊行集會自由的時代裡，要上街表達反對聲音，都得付出被捕、被殺的代價，飛行集會是不是較為安全，減少傷亡的遊行方式？

我想起現在流行的「快閃族」活動。雖然他們玩的只是沒有任何政治意識的遊戲或表演，但他們快聚快散同行同步，顯示一種共同意願的力量。在同一時間，同一地點上，以迅雷不及掩耳的速度，一起完成一件有意義的集體意願，與飛行集會何其相似。他們拜先進通訊科技之賜，享受的是自由的快樂了。也許飛行集會可以像他們一樣，作為追求自由民主的行動實踐吧！在極權專制如中國的社會裡爭取自由民主，飛行集會的意念，也許仍然是一種可行的宣示力量的方法。

現在因為有了互聯網，已經不再需要中共地下黨那種口耳相傳的落後方式去聚集群眾了。互聯網輕易地使民眾們集結成為力量，從虛擬的網路回到地面上實質行動時的創造中，提供一些創意的靈感。二〇一九年的「反逃犯條例修訂運動」[5]中，香港人已經操作得非常熟練，取得重大的成果。想不到的是，二〇二〇年中共把「港區國安法」[6]強行實施之後，香港原有的一點點示威遊行的

5 反逃犯條例修訂運動：即「反送中運動」。由二〇一九年三月開始，至六月九日爆發的一連串大規模反對「逃犯條例修訂案」的和平集會社會運動。後有出現激進圍堵及衝擊行動，引起國際社會的關注。香港政府於九月初宣布正式撤回修訂案。

6 港區國安法：二〇二〇年五月第十三屆全國人大代表第三次會議通過了「中華人民共和國香港特別行政區維護國家安全法」（簡稱港區國安法）並即晚實施。香港政府開始以港區國安法名義進行大量搜查、拘捕行動。包括拘捕壹傳媒

權利已經蕩然無存，街上擠滿如海般的遊行隊伍的景象已經消聲匿跡。我深惡痛絕，為香港市民失去的自由而痛苦有加無減。飛行集會也許是香港人可以嘗試的反抗行動。這是以其人之道還治其人之身的妙計。

一般來說，學界鬥委會統籌決定了遊行大計，包括時間地點之後，便通過各線地下渠道通知和動員學生參加。我作為當時的學友社主席，並無資格成為決策者，也不知道具體由誰指令，只有在獲得領導人的指示後去執行的份兒，就是負責通知我屬下範圍內的學生鬥委會成員參與。

其中有一次，由領導人通知柯其毅去見程介明[7]，由他向柯其毅交代遊行詳細的計劃。這是一次奇怪而且難得的基層地下灰校線與紅校線的跨線聯絡。據柯其毅在回憶錄中記述：他本來並不認識程介明，可在六七年暴動期間卻和他見過面。那是在怎樣的情況下見的面？事情是，當時的抗暴情勢

高層，迫令《蘋果日報》和《壹週刊》停刊。港區國安法更成為打壓反對派的政治工具，二〇二一年二月以「串謀顛覆國家政權罪」拘捕四十七位因上年參與民主派初選的候選人。大部份人還押候審，猶如「未審先關」。事件引起國際關注，嚴正指出這是損害香港人權法令，控告中國違反「中英聯合聲明」及「公民權利和政治權利國際公約」。二〇二一年十二月二十九日香港警方國家安全處派出二百警員，以涉嫌違反「串謀發布煽動刊物罪」拘捕網上媒體《立場新聞》七名高層負責人，包括前總編輯、署理總編輯以及多名前董事（其中有加拿大公民、女歌手何韻詩），並凍結全部資產，迫使《立場新聞》宣布即日停止運作。另一網上媒體《眾新聞》於二〇二二年一月四日也因沒有安全環境進行工作而不得不自行關閉。這些事件讓全世界清楚看到，中共「香港國安法」的實施，迫使香港的資訊新聞自由空間迅速被壓縮，令人有窒息之感。

7 程介明：程介明是香港大學榮譽退休教授，現為港大教育學院教育政策研究中心主任。他於一九六七年自香港大學特別理學士畢業，一九八三年獲港大教育碩士及倫敦大學研究院哲學博士。他自香港大學畢業後曾任教於培僑中學，後又出任地下黨創辦的培元英文書院校長，曾先後出任香港大學教育學院首席教授、教育學院院長、副校長及校長資深顧問，更是教育統籌委員會三頭馬之一。

正如火如荼地發展，學界鬥委會要籌備「飛行集會」，也要發動學友社的灰校學生參與。柯其毅被領導人盧壽祥通知，派他去與學界代表程介明會面，目的是獲知有關遊行示威的安排細節。盧壽祥通知柯其毅見面的時間和地點，但沒有地下組織關係接頭符號，只有程介明這個名字。當天柯其毅去到北角培僑小學，向門房工友說明找程介明，因此雖未謀面也知出來見面的必是程介明了。會面共約半小時，程介明向柯其毅交代了遊行示威的時間、地點和結集隊伍的訊號，以及撤退時應注意的事項。

這是一次由地下黨組織特別安排的會面。遊行細節不是由盧壽祥通知，而是由程介明來通知，可見程介明是遊行示威具體細節組織策劃人之一，而他也是由地下黨組織的安排和通知才可能與柯其毅會面。可見，他是地下黨員，絕非普通學者，證明香港大學已有了地下黨支部。後來，程介明介入香港大學「民調風波」[8]。

8 民調風波：二〇〇〇年七月香港大學民意研究計劃主任鍾庭耀在報章上撰文，指行政長官兼校監的董建華透過中間人施壓，要求停止有關行政長官及政府的民意調查。鍾庭耀其後公開了傳話人身份是香港大學校長鄭耀宗及副校長黃紹倫。行政長官辦公室高級特別助理路祥安涉及事件，曾會見鄭耀宗和黃紹倫要求停止發布對特首不利的消息，引起干預學術自由的爭議。港大校務委員會決議成立三人獨立調查小組，召開聆訊，傳召大學相關人士作證。之後調查委員會發表調查報告，確認鍾庭耀指控屬實，認為路祥安希望阻止不利政府的民調會打擊政府聲望，程介明作供指鄭耀宗與董建華會面時，有談及鍾庭耀的民調，鄭耀宗對董建華的意見表示認同。據明報報導：「港大民調報告最後裁定前校長鄭耀宗意圖干預學術自由，或多或少與程介明作證時，直指鄭耀宗曾屢次提及特首或其身邊人，並不喜歡鍾庭耀的調查有關……」。我認為這是程介明果斷地棄卒保帥，以免夜長夢多的處理手法，是從一個領導者（黨支部書記？）的層次去處理港大的危機。事件以鄭耀宗及黃紹倫宣布請辭告終。

二〇〇三年六月，香港大學校長徐立之委任程介明為校長資深顧問。據多位友人代為查證，這個職位在港大史上是絕無僅有的，似是特為程介明而設。這個職位是如何在港大的高層得以通過而落在程介明的身上？他是老資格的長輩？他是學有所長，有超凡的學術研究？他以何資格去當這個資深顧問？有朋友認為這是港大給他的一個虛位，並無實學友社北角社址曾被港英防暴隊搜查了三次。第一次是在晚上，當時社內無人，防暴隊搜去一些燒烤用的長叉子，在電台廣播中聲稱搜獲攻擊性武器。他們也搜去一些曾在社址留宿的皇仁書院學生留下的練習簿，得到了學生鬥委會的線索。第二次是八月四日清晨，由英國航空母艦派出直升機，運兵空降北角僑冠大廈二十四樓露台，衝入室內抓人。那個露台正是學友社的社址。其時，楊偉舉正在社內留宿，聽到直升機在上空盤旋的聲音，已驚覺危險，及時走避，躲進樓下鄰舍，逃過一難。

第三次是九月一日下午時分，社內約有三十位社員和學生正在活動。我與七、八位彩虹邨天主教英文中學鬥委會成員都在社內忙著油印傳單，計劃回校行動。我在一塊鋼板上刻寫臘紙，鋼筆，油墨鋪滿了一桌子。我正要把刻好的臘紙用圖釘固定，用上了油墨的括子往臘紙上掃一遍，把文字印出來的時候，「叮咚、叮咚、叮咚」門鐘聲急速響起，有人猛力按門鐘，其時社址的木門本已打開，只有鐵閘還關著。我一眼瞥見閘外黑壓壓的人堆，原來是防暴隊，心中一凜，「他們來了」！

「砰、砰、砰！」又一陣陣擂打鐵門的聲音，震耳欲聾。我第一時間抓起桌子上刻有鬥委會校名的臘紙，揉作一團扔出窗外，然後鎮定地走向大門用力打開鐵閘，再慢慢退到室內中央等著。

「搜查，搜查，搜查！」大約十多個防暴警察吆喝著，手持籐牌，荷槍實彈，氣勢洶洶地衝了進來。那一刻，作為學友社的公開負責人，我能想到的就是要有一些反應，不能就此垂手就範。我直面防暴隊，大聲回應：「我要看搜查令」。一個防暴隊員在我面前雙手高舉一張白紙黑字的告示，大概就是搜查令，我只是定睛瞪了一眼，不知其中內容，沒有心情細看。

權。我認為，程介明任港大副校長六年，任期屆滿後出任校長資深顧問一職時正是「民調風波」之後。讓他走出前台，代替那位港大地下的黨支部書記，用公開擔任校長資深顧問的形式，讓他暴露其身份的另一面，實在是「民調風波」慘痛經驗教訓所致。整個校長資深顧問一職的設計和安排與葉國華任特首特別顧問的設立有異曲同工之妙。

有一部份希望逃生的學生跑出露台，阿森和幾個學生嘗試爬過鄰舍找尋出路，其他的被困在露台中央。防暴隊隨即分為兩隊，其中一隊動手推趕我們留在室內的社員，大聲喝令我們退後移近窗邊蹲下。有人嫌我們動作慢，開始藉口出手打人。一位只有十多歲的庇理羅士女校學生，受傷很重。防暴隊用籐牌的尖頂撞向她的肋骨，令她骨折。多年後我仍聽到關於她常有骨痛，需要治療的消息。張懷導演也被打，斷了一條胸骨壓著神經，有後遺症。被打的手錶秒針正停在那一刻，九時零一分，事後他說要留下記錄這個時刻的手錶作為紀念。

突然，一個防暴隊員向我大聲叫嚷：「她要看搜查令，一定是負責人，最壞的一個」，「她不知把甚麼扔到窗外去」，另一個也跟著說，隨即一掌打到我的左背上。

原來在鬧門外，他們已注意著我們的行動。一掌下來，我左邊背上感到火辣辣的，沒有痛的感覺，只有屈辱的感受。事後去看跌打醫生，知道那裡有一個五指印。

另一隊防暴警察走出露台追打學生，跑到露台去的學生被打得更厲害，防暴隊把他們團團圍住，像抛皮球一樣把他們推過來，抛過去，拳打腳踢，許多同學都受傷了。我親手組織的彩虹邨英文中學鬥委會學生受創最重，事後都要去看跌打醫生。其中的阿標頭部受傷，阿長因本身已有輕微心漏病，經此襲擊吐血不斷，身心受損。我帶他上廣州的「支港」尋求醫治，但並沒有徹底治好。最後還是他自己在香港積極鍛煉自理才有好轉。後來，鬥委會在學校裡撒傳單，組織低年班同學旅行活動，其中的三位成員被開除出校，影響了他們的一生。

暴動完畢後，因黨領導決定要把學友社發展出來的鬥委會學生轉出社外，彩虹邨天主教英文中學鬥委會由葉國華系統接手領導。在調動之前我只介紹了阿長去工會，後來知道工會負責人希望發展他成為黨員，被他拒絕了。以後他勤奮學習，終於成為一位中醫師。我又調動了阿中去參加「聲藝國樂社」，其後他到美國留學。阿標則成為男護士。其餘的成員均由葉國華屬下一黨員接手領導，因他用假名，我無法查證他是誰。他把幾個成員安排去紅校當教師之後，便放手不管，使那些學生非常不滿。

這群滿腔熱血地參加六七暴動的鬥委會成員，相信自己是參加了一場非常正義的鬥爭。為此，他們都付出了學業上、事業上和健康上的高昂的代價。當時，這些年青人正值長智識、求學問的年齡，我沒有負責任地好好照顧他們，卻把他們帶上一條錯誤的人生道路，心中常感不安，一向有犯罪之感。在以後的時間裡，我常常記掛著他們，直到得悉他們在經歷了曲折的奮鬥之後，終能成家立業，各有所成，我才稍覺安心。

第二天全港只有《明報》刊發了這件搜查事件：「昨晚九時警方人員再度向北角僑冠大廈二十四樓A座學生團體進行突擊搜查，經過兩小時結果無所獲。警方出動四中隊警員及一分隊女警和一隊便衣警員由銅鑼灣警司帶隊。當時社內有三十名青年男女，經過個別問話後沒有將他們拘捕，警方在十一時收隊。」

那是一個相當危險的一刻，我蹲在窗邊不斷思索，我作了一些心理準備：這一次，我們勢必被捕入獄了。可是結果很奇怪，當時差不多所有紅校、工會、傳媒機構都經歷過警方搜查和逮捕，但我們竟例外地無一人被防暴隊逮捕，我當然感到慶幸和快慰，但原因何在？我最初想，這可能是港英政府對灰校學生的特殊政策，後來再想，便想起原因決定於我們的政策：不顯露紅底，沒有掛出國旗和毛澤東像。防暴隊查無實據，便不能無理拘捕而令學友社存活下來。當時七人核心黨組的決定是正確的。

多年來，對於這場搜查鎮壓事件，我心中常存內疚，回想起來，當時港英政府的鎮壓手段正已步步升級，我是知道的。整個香港籠罩在一片緊張恐怖的氣氛中，我是感受到的。雖說地下黨領導人並沒有任何指示，但我作為一個公開的負責人，為甚麼就那麼天真，沒有半點兒警惕性，不能獨立思考，果斷決定關閉社址，停止一切活動，避免不必要的傷害？尤其是經過長久痛苦的思索，想通了這並不是那麼正義的抗暴鬥爭之後，更加懊悔不休，覺得對不起當時受害的社員和學生，在此，謹向當時的受害者致以萬二分的歉意。一個曾為兇殘的中國共產黨做過事的人，覺悟之後，能做的就是揭露和懺悔。我願終生為此懺悔。

三、黨化教育

如果說六七暴動期間地下黨在灰校中建立了近百個鬥委會，若然每個鬥委會有十個成員的話，那麼全部鬥委會成員應有近千人了。這是中共在港地下黨史上絕無僅有的成績。在此之前，無論地下黨如何艱難地派遣黨員考入灰校就讀，那個黨員也只能在校內組成幾個同學的秘密讀書會，我們當時稱之為「雞啄米」工作，與這時的大面積豐收不可同日而語。於是地下黨如獲至寶，對這批鬥委會成員進行洗腦，加緊黨化教育工作，以期增強他們的愛國愛黨思想。從中揀選適合材料培植成為幹部，發展黨組織，就是他們必然的後續工作了。這種黨化教育是從多方面著手的：

黨化教育最基礎的一課就是仇恨教育

首要的就是民族仇恨。民族主義是共產黨最後的武器，民主、人權等價值，一碰到民族主義，就被消滅掉。我們以「帝國主義百年侵華史」為教材，在大集會或讀書會中宣揚極端民族主義。由一八四〇年第一次鴉片戰爭講到一九〇〇年八國聯軍，以中國受侵略和屈辱的中國近代史切入施教。這不是一般增強歷史知識這麼簡單，在講課過程中，我們特別煽動反美、反英、反日的民族仇恨。我們強調帝國主義者強悍的侵略性，加深那些學生感性地繫念著的愛國情緒，使他們決心為國犧牲。我們不會中肯、公正地分析戰爭的歷史根源，只簡單地給出結論：只有中國共產黨和毛澤東才能救中國，學生們是帶著仇恨去愛國、愛黨、愛毛主席的。當時港英歷史教育課程中最缺乏的內容就是鴉片戰爭，卻是青年學生最渴望，最追求學習的一課。我們看準這個良機，向他們補課的時候，他們那種如飢似渴的反應，是令我們相當興奮的。這是一整套仇恨教育的第一課。

另一課是階級仇恨。我們組織學生訪貧問苦、去各種工會訪問、座談、了解工人生活。在社區中，我們找尋一些貧苦民眾的典型人物如盲女阿彩進行訪問，協助她改善一下生活。又曾組織學生到香港仔涌尾訪問，那裡住了許多艇戶，因政府興建淡水湖要填海造地，引發海水上漲，艇戶要遷居，生活困苦。我們去助醫，助建房子，辦識字班等，做了一些社會救助工作。這些都是進行階級教育的材料。

我帶阿中去看過艇戶的窮困生活情況後，他說：「看看，這麼眾多的窮苦人，只有毛主席可以解放他們，毛主席真偉大呀！」

這位單純的學生真的就此相信了。唉！我當時是多麼高興他的「覺悟」呀！他是我們成功進行階級教育的典型事例。當時有一句流行的說話：「階級鬥爭，一抓就靈」，說的是，只要落實進行階級教育，就一定靈驗，必定能成功使人接受中共階級仇恨理論。那時的香港，還未經歷七〇年代的經濟起飛，貧苦大眾的悲苦生活的確使人們心靈震動，但我們並不是改革社會的真正的社會主義者，我們訪貧問苦並不真要改造社會，為窮人做點事，而是一種手段，去宣揚無產階級的革命性，達到證明中國共產黨和毛主席是工人階級的代表，從而使學生們立志去參加無產階級革命事業，進而擴大地下黨愛國勢力的目的。

個人崇拜教育

灰校鬥委會串連大集會頻頻召開，大會緊跟國內文化大革命紅衛兵的步伐，發展成一種極端個人崇拜的既定模式。會議首先由主持人帶領眾人高呼：「敬祝我們心中的紅太陽，偉大的領袖，偉大的統帥，偉大的導師，偉大的舵手，最敬愛的毛主席萬壽無疆！」

然後眾人站立高舉紅寶書三呼：「萬壽無疆！萬壽無疆！萬壽無疆！」

再由主持人呼喊：「敬祝毛主席的親密戰友，敬愛的林副主席身體健康！」

眾人高舉紅寶書三呼：「永遠健康！永遠健康！永遠健康！」

親愛的讀者，我曾主持過這種醜陋的偶像崇拜儀式啊！

激發學生們對毛澤東的盲目個人崇拜，就要後續的教育了。從文革前到文革中我們不斷組織回國參觀學習團。團員以鬥委會成員為主。每次約四十人左右，參加者都不可用真名實姓，只用代號，不能集體照相，只影單人，以免暴露地下身份。廣州的「支港委員會」是參觀學習團常常去的主要基地，由一位叫文政委的主理，每次都會聽到他的演講，也有一位彭同志協助工作。我們也會參觀人民公社、模範工廠等項目，但看到的都是經過精心佈置的東西，絕對不能看到當時文化大革命的真相。誰知道，那時正處於文化大革命無法無天的時代中，我們在討論中共的偉大、毛主席的英明時，原來外面正上演紅衛兵瘋狂殺人，武鬥連天的慘劇，我們無從知道。

學習團參觀過韶山（位於湖南湘潭縣，是毛澤東的出生地。一九四九年建國後被奉為中共革命聖地），主要是參觀建於一九六三年的毛澤東同志舊居陳列館，看看毛澤東的衣食住行生活用品，瞭解他參加革命的事蹟，從中感受他的偉大。

我們也去過井岡山（位於江西省南部與湖南省邊界的羅霄山中段，一九二七年毛澤東、朱德、陳毅和彭德懷等中共黨人率領中國工農紅軍在此建立第一個革命根據地，開闢了一條農村包圍城市的革命路線）主要是參觀建於一九五八年的井岡山革命博物館，學習中共的革命鬥爭史。解放後井岡山被稱為「革命搖籃」，定為全國愛國主義教育基地。

我曾當過數不清次數的學習團領隊，近年思想覺醒後，曾對朋友戲稱，我是「井岡山」大學畢業，只讀一科「毛澤東思想」。

滅私教育

灰校鬥委會大集會的主要內容也是緊跟紅衛兵，進行「鬥私批修」。學生們一方面批判自己的私心，在大會上或座談會中，勇敢地把自己的私念，甚至性生活，全部「鬥」了出來。像大陸的紅衛兵一樣，誰鬥得最徹底，誰就最革命。好像脫光自己的衣服，站在大家面前，供人觀賞，才算英雄。我當時有一種慘不忍睹之感。另一方面是去鬥別人的私心。我最記得「文戰隊」隊員鬥得最猛烈，竟然去批鬥梁濬昇，認為他在洋行工作是做帝國主義的走狗，要求他離職。我一聽，覺得非同小可，那不是要杜絕梁濬昇謀生之路？於是我力勸那些「文戰隊」隊員停止這種批鬥，梁濬昇才得以繼續營生。

「鬥私批修」是毛澤東向全國人民發出的號召。「鬥私」是用毛澤東思想與自己的私心作鬥爭，強調集體主義，批判個人主義。因為個人雜念屬於反動思想，必須清洗。「批修」則是用毛澤東思想去反對修正主義思想，其實就是與中共黨內的資本主義當權派如劉少奇、鄧小平等作鬥爭，是毛澤東向政敵發炮的武器。毛澤東發動「鬥私批修」運動，主要是培養青年學生學懂一個「敢」字，即造反精神，敢於造反，敢於犧牲，以便成為他的子彈。當全中國陷入大批判的狂熱中，可憐無知的灰校鬥委會成員被我們這些黨員所煽惑，也投進這一場狂熱病中，成為一粒子彈，白白浪費了寶貴的青春。

向解放軍學習

參觀學習團也去過一處非常特殊的地方，就是中山縣前山翠微村的解放軍駐地。據柯其毅回憶，他承認曾經澳門去過前山，不承認是帶隊。阿堅回憶有射擊練習。梁慕珊回憶說解放軍讓他們把玩手槍，教導如何加入子彈。阿明回憶，因父親在港澳碼頭工作，事前知道有一群學生要經澳門去前山，囑咐阿明一切小心。團員均分批陸續出發，阿明與阿添結伴前去，因不能用真姓名，便和阿添互用對方的名字。阿明說，大隊人馬在澳門濠江中學聚集，由領隊柯其毅作動員講話。他記得十多天的學習內容沒有射擊練習，大多數是下大雨時落田耕種。事情經過年月清洗，各人的記憶有了誤差。

不過，我確實曾去過翠微村，當一個領隊。記得我是事先獨自出發，乘搭一位鄉人的單車尾座到達營地，有一位解放軍連長接待，與我討論學習內容及生活日程。一天之後，學習團成員分批來到入營。連長每天早上作啟發講話，晚上作總結發言。我們把團員分成多組，每組由解放軍排長或班長每天領導學習，指導討論。也負責照顧我們的生活起居，同吃，同住，無微不至。面對軍人慷慨激昂的講話，循循善誘的教導，熱情洋溢的關懷，切切希望我們愛國愛黨愛毛主席，堅持革命，我們全體團員不能不心情激動，熱血沸騰，意志高昂，紛紛站出來立下誓言，為了革命願意犧牲自己。我這個二十八歲的領隊，也不能倖免，我認定解放軍們都有崇高的理想，堅定的意志，對他們釋出極大的敬意。在離營前最後的兩天，團員表現出與解放軍的難捨難分之情，筆墨難以形容。有一團員阿潔哭著走來向我說：「我要嫁給解放軍！」「解放軍」這個稱號，成為我們心目中的英雄、光輝的形象！

想不到，幾十年後的香港，中共還在做著同一樣的事情，我對傳媒報導關於學員的激烈反應，一點也不覺驚奇。

二〇〇五年舉辦的首屆「香港青少年軍事夏令營」，由香港教育局、解放軍駐港部隊和群力資源中心（前特首董建華太太董趙洪娉任創會會長）合辦。夏令營內容包括有：列隊步操、軍體拳、武器分解結合、實彈射擊、升國旗、軍事訓練、參觀解放軍營地及軍艦、欣賞電影《衝出亞馬遜》。夏令營按照駐港部隊的模式設計十五天生活紀律，基層以班為單位，班長之上有排長，最高級是營長，同級有教導員。每年名額二百六十名，十年內訓練了二千多人。

阿原參加過夏令營，他說：隨著日子一天天過去，他的心情起了變化。教他最不捨的，絕不是枯燥的軍事訓練，而是跟解放軍的感情牽絆，十五日內與解放軍同住同食，同一地方睡覺，出營那刻，哭得呼天搶地，真有生離死別之感，是他們與解放軍有了一種純粹的感情。他開始認為解放軍不會殺人，出營之後覺得自己很愛國。另一學員湯建業直言：不要問國家給你甚麼，要問你能給國家甚麼。Jackie 表示：「兩星期解放軍帶著我們不斷唱歌，關懷備至，很親密，班長很好，建立了一份感情，有一段狂熱的時間。這是潛移默化的轉變。」軍事夏令營組有同學會，以便聯絡出營後的學員。

事實上，有資料顯示，中共於一九九八年七月已經舉辦過名為「香港中學生軍事夏令營」的活動。

此外，「香港青少年軍總會」於二〇一五年一月成立。由十五位黨、政、軍、學、商一線人物支持及贊助，包括總司令梁唐青儀（前特首梁振英太太）。總會主力招收曾參與「香港青少年軍事夏令營」的學生。解放軍亦於二〇一五年八月主辦了為期十三天的「香港大學生軍事生活體驗營」，約有九十名來自十六間大專院校學生參加。學員的反應是，軍人嚴厲之外，也很愛護學員，和他們打成一片。學員認識了報效祖國的重要性，離營時大家依依不捨。參加者黃逸晴撰文〈十三天愛上解放軍〉，感情來得之快，實難想像。

「中國人民解放軍」過去曾稱「中國工農紅軍」，建於一九二七年八月一日南昌起義時。一九三七年抗日戰爭爆發，因國共兩黨第二次合作，國民政府改編「中國工農紅軍」為國民革命軍第八路軍和新四軍。

毛澤東在〈關於糾正黨內的錯誤思想〉一文中總結：紅軍決不是單純地打仗的，它除了打仗消滅敵人軍事力量之外，還要擔負宣傳群眾、組織群眾、武裝群眾、建立黨組織、建立政權的任務。

四、我所知道的《青年樂園》

《青年樂園》又名《青樂》，是香港的一份周報，為抗衡親右派的「友聯出版社」編印的《中國學生周報》，中共地下黨於一九五六年四月創刊。在六七暴動期間被港英當局控以煽動罪，勒令於一九六七年十一月停刊，共出版十一年半。

我早已慢慢地忘記了這個「戰友組織」，直至二〇一四年八月看到左丁山的文章，他在文中指出《青年樂園》有拿中共的資助。之後，金文泰中學畢業生，《青年樂園》派報員石中英給他電郵說：

「誤解往往由不溝通開始，偏頗往往來自事實瞭解不足」，並附上於二〇一三年七月他在理工大學講座上的演講辭〈我們認識的《青年樂園》〉，似乎是為了證明他的講話就是事實。誰知左丁山看後並不買帳，反詰石中英：「《青年樂園》是否拿北京的錢？《青年樂園》刻意招攬官校學生，如巴富街中學、金文泰中學、庇理羅士中學，有無政治性？石中英沒有正面回答。」《青年樂園》影響所及的人物，如曾鈺成、曾德成、梁錦松、陳坤耀等，現在都成了政權的高官名人，左丁山認為自己對《青年樂園》有合理懷疑。

這一來，便挑起了我的回憶，我曾去過《青年樂園》社址，見過兩個人。事緣一九六七年初，我黨組織領導人梁煥然曾與我有一番談話。她說：「《青年樂園》是由地下黨所創辦的刊物，一直由黨所領導，社長李廣明，督印人及總編輯陳序臻都是黨員。」（幕後策劃人是培僑中學校長，共產黨員吳康民，我後來才知道。他曾表白，創立《青年樂園》是為了對抗由美國新聞署資助的《中國學生周報》。）

她又說：「《青年樂園》的工作和學友社一樣，以灰校學生為對象，團結教育他們愛國愛黨。學友社利用舞蹈，戲劇，音樂等藝術形式作為工具吸引學生，而《青年樂園》則利用文藝寫作，目的相同，都是為了發展青年學生成為黨員幹部。」從此，我確認〈青樂〉就是黨的外圍組織，從沒懷疑。

梁煥然曾囑我去《青樂》找大菱，我去了灣仔駱克道四五二號十三樓，見到了大菱。記得是通知一些事項，具體細節已經忘記，總之，我見過一個人叫大菱。隔一段時間後，大姐又告訴我，大菱因情緒低落已經離開《青樂》，我有點掛念她。梁煥然又曾囑我去《青樂》找一個人叫「羊咩」的。我見到他，主要是請他介紹「課本出讓站」的情況，我參觀了他們收書、分類、定價、出讓、退書、退款等運作過程。我特別深刻地記著大菱和「羊咩」這兩個名字，是因為心中有一份「同志情」。當時的我，在地下環境為黨工作，看到《青樂》的同志，自然欣喜無限。

看罷左丁山的文章，我開始找尋大菱和「羊咩」的下落，也可以說是追尋地下黨在《青樂》的線索。我看到許禮平的文章〈曾氏一門軼聞〉和〈記『青年樂園』周刊〉，也看到石中英的〈我們認識的『青年樂園』〉和他在羅孚先生追思會上的講話。從這些文章或講話中，只見一群編輯、作家、學者、教授又開同學會，又開研討講座，組織飯局聚餐，赴穗探訪老社長。舊人聚舊，圍爐取暖，玩得很開心似的，卻看不見地下黨的影子。

直至二〇一七年六月《明報月刊》附冊《明月》刊出專題「回望《青年樂園》」，其中作者舒韻，原名李秋瑩又名李玉菱，一九六四年中投稿《青年樂園》後，逐漸被培養成為義工編輯，估計她就是我記掛的大菱了。在專題內我又看到石中英的文章〈我是『青年樂園』的派報員〉，他在文中自認叫「阿咩」。這才真相大白，他就是「羊咩」，真名楊宇杰。那一刻，「羊咩」在我腦海中的容貌與現在照片上的吻合了，石中英就是「羊咩」，我不禁興奮萬分。

此外，宋樹材的太太甘玉珍畢業於寶覺中學，一九六五年參加學友社文藝組活動，曾是文藝組組長，六七暴動期間在葉國華領導下加入中國地下共產黨。她曾考取中文大學入學資格，但葉國華不同意讓她就讀，說是對革命無用，她後來在廣華醫院做文員。二〇〇五年已移民南非的她隨丈夫宋樹材來訪，讓我記下她的經歷。她說：

> 六七暴動後的一九六九年，我被調動組織關係，由「學友社系統」轉至「青樂系統」，改由張綺玲領導，即與宋樹材分別在不同系統的黨組織中。我同時被派去「青樂系統」出版的《青春週報》工作，就是《青樂》被迫停刊後重新出版，代替《青樂》的刊物。月薪一

百八十元。我負責編輯，探訪及組織讀者活動。因為外形老實，黨組織指派我出面負責租賃社址事宜。有一負責人叫鄺太，庇理羅士中學畢業，是葉國華的秘書。一九七一年和宋樹材結婚後，領導人通知我要上廣州開學習班，這次學習班是專門為批判他而設，《青樂》方面黨組織認為他思想落後，要我與他劃清界線，不要被他拖後腿，無形中是勸我離婚。宋樹材非常憤怒，隨我上了廣州，領導人宣布取消學習班。兩年後，我離開《青春》並脫黨。《青年樂園》公開負責人姓李，因四人幫下台解散《青春》後，他回廣州暨南大學任教。他曾向大家道歉，說是上級領導路線錯誤。我於一九七二年後入讀在職師資訓練班，從此當上教師。

在一次車禍中，宋樹材不幸過身，甘玉珍面對喪夫之痛以及嚴酷重傷的情況下，克服一切困難，堅強地活下去，現已回流香港。

以上資料，足夠證明《青年樂園》不單是有左派背景，不單是拿中共資金，對其神秘面紗的政治猜測也不是誤會，而是徹頭徹尾由中共在港地下黨所創立，所領導控制的外圍組織。有人說：「其內容迴避政治，左派色彩並不鮮明」、「這份刊物從編寫內容到工作人員未顯示有鮮明的政治觀點，鼓吹政治。」石中英轉述李廣明及陳序臻的叮囑：「他們管理下的《青年樂園》絕對不是一份政治宣傳刊物。」這是沒有錯的，因為公開講政治不是他們的任務，暗中培養地下幹部才是他們的目的。如果刊物文章充滿政治性，還能吸引學生來參加嗎？我是過來人，我知道其中的秘密。

港英政府應該知道這個秘密，只是苦無機會。《青年樂園》在六七暴動期間，因領導層思想激進化，竟走上抗暴第一線，出版了副刊《新青年》。其內容要求學生丟掉幻想，認識血的教訓，要緊跟鬥委會暴動調子，暴露了《青樂》紅底真相。這正中港英政府下懷，藉以取締。這個錯誤的形成，無論是陳序臻所說《新青年》的出版是應讀者要求，或是李廣明所說的是應贊助人要求，都是謊話。實情是他們的上級領導，當時的地下港澳工委領導人梁威林和祁烽頭腦發熱，緊跟國內文化大革命推行極左路線，違背「隱蔽精幹，積蓄力量，長期埋伏，以待時機」這黨的地下工作方針及「長期打算，充份利用」的對港政策，誤以為人造花廠工潮就是解放香港的時機，暴露了地下黨的秘密。

然則，我的高高在上的領導人梁煥然，如何知曉當年的小編輯和一個只當了近三年派報員的名字，大菱和「羊咩」？這裡需要說明一下：

當時的港澳工作委員會（即「新華社」）的教育戰線有一個最高領導人會議，其屬下的灰線「學友」和《青樂》領導人都會參加。梁煥然在這個會議上聽到《青樂》方面彙報培養幹部的成績，自然知道這兩個名字了。看來歷史的真相就在這裡，《青樂》的「黨印」，無論如何水洗也不清。

如果你看過石中英的文章或講話，你會發現他非常著力於撇除兩個關係。一個是《青樂》與地下黨的關係，他甚至對理工大學講座的宣傳單張上印有「左派刊物」字句，也批評是不平等不公允。另一個是他與《青樂》的關係，強調他只是派報員。在他的文章和講話中，「派報員」一詞使用頻率之高令人驚訝且煩厭。我沒有認真數過，至少有幾十次以上。這樣的矯揉作態，太著痕跡了，無非是要讓大家知道，他這個無足輕重的派報員與《青樂》的關係極淺。

現在，根據石中英提供的資料，我可以為他補上隱瞞了的部份。他參加了《青樂》黨組織在金文泰中學所組織的讀書會，由讀書會的同學帶他去《青樂》。做完派報員後沒有再上《青樂》並不說明他已離開「青樂系統」的黨組織，因為他仍然參加讀書會，成為金文泰中學「三劍俠」之一。這個讀書會在六七暴動時轉為金文泰中學「鬥委會」，印製「愛國無罪，抗暴有理」小報。石中英被港英控以「藏有煽動性標語罪」而入獄。他何必隱瞞這些經歷呢？

石中英的「火石文化有限公司」出版《誌．青春——甲子回望《青年樂園》》一書，主編陳偉中在專題文章中說：「不管它創立的真正目的和背後真正隸屬的組織為何，它在協助學生成長，倡導文學創作所作的貢獻和發揮的作用，不應因刊物的政治背景，或是因六七暴動禁刊而被一併抹殺。當《中國學生周報》早已能夠超脫美元資助的政治目的，而被反覆審視，回顧甚或推崇的時候，《青年樂園》為甚麼不能超脫左派資金、中共機構等刻板的政治定位，而被重新回顧和檢視，找回它在歷史中應有的位置呢？」

我的意見是：《青年樂園》的出版是香港文化歷史的一部分，應該記載和研究。但是既然是歷史，就應該還原歷史的真相。地下黨在這個刊物中存在和所起的作用的歷史事實應同時記載，讓曾參與的人知悉真相，是我們的責任。我認為刻意隱瞞地下黨部份的歷史，只是殘缺的歷史。人們可以對歷史不作評價，但必須呈現真實完整的歷史。如要超脫的話也應該是在歷史真實的基礎上去超脫。

為了填補歷史的空白，我寫下這段文章。

五、六七暴動中的地下黨

當年的我，經過地下黨領導人的口頭傳達，面授機宜，我是絕無異義地清楚確定，這場震撼全港的暴動，千真萬確是港澳工作委員會在工委書記梁威林和祁峰為求自保，緊跟中央，依照國內文化大革命的範式而發動、領導、組織的一場驚天慘劇，電台播音員林彬確是被中共所殺。所以，當常常有人意圖否定這一事實，說甚麼現今未知真相，甚麼群眾自發，甚麼林彬之死非親共派所為等等說辭時，都觸動我的神經，引起我的憤怒。

感謝多位作者和導演不辭勞苦搜集資料，出版製作了不少關於六七暴動的作品，搶救了即將被消失的歷史，填補了歷史的空白，還原了歷史的真相，讓消失的檔案從此永遠長存。我看過的作品包括：張家偉的《香港六七暴動內情》、《傷城記》和《六七暴動：香港戰後歷史的分水嶺》、金堯如的《中共香港政策秘聞實錄：金堯如五十年香江憶往》、江關生的《中共在香港（上、下卷）》、余汝信的《香港，1967》、趙永佳、呂大樂、容世誠的《胸懷祖國：香港「愛國左派」運動》、翟暖暉的《赤柱囚徒》、劉文成的《劉文成自傳》、程翔的《香港六七暴動始末——解讀吳荻舟》以及羅恩惠導演的紀錄片《消失的檔案》。

上述作者和導演，基本上能直面歷史真相，明示立場，以「六七暴動」命名這次事件，排除了那些「五月風暴」、「反英抗暴」、「六七事件」等違背史實，模棱兩可的提法，認同「暴動」是事件的真實性質不容否認，令我相當高興。所有的作品資料浩繁，證據確鑿，有些引用當時的中國國務院外事辦公室港澳組副組長吳荻舟的「六七筆記」所記錄的資料最有說服力，駁斥了那些荒謬的言論。

他們都或深或淺，或明或暗地做出差不多一致的結論：那就是六七暴動是由港澳工委發動，得到中央的支持，周恩來直接過問，其間或受四人幫干擾，政策時左時右，但周恩來始終能處理突發事件控制大局。暴動最終因毛澤東指示香港要保持現狀，周恩來於同年十二月下達立即停止的命令才得以結束，以失敗告終。六七暴動是被中央徹底否定了的，周恩來及中央官員批評鬥爭搞錯了，港澳工委發動暴亂犯了路線錯誤，違背了中央的方針政策，將地下組織暴露了百分之九十，造成很大的損失。中共在一九七八年召開港澳工作會議時，對這場暴動作出如下結論：「群眾是英勇的，路線是錯誤的，責任在中央」。

然而，究竟港澳工委有何能力發動如此龐大的群眾運動？

這是一個非常重要且現實的問題。邢福增教授在講話中也表達了相同的疑問。他質疑港澳工委怎麼可能在基督教、天主教學校內發動這些學生起來造反，一定是校內有隱藏的「針」或「線」才能成就。好像當年共產黨的「針」毛鈞年，就是潛伏在循道中學當教師，後來被地下黨調派新華社當副社長而曝光，再成為基本法諮詢委員會秘書長就是一例。

我當年是具體參與的組織者，當然知道答案，中共靠的是地下運作的黨組織，透過港澳工委屬下埋伏在各條戰線，比如工運戰線、教育戰線、工商戰線和新聞戰線內的地下黨員去發動群眾，才能完成這個任務。如果忽視地下黨的存在和作用，是無法解答這個問題的。可是上述作品（除《香港六七暴動始末》外），都迴避這個問題沒有尋找答案，「地下黨」在這些作品中消失了。（儘管紀錄片《消失的檔案》有我的訪問，也沒有解答這個問題，可能這個問題不是全片的重點。）

我知道搜尋「地下黨」在六七暴動中的角色是困難的。其實在那些作品中被訪的銀行職工、書店經理、報紙編輯、工會工人、傳媒記者等，很多都是地下黨員，但大多數隱藏其真實身份。受訪者因懾於中共的淫威不敢揭露地下黨的存在，訪問者自我審查不敢在訪問中鋭意追問，當然也有些作者根本不知有「地下黨」的存在而忽略了。我只能在作品的字裡行間看到「地下黨」的影子，在文章中晃來晃去，呼之欲出。

揭出全港地下黨員在各戰線上的分佈情況很重要，至目前為止，已經有十二位人士公開了他們的地下身份：

- 司徒華先生在他的回憶錄「大江東去」第二章中承認，他曾加入中共屬下的新民主主義青年團（即共產主義青年團前身），憶述他與地下黨前後關係的演變。

- 柯其毅先生在回憶錄（*Song of the Azalea*）中記述了他入團入黨的經過和為黨工作的情況。
- 宋樹材先生生前的口述回憶文章，刊於拙著《我與香港地下黨》（頁六十二）中，他承認自己在漢華中學加入共產主義青年團，後被黨組織調到學友社，在共產黨員葉國華領導下轉正成為共產黨員並開展學生工作。
- 甘玉珍女士是宋樹材的太太，她的口述回憶文章刊於拙文〈我所知道的《青年樂園》〉，文中她說自己是在學友社文藝組組長葉國華領導下加入共產黨，後被黨組織調去《青年樂園》工作。
- 劉文成先生本是香港水務局幫辦，亦是水務局華人職工會理事。一九六七年六月參加罷工被警察逮捕關進摩星嶺集中營十三個月。一九六九年七月，又因觸犯港英法例，水務工會二十位理事被控告，再入芝麻灣監獄兩個月，留有刑事案底。他的自傳刊於《眾新聞》，他說「自一九五二至五三年間工會由國民黨控制變成親共工會後不久，自己便被發展成為中共黨員，在一間餐室內宣誓入黨。」
- 翟暖暉先生本是南昌印務公司的持牌人及經理，因承印三份親共報刊受到牽連，被港英當局逮捕，控罪十一條，合判入獄九年。他在回憶錄《赤柱囚徒——憶「六七暴動」》中承認自己曾參加中國共產黨領導的新民主主義青年團，雖未有詳述入團經過，卻在書中詳盡憶述六七暴動的經歷，對港澳工委多加批評。
- 羅孚先生未有親自書寫入黨的經過，由他的兒子羅海雷在其著作《我的父親——羅孚》中記述了羅孚是於一九四八年在香港入黨，監督人是後來出任第二任新華社香港分社社長的黃作梅和他的副手吳荻舟。羅孚曾發表一篇文章〈我要道歉〉，他說：「我是一個單位的頭頭，也和鬥委會中年輕人組成的戰鬥隊，一起去英文書院門口放假炸彈。當年抱著一腔正義參加鬥爭，今天回想那些錯誤，慚愧之餘，我要道歉，表示我的歉意。」

- 前香港《文匯報》總編輯金堯如先生是六七暴動中，新聞宣傳戰線的第一線負責人。在回憶錄《香江五十年憶往》中，他雖未有詳述入黨的經過，卻講及他於一九四七年曾是「中共臺灣工作委員會」常委，任職宣傳部長。年底黨組織被南京國民黨蔣介石偵悉，下令緝捕。幸而那時共產黨在南京高層深處有人緊急通知他，轉移到香港找中共中央南方局方方書記和喬冠華，於是得以逃離死地。稍後他被安排入新華社香港分社負責新聞宣傳和統一戰線工作。
- 前新華社香港分社副秘書長何銘思先生在口述史中，透露自己在抗日時期加入中國共產黨，成為中共幹部。一九七八年任港澳工委統戰部部長。六七暴動期間，他負責管理暴動中的所有財務開支。一九八九年「六四屠殺」後公開宣布退出共產黨，脫黨啟事刊於《文匯報》。他說：「我無法接受中國當權者以武力鎮壓人民的血腥事實，這完全背離了共產黨過去所宣示的宗旨，我決定退出中國共產黨。」他隨後到加拿大卡加利市定居。
- 筆者梁慕嫻著有《我與香港地下黨》一書，回憶加入共青團和共產黨的經過及為黨工作的情況。
- 某夫婦一九九六年來到加拿大溫哥華，尋求加拿大政府給予政治庇護，柯其毅曾為他們介紹一位律師協助申請。在申請期間，他們都寫下一份備忘錄。我在機緣巧合的情況下得到這份資料，一直保存至今。備忘錄內容敘述了兩個地下黨人痛切覺醒的經過，深深地打動了我的心，唯因涉個人隱私，以下姑隱其名，僅撮要摘錄：

我，〇〇，一九二五年在中國廣東省出生。中學時期在華僑中學被接受成為中國共產黨員，並主持中共的一個地下聯絡站。一九四六年我被通知轉移返回廣州，同年九月經黨組織同意，考入國立中山大學。三年的大學生活主要是組織學生活動，包括組織科學研究會，愛國民主運動協會及地下學生聯合會，更組織學生舉行示威遊行。

一九四九年黨領導人安排我到香港，香港黨組織派我到港九樹膠塑膠業總工會接任書記。後於一九五二年調動到港九勞工教育促進會任秘書。至一九六七年反英抗暴，工人在工廠周圍張貼大字報，引起警方鎮壓。中共抓住這個時機，立即召我到港九樹膠塑膠業總工會，限令我在三天之內，組織發動人造花廠工人開赴現場抗議示威，另又組織其他工人前往慰問。

七月，香港政府軍警包圍香港工會聯合會工人俱樂部，我被捕，拘禁於香港西環摩星嶺集中營。一九七〇年，我獲釋之後，黨對我不信任，大約有兩年時間我沒有正常的組織生活，沒有安排重要職務，據說是冷靜觀察期，一九八二年至一九八五年才調回港九勞教育促進會工作直至退休。這時，我已失去過往的熱誠，推搪不參加學習和會議。一九八八年與妻子隱居〇〇，希望能過寧靜的晚年生活。但一九九四年始，因臨近九七年香港回歸中國，黨組織需要多方面組織群眾，強迫我參加港九勞工子弟學校高齡教工聯誼會，任註冊董事，又要我參加慶祝回歸倒數活動及遵照新華社香港分社所圈定的候選人去投票選舉……要避世也避不了。

我要求給予政治庇護的原因：

第一，我的家庭出身和社會背景複雜，無論我怎樣忘我地工作，黨組織仍然不大信任。被香港政府拘禁和釋放之後，情況尤甚。

第二，我曾多次被批評指摘，如階級覺悟不高，政治水平低，擔心黨組織抓住我的歷史問題，把我作為批鬥對象，甚麼時候會抓我去接受「再教育」。

第三，我被批評在拘禁期間鬥爭意志懦弱，不夠堅強，缺少英雄氣概。懷疑我經不起審訊而叛變。

第四，黨對我的兒女全部都去了外國讀書懷疑很大。查問經濟來源，如何貸款，申請獎學金等等。我記得〇〇的女兒去英國讀書，被指「裡通英國」，叫到廣州接受嚴厲批鬥，撤除所有職務，開除黨籍。幸而他的妻子沒有跟他一起到廣州，否則恐怕他倆會同時留在廣州「再學習」而不能回港，失去了自由。就我所知，不少工會工作者和社會知名人士，曾被騙或調動到內地遭受批鬥，失去和家人聯絡的自由。這些人包括張振南、劉耀昆、余渭泉、麥耀泉、李洛、楊忠、李述龍、金堯如、羅孚等等。

第五，我有不同意見就被視為對抗。我在工會工作了三十多年，月薪只港幣三千元，大半生辛勞所得，不足以租住兩個小小的房間。一九八七年，新華社香港分社副社長陳達明指使新華社人員直闖我的住所，要和我談話，交代思想，我婉拒了他，被認為是抗拒。我們恐懼，早走早著。

我來到加拿大，瞭解到她是一個愛好和平和公義的國家，人們生活身心舒暢，既和平又民主，自由。加拿大是一個美麗的國家，我愛加拿大。

※ ※ ※

我，〇〇，一九三二年十一月在香港出生。一九四八年在香島中學唸書時被吸收為共產主義青年團地下組織成員。一九五一年被組織要求停學，到〇〇業職工會擔任書記。一九五七年與〇〇結婚。

一九六七年八月，我被黨組織通知到港九工會聯合會秘書處工作，負責全港被捕者及死難者家屬工作，常與新華社及工商界有關人員聯繫。當時全港被關在獄中的約四千多人，有關工會或單位人員在探監後會前來工聯會向我彙報，由我記錄後直接向新華社報告。

這時，我奮力工作，且再向領導提出申請轉正為黨員要求，但仍然被拒。及至被捕人士全部釋放以

> 後，又把我調到〇〇工會。我在工會工作了二十六年後，轉到一些商業機構當營業經理或主任，至一九八八年遷居〇〇，以為可以隔絕所有與組織有聯絡的人。
>
> 請求政治庇護原因：
>
> 第一，我的大哥是香港〇〇主任。新華社組織部副部長陳芳對我說：「你是因為你大哥的問題不被接受入黨的」。一九八七年陳芳要我參加區議會選舉，並以接受我加入共產黨為條件作交換，如果我參選，我多年來要求入黨的問題便會解決。我一切都明白了，我拒絕了參選。她警告，我的生意會很難做，我十分反感，沒有理會。
>
> 第二，現在我看到了這個組織的所作所為是極其醜惡的。文化大革命多少精英，多少志士被犧牲，被活活打死，二千多萬人死於文革。四人幫倒行逆施，欠下中國人民的累累血債。六四天安門事件是極權主義摧殘民主，扼殺自由。這些年來，我看透了這些鐵的事實。
>
> 第三，我不想，我和我的丈夫被解回中國，如果我現在不離開香港，可能永遠也離不開。從報章上看到王丹被判刑十一年，民主自由是基本人權，王丹爭取民主與自由何罪之有。我很愛加拿大，我發現，我畢生找尋的東西，在這裡找到。
>
> 按：某人已於早年在溫哥華逝世，而我與其妻子已失去聯絡。

感謝以上人士勇敢地坦承自己的地下身份，證明中共在香港已成為地下黨的事實。

除此之外，在公開資料的基礎上，我還可以選取幾個案例，嘗試還原港澳工委教育戰線下的灰校線如何組織學生鬥委會、參與暴動的幾種不同的方法，用以填補歷史的空白：

1. 庇理羅士女子中學

在張家偉的《傷城記》第二章〈黌宮遺憾〉中，記述十四名女學生集體被捕事件，是最能找到地下黨線索的篇章。其中被捕學生曾子美（曾鈺成和曾德成的妹妹）接受作者訪問時說，在庇理羅士中學讀到中三時認識了一位住西環桃李台的中六學姐，是領袖生兼中文學會幹事。初時學姐經常聯絡她，借巴金反封建禮教小說《家》、《春》、《秋》給她看，後又進一步循循善誘，借出中共革命小說《青春之歌》、《紅岩》給她閱讀。曾子美表示這位學姐手法巧妙，不會刻意硬銷政治理念，在其引導下她開始思考問題，關心時事，並逐漸認同中國。一九六六年暑假有同學帶她去「青年樂園」，讓她擔任「課本出讓站」賣二手書義工。

另一被捕學生韓雪也在訪問中透露，庇理羅士中學的中文學會主要是舉辦戲劇，文學講座，辯論會等文藝活動。擔任學會幹事的中六學姐帶她和低年級同學參加旅行，聯歡會等課外活動。一九六七年九月常帶她們去培僑中學，參與官、津、補、私學生（即灰校學生）國慶表演節目的綵排活動。

一九六七年十一月庇理羅士女子中學一名余姓同學把諷刺校長的打油詩〈毒玫瑰〉投稿《青年樂園》而被校方取消獎學金。中五學生勞惠瓊為協助她繼續學業發起募捐，又被校方開除學籍。中六學姐召集韓雪、曾子美等十多人於灣仔一家補習社開會，（該補習社於一九六八年中成為《新晚報》副刊〈學生樂園〉的讀者活動中心）商討如何協助被校方開除的勞惠瓊，會上學姐主張勞惠瓊如常回校上課。勞惠瓊回校當天得到校內十三名學生聲援，高呼口號抗議，校方電召警察，最終全體被捕。

從以上資料可以證明幾點：

- 可以斷定庇理羅士中學十四名學生集體被捕事件，是由港澳工委教育戰線下灰校線外圍組織《青年樂園》所策劃，組織和領導。
- 那位中六學姐就是《青年樂園》在庇理羅士中學內的「針」，她有政治組織聯繫，可能是共產主義青年團團員或共產黨員。她利用校方主辦的課外活動去結識低年級同學，並進行中共式愛國洗腦思想教育工作，引導她們認同中共。
- 中六學姐是事件的領導者。她能迅速召開十多人的會議，相信這些學生之間早有聯繫或已組有讀書會之類的組織。她在會議上主張勞惠瓊照常回校，是早已訂定的計劃，且在學生被捕後又勸家長不交罰款，是刻意一而再地製造事端，為的是擴大對社會的影響。
- 曾子美和韓雪表示，她們對六七暴動的導火線……人造花廠事件幾乎一無所知，是極力掩藏十四學生集體被捕事件與六七暴動的關係，以便譴責校方無理鎮壓學生。但據該校畢業生憶述，六七暴動期間校內曾有人把傳單由學校二、三樓拋下，校方開始搜查學生書包。（《傷城記》頁四十七）這說明庇理羅士中學鬥委會早已成立並有所行動，引起校方警覺，追查之下發現源於《青年樂園》這個刊物。十四名被捕學生應是鬥委會成員。
- 大多數領導人在成立了灰校鬥委會，撒過了傳單，貼過了標語，經歷部份學生被開除後便完成任務，不再部署後續行動。《青年樂園》的地下黨領導人卻並不就此罷手，為了做成更大的社會影響，繼續指使中六學姐利用余姓同學打油詩一事及為勞惠瓊募捐一事組織後續行動，結果釀成集體被捕。地下領導人不顧只有十多歲學生的學業前途，把她們的熱情利用殆盡，是六七暴動中惡劣例子之一。

2.皇仁書院

大約是一九六二年，共產黨員葉國華來到學友社參加活動。我把香港區的口琴組和輕音樂組分配給他全權領導，後來他更成立了文藝組，自任組長，並建立了香港區的黨支部。

至一九六七年六月人造花廠工潮已發展成群眾運動，繼全港各界鬥委會成立，學界鬥委會宣布成立之後，灰校也要成立鬥委會。學友社內的地下黨員包括我自己，紛紛把留下的積極分子按學校單位分別組成該校鬥委會。

葉國華領導的文藝組有兩個皇仁書院學生參加活動，就是伍鎮環和李文標，同時口琴組也有兩個皇仁書院學生學習吹口琴，就是李繼潘和何安頓。因為皇仁書院是名校，有影響力，葉國華親自上馬，直接領導這四個只有十五、六歲的學生，組成皇仁書院鬥委會。雖然只是四人起家，但幾個月間便一層層地發展為約十多人的組織。

鬥委會於六月二十日在學校正門懸掛六呎長紅布白字「粉碎奴化教育」標語，也在橫門張開一幅「粉碎反華課本・言論」標語。在校內散發「告皇仁同學，工友，老師書」，張貼各式反迫害鬥爭標語。他們安排口琴組組長關業昶在校外拍攝，在親共傳媒上公開宣布「皇仁書院學生反對港英迫害鬥爭委員會」成立，並發表了告全港同學書。結果李繼潘、何安頓及一些學生被抓到，遭校方開除學籍。

葉國華像「青年樂園」的領導人一樣，沒有放過李繼潘和何安頓，被開除學籍後，繼續部署他們兩人「回校鬥爭」。於是，在十月十七日李繼潘和何安頓強行回校，校方報警，兩人被捕。李繼潘被判入獄二十二個月七天，何安頓判監禁四個月，像是送羊入虎口。從停課、開除、抗爭、拘捕到否認控罪，這一切改變了兩人的生命軌跡。他們出獄時學友社並沒有為他們舉行歡迎會。伍鎮環和李文標則經過一番努力順利考入香港大學，引領隨後的大專院校的「火紅的年代」。鬥委會中還有一位被勒令停課後考入香港中文大學的蔡文田。

在地下黨內，黨員幹部能發展多少屬下黨員、能抓住多少群眾，就是向黨邀功的本錢。葉國華得到皇仁書院這張皇牌，是六七暴動的大贏家。葉國華毫無疑問地因而得到黨的提拔，在地上，他當上紅頂商人和特首董建華的特別顧問（現為「香港政策研究所」主席）。在地下，他也晉升為灰線領導人之一。許多人包括李繼潘、何安頓、伍鎮環、蔡文田、宋樹材等都成為他升官發財的踏腳石。

3.金文泰中學

中共地下黨滲透金文泰中學源遠流長，有歷史傳統。以下是筆者收集到的幾則證據：

- 我收到加拿大某大學退休林教授來函，憶述他就讀香港金文泰中學所看到的事情：

（一九）五三至五六年間，在學的有進步思想的同學，會邀請一些成績較優秀，又有可能「被發展」的班友組織學習小組，研討功課上的疑難，我被邀請參加幾何學習小組，為組員準備一些課外補充題加強練習。小組約有七至八人，在功課之外，或閒談或露營遠足，或順帶提及一些社會話題，例如港英陰險，祖國強大之類。具鼓舞性的著作諸如《牛虻》、《鋼鐵是怎樣煉成的》、《遠離莫斯科的地方》等等都不時提起，但手法是十分溫和的。進步同學肯定跟校外一些人物有聯繫，比如培僑中學或漢華中學的學生，這是否算是接受領導，那就很難說了。當然，這種聯繫，「被發展」的班友是不知情的。他們既感受到同窗的溫暖，又本著幫助同學搞好功課的目的，一般都很愉快地投入這些學習小組的活動。

小組內有人動員班友回國升學，考生必須考取「政治常識」這一科，準備回國升學的香港學生均須熟讀《政治常識讀本》。我知道約有十二名班友被動員回國升學，卻沒有人動員我。回國後，他們沒有被打成右派，但大躍進期間食物短缺，有些同學缺乏營養無力上課，為了減少飢餓和疲勞的困擾，被迫常要躺在床上，他們名之為「勞逸結合」。三年後，差不多全部同學回港，都沒有學位。我和他們仍有聯繫，瞭解他們回港後找工作非常困難，也無法繼續升學，知道他們至今不願回首這段慘痛的往事。

● 作家小思（即盧瑋鑾）的專欄「一瞥心思」中有一篇文章〈我進讀書會〉，文中寫道：

一九五五年我升學金文泰中學，記得初中一年級時，小息在操場上散步，高年級學姊迎上來聊天，問我想不想多讀課外書——那時代中學沒設圖書館，愛看書又沒錢的學生，只靠到書局打書釘，受盡書店老闆白眼。忽遇學姐一問，自然爽快說「想」。從此，我進了學姊學兄眾多的讀書會，每星期六下午，我要到學姐跑馬地的家，事前她送給我一本書，要讀完才在讀書會討論。第一本讀的是蘇聯作家尼古拉‧奧斯特洛夫斯基所著《鋼鐵是怎樣煉成的》，我小學讀的是《家》、《春》、《秋》從不接觸時代大革命故事，主角保爾‧柯察金這個騎兵勇士、共青團員，受盡艱辛磨練而成的英雄，在閱讀經驗中，從沒這種印象。可是讀到第九章，保爾因自己「應先屬黨」，要和情人冬妮亞分手，這情節真叫我嚇一大跳。

又由於保爾受了傷也不呻吟，他說讀了《牛虻》就知道原因。於是我們第二本書就讀《牛虻》。一年來，我在讀書會讀了七、八本書，跟隨學姐學兄進入書中「境界」，學懂黨國重於個人，不畏犧牲以赴國難等等。再過一年，讀書會消失於無形中，據說主持的學姊學兄給開除出校，還被遞解出境了。

小思說：五〇年代中，所謂「左派政治滲透」真夠厲害……相信我遭遇的，不是個別事件。

- 報刊，電影文化產業出品人石中英（本名楊宇杰）在他的文章〈我是「青年樂園」派報員〉中說，十三歲那年，他正在金文泰中學唸中三。同窗友好梁中昀（人稱阿羅）介紹他去「青年樂園」做派報員，是應另一位高班的金文泰師兄謝鏡添（人稱阿督）所囑的。原來謝鏡添師兄已是資深派報員。石中英經歷兩年半派報生涯，至中五下學期才停止。從此，他與謝鏡添和梁中昀結成「青年樂園」的金文泰三劍俠。

在文章的尾段，他寫道：「一九六七年夏天，十六歲的我因與同學印製了『愛國無罪，抗暴有理』小報，在緊急法令下，被控以『藏有煽動性標語』的罪名，入獄十八個月。出獄後在社長李廣明（人稱阿叔）的引導和教誨下，成為《新晚報》副刊『學生樂園』的小編輯，直至七〇年代。阿叔既是我青年時代啟蒙導師，也是我一生的導師。」

- 另一位金文泰中學畢業生，中文大學中文系退休教授王晉光，於二〇一五年在《明報月刊》五月號發表文章〈當時已茫然〉。在文章中，他承認六七暴動期間曾參加兩次示威遊行。其中一次是在旺角彌敦道三育圖書公司門外。他描述遊行有高度組織性，在行人道上逡巡的學生在一聲暗號下，突然從四面八方湧入馬路中間，迅速形成隊伍，手拉手唱歌，高呼口號。隊伍維持二十分鐘即依約定時間解散，等到港英大批軍警開到時，示威人群早已不知去向。這是灰校學生舉行的飛行集會，共有三次，王晉光參加的是第三次。

- 王晉光也承認曾隨金文泰中學鬥委會成員謝鏡添去赤柱監獄探望石中英及謝鏡添的弟弟，兩人皆因運送暴動傳單被捕。後來石中英和梁中昀進了新華社工作，他再沒有跟他們聯繫。

王晉光的老師，中四班主任戴榮鉞曾規勸他：「這樣下去是沒有前途的，還是好好讀書吧。」自此，王晉光開始反省，對政治事務漸失去興趣。他中五畢業後，金文泰校方拒絕錄取他，幸得同學老師的幫助才能進入巴富街中學繼續升讀中六，從此踏上學術之路，離開政治。

相對於石中英，王晉光是坦白得多了。那些「飛行集會」的集合時間、地點，與地下黨沒有政治聯繫的人是不會知道的。王晉光坦言自己參加了遊行，證實他的同學有地下黨聯繫，也為我們證實了地下黨在金文泰中學組有鬥委會，屬《青年樂園》系統，那金文泰的三劍俠就是金文泰中學的鬥委會成員。

4. 嶺南中學

楊甘川、施純澤和陳杰文三人同是嶺南中學的同學。楊甘川已於二〇一〇年五月因肝癌病逝，在他臨終前的半年左右，專門來電告訴我一段他的經歷，並讓我記錄在案。

他說：他們三人認識香島中學學生嚴觀發，經他介紹又認識了中資新華銀行林某，並在他的領導下組織學習小組。六七暴動期間這個小組討論組織戰鬥隊的計劃，商量擺放假炸彈行動，響應各界鬥委會的號召，實行暴力鬥爭。當炸彈製作完成，計劃亦已擬定，正要行動之際，林某突然通知取消計劃。但他們三人已經作好一切準備，正是如箭在弦，不願停止行動，決心在十一月三日凌晨四時許，在紅磡蕪湖街近大沽街處放置可疑物體及一條紅布橫額，卻被一名九龍巴士公司員工看到並報警，警察立即來到，三人趕快逃走。結果，楊甘川及施純澤逃脫，其時只二十歲的陳杰文被捕，判入獄三年，遭毒打並飲頭髮水。警方搜查陳杰文之家，沒有搜獲證據，因所有器材均在楊甘川家裡。陳杰文於一九六九年十一月刑滿出獄，他沒有向警方供出其他兩人，很講義氣。

陳杰文出生於廣州，一九五八年移居香港，案發時是在一間製衣廠當文員。他在廣州有女朋友，出獄後曾回廣州醫治。我曾通過地下黨組織向廣州黨組織要求辦理他女朋友來港手續，並讓他們在港成婚，聽說他的太太很感激我。後來陳杰文進入大公報工作，成為要聞科主任。

他們三人都參加了學友社中樂組。陳杰文早已是宏光國樂團團員，拉得一手好二胡，好板胡。六七暴動後學友社重新排練節目，我邀請了施純澤擔當中樂組的指揮，相信他們在中樂組有一段愉快的時光。我對他們的事早已略知一二，但從未查問，心中只常記掛著陳杰文胃內的頭髮是否已經清理。

我熟識他們三人，認為他們原本都是好青年，是中共有毒的愛國主義思想影響了他們的一生。楊甘川移民美國後常來電話聯絡，感覺到他的欲言又止，我一直等著他的自我表白。他得知自己重病後，本擬來溫市與我見面，可惜未能如願。事件中的許多細節，我沒有追問，是不忍。在電話中聽著他喘息震顫的聲音，明白這是他自覺死神將臨的覺醒，我已經非常感激。他讓我們終於可以證實，港澳工委統領的地下黨，利用中資機構內的黨員組織青年學生參與六七暴動，是鐵一般的事實。

5.香港大學

根據吳靄儀文章〈我的港大歲月4〉所記憶，我們可以知道六七暴動期間，香港大學有學生組成鬥委會。她說：「一九六七年暴徒陡然發生，當時街上有土製炸彈的威脅，港大校園裡則有晝伏夜動的秘密鬥委會。一日清早回來，陸佑堂自頂樓垂下紅色的大字標語〈打倒港英奴化教育〉，令人觸目驚心。一場暴動港大倒出幾位人物，其中勇敢的鬥委會領袖同學，我們當然知道他是誰。」根據吳靄儀這些資料，我曾向她發出電郵，希望她告訴我那位領袖同學的名字，她沒有回音，我覺得很可惜，很失望。

不過，曾任培僑中學校長，一九九二年當上「民主建港聯盟」黨魁的前立法會主席曾鈺成，於聖保羅書院中學畢業後在一九六五年入讀香港大學數學系，正值六七暴動期間。

在江關生的大作《中共在香港下卷》（頁三百）中，有一段記載曾鈺成受訪時的說話：「當『六七暴動』發生時，我已經是一個忠誠的馬克思主義者。在大學裡，我們有三、四個政治上志趣相投的同學，經常見面，買毛澤東的書，一起閱讀馬克思和恩格斯的著作。大家聯合起來寄錢到《文匯報》支持左派工會。我們甚至上街參與由本地共產黨組織領導的示威。」江關生根據多種資料，推斷曾鈺成是共產黨員應無疑問。我同意江關生的判斷。我曾把地下黨員分為三類，第一類是實證地下黨員，第二類是推算地下黨員，第三類是行為及思想實質地下黨員，認為曾鈺成是第二種黨員，他要不是吳靄儀所說的領袖同學，也應是港大鬥委會成員了。

然則，曾鈺成的黨印是怎樣煉成的？許禮平的文章〈曾氏一門軼聞〉可以給我們提供一些線索。在九〇年代，許禮平曾與在中華總商會任職的曾鈺成的父親晚膳，曾伯對許禮平表示，曾鈺成本來不是這樣的，後來跟了傅華彪，受了他的影響，才有所轉變。於是許禮平四處打聽傅華彪，於二〇一二年十一月，在一次與一眾好友赴穗探望「青年樂園週刊」老社長李廣明之後，在回程路上才找到機會向傅華彪細詢。據傅透露，年青的曾鈺成當年有投稿「青年樂園」，也常常上報社，傅是英文編輯，與曾鈺成交談，很快熟絡。兩人有共同的行山興趣，常相約登山。有一次，曾鈺成得了一個數學獎，若登記在冊，必須是英籍。曾鈺成請教傅華彪，傅說，若是為了一個獎項而改變國籍是否值得？若是他自己則不會這樣做。後來不知曾鈺成有沒有改變國籍。傅華彪對曾鈺成的愛國教育相當技巧。

這就是中共培養地下黨員的典型模式。一個編輯，一個學姐，一個阿叔或組長，經過他們的教導帶領，使你「進步」愛國，便改變了你的一生。

6.聖保羅書院

據傳媒報導，聖保羅書院有學生組成鬥委會，在學校撒發傳單，從校舍高處拋出街外。更有一巨型紅色大標語：「愛國同學大團結萬歲」，在校舍五樓牆外懸掛。曾鈺成的弟弟曾德成是聖保羅書院學生，也是鬥委會成員，參加了這些行動。他於九月二十八日在校內被捕，因為煽動罪名被判監禁兩年，成為少年犯，留有刑事案底，失去升讀大學機會。於一九六九年二月出獄後，他任職《大公報》總編，二〇〇七年出任民政事務局局長，成為香港首位帶有刑事紀錄的香港政府高級官員。

7.浸會學院

浸會學院有學生組成鬥委會，我知道其負責人是阿儀，在蔡培遠領導下工作，屬學友社系統。

根據《大公報》不完整的報導，港九學生界鬥委會成立後兩周，「浸會學院紅旗戰鬥組」即發表告同學書：「浸會同學看清前途，速作抉擇」，又號召展開仇視、鄙視、蔑視的三視運動。並舉行誓師大會及與工人叔叔舉行控訴大會。黃國湘在校內公開派發傳單，有兩學生被校方開除。

8.培道女子中學

阿儀的妹妹在培道女子中學就讀，她來見我時已經在校內聯絡到四、五位同學，說是要組織鬥委會，邀請我來領導。我答應了，並幫助她們舉行會議，宣布成立鬥委會，並向媒體發出成立公告。

（請參閱本書第三章第五節）

9.東華三院

根據宋樹材來函透露，東華三院有組成鬥委會，成員包括葉滿枝、鄭仲明和陸文彬，在葉國華領導下行動。在暴動尾聲之時，不知道甚麼原因，黨組織安排葉滿枝來見我，這是調動組織關係，由葉國華調來給我領導，讓我知道了葉滿枝的地下身份。不過，那時的我，已經相當疲倦，他向我提出了很多對革命、對黨的疑問，我都很勉強地回答，見過一或兩次後，我沒有再約他見面。只記得他有慢性支氣管炎，常常出血，不知後來有沒有治好。我相信他已經脫黨。

10.基協實用中學

學友社中樂組琵琶班有一位學員阿雲，是基協實用中學學生。這所學校的鬥委會就是由她發展而成的。成員包括阿動、阿瀚、阿賢和馬兆驎等，由我屬下的中樂組琵琶班導師陳敏莊領導行動。

11. 九龍真光中學

柯其毅在九龍真光中學發展了兩位共青團員，她們是梁慕珊和何婉薇，兩人只在校內派發傳單，沒有正式成立鬥委會。梁慕珊是我的妹妹，她於一九六一年隨父親從廣州回到香港入讀九龍真光中學初中一年級後，我便帶她來學友社參加活動。她參加了舞蹈組，受柯其毅領導，被發展成為共青團員。梁慕珊剛巧是在六七暴動那年中學畢業，為要延續學生身份，以便發展學生工作，柯其毅指示梁慕珊入讀九龍塘中學和新法書院再讀中學，沒有鼓勵她去考大專院校。她帶了幾位九龍塘中學的同學回學友社參加活動。

直至我們要移民的時候，柯其毅把慕珊的組織關係轉給陳君雯，但陳沒有接關係，這是因為黨組織已經把我和柯定性為叛國投敵，株連了梁慕珊，全部所謂革命同志不再和她聯絡。這或許也是好事，梁慕珊從此脫離了共產黨，考取在職教師訓練班，成為聖保祿天主教小學教師兼教授舞蹈，直到退休。我帶她到學友社，改變了她的一生，我心存內疚，希望得到她的原諒。梁慕珊已經移民加拿大溫哥華，已經受洗成為天主教徒，我們常常見面，這是最大的安慰。

何婉薇（花名牛河）是由梁慕珊帶回學友社的，她參加舞蹈組活動被柯其毅發展成為共青團員。因六七年會考不及格，柯其毅安排她去中國銀行工作，並把組織關係也一併轉去，相信她已經轉正成為共產黨員。她在銀行退休後，被調派回學友社，專門負責聯絡社友工作。從許多來往電郵中得知，她與她的丈夫錢本剛帶頭聯絡以前的舞蹈組、戲劇組、中樂組、合唱團、輕音樂組等舊社友，舉辦社友周年聚餐，學友社的名譽社長或常委都有出席。他們很有組織性，各區／組設有聯絡人，灣仔區是趙玉萍，文藝組是吳燕婷、陳淑芬，輕音樂組是陸偉光，舞蹈組是錢本剛，合唱團是鄺佩麟，中樂組是刁喜財。

二〇一四年七月她發出電郵發動社友網上簽名支持親共人士舉辦的「保普選反佔中行動」，八月又號召社友參加八月十七日「和平普選大遊行」及為和平普選獻花等這種地下黨發動的活動。在電郵中，她指示集合地點、時間和服式，說明陳潤根是召集人，她和她的丈夫錢本剛是聯絡人。為方便動員，更組織參加者早上先去茶聚。何婉薇是實證地下黨員，她還在為黨工作。

六、暴動之後

1. 黨的總結

一九六八年初，暴動戛然而止，香港市面回歸平靜，生活回復正常。

這時，學友社七人核心黨組重開會議總結經驗，梁煥然傳達上頭總結指示，認為像學友社這樣的社團對組織群眾，發展黨員作用很大，應要加以重視。又認為搞學生工作要先從關心學生的利益入手，他們的利益除了娛樂興趣，就是功課和升學，這樣兩個結論。她指示我們以後要加強補習功課，指導會考等活動。港英當局也許總結了同樣的結論，開始開放了青年學生的活動空間。這個會議之後歐陽成潮被調動到商界工作，由盧壽祥接替領導我。

根據上述指示，我們做了一些工作。

首先，我們學友社系統決定開枝散葉，多搞幾個社團。柯其毅派出舞蹈組的黨員陳君雯出外成立

「楓華舞蹈學校」。我負責派出中樂組的黨員陳敏莊成立了「聲藝國樂社」。浸會學院和理工學院鬥委會的黨員則組成「海暉文化學社」，又另開辦了「思明英文書院」，一時間社團，學校，補習班紛紛成立。

陳敏莊籌劃的「聲藝國樂社」，基本上以基協實用中學鬥委會學生為基本社員，其中以阿雲為骨幹，加上我另派阿中的協助，初期辦得有聲有色。後來因陳敏莊離去，地下黨又派了葉淑儀、黃艷霞和林麗影等人去領導這個社團，相信馬兆麟就是在這個時期被發展成為地下黨員的。可能是社務無以為繼，不久後由黨決定把「聲藝國樂社」與「海暉文化學社」合併，易名為「旭暉文化學社」，由馬兆麟當副社長。

此外，港英當局雖然沒有取締學友社，但對它步步封殺，不再批准到大會堂演出。為了重新衝出重圍，殺進社會。在麗的電視台當舞蹈編導的學友社社友陳維甯介紹下，中樂組的琵琶合奏和文藝組的朗誦《王小二歷險記》等節目也上了電視，因為那時該台的總編還不知道學友社的背景。

我們又舉辦了兩場特殊演出。一場是以舞蹈家柯其毅的私人名義租場，獲批准在大會堂音樂廳演出。該場 Variety Show 邀請了許多名家參與，計有王光正領導，「聯合音樂院」合唱團的演出；蔡濟懷領導，九龍工業學校的舞蹈《生命的詩篇》及馬刀舞；「宏光國樂團」的中樂小組奏；劉兆銘導演的弓舞；「張珍妮芭蕾舞學校」的 Meditation 和 Love Dream；林風的琵琶獨奏《霸王卸甲》，加上學友社本身的節目：楊偉舉編導的匕首舞和友誼舞；柯其毅的芭蕾舞 Red Lilies；中樂組的琵琶齊奏和合奏；陳杰文二胡獨奏等，可以說是一場相當專業的公演了。

另一場是學友社改名「藍鳥」，租用香港大學陸佑堂，也得到批准演出。

其實，暴動過後，我已經身心疲累，筋疲力盡，思想混沌，不知前路。可是，在陸佑堂這場演出中，一個非常特殊的情況下，我有一個意想不到的奇遇，一首歌與我相遇。這首歌洗滌我的心靈，清除我的污垢，讓我得到啟示，振作起來。那就是巴布・狄倫（Bob Dylan）的《答案在風中飄動》（Blowin’ in the wind）。我平生第一次聽到的西方流行曲。

上世紀六〇年代前後，愛國陣營中人時興高唱讚美河山的愛國歌曲如：《我的祖國》、《歌唱祖國》和《南泥灣》等。後來又流行歌頌毛主席，共產黨的歌，如《我們走在大路上》、《大海航行靠舵手》和《東方紅》等。至一九六七至六八年的六七暴動期間，更唱起毛主席語錄歌和毛主席詩詞歌。以前極為喜愛的民歌，如《在那遙遠的地方》、《半個月亮爬上來》和《百靈鳥你這美妙的歌手》等沒有人再唱。那些鼓吹革命呀，鬥爭呀，毛主席呀，共產黨呀的歌曲，把我的頭腦綁得緊緊的，讓我喘不過氣來。如此環境下，我完全沒有接觸西方流行音樂的機會。

那一晚，在陸佑堂，我坐在觀眾席最後排，觀賞各活動組排練出來的節目，依次如常演出舞蹈、音樂、戲劇等，一切本無新意，直至中場之後的一幕。隨著前幕徐徐展開，我赫然看到舞台上的四人小組。只見曾潔美長髮披肩，身穿時尚喇叭長褲，斜靠舞台踏板，側身坐著顯得悠閒優雅。一個伴唱男孩子莊重嚴謹地緊緊依靠在旁。後面站著一個年齡稍長的青年，身上掛著木吉他，彈撥之間表現得輕鬆愉快。李崇均站在另一邊，雙手緊握的沙槌伴著歌聲抖動。他眼望前方，高高的身子隨著節奏自由擺動，一副悠然自得的模樣。

這是輕音樂組的演出，演唱的除《Where Have All The Flowers Gone》外，還有《Blowin’ in the wind》，我只知道這些民謠色彩的反戰歌曲，六〇年代非常流行。驟耳聽來，旋律平和恬靜沒有一點點的激昂抗爭之味。我驚訝不已，難以置信，學友社的演出節目都要經過黨領導人的審查，這樣的歌曲從來不會在學友社演出中出現，事情很不尋常。不久之前，這些年輕人還在叫喊「打倒港英」、

「粉碎奴化教育」、「毛主席萬歲」，現在卻自由自在地享受著這讚美和平的歌曲，這是一種怎樣的變化？我有些迷惘。後來知道領導輕音樂組的柯其毅曾把節目單交給盧壽祥審查，不獲准演出，但柯其毅刻意違命，自行批准演出。

而我自己，聽著，聽著，也不由自主地慢慢站了起來，沉浸在這一陣寧靜平和的時刻，那輕飄飄如風的歌聲緊緊地攥著我的心。我聚精會神於舞台上傳來的謳歌，像是飄然於大氣之中。我沉醉若失。

經歷了一年多的六七暴動，鬥爭意識，革命豪情，暴力死亡充塞我的頭腦，已經綳緊得快要爆炸，心內有一種難以名狀的悲涼無助的痛苦。這一瞬間，突然醒悟，我是多麼渴望這片刻心靈的安慰，思想的平靜啊！積聚在我心中的硬石塊，一下子被這溫暖的歌聲所融化。這兩首歌曲為我開啟了自由之門，讓我窺見了一個自由的天地。我記著這句歌詞「The answer, my friend, is blowin' in the wind」並把它帶到加拿大。

我特別喜歡《Blowin' In The Wind》這首歌，有關它的介紹，評論或中文翻譯，我都剪下保存，也學會放聲高唱一番。巴布・狄倫這首歌曲的歌詞深具內涵，他詰問世界，詰問人類：「要走過多少路的人才可被稱得上是一個真正的人」、「炮彈如何可以永遠地消失」、「要多少年後人們才可以得到自由」、「要多少耳朵人們才能聽到哭聲」、「要多少死亡人們才知道死亡的存在」。每一個詰問都像一把利刃把世界剖開，讓回答者無言以對。而平等和權利意識卻深深地刻進我那乾涸的心。

巴布・狄倫追求和平，反對戰爭，為苦難者吶喊。他希望世人不要對世界的災難視而不見，聽而不聞，使無辜的生命繼續喪生於火海之中。這首打動人心的歌曲震動我的心靈，令我經常回憶起陸佑堂之夜，那一場輕音樂組組員反叛的演唱和我自己反叛意識的開啟。這是一首療傷之歌，也是我追求自由與和平的啟蒙之歌。

也許巴布・狄倫不會知道在遙遠的東方，有這麼一位女士曾經因著他這首歌而覺醒，走上追求自由之路。他榮獲二〇一六年諾貝爾文學獎是實至名歸的。我認為，單憑這首充滿詩意的《答案在風中飄動》，其影響已經可以抵得上一本著作，有足夠的份量獲得這個獎項了。他在獲獎謝辭中說，「我的歌是文學嗎？」瑞典學院提供了美好的答案。

有人說，一首歌可以安慰了一整代人，它是歷史的見證者。我深有同感。

2.最後的工作

一九七二年，美國一個激進派團體「關心亞洲學者委員會」受北京邀請訪華六星期，由Susan Shirk帶領。他們回程路過香港時，我接到盧壽祥通知並囑咐要接待一下。我以學友社名義在北角社址露台舉辦了一個小型茶會款待他們。那天，地下黨通知了很多人來參加，包括許多大專院校學生。幾位學者由誰帶來已經忘記，只記得我作了歡迎講話，由梁啟民英文翻譯，也送了紀念品。這是我為中國共產黨做的最後一件工作。事實上，當時的我，已漸漸失去了革命熱情，沒有心情去研究這個團體，這些學者，只是按章辦事而已。

然而，萬萬想不到的是，訪問團中的兩位成員白禮博和梅兆贊都已經覺醒，對中國的幻想破滅，終生擁抱民主，堅決反共。其中梅兆贊在將近四十年後回憶了首次踏上中國的情形，在他的作品《我的第一次中國行》中，竟說出：「四十八小時內從毛粉變反革命」這樣的話。他說：跨過羅湖橋進入中國廣州，大家激動得互相擁抱。第二天一早，他們被帶到一個典型的中國工人家庭，一對夫婦，兩個孩子，一個老奶奶。兩室一廳，有單獨廚房、浴室及電視機、收音機。有好幾輛嶄新的自行車。床上的被套都是新的。那位工人向大家介紹工廠裡有多少工人，多少工資。多少人有手表、自行車等。

梅兆贊說，他興奮不已，第二天一早五點鐘起床，走出下榻的酒店，在街上走著，走到了昨天來過的住宅樓，遇上昨天認識的那位工人，工人邀請他到家裡喝杯白開水。這一回，展現在梅兆贊眼前的，完全是另外一個情景：沒有電視機，有很舊的自行車。破舊的一室一廳，廚房、廁所跟很多家合用。他問工人，昨天看到的哪兒去了？工人說昨天你們看到的，都是上面安排好的，專門給外國朋友參觀用的。

被所見震驚了的梅兆贊說，自己心潮起伏得不可言喻，踉踉蹌蹌地回到酒店，中方安排的陪同人員已經等著他，嚴厲追究他擅自外出，去了甚麼地方，見了甚麼人，把他反鎖在酒店房間裡要他檢討。他回憶說，當時根本不能相信眼前發生的這一切。

後來，梅兆贊成為著名記者。北京「六四屠殺」時，他任英國《觀察報》駐北京記者，見證解放軍坦克駛入天安門廣場，自己亦遭武警打至左臂骨折，三隻牙飛脫，幸獲一位《金融時報》記者拯救。他的六四報導，獲英國新聞獎頒發年度國際記者獎。一九九一年，他被中國當局要求離境，從此再未踏足中國。梅兆贊已於二〇二一年九月在英國逝世，享年八十八歲。

回想起來，我曾招待過這兩位可敬的學者，心有殊榮之感。

3. 我的反思

在六七暴動期間，地下黨製造了一樁香港史上慘絕人寰的命案，震撼全港。

林彬是商業電台節目《欲罷不能》的評論員，他在節目中評論暴動新聞，譴責親共分子的暴行。

八月二十四日與堂弟在上班途中，有三人走出來擋路，一人舉紅旗示意停車，一人潑上汽油，一人拋入燃燒彈，林氏兄弟跳出車外，經搶救後終告不治，雙雙被暴徒活活地燒死。翌日《大公報》刊登了「地下鋤奸突擊隊」的公告，承認殺人的責任。

幾十年來，我從未曾忘記過這一慘無人道的案件。

林彬案發後，我所屬的地下黨組織一次也沒有對事件進行過討論，像沒事發生過似的。我內心很不安，為甚麼鬥爭竟然要搞到殺人的地步？我直覺地認為這一定是自己人所幹的。我曾問領導人歐陽成潮：「為甚麼取命？」

他回答：「這是階級鬥爭的需要！」

無形中承認以階級鬥爭之名可以殺人。但是當時的我，在中共意識形態窠臼中成長，沒有追求多元思想的自覺，沒有能力獨立思考出別的見解，因而不存有異議。

地下鬥委會確曾在暴動中組織過屬下的戰鬥隊或鋤奸隊進行暴力鬥爭，這是鐵一般的事實，不容推托。我從幾位黨員和多位在暴動中加入地下黨的學生以及一些親共者的口中輾轉相傳，知道是「ＸＸ總商會鬥委會」屬下的戰鬥隊幹的，該戰鬥隊其中一名成員後來移民了澳洲。為要贏取鬥爭，戰勝港英，地下黨不惜犧牲那些有膽色有活力的熱血青年充當敢死隊開赴前線。滿街滿巷的真假炸彈（真炸彈一千一百六十七個，假炸彈八千零七十四個），確是他們密謀強行毀滅生命的暴行，把與港英的殊死鬥爭升級為暴力行動的罪證。這絕不是所謂某暴徒的個別行為。中國共產黨是會殺人的呀！在幾十年之內，有領導，有組織，有計劃地消滅生命，它千變萬變，卻不離其宗，本質沒有變。

那些總商會的年青戰鬥隊員們，那些好青年們，個個接受良好教育，甚至是富家子弟，不是黑社會分子，為甚麼就能如此狠得下心去殺害林彬呢？這是我幾十年來不停地思考的一個問題。主要原因是地下黨傳達鬥爭形勢和政策，傳達對敵人的仇恨，傳達鬥爭你死我活的殘酷性，更宣揚為了取得勝利必須採用斷然手段，使用暴力在所不惜的指導思想。在這些無限層層加碼的極端暴力思想鼓吹下，足足可以對那些年輕戰鬥隊員們進行洗腦而走向極端，以為自己正在參加一場聖戰，精神亢奮如吸了興奮劑，不擇手段的戰鬥由此而起。因此，光天化日之下，以「革命」之名，「鬥爭」之名，「黨的利益」之名，通通統一在階級鬥爭總綱之下，草菅人命，輕率殺人！

六七暴動造成五十一人死亡，包括親共陣營人士，港英紀律部隊以及普通市民。幾十年來，我從沒有原諒過自己當年對各類人士死亡的不同反應和感受。當坦誠直面自己的良心去回顧時，發現自己當時坐在徐田波、黎松、曾明、何楓等工人追悼會上，可以淚如雨下，義憤填膺，舉拳揮臂，悲憤莫名；但是對於警員、英軍之死卻是完全無動於衷，因為他們都是「白皮豬」、「黃皮狗」，是所謂階級敵人。我對市民之死也毫無感覺，甚至對慘遭活活燒死的林彬兄弟也沒有同情，沒有憤慨，也沒有得勝的喜悅，好像事情本該如此。這一回顧引起我一陣陣非常巨大的心靈的震撼。是甚麼使我對於同樣的生命的毀滅產生如此兩種截然不同的情感反應？原來這就是中共階級鬥爭思想的荼毒所致，即所謂的階級感情是也。「……一些階級勝利了，一些階級消滅了。這就是歷史……」。我被毛澤東這一套理論武裝頭腦後，死亡也分了階級。有些死亡應該悲憤哀悼，有些死亡應該冷血無情，人道沒有了，人性也沒有了。這就是袁偉時教授講及的「狼奶」所起的作用，文革時的紅衛兵是這樣，六七暴動的戰鬥隊是這樣，當然我也不能倖免了。

上天賜予人類的重要禮物就是「生命」。生命無分種族階級，無分貴賤，都是最珍貴，最平等的，珍惜每一個生命，是每一個人神聖的權利和義務，無論是哪一個階級的人都有要求保障生命的權利。死亡只能是個人的生命歷程或個人的選擇，無論哪一個政權，以何種理由，採何種手段去強加於別人生命之中，製造死亡，都是令人髮指的。從此，我要歌頌所有的生命而不是毀滅生命，我為自己曾經把死亡階級化而歉疚自責。我要向死亡懺悔，要為林彬兄弟之死而哀悼，要向他們的家人致歉，請求寬恕。

林彬慘案是否會重演？我說會，因為中共仍然是中共，它的本質沒變。如果把階級鬥爭換上現在時興的民族主義、愛國論，就是換湯不換藥的鬥爭綱領。以國家民族、社會穩定之名就甚麼都可以幹得下手，與從前的思維同出一轍。相信我的擔憂絕不是多餘的，由於中共本質鄙視生命，它輕易地要求人們付出生命的代價便不足為奇的了。

多年前，兩位香港民建聯立法會議員陳鑑林、黃定光關於林彬的言論又再觸動了我的神經。事緣商業電台把廣播時段賣給民建聯播放政治廣告，節目主持人潘小濤仗義執言，重提六七暴動中林彬被暴徒燒死一事，直斥商台愧對死去的林彬。黃定光及陳鑑林卻掩飾真相歪曲歷史進行辯護，認為「暴動中死者不止林彬一人，不能歸咎於左派（即親共派）身上」；又認為「林彬之死，死於社會動亂，相信置林彬於死地的人並非左派」，企圖逃避當時鬥委會殺人的責任。可見中共開始扭曲淡化林彬慘案真相，為地下黨殺人放火翻案的意圖已經昭然若揭。

林彬先生是香港堅守言論自由的先驅，他是首位也是唯一公開反對中共的暴力行動，堅持發出公義聲音，因敢言而壯烈犧牲的傳媒鬥士，也是香港史上的一位自由烈士。目前就我所知，其生前主理的節目《欲罷不能》，改名廣播劇《十八樓C座》是為了紀念他，一直播放至今，因為他就是住在十八樓C座，是香港史上最長壽的廣播節目。而香港歷史博物館常設展覽《香港故事》的四千件展品和照片中，只有一張展板簡略介紹六七暴動，非常低調處理，更遑論關於林彬的事蹟了。

跑馬地天主教墳場有一座孤墳，寫著林少波，就是林彬的墓，卻沒有相片，沒有未亡人名字。林彬一定死不瞑目！林彬事件至今仍為懸案，無人被捕。香港市民實應為林彬先生樹碑立傳，永遠懷念他。也應為所有在暴動中的受害者立一個紀念碑，以為鑒戒。

也許，朋友們不會相信，我竟然曾經因為一幅油畫而墮入個人崇拜的泥沼裡。

那是〈毛主席去安源〉，中國無產階級文化大革命期間劉春華等創作的油畫作品，以毛澤東一九二一年到安源組織工人運動，並舉行安源路礦工人大罷工為題材。一九六七年十月在中國革命博物館首度展出。該畫單張彩色印刷數量達九億多張，全國到處均可看到，可說是無處不在。

在畫中，青年毛澤東佔據全畫中心位置，使身後翻滾的雲霧及群山顯得低矮。他身穿長衫，右手拿油紙傘，左手握拳，山風吹拂著長衫，特顯一個高大威猛的形象。這幅油畫是毛澤東意圖證明他自己不單是農民運動領袖，也是工人運動領袖，也說明他才是安源工人罷工運動領導者，用以批判劉少奇。

我曾多次帶團上井岡山、韶山參觀學習，一次一次地看著這幅油畫，潛移默化，不自覺地也投進了個人崇拜熱潮中。看到毛澤東知識份子格調的英雄形象，便會產生一種感情單純的敬仰，而至熱淚盈眶，以為他真是中國人民的大救星，他的思想戰無不勝，可以產生物質的東西。

雖然看過很多批毛的文章，我對毛澤東仍然有幻想，覺得他是一個理想主義者，只是好心辦了壞事。也欣賞他的詩詞，喜歡那些梟雄霸氣十足的詩句，以為他是個浪漫詩人。甚至毛澤東死後，我仍然不能自已地買了一個花圈與柯其毅一起送進溫哥華中國領事館。個人崇拜真是一劑迷魂湯，一經喝下便會成癮。

直至看到《毛澤東私人醫生回憶錄》這本書，我才真正地清除了腦袋中的毒素。

自從一九五五年四月擔任毛澤東的保健醫生，在毛澤東身邊長達二十二年的李志綏醫生於一九九四年全球發行他的回憶錄。中英文版分別由時報出版社和藍燈出版社在臺灣和美國推出。

數億人民曾經用人間最美，最崇高的語句與感情所讚頌的偉大領袖，在李醫生筆下，人們看到的卻是一個官方傳媒中從未出現過的失去偽裝的，真實的毛澤東：

李醫生描述毛澤東生活極之任性，作息無度，晨昏顛倒。終年不刷牙，不洗澡。他的生活看似樸素簡陋，但其實，他的奢侈和特權在他出巡時表現得最為明顯。他於一九六二年在韶山沖建造的滴水洞別墅[9]便耗資時價二百多萬。

李醫生更透露了毛澤東荒淫無度，無女不歡，穢亂不堪的私生活。由於縱慾和濫交使他患上了性病。他利用性關係為政治服務，更是史無前例的。

毛澤東的一首七絕〈為女民兵題照〉，原來是一個被他踢下床的女人，把穿了民兵服照片送給他，他在相片上題的詩。他另一首詞〈卜算子‧咏梅〉，原來又是為安慰已被遺棄的女士。全都是與女人調情的作品，我看到這裡，覺得噁心，幾乎要吐出來。

在毛澤東最後的日子，李醫生作為毛的醫療小組組長而為他送終，也參與保存毛屍身的工作。李醫生為自己用他的醫術侍奉一個暴君深感負疚，他把這本泣血錐心之作，看成是為此而作出的補償。

本書出版後，好評如潮：

美國漢學家黎安友教授在本書前言中讚賞說，這是至今出版的關於毛或任何專制暴君的最能揭示真相的書。

9 滴水洞：位於湖南省韶山沖的幽深狹谷中。毛澤東在此處興建了一座作為養老的別墅。事實上，毛澤東只回來過一次，是一九六六年文化大革命前夕。在這裡，他寫了一封著名的致江青信函。我這才知道毛澤東有這樣的一個秘密行宮。

高級記者白禮博指出，李醫生用無數刻劃入微的細節所描述的暴君與中國宣傳機構所精心塑造的形象截然相反。

著名記者梅兆贊認為，毛確確實實是一個殘暴惡魔，猜疑成性，殘忍、詭詐、欺騙、淫穢不堪，讀了李的書後，除了深惡痛絕，義憤填膺之外，還有可能對毛有別的看法嗎？

史學家余英時肯定這部回憶錄的史料價值，隨著時序的推移而增高，是不可或缺的參考文獻。

諾貝爾和平獎得主劉曉波說：「當我讀完李志綏先生的回憶錄之後，我目瞪口呆，有種毛骨悚然，全身冰冷的感覺。我曾寫過的文章〈混世魔王毛澤東〉，比之於李醫生所敘述的事實，顯得浮淺、蒼白和概念化。」

一九八八年李醫生和太太來美國芝加哥治病並探望孩子，太太於次年去世，而作為一名虔誠路德會教徒的他，也於一九九五年二月離世。

我非常感謝李志綏醫生，由於他勇敢的揭露，把我從個人崇拜的泥沼裡救了出來，使我的覺醒之路走得更開闊。

4.學友社今天

二〇一七年香港六四維園燭光晚會前夕，中文大學學生會發表聲明：〈六四情不再，悼念何時了〉，引起極大的反響，各類評論紛紛作出嚴厲批評和指責。我隨即上網追蹤，原來該年二月中大學生會幹事會候選內閣山鳴，候選會長區子灝，被網站「中大秘密」（CUHK Secrets）揭出，曾於去年參加「學友社潛能發展中心」主辦，「明日領航者計劃」的「領航長培訓課程」。另一網站「破駢校園新聞」（Ballpertus）特意約見區子灝，尋求他的解釋。評論員黃世澤也在網上發文指出，區子灝有責任交代其在學友社的活動。幹事會的選舉結果是山鳴內閣勝出，區子灝當選中大學生會會長，並發出「停止悼念聲明」。事件耐人尋味，不容忽視。

自本人離社，後繼者逐漸把原來的舞蹈、音樂活動取消，改變為更符合學生需要的補習升學輔導工作。這是六七暴動後總結的結果，當時認為學業、升學是學生最主要的福利，必須加以重視。近十多年來，學友社更積極執行地下黨對青年學生的愛國教育方針，以各種名義組團回國交流，從中選拔愛國尖子加以培養。較之當年，我們只能秘密地組織學生回國參觀學習，這是拜回歸之利了。

「學友中西舞蹈研究社」已於一九七五年修改社章，正名為學友社，取消前名。於一九七九年買下深水長沙灣道社址。根據網上資料，目前學友社的負責人是：

名譽顧問：葉國華、黃玉山
名譽社長：鍾樹根、李綺玲、陳潤根
社　　長：伍德基、謝劍明（歷任者為吳國藩，陸文堅等）
主　　席：李浩然
副 主 席：陳穎文
執行總監：陳凱茵

理事會之下設「潛能發展中心」、「學生輔導中心」、「大專部」和「公民視域」四個部門。

我在前文已經介紹過的李綺玲，是實證地下黨員，現在應該是學友社基層黨支部書記，在領導黨員葉國華之下工作。我在學友社見過陳潤根，當時他只有十多歲，是由李綺玲一手帶大並發展的地下黨員。謝劍明於一九六九年來社參加文藝組，我認識他，那時他的名字是謝秋明，後讀師範學院成為教師，由李綺玲培養，相信已發展成為黨員。至於伍德基，一九七五年中學三年級時入社，亦是學友社土生土長，與我無緣認識。目前尚未有更多線索去判斷他的政治背景，暫且放下不表。

還有一個人物值得注意，就是鍾樹根，他應該是在我離社那一年來社，未見過面。但早已聽過他的名字，因為有人說學友社有兩枝「根」，他應該是由李綺玲發展的地下黨員。從他後來的發展可知，地下黨並不要求學友社本身參與政治，只要求保持隱蔽的角色。成功發展了的黨員，如要從政或其他工作，不作留社之用，就要把組織關係轉出去。所以鍾樹根是轉去民建聯才參選從政。

學友社的「明日領航者計劃」要經面試才能參加，「領航長培訓課程」二〇一七年只有六十位獲選為領航長。課程中有三個環節：個人系列、社會系列及國家系列，其中後二系列都要經過甄選。相信區子灝去學友社已有一段時間才會被選中。

綜上所述，現在的學友社約有三個基層黨員，繼續由地下香港工委控制，仍然沿用的老方法，即公開與秘密兩手並用，以無政治色彩的學生輔導，領袖培訓吸引無知學生，從中發展黨員，為黨培養幹部。學友社正在繼續從良知、公義、憐憫和愛心的價值中搶奪年青人，我們不能等閒視之。

5. 翻案風

一九九七年香港主權回歸中國之後，當年策動六七暴動的人，現在的政壇主導者，有強烈動機改寫這一段不光彩的歷史，妄想合理化六七暴動，要求中共對六七暴動重新定性。二〇〇一年，前特首董建華把大紫荊勳章頒給當年的「港九各界鬥委會」主席楊光。又有「香港資深愛國工會工作者訪京團」，在中聯辦社工部部長楊茂帶領下到訪港澳辦，由港澳辦副主任黃柳權接見，聽取他們提出平反六七暴動的要求。香港社會出現一股要求為六七暴動翻案的暗湧。許多學者，文化人也不自覺地參與了這個漂白工作。

我在前文介紹過的石中英（真名楊宇杰），是這股翻案風的帶頭人物，因一九六七少年犯的身份而為人所知。他出獄後曾當過教師及《新晚報》編輯，又任職香港工會聯合會轄下「華南旅行社」，之後經商致富。他主要是在上世紀八〇年代促成一間法國大企業與中國合夥的生意，建立中外合資彩管廠，打做電視顯像器，搭通中法營運商機。一九九八年創立「香港新駿公司」自任總經理。

財力充足的石中英，於二〇一二年創辦「火石文化出版社」，全力支持六七相關研究及文化創作。相繼出版了《傷城記》、《五月無家》、《火樹飛花》、《印象六七》等書籍和《六七回望》紀錄片，以及劇情片《五月》、《中英街一號》。二〇一七年更有口述歷史紀錄片《YP 1967》在英國首播。

石中英也於二〇一五年主持，由沈旭暉主編的《1967——國際視野的反思》新書發布暨反思六七研討會。他出錢出力所做的翻案計劃，結果是徒勞無功的，因為這個要求並不符合中共「要顧全大局」、「要向前看」的政策。當年的少年犯要做的，應該是反思自己為甚麼接受了中共的誘騙，被它利用成為它的工具，坑害了自己的一生。我們應該加強認識中國共產黨的本質，以自己的經歷去揭穿它的陰謀詭計，讓更多人認清中共。

二〇一四年七月我收到 Roundtable Institute & Its Network，通識教育交流學會研究助理馮可欣來函，邀請我為「六十年代愛國學校教育及當時社會運動口述歷史研究」接受訪問。這計劃將邀請二十名參與六七暴動，在六〇年代曾於愛國學校讀書的師生。該計劃書把拙著《我與香港地下黨》也列為參考書目。

翻案風中，有一位叫西門丁的作者，在《明報月刊》發表了兩篇文章，一篇是二〇一七年一月號的〈電影《五月》工作雜感〉，文中他提出暴動真相難以查清楚等似是而非的問題。我於六月號刊出〈歷史的真相就在眼前〉一文，以自己的親身經歷說明真相，作出回應，為西門丁找出答案。他的另一篇是五月號刊出的〈「六七風暴」的前因後果〉，文中提出多項疑問，如命名問題、主因問題、點火者是誰以及錯誤記述事件和暴動是由文革小組發動的錯誤講法。我在八月號刊出回應文章。以下是這篇文章，以供參考：

評〈「六七風暴」的前因後果〉

對西門丁在《明報月刊》五月號的文章〈「六七風暴」的前因後果〉（下稱〈西文〉），我有以下評說：

（一）在命名問題上，〈西文〉綜合各方提法有：「六七暴動」、「反英抗暴」、「六七群眾運動」和港英的騷亂之說。我要補充的是，還有「Roundtable 教育及專業發展部下的通識教育交流協會」於二〇一四年的口述歷史計劃：「愛國學校教育及當時社會運動——六十年代參與愛國學生運動歷史研究」。這個計劃意圖扭曲美化六七暴動成為崇高偉大的「愛國學生運動」的目的是昭然若揭的。

西門丁認為使用「六七風暴」這個中性詞，可能比較切貼，亦容易為各方接受，我認為這未免過於「和稀泥」了，未能反映事件的真實。對事件命名就是定性，應該根據事實，萬不能隨意。查「暴動 riot」一詞的定義是：聚眾採取暴力行動，反對統治集團，破壞社會秩序。

據戴耀廷先生在文章〈暴動罪的法律定義〉所引，若集結按《公安條例》第十八條被定為非法集結，而非法集結的人中任何一人，作出了破壞社會安寧的行為，非法集結就會變成暴動，而所有集結的人就是集結暴動，參與暴動的人即犯暴動罪。

一九六七年五月至十二月在香港所發生的非法集結，放火，燒車，襲警，放炸彈，光天化日殺人，正是嚴重破壞社會安寧的行動，「暴動」一詞當之無愧，甚至達到現代意義的「恐怖主義」程度。何況當時港英當局正實施嚴厲的宵禁和緊急法令，則更罪加一等。暴動就是暴動，即使你賦予它愛國呀或反英呀等這些足以稱之為偉大的目的，這個目的也不能把暴動的罪責卸去而得到平反，這不是冤案。六七暴動是根據事件真相而命名的。

（二）我在香港出生，經歷六〇年代，對〈西文〉所說六〇年代的社會矛盾，官員貪腐，警黑勾結，市民生活困頓，受盡不公平對待的情況亦親身感受，對港英殖民統治者的惡行深惡痛絕。我就是被憤慨不平之心所驅使而加入共產黨的。但如果說這就是六七暴動的主因，卻是無法認同的。要不是中共地下港澳工委為了政治目的，利用和激化勞資糾紛，正常情況下，勞資糾紛絕對不可能發展到組成「地下鋤奸突擊隊司令部」去公開殺人的地步。

（三）〈西文〉以很大篇幅，逐日紀錄暴動的經過，目的是譴責港英軍警的無理鎮壓及殘忍施暴，似乎是為了解答作者自己提出的問題：點火者是誰？我認為地下黨策動工會工人及親共群眾唸毛語錄，貼大字，甚至貼到港督府門上，是一種挑釁，是警方鎮壓的導火線。港英為了平亂實施嚴厲鎮壓，警察濫用警權超越緊急法令的規範，是無需迴避的事實。我們可以繼續控訴指責港英政府，但港英的暴行不能成為暴動合理的理由。但〈西文〉對成為事件轉捩點的兩姊弟及林彬之死則只一筆輕輕帶過，對肇事者不作批評斥責，實有欠公允。

（四）〈西文〉有兩個記述需要商榷。其一是：「五月十二日鎮壓警方槍殺了一個十三歲的洗頭仔陳廣生，這是六七風暴的第一個死者。」據張家偉專著《六七暴動：香港戰後歷史的分水嶺》中卻另有查證：「防暴隊在黃大仙徙置區搜捕騷動者時，十三歲少年陳廣生在衝突中喪生，左派報章指他是被防暴隊毒打致死，左派稍後成立的各界鬥委會向陳母致送五百元。但非左派報章則指陳廣生是被騷動者投擲的石塊擊中致死，陳母更向鬥委會退還慰問金。」網上資料更顯示當時死因庭裁定該少年死於「橫禍」。西門丁把陳廣生之死寫成是警方槍殺，是不是為了更進一步激起階級仇，民族恨，使暴動合理化？

其二是關於「三警案」。〈西文〉寫道：「二十六日上法庭時李安死於庭上。事後有三名庭警被控謀殺，審來審去，不了了之，最後無罪釋放。」根據網上資料，李安死後三名警員被捕，法醫官認為李安死於右腎爆裂，三人被控謀殺李安。經審訊後裁定誤殺罪名成立，分別被判入獄八年及六年。至一九六八年一月三警上訴，由於死亡時間有疑點而疑點歸被告，三警上訴得直，當庭釋放。翁靜晶有一影片對案中法官和大律師的理據有詳盡介紹和分析，可知全案經嚴謹法律程序審理。三警幸運脱罪，是彰顯法治的結果，應該尊重。事實上，港英這個殖民專制統治者基本上還是遵守法治的。甚麼「審來審去，不了了之」，西門丁這樣語焉不詳的寫法，實有誤導讀者之嫌。

（五）作為一個當年的地下黨員，全程參與六七暴動，我可以答覆西門丁：六七暴動並非「文革小組通過渠道要新華社發動的」。其實事情很簡單，當年地下港澳工委（即新華社）的頭頭梁威林、祁烽等人受文革崇毛思潮，特別是毛澤東的階級鬥爭學説影響，為了表現革命豪情，緊跟文革形勢，要幹出一番成績立功勳，學習澳門把香港也變成半個解放區，卻遇上死不投降的港英。是他們自己擱不下面子，於是牙關一咬，實行背水之戰。提出「港英不低頭，便要它走頭」這種進入窮巷的極端口號，引誘煽動熱血勇敢的群眾，視死如歸地衝上前線作出犧牲。中央被迫支持這場鬥爭，周恩來全程領導但也受到干擾，有時未能完全控制大局。中央文革小組只能是利用可能的機會不斷激化鬥爭，把形勢推高，在《人民日報》、《文匯報》、《大公報》上相互輪番升級叫囂，好像要解放香港似的，直至鬥爭嚴重影響外交關係，綳緊的鬥爭之弦被周恩來掐斷，才善罷甘休，失敗是必然的結果。

西門丁這篇文章內容立論失之偏頗，失去持平中肯的態度。文中顯示他心中有恨，恨港英軍警殘暴鎮壓，恨中共視他們如棄屣，一心用盡一切說詞證明暴動有理。西門丁們現在憤恨地問：我們有甚麼錯？我可以和大家一起說，我們錯在信錯了共產黨。無論是中央或是港澳工委都沒有真正全程為工人爭取利益，他們發動的文革或六七暴動都只是為了奪取或鞏固自己的權位。我和大家都是受騙者，而我更是暴動的組織者，不斷地向你們道歉才能對得起自己的良心，也是必要的責任。

導演嚴浩也發表了一篇文章：〈你不知道的六七暴動〉在香港《明報月刊》二〇二二年五月號上刊出。文章用很長篇幅控訴英國政府和香港殖民政府的罪行：包括民族歧視、扭曲的法律、暴力管理、政府貪污、警察與黑社會同流合污、勞工階層沒有生存保障等等。目的是希望把六七暴動合理化為愛國運動，為當年的政治犯平反。對於當年的罪犯，受港澳工委指示殺人放火的罪行，一字不提，實在是一篇歪曲歷史的文章。我認為，那年發生的是「暴動」不是「運動」，那些當年犯下罪行的人，應該向中共要求賠償，而不是要求翻案。

我非常感激戴耀廷先生為香港引入「公民抗命」的理論。今天，和平、理性、非暴力抗爭的信念已經深入人心。更重要的，是引進對公民抗命行動承擔罪責的法治精神。即使是為了崇高的自由民主理想，參與者亦要自行向執法部門自首，交由執法部門決定是否起訴。這種高風亮節，自我犧牲的精神境界正在香港傳播，估中三子以及一群朋友正在踐行，做出高尚的典範。回想一下，那時的六七暴動與上述的信念和精神真有天淵之別。時代巨輪不斷前進，暴動的參與者實在應該反思過去，跟上時代。

6. 林彪事件

一九七一年九月十三日，林彪擅自乘坐飛機倉皇出逃，於蒙古人民共和國的溫都爾汗墜毀，機上九人全部死亡，包括他自己和他的太太葉群以及兒子林立果。

這一事件震驚全世界，也令我震撼到失去思緒，我無法理解，無法想得通。

林彪他不就是中國的國防部長？

他不是就是唯一的中共中央副主席？

他不就是一九六九年四月中國共產黨第九次全國代表大會上，破天荒地在新修訂的黨章中加入「林彪同志是毛澤東同志的親密戰友和接班人」，直接把他的接班人地位寫入黨章，成為中共第二號人物？

林彪就是在軍隊中推行大學毛著運動，提出毛主席的書是全軍的最高指示，「句句是真理，一句頂一萬句」，「理解要執行，不理解也要執行」的始作俑者。他使學習毛澤東思想的熱潮推向全國，令全國人民對毛澤東個人崇拜之風走向登峰造極。全國人民不分上下，每人必手執毛語錄，胸前必佩戴毛像章，出門在外必手舉語錄牌。人人唱語錄歌，跳忠字舞，到韶山朝聖。我們在香港的黨員和親共派也學著樣子，也要高喊：「祝願林副主席身體健康」。

他，受中央信任得到人民愛戴的林彪，為甚麼要逃跑？中央出了甚麼事，我有許多疑問，我想不通。

為了安撫我們崩潰的情緒，地下黨領導人盧壽祥口頭向我們傳達了兩個文件，都是林彪事件後為了批判林彪，於一九七二年以中共中央文件的形式向全國人民傳達。

第一個文件是起草於一九七一年三月的「五七一（武裝起義的諧音）工程紀要」，這是林立果等人在空軍秘密組織的小艦隊，為推翻毛澤東統治地位的軍事政變計劃，其中企圖用八種可能的方法部署刺殺毛澤東。

第二個文件是毛澤東於一九六六年七月八日致江青的信。信件是在文革前夜的六月十八日，他隱居在湖南韶山的滴水洞中給江青寫的。原文已經銷毀，只留一個副本。李志綏在回憶錄中說，他親手照原件抄錄了一份。

毛澤東在信中表明自己對林彪早有察覺猜疑，對林露骨的吹捧不以為然。他說：「我就不信那本小紅書有那麼大的效用」，又說自己真是：「黃婆賣瓜，自賣自誇」，最後表態說，自己是被他們逼上梁山，就只好上梁山，這是「為了打鬼，借助鍾馗」[10]。毛澤東的這封信評述了林彪等人的陰謀，勾劃文革前的政治格局及他發動文革的動機，並且預言他死後的未來，透露他對身後命運的擔憂，故被稱為具有政治遺囑性質的文件。

此後，毛澤東開始發動全國性的批林批孔運動。

儘管聽了兩個文件，證明林彪一夥是搶班奪權的野心家，是叛徒，而毛澤東早已明察秋毫，說明他的正確性。但仍然不能消除我的疑惑，我發覺，我無法分辨黨中央內部哪些是真正的革命者，哪些

[10] 鍾馗：中國民間傳說中打鬼驅除邪魔的神。道教中最出名的神仙之一，主要職能是捉鬼。

是野心家。而黨中央內部的權力鬥爭，原來是如此的奸險，殘酷，超出我所能夠理解的能力。我問，既然毛早已洞燭其奸，為甚麼還要在黨章上確立林的接班人身份？我覺得毛相當奸狡，我有受騙之感。他並非那麼英明、那麼正確，我不能再信任毛澤東、再信任黨中央。

林彪事件讓我踏出覺醒的第一步。

7.國慶代表團

一九七二年中華人民共和國二十三週年國慶的前兩天，大清早的時候，我接到盧壽祥的來電，他著我趕快乘火車到廣州，參加到訪北京的活動。他又說大隊伍已經起行，我要追上他們才好，卻並未告知詳情。我只好趕緊收拾一點衣物，帶上證件和照相機，便跑到尖沙咀，搭上火車去到廣州。

廣州黨組織派了小劉同志來接待，她告知，我參加的原來是「港澳各界同胞赴京參加國慶活動代表團」，而我是灰校線唯一的代表。她發覺我帶的衣物太少，恐怕不能抵禦北方寒冷的天氣，便把她自己的棉外衣送來給我，我穿著它北上，直到重回廣州後才歸還給她。我是很感謝她的。

我們首先乘火車直上北京參加國慶活動，除慶祝典禮外，也出席在人民大會堂舉行的國慶晚宴，品嚐了北方各式各樣的佳餚美食。這一年取消了國慶閱兵典禮，是文化大革命後的首次，我們便無緣走上天安門城樓上觀禮。然後，我們瀏覽了頤和園、天安門廣場、故宮博物院、民族民化宮、天壇、十二陵的定陵和萬里長城等著名景點，也沒有錯過品嚐全聚德名聞天下的北京烤鴨。

跟著我們直飛延安，見識了陝西人的窯洞生活。他們在黃土山坡上挖出山洞來居住，是非常聰明的民族傳統。我們也參觀了毛澤東位於楊家嶺的舊居，院內是三孔的石窯，分為辦公室，寢室和工作人員辦公室。於一九三八年十一月至一九四三年十月，他在這裡接見了許多世界名人，也寫了許多文章。

隨後我們去到東北，觀看了瀋陽市，鞍山鋼鐵公司和撫順露天礦。之後直飛山西省昔陽縣大寨村[11]。在回程路上，到過河南省洛陽市，瀏覽了龍門石窟的奉先寺，然後途經武漢，參觀長江大橋，最後重回廣州。可以說，我是走遍全國大江南北，看的是改革開放前的中國。

我完全明白，這次訪京是一次臨時而緊急的安排，領導人的目的是要挽救我這個情緒低落，失去革命意志的黨員。可是，十多天的行程完全沒有改變我沮喪的情緒，我再也沒有了過去的那種慷慨激昂的熱情，再也沒有任何事物可以鼓動我的思想，哪怕是氣壯山河的祖國。林彪事件對我的打擊實在太大了，我很難再相信下去。

11 大寨村：一九六三年毛澤東發動全國「農業學大寨」運動，令大寨聞名全國。大隊黨支部書記陳永貴竟被選為國務院副總理。文化大革命後，被批判其不合理做法而宣布結束運動，陳永貴被迫辭職。

第六章　七〇年代的香港大專學運

回首當年，於一九七一年至七六年間，香港大學和香港中文大學以及各大專院校均曾出現過一段自建校以來從未發生過的，由親共學生控制了校內學生組織的大專學生運動，人稱「火紅的年代」。運動中，學生分裂成三大派系，即國粹派、社會派和民主自由派。運動過後，曾參與運動的，無論哪一派，大多數都帶著他們自己的信念和理想走進社會，成為香港社會的菁英份子。

社會派成員，基本上認同馬列主義的社會主義平等理想，注重社會改革，認同建設社區以扶助弱勢社群。社會派中人批評國粹派盲目愛國，主張批判地認識中國，是並不否定中共統治下的中國的愛國者。成員有曾澍基、黎則奮、楊森、馮可立、張文光等。

民主自由派成員，大多數參加「自由大學」的學習。這間大學並不是正式大學，實際是一所「私塾」。創辦者許冠三先生是從中國南來的歷史學家，在香港中文大學歷史系任教。他每周用一個晚上在自己的住所免費授課。課程中，概述中國現代史，包括中共成立至文化大革命等，也闡述馬列主義的經濟唯物史觀和唯物辯證法。他更剖析毛澤東的思想及其軍事和戰略思維。學生們學到豐富的知識，得到思想上的啟蒙，確立自己的價值取向和人生理想。民主自由派都是熱愛民主自由、個人價值及法制，反馬列主義，推崇傳統自由主義，主張憲政民主的一群。成員有何俊仁、麥海華、何良懋等。

至於國粹派，學者魯凡之曾在文章中，稱他們是「緊跟北京派」，後來由社會派領軍人物曾澍基給他們發明了一個非常得體的稱呼：國粹派。讓人們都錯認：國粹派真的研究了國粹？精通了國粹？

維護了國粹？這真是天大的誤會。

國粹派一直是組織力和影響力較大的一派，當年在運動中崛起，成為學運的主流，影響了不少大學生的一生。國粹派的成因，應與一九六七年的六七暴動有著密切的關係。在暴動中，地下黨組成了不少灰校學生鬥委會，暴動後，那些被黨發展成黨員或思想已經親共的骨幹分子，有不少考上了香港大學和香港中文大學等各大專院校。這些學生便成為國粹派的基本群眾，是國粹派得以發展的重要基礎。當時這些黨員及親共學生乘保釣運動之勢，在各院校內滲透至大大小小的學會、組織和舍堂等，每個學會，每個組織都有他們的成員。港大學生會及學生報《學苑》更被他們壟斷，向同學進行思想教育。真可說是學界「江山一片紅」，呼風喚雨一陣子的景象。

國粹派提出「認中關社」的口號。「認中」就是「認識中國」，舉辦「中國週」和「回國參觀團」活動，包括井岡山、韶山、延安以及廣州等地。各大專院校又紛紛成立國事學會，既討論中國發展形勢，同時吸收關心國情的同學，進而影響他們的思想。「關社」即「關心社會」，曾進行過訪貧問苦等階級教育活動，但目的只為從中認識共產黨解放中國貧苦人民之偉大，並不具備改革社會的雄心壯志，也並無參與社會鬥爭運動的意欲，因為這不是他們的目的所在。國粹派是利用這兩個法寶進行親共意識形態教育，以達發展組織的目的。

當年的所謂國粹派有甚麼信念？他們不單不是國粹的維護者，而且是魯凡之所指的：他們並不見得真有左翼思想認識。其實，他們讀得最多的是毛澤東的老三篇（即〈為人民服務〉、〈愚公移山〉和〈紀念白求恩〉）和毛語錄。核心分子也許會學習過毛澤東的《實踐論》、《矛盾論》及《共產黨宣言》，《國家與革命》等書籍。不過，這些學習一般只能引發膚淺的國家與共黨的概念。真正能激發當時由六七鬥委會到國粹派的學生，在行動上激情參與運動的，是中國近百年帝國主義侵華史的愛國主義教育。正如當時我們這些黨員所說，我們靠一部中國近百年史起家。幾乎所有的昔日鬥委會成員，均接受過這種自鴉片戰爭以來帝國主義侵華史教育的洗禮。實際上，愛國主義和民族主義才是國粹派以及現在許多親共派人士的思想基礎，是賴以支持他們一切思想行動的信念。愛國主義和民族主義啟發出學生們的愛國能量如排山倒海的浪潮，它一經與保釣運動和歐美中國熱合流而擦出了火花，遂演變成一場認中認祖，影響深遠的學潮。

國粹派實在是親共派，其組織結構是由中共地下黨員領導，是中共的外圍組織，地下黨的嫡系兵，故而其成員多缺乏批判反思精神。我可以確實地告訴讀者，地下黨員伍鎮環是香港大學國粹派的領導人，而地下黨員蔡文田就是中文大學國粹派的領導人。所以國粹派反對搞社會民眾爭取權益的社會鬥爭運動，只熱衷於搞認識偉大祖國之類的宣傳活動，是他們的本質。國粹派大多數思想理論水平很低，無社會鬥爭意識，亦無左翼哲學及左翼社會科學理論思維訓練。他們對中國只屬感性認同，對中國事務缺乏理性分析和批判，而所謂愛國宣傳亦很浮淺。成員有：吳清輝、陳載澧、崔綺雲、鍾瑞明、梁錦松、蔡素玉、楊耀忠、戴希立、劉廼強、馬力，李文標和程翔等。這些中共悉心培養出來的國粹派領袖，除了少部份如程翔等已經覺醒的之外，基本已經構成今天特區政府親共勢力的基礎，目下大致分據香港政、商、學等領域要津。

直到一九七四年，民主自由派成員麥海華組閣競選學生會會長，何俊仁是競選經理。結果「麥海華閣」以絕大多數票勝出。麥海華成為新一屆香港大學學生會會長，扭轉學生會一直由國粹派壟斷的局面，豎起了一面民主自由的旗幟，建立大專學生組織的嶄新面貌。

一九七六年四人幫在北京垮台，國粹派便在香港自動崩解。

以下是民主自由派和國粹派在兩間大學的人物介紹：

民主自由派

麥海華

一九七八年在香港大學社會工作及社會行政學系畢業後，曾在社福機構擔任鄰舍社區發展的前線和督導工作，並關注艇戶爭取上岸事件和爭取社會福利職級檢討在非政府機構實施。於一九八〇年成立香港社會工作者總工會，擔任會長至一九八八年。其後加入香港城市大學應用社會科學系助理教授，現已退休。他歷任「香港市民支援愛國民主運動聯合會」（港支聯）常委和副主席，並兼任「香港六四紀念館」館長。他曾於二〇一四年九月雨傘運動中，警方發放催淚彈後，在港島金鐘地區現場及在學生舉行罷課之時，在立法會外示威區向學生現場講課，題目是《學生運動的回顧與前瞻》。二〇二〇年九月與十二名港支聯同仁及其他人士一同被捕，被控以煽惑他人參與未經批准集會等罪，二〇二一年九月十五日獲判緩刑，現已移民加拿大溫哥華，安全地展開新的生活。麥海華幾十年來，由年輕大學生時代到今天步向老年，可說是一生一世的堅守。他為理想作出的貢獻，令我欽佩。

何俊仁

一九七七年香港大學法律系畢業成為執業律師。曾任民主黨主席及港支聯主席。二〇〇六年更成立「中國維權律師關注組」，促使中共尊重人權，建立法治和憲政。他因反送中示威及六四維園集會等案件被判刑入獄。並於二〇二一年九月，作為支聯會副主席，被加控煽動顛覆國家政權罪候審。二〇二二年八月二十二日何俊仁遭羈押逾十五個月後，因健康因素獲得保釋，但必須遵守嚴苛的保釋條件。何俊仁為持守民主自由價值作出了偉大的犧牲，令我肅然起敬。

何良懋

資深傳媒人。一九七八年香港中文大學新亞書院歷史系畢業。曾是香港中文大學及樹仁新聞傳播學院兼任講師。移民加拿大後曾任溫哥華《星島日報》總編輯。退休後創立《廣傳媒頻道》，繼續為公義，為民主自由理念發聲。

何良懋在二〇二二年七月與其他活動人士一起宣布成立「香港議會」，反對中共繼續鎮壓香港。於八月被指涉嫌「顛覆政權」，「分裂國家」，觸犯「香港國安法」罪名而遭香港警方通緝。「加拿大安全情報局」就此與他見面，關心他是否安全。總理杜魯多政府發表公開支持何良懋聲明。

何良懋敢於批判中共的暴政和香港國安法的膽識，令我佩服有加。

國粹派

國粹派活躍分子蔡素玉在訪問中說，有一位考進港大的，現已移民加拿大的大哥哥，當年帶領她進步。我知道這大哥哥就是伍鎮環。她又說，前財政司司長梁錦松和朋友一起在銅鑼灣租了一個單位作為秘密活動場所，她經常去探望他們，談談世事，談談理想。我知道這個朋友就是伍鎮環，這個秘密單位，是地下黨秘密工作的機關。

李文標和伍鎮環

伍鎮環和李文標是由葉國華領導的皇仁書院鬥委會成員，在六七暴動中被葉發展成為地下黨員。李文標入讀港大文學院，與伍鎮環一起搞國粹派工作，畢業後去教書。伍鎮環則於一九六七年入讀香港大學，由於要保持學生身份，延遲畢業而留級後，轉入電機工程系，於一九七三年畢業。在學期間，他領導國粹派組織各種活動，如行山會、大專服務隊工作營等。

伍鎮環與七位同學發起，於一九七三年籌辦，一九七六年成立的「大學畢業同學會」，最多時有五至六百人。會員有梁錦松、程翔、馮可強等。同學會有一核心組織領導工作，組成秘密讀書會，約有十多人參加。他們也舉辦公開的文娛康樂活動，如乒乓球或專業教師研討會。同學會不被學校當局承認，故沒有授權使用香港大學名稱，不是大學官方校友會，至一九八四年才容許使用香港大學這名稱。伍鎮環於一九七二年與第一屆「國事學會」副主席陸遜貞結識並成為夫婦，陸遜貞已於二〇二〇年十月去世。

我是在學友社認識伍鎮環的，他當時參加文藝組活動。六七暴動期間，在葉國華領導下參加皇仁書院鬥委會，撒過傳單，但暴動之後就沒有再見到他。等到他一九八四年移民加拿大溫哥華後，我們才有了較為深入的交往。

有一次，他來我家探訪，看到我第一篇關於葉國華的文章〈從六七暴動到紅頂商人〉後，向我表示「佩服」。言談之間，他向我承認他是地下黨員，初由葉國華領導，後轉給另一位領導人。我有一張照片，是唐賦榮和太太詹西陵來溫哥華探望我們一家時拍攝的。我拿給伍鎮環看，他看到唐的容貌後，向我承認，唐賦榮就是他後來的領導人。聽說伍鎮環曾經回港向受過他影響的朋友道歉，充分說明他已經覺醒，覺今是而昨非且承認責任，實在令我感動。

當我離婚搬到新居，他也曾來訪問候，關心我的生活狀況，願提供幫助。隨後，他得了重病，我就不再多打擾他，只是間中聯絡。我是相當感謝他的。

蔡文田

魯凡之在文章中提到的，香港中文大學國粹派口中的大阿哥，就是蔡文田。蔡文田亦是皇仁書院鬥委會的成員，該鬥委會最初由文藝組的伍鎮環和李文標及口琴組的何安頓和李繼潘共四人組成。蔡文田是由口琴組向下一層再發展而來的，所以他懂得吹口琴。葉國華領導這鬥委會時發展蔡文田成為地下共產黨員。

蔡文田自一九六七年在皇仁書院撤過傳單後就轉去私立學校完成中學。一九六九年入讀中文大學新亞書院數學系。他的黨組織關係便在這段時間轉到中文大學的地下黨組織，由中文大學文學系畢業，是中大秘密地下黨支部書記詹西陵領導。他於一九七五年再轉讀傳理系，一共讀了九年大學。一九七七年畢業後去私立學校教書。

一九七九年開始，蔡做深圳大鵬灣華僑墓園生意。這是中共改革開放後的新政策，號召全民下海從商。把一些企業，一些關係，一些資金轉給某黨員做生意，許多黨員因而獲利。蔡文田已於一九八一年病逝，聞說他的角色，由戴希立接手，蔡屬下的組織關係則轉給當時是循道中學副校長的毛鈞年。

據中文大學國粹派領導層人物阿林的回憶：「在『六七暴動』之後，一些出身自學友社和《青年樂園》的親共學生，升讀大專院校，並聯合起來，在各院校發展黨組織力量。他們透過參與各種公開學生組織擴大影響，也藉著選舉動員群眾，進佔中大所有學生組織，奪取系會以至學生會的領導權。

當年國粹派的綱領是『認中關社』，而『中國周』是他們的其中一項標誌性活動，也可以說是地下黨學生的得意之作。

然而一九七六年四人幫倒台後，對國粹派是一次嚴重衝擊，不少人思想上無法轉彎。蔡文田是其中的一個典型例子。他學習中共政治理論本來便很有表現，四人幫被捕，他非常不同意，即時評論為『反革命政變』。他作為中大的頭頭且角色又跨越院校，竟然錯判時局，站錯了邊。他的敢言難免受到嚴厲的內部批判和排擠。」

有一位曾與蔡文田共事過的學運人士這樣評價：蔡文田是一個好人，樸實無華，為人很開放，敢於發表意見，我很佩服。

程翔

香港大學國粹派的積極分子，曾與伍鎮環一起籌建「大學畢業同學會」，是七位籌劃者之一。他非常熱愛國家民族，經常思考國家的理想路途。程翔一九七三年畢業於香港大學經濟系，一九七四年加入香港《文匯報》擔任編輯，此後長期從事新聞工作。他一九八一年留學荷蘭阿姆斯特丹大學，並於次年受報館派駐北京開辦《文匯報》北京辦事處，期間被升任為主筆及執行副總編輯。一九八九年「六四慘案」之後他覺醒，離開《文匯報》，創辦政論雜誌《當代》。於一九九八至二〇〇〇年間，他長駐臺北，任新加坡《海峽時報》駐台記者，後改駐香港，至二〇〇九年退休。二〇〇五年程翔在羅湖被中共當局誘捕，以間諜罪名判刑五年，二〇〇八年獲提前釋放。他的朋友一致公認程翔是一位情操高尚，生活儉樸，嚴於律己，令人尊敬的人。

二〇一七年，程翔來溫哥華探望我，聚談之間，我問他，他的愛國思想是從何而來的？他告訴我，他的愛國思想並不來自中共，而是自幼受到一位老師的啟蒙，學會了中國古文化的精粹，著迷於傳統文化，其中梁啟超先生《飲冰室文集》對他影響尤甚，令他增加了對中國的認識，增強了對中國的感情和承擔，因而熱情參與國粹派的工作。我又問他，香港大學畢業前途無量，為甚麼去了《文匯報》？他告訴我，是新僑中學一位英文教師黃立強的介紹和牽引的。我一聽，大叫一聲，實在震驚，我認識黃立強。他是海外留學生，回港後進入這間紅校教書。我這才明白，原來黃立強參與中共的統戰工作，把工作做到港大學生那裡去。

黃立強

黃立強的太太是阿媛，兩人在新僑中學一起教授英文而認識。阿媛是學友社文藝組組員，六七暴動期間被發展成為地下黨員，在灰校中學畢業後被派到新僑中學教書。她的父親就是暴動期間遇害的工人黎松。不知道甚麼原因，地下組織把她的黨組織關係轉給我，於是，我每週都約她見面。她向我訴苦，說她與黃立強來往，關係密切，希望結婚，但礙於新僑中學校長的阻攔，很難如願，向我求助。有見及此，我約見新僑中學校長，說明他們兩人都愛國愛黨，革命意志堅定，請校長允許他們的婚事。結果是校長同意了，他們如願以償結成夫婦。後來，兩人移民美國，在我生活遇上困境時，多次來訪探望。

夫婦兩人於二〇一五年來看望我，餐聚的時候，我問黃立強，他本是海外留學生，為甚麼回香港進入紅校教書？他的愛國思想又是怎樣來的？他告訴我以下的故事：

「我本在英國留學，大約是一九六九年轉到加拿大溫哥華『英屬哥倫比亞』大學讀書。因為參加大學的『中國同學會』，認識一位學生叫吳大品。他送我一本毛澤東選集，帶領我認識祖國、共產黨和毛澤東。後來有一位叫吳清輝的加入，成為三人學習小組，由吳大品帶領。我回港到新僑中學教書是吳大品安排介紹的。多年以來，我在香港曾幫忙照顧吳大品的母親，如今已再沒有與他聯絡。吳清輝後來當上香港浸會大學校長。」

聽到這裡，我不由自主地霍然站起，大叫一聲，我認識吳大品呀。

溫哥華有一班文學愛好者組成一個文學小組。大約有十四、五人，其中有律師、教授、作家、圖書館館長等，我是一九九四年被介紹參加的。大家都很認真，每月一次由某人自動請纓主講一本書，然後大家討論。我曾主講過丁玲的《莎菲女士的日記》，韓少功的《馬橋詞典》，陸鍵東的《陳寅恪的最後二十年》，白先勇的Tea for Two等。

在小組的活動中，我得到兩個收獲。首先是回復自信。當其時，我已在加拿大生活了二十年，為謀生，為健康，已經遠離文學多年，經過主講，我知道自己還能分析，能概括，能表述，介紹一本書的主旨，我有信心開始寫作。其次是認識了個人主義與集體主義的區別。我年輕時接受共產黨的集體主義教育，以國家、黨團為先，沒有個人意志、個人的存在，有組織，但參加小組後，發覺每個成員都相當自我、自尊、自信。小組沒有制度，鬆鬆散散地運作。如有不同意見，則透過商討、妥協和民主程序解決。個人主義尊重個人權利，發揮個人潛能，才能促進社會進步。集體主義卻抹殺個人的力量，是相當有害的思想，我這時才明白起來。我很喜歡在這個人主義風格的群體中生活，覺得比以前的集體舒服得多。很感謝帶我來參加這個小組的朋友，令我有一段本來是很愉快的人生。

幾年後，有人介紹吳大品來參加。他出生於香港，在溫哥華「英屬哥倫比亞大學」博士學位畢業，專業理論物理和太空物理。二〇〇七年出版用英文撰寫的作品《中西文化》，後再出版中文版《中西文化互補與前瞻──從思想、哲學、歷史比較出發》。

在小組討論過程中，我發覺他的言論很親共，大概他也覺到我的言論不太親共。於是有意無意之間，隱忍地針對我，小組成員不會發覺。他出版的書送給成員每人一本，卻沒有我的份兒。我最初以為這只是各人思想立場不同，沒有介意。但當時聽了黃立強的講述，便大吃一驚，我這才恍然大悟：這裡有地下黨的影子。以後我便沒有再出席小組的聚會。

我不能就此確定吳大品是地下黨員，但他隱蔽地，秘密地為中共辦事是鐵一般的事實了。

這一事件，由溫哥華吳大品到香港黃立強，有一條地下黨的線索，牽扯著加港兩地，是非常顯明的。我從來沒有想到過，上帝竟然讓我窺見了這個無人知曉的秘密，真是天意難違啊。

程翔那一顆熾熱的愛國心，使他一直心繫祖國國情的起伏，他能夠覺醒是難能可貴的。他這樣徹底地，義無反顧地覺醒，是因為承傳了中國士人傳統的愛國情懷，樸素、純真而誠懇，沒有雜質。實際上，他的愛國主義是以民主、自由、法治和人權為內容的。

中共的愛國宣傳充滿黨的私利，黨國不分。你的愛國由黨所引領，它指導你應甚麼時候去愛，應該怎樣去愛，給你一個愛國的框框，不能越雷池一步。因此，應該警惕的是，中共宣揚的愛國主義和民族主義已經淪為一個工具，一個陷阱，如今貴為香港社會權貴的昔日國粹派諸君，請不要再隨便高舉愛國主義和民族主義旗幟，成為中共的傳聲筒。

程翔早期可能錯認國粹派的愛國感情與他的同出一轍，也曾墮入「第二種忠誠」的囹圄之中，以為透過道德力量，靠著黨內開明派，最終可以讓中共改變。我相信他經過身陷中共傳媒巢穴之後，很快便發覺他自己的愛國主義是真確的、實在的、誠摯的，而中共所宣傳的所謂「愛國主義」是假的、騙人的、不真實的，兩者有著天淵之別。他更發覺他們的報紙實在是共產黨的喉舌，便不再上當受騙，沒有被地下黨發展成為黨員。

我一向是程翔的「粉絲」，自他離開《文匯報》後，我一直追看他的文章至今。他的評論，條理分明，深入精闢，立論清晰不迴避，持守公義不退卻，突顯他剛正不阿的品格。他的文章富閱讀價值，我非常欣賞。程翔在監獄裡重讀聖經，觸動靈魂，感極而泣，決志歸主成為基督徒，從此解除心結，放下仇恨，恢復自信。我感到非常快慰。

第二種忠誠

報告文學《第二種忠誠》一書，是劉賓雁的代表作。他在書中將那種懷有虔誠的政治信仰，老實聽話，從無異議，並受當政者賞識表揚和稱讚的稱為第一種忠誠，而那種對當政者雖然忠心不二，但又直言敢諫，不計安危的稱為第二種忠誠。書中的主角之一陳世忠是長期不斷地向黨提出反對意見的人。他一九六三年給毛澤東寫信：〈評中共中央關於國際共產主義總路線的建議〉，更於一九六四年在獄中帶淚寫成三萬字的長篇文章〈諫黨〉，指出中共在路線上、方針政策上的錯誤，苦口婆心規勸毛主席不要推行個人崇拜，向黨中央冒死直諫。全篇文章充滿對黨對毛的熱愛之情和完全的信任，文末還寫下：「向你，向親愛的黨獻出我一顆僅存的赤誠之心」這樣無限忠誠的句子。這就是第二種忠誠者的寫照。

陳世忠的忠誠，比起那些老實聽話，逆來順受，從無異議，甚至悉心揣摩毛的心思的所謂第一種忠誠來說，無疑是一個革命者應有之義，然而換來的卻是八年徒刑及六年勞改。如果我們沒有忘記歷史，胡風的萬言書，使他付出了一生的代價，成為中共史上因進諫而獲罪的第一人，而彭德懷的萬言書，也沒能讓他逃脱悲慘的命運。

許多新一代的第二種忠誠者都渴求中共允許給予第二種忠誠，他們問：「黨員可不可以長期堅定地反對黨的一些重要基本政策和行為，而依然可以被當時的黨領導視為忠誠？」「是否可以逐步容許第二種忠誠，至少在香港也應欣然容許，以體現愛國概念上的一國兩制，讓愛國的原則性在兩制之下可以有不同涵義和尺度的靈活性。」答案是完全否定的。

這些新一代的第二種忠誠者接受西方教育，認同普世價值，更有科學頭腦，向中共表忠的建議所持的理論均是西方的自由、民主、平等、法治等價值觀。如果陳世忠們用中共所認同的、熟識的革命理論和語言也未能使他們幡然覺悟的話，那麼用西方的普世價值觀，能改變中共嗎？

為甚麼有那麼多知識人不惜放棄個人利益，像飛蛾撲火般去做一個第二種忠誠者？除了其本身的愛國愛黨情意結以及為國獻身的熱切之心外，也許是對共產黨的本質認識不透，不知道那一套自由民主，全民政府等的道理，正正就是擊中中共心臟的東西。當中共為維護其一黨專政像維護其頭顱一樣重要的時候，那些建議者哪有不被打成反革命的？

其實，在共產黨的字典裡，從來都沒有第二種忠誠這個詞語，那是知識人一廂情願地製造出來的。共產黨要的是絕對的忠誠，要的是在維護黨權，保障專政範疇內的建言，離開了這個範疇，就難以被稱為忠誠了。

黃艷琼

香港中文大學七十七屆英文系學生，亦是國粹派中人。她是我的表妹，也就是阿霞的妹妹。在《六七暴動》期間她是伊利沙伯中學鬥委會成員，由葉淑儀領導並發展她成為地下黨員。暴動尾聲時，地下黨把她的組織關係轉給柯其毅領導後，柯其毅派她與陳君雯一起開辦楓華舞蹈學校，所以她懂得跳中國舞。可是，因柯其毅移民一事的牽連，她不再受到黨的信任，也可能是她不願意思想上與柯其毅劃清界線。因此，陳君雯沒接她的組織關係。而且雖然考進中文大學英文系，她的組織關係也沒有被轉去中文大學的黨組織，蔡文田或詹西陵都沒有接受她的組織關係。她參加國粹派活動，卻並沒有成為核心成員。這時，我相信她是無形中脫黨了。

黃艷琼曾兩次來溫哥華探望我們，第一次是在一九八二年，第二次在一九八八年，是去美國留學前路經。第二次發生很不愉快的情況。因為我覺得她好像以前見領導那樣，只和柯其毅說話，兩人外出秘密傾談，無視我的存在。使我非常生氣，結果不歡而散。

她留學美國十多年，在華盛頓特區教學，未能取得博士學位，但回港後獲取副教授資格。她仍然很愛國，接受姐夫蔡培遠的拉攏，參與籌建「香港中文大學—東華三院社區書院」，（簡稱「中大東華社區書院」或「中東書院」）並任教。這間書院於二〇〇五年成立，於二〇一三年八月停辦。現在名稱為東華學院。從中東書院退休後，黃艷琼曾到深圳中文大學任教。我無法確知她是否已經重新入黨，繼續為黨貢獻力量，希望她不會愚蠢至此。

楊寶熙

香港中文大學國粹派旗手，曾熱烈支持中國共產黨。她畢業於中文大學聯合書院經濟系，曾出任中文大學生會會長及香港專上學生聯會會長，後任教於五育中學。四人幫倒台之後，她逃避政治埋首教學。至二〇一二年才參與反國民教育絕食，二〇一四年因反對全國人大常委會於八月三十一日通過「香港行政長官普選和立法會產生辦法決定」（即八三一決定），在金鐘佔領區清場時被捕。

楊寶熙坦白承認自己多年前對中共政權是盲目崇拜。她在其著作《走過火紅的傘下銀髮》中有比較深刻的反省。她說：「當年國粹派親共的思想和行為代表愚忠，因為我們曾經擁護的中國共產黨，是一個壓制民主和人權的政權。作為昔日的擁護者，對於中共的罪行，要有承擔責任的原罪感。」她又說：「回顧是痛苦的，因為有著不少歉疚和自責，但是唯其直面自己的過去，才能為自己尋索繼續前進的方向和勇氣。」她的反思是真誠的，我很欣賞。我認為曾經為中共做過事的人，均應懺悔和揭露，她做到了一半。楊寶熙現已安居臺灣，我遙祝她平安、快樂。

七〇年代的這次學生運動，對香港社會影響極大。有人更說，國粹派就是今天「建制派」前身。紀錄這段歷史相當重要，希望將來有人把它完整地書寫出來。

第七章　移民事件

一九七三年四月十四日柯其毅收到妹妹從溫哥華發來的電報：「母病危，速來」。經電話聯絡知道母親患上膽囊炎加上胃出血，兩星期內已經開刀四次，正在深切治療病房，生命垂危。柯其毅決定立刻去探望母親，給她安慰和支持。他向黨組織領導人梁煥然提出批准請求，並希望支持五千元路費。柯其毅苦苦等待，非常焦急，但四天之後沒有消息，梁煥然解釋，是廣州黨組織還沒有答覆是否批准或資助。黨的漠視使柯其毅激怒，不願再等下去，遂向妹妹和嬸嬸借來費用，於四月二十日逕自坐上飛機，急急上路直飛溫哥華。他趕到醫院時，母親已經渡過危險時期，見到兒子精神大振迅速康復，病情很快便穩定下來。

這時候，我的心情是相當複雜的，一方面我也擔心柯母的安危，同意柯其毅立即去看望她，另一方面對黨組織不施以援手我很是驚訝，不敢置信，預料柯其毅不等候批准自行離港，將要受到黨組織的批評，不知會有何結果。我有一種隱隱的直覺，這個帶著憤怒而去的柯其毅，不會回來了。於是我憂心忡忡地寫信催促，說自己病了，女兒病了，很辛苦，很累，請他盡快回港。

果然，柯其毅在溫哥華看到兩位年邁的老人，由行動不便的妹妹照顧，艱難困苦的生活情況令他傷感不已。想到自己參加革命二十四年，無私地向黨獻出一切精力、時間和金錢，而在他人生最困難的時候，黨卻視若無睹，置之不理，他有被出賣的感覺。他深深地悔恨自己錯信黨的一切承諾，而致心存內疚，責任感油然而起。當妹妹向他提出，由她申請做擔保人，要求他移民加拿大時，他就答應下來。他在電話中告訴我這一決定時，雖然已有預測，但仍然讓我惶惶終日，心煩意亂。

五個星期後，柯其毅於五月二十四日回港。他做的第一件事就是賺錢，知道以後的生活要靠自己。於是進入一間英國公司當上高薪經理，同時買了一部小房車代步。這樣，我們有能力駕車去海灘游泳，帶著女兒去新界遊憩，去餐館吃飯，享受了一段難得的快樂人生。領導人盧壽祥批評他不等候批准便離港，又責怪他生活資產階級化了。柯其毅按捺不住了，把多年積怨向盧壽祥發洩，說明自己照顧家庭的難處，希望他理解。但盧壽祥聽不入耳，依然指責他，兩人爭吵起來。

同一期間，柯其毅向我交代移民一事：

「阿嫻，相信你一定會明白，我的父母已經年老，我需要移民加拿大去照顧他們，你和我一起去，好嗎？」

「我明白的，不過，加拿大對我來說太陌生了，我怎能在這個地方生活下去，你就自己一個人去吧，我不會和你一起移民的。」我說，「移民法例規定，我們必須全家一起申請，才能成為永久居民，除非我是獨身或離婚。」

「……」

停了一會兒，我狠狠地說：

「那麼，就離婚吧，我別無選擇了。」

這時，我想到，我曾經宣誓過，忠於國，忠於黨，我不能這樣一走了之離開黨啊。

後來，有一天，窗外下著毛毛細雨，天色陰沉晦暗，我心情沉重，疲倦地斜躺在床上閉目養神，柯其毅靜悄悄地走進來，一聲不響跪在床前看著我。

「有事嗎？」我睜開眼睛。

「和我一起移民好嗎？和我一起移民吧，不要離婚。」

「我會一生一世照顧你。」

「我們只去兩年，等我把父母安頓好，我們就回來，好嗎？」

他淚流滿面，搖動著我的手，激動地，不停地說著。

鬆開了他的手，沒有答話，我心裡明白，這個放下自尊的丈夫在向我哀求，我是感動的，真心相信他會照顧我一生。當天吃過晚飯，女兒在床上玩耍，只見聰敏靈巧的她拿著小塊小塊的積木往上堆砌，希望砌成一座高塔，可是，一不留神高塔倒塌了，她又重新再砌，絕不放棄。我在旁邊看得入神，突然心內緊緊地抽搐一下，一陣辛酸感默然升起。難道我就這樣，讓可愛的女兒失去父親，成為一個無父的孩子？我可以這樣忍心嗎？不可，不可啊！人性與黨性在腦海中交戰，我在苦苦地掙扎。

然後，我們迎來七人核心黨組特別會議，梁煥然親自主持。她首先問柯其毅：「如果只是為了看顧父母，為甚麼要申請全家移民？」

「沒有黨的支援，我要工作養家，加拿大法律規定，只有永久居民才能工作。移民法例是要全家一起申請的。」柯其毅再次解釋。

「為甚麼不申請學生簽證？」盧壽祥問。

「學生簽證也不能工作。」

這時，我發言，再三解釋：「柯其毅的父母年紀日漸衰老，身體虛弱，母親在病重之中，妹妹更是個殘障人士，他們都需要柯其毅去照顧。黨組織是否應該關心，有責任幫助黨員解決困境，施以援手？」

「你為甚麼一定要阿慕和你一起移民？」

梁煥然又再提問這一個已經反覆解釋了的問題。我們的解釋，她好像沒聽進去似的。這引起柯其毅的憤懣，他開始羅列自己努力為黨工作的各種事實，又指著兩個領導人，力數他們妄顧屬下黨員的艱苦生活，直罵他們是「白癡」。

「轟、轟、轟！」梁煥然的拳頭敲擊著枱面，杯子也震動起來，從未被人如此辱罵過的梁煥然，這一下怒不可遏了。

「你說甚麼？你竟敢侮辱我！」她大聲叫嚷。

「嘭！」柯其毅一掌打在枱上回敬，說：「你們甚至分不清好黨員和壞黨員，好黨員都消極地離黨而去，只剩下壞黨員，這樣下去黨是沒有希望的。」

一時之間，空氣凝結，鴉雀無聲。

過了一會，為了緩和緊張的局面，柯其毅柔聲地說：「我不是要離開革命，我希望保留黨籍。兩年後，等我安頓好家庭，我就回來。」

「等你回來後再說。」梁煥然回答。

「我移民後可以繼續為黨工作，我的組織關係可以轉移給在加國的黨組織。」

「從未聽過，加拿大沒有黨組織。」她撂下這句謊話，便拂袖而去。

會議是結束了，我非常傷心，對黨失望。我義憤填膺，義不容辭，說：「好吧，老柯，我們全家一起移民吧！」

終於：人性戰勝了黨性。

當時的我，只知道北美洲有一個英語國家叫加拿大，完全沒有想過未來的生活將會是怎麼樣，只想著要義無反顧地繼續進行自己的決定。

事件還有餘波：

首先是盧壽祥找我談話：「你為甚麼要跟柯其毅一起移民？」

「我說過，他要照顧父母，我要支持他。」我沒好氣地回說。

「你知道這是反黨嗎？」

「這哪裡說得上是反黨，這只是人道關懷而已。如果你們再這樣甚麼事情都上綱上線地批判，我就要『落草為寇』。」

他「嗤」一聲笑了出來，似乎並不相信。

當時衝口而出的「落草為寇」，預示了我的未來，在後來的日子裡我用筆實踐了。這個「寇」實在是追求自由民主，揭露中共地下黨的戰士。

然後，歐陽成潮又再出現。他聯絡我說，要帶我和柯其毅一起上廣州申訴。但柯其毅恐怕其中有詐，不願同去。我很奇怪，他懼怕甚麼？我們光明正大，胸懷坦蕩，沒有做錯事，他們能對我們怎麼樣？我決定獨自與歐陽成潮同去廣州。

在那裡，仍然由小劉一人接待，沒有上層領導來見。結果所謂申訴，只是讓我再講一次事情的經過，小劉承諾會向上反映。我們只逗留一天便草草了事。多年後我才驚醒，中共是會扣押黨員，捉去勞改的。香港著名報人羅孚一九八二年被中共召回北京扣查，以美國間諜罪判處十年徒刑，直到一九九三年才得以返港的經歷，讓我嚇出一身冷汗。想到當時的柯其毅是正確的，始終，他年紀較大，思想較老練，我就天真得可笑。

回港後，知道梁煥然已在黨內宣布了柯其毅的罪狀：「他多年預謀移民加拿大，母病只是託詞。不經批准，不聽黨指揮，擅自離開香港。隨後找一份高薪優職及購買房車，都是叛國投敵的證據。」

梁煥然命令將此決定下傳給地下黨員，責令柯其毅的下屬黨員要譴責他，與他劃清界線，斷絕關係。在最後一次見面時她更指控柯其毅設計審判黃玉山（事件參本章章末），是濫用權力，對他作出更進一步的傷害。當時的事件由葉國華那邊的威靈頓鬥委會引起，再由她定案，現在她竟然倒打一耙，推卸責任，為自己脫罪，令柯其毅怒火中燒，含恨在心，多年後作出報復行動。盧壽祥還警告柯其毅不能損害祖國的利益，否則會將他殺害。

如此這般，我們開始向加拿大移民局申請移民資格。我們很快便被約見，一切均非常順利。因為我們沒有結婚證明書，需要請兩位老人家向政府有關部門宣誓曾參加過我們的中式婚宴，證實我們正式結婚，這樣才能得到一份結婚證明文件。在等候批示時，移民局突然來電要求再次面談，我和柯其毅被分別安排在另一層辦公室接受移民官查問。那天，我走進辦公室，只見房間內只有一張書桌和兩張椅子，沒有任何裝飾物，像是審問犯人的地方。移民官拿著一個大文件夾走進來，「嘣」一聲拋在枱上，然後坐下，很威嚴的樣子。

「你叫梁慕嫻？」

「是。」

「香島中學畢業？」

「是。」

「你為甚麼常常上廣州？」

「因為要辦事。」

「你是不是中國共產黨黨員？」

「是。」這個敏感問題從未被人問過，我不覺稍有一點遲疑。

「你現在還相信馬克思主義嗎？」

「是的，還相信。」

「那你為甚麼還要來加拿大？」

「加拿大不是一個信仰自由的國家，允許不同政見嗎？我到加拿大不是可以繼續相信馬克思主義嗎？」我反問。

「啪」一聲，他把文件夾蓋上，說：「你可以回去了。」

歷時半小時的審問終於結束，我知道這是政治審查。在過程中，我堅持坦白，誠實，不隱瞞。我想，我現在要到別人的國家居住，就應該坦承告知自己的地下身分，假如因而不獲批准，我也不會後悔。我也不怕有人誣蔑我說出地下黨真相，是為了換取移民資格，因為我並不一定需求這個資格。坦率是我做人的宗旨，高於一切價值。

很快，我們便獲移民局批准，一家三口於一九七四年七月十二日離港，經日本，直飛加拿大溫哥華。儘管地下黨已經把我和屬下黨員隔絕，送機的社員，黨員仍然很多，特別是中樂組的朋友，令我非常感動。

我帶著一顆沉重的心，一顆憂傷的心，踏上人生的另一旅途，未知前景卻勇往直前。

附 梁煥然指控柯其毅設計審判黃玉山一事

學友社七人核心黨組緊跟中央指示不斷進行階級鬥爭的理論學習。這樣，一場階級鬥爭鬧劇，也是一宗無頭公案便隨即上演。

在一次核心黨組會議中，梁煥然批評說：

「根據威靈頓英文中學鬥委會負責人石仔彙報，黃玉山是港英特務，是階級敵人，階級鬥爭已經來到身邊了，你們還不醒覺。」

黃玉山是輕音樂組的組員，至六七暴動興起，地下黨號召灰校學生組成鬥爭委員會。黃玉山曾就讀威靈頓英文中學，相信就是這樣涉足鬥委會而被指控。威靈頓鬥委會的石仔隸屬葉國華領導，而葉國華則隸屬盧壽祥，經梁煥然這樣一說，柯其毅很自然便想到這是葉向盧彙報，盧再上報梁的結果。

與此同時，六七暴動已近尾聲，柯其毅剛剛接收了輕音樂組組長李崇鈞的組織關係，因而不能倖免地被拖進了這個案件之中。黃玉山不被外調，自然地回到輕音樂組參加活動了。

實際上，梁煥然並未有說明指控黃玉山的具體證據，會議上也沒有討論過如何處理，似乎是等待下次會議再作決定，但柯其毅卻輕易地把它當作一回事。會後，柯其毅覺得事態嚴重，有責任把這一階級敵人動向通知李崇鈞，不過並沒有要求他有所行動。誰知李崇鈞也喝了不少狼奶，腦袋中已經裝滿了階級鬥爭意識，行動之快速無人能及。他立刻通知了兩名組員，約定黃玉山，借用培僑小學的一個課室，然後再通知柯其毅，一共五人，來一個審判會。這種失控的處理手法把柯弄得手足無措，但想到事情發展至此，作為領導人，雖不同意，也不得不硬著頭皮出席，沒有立刻制止。

「你為甚麼到處看演出？」

「你看演出為甚麼總是遲入場早離場？」

「你為甚麼到處參加活動？」

「你想知道甚麼？」

他們用了個多小時審問黃玉山，並且當場宣布，他以後不得再回社參加活動。他們以毛澤東的階級法律私設公堂審訊，像大陸的紅衛兵，簡直是無法無天！

三天之後，柯其毅心中不安，到黃玉山住所看望，瞭解黃的情況。黃不明柯的來意，非常害怕，只見他開閘門的手在發抖，顫抖的手扶著的餐檯也在震動，連檯上的茶杯也搖動起來，可知他有多麼恐懼。柯其毅希望安定他的情緒，說：有人做事過激，當中也有誤會，希望他不要失去信心，堅持愛國，暫時不要來社了。黃表示很灰心，但會堅持。之後，黃玉山留學加拿大麥基爾大學，取得植物生化學博士學位。一九八〇年回港後，在香港理工學院任教。

柯其毅一直沒有忘記梁煥然的指控，憤憤不平，絕不甘心，出於釐清事件，撇清關係的目的，於一九八一年回港時，直接去到理工學院找到當時在該校教書的黃玉山，把整件事的前因後果、來龍去脈詳盡地向他交代，還告之領導人的真名實姓，最後也讓他知道盧壽祥已調任新華社。柯其毅本以為這一揭發，會令黃玉山更憎恨共產黨，卻適得其反，這個報復行動，無形中為黃玉山指出一條投共的出路。但黃沒有感謝，也沒有任何反應。聽說後來黃玉山果然走進新華社作出申訴，終由盧壽祥帶他上廣州面見領導，而獲得平反。有說他當時表示，如果不獲平反，不會回香港，勇氣和決心可謂不少。黃玉山有機會搭上地下黨上層關係而仕途亨通，扶搖直上，與此事件有關。

也許，當年的黃玉山實在太年輕了，他精力充沛，活躍好奇，喜歡參與各種事項，認識不同的人。還有一個特性，常常愛到處打聽瞭解情況，並不是安安份份的人。這恰恰正犯了地下黨的大忌，一個這樣的人在地下黨人的眼裡就是可疑人物。

我移民之後，黃玉山曾兩次來探望，我們到公園遊玩，好像沒事發生過一樣，也沒有提起這件事。其中有一次，很奇怪，他提出想來我家過夜，我因身體欠佳而婉拒，哪知他仍來電強烈要求，務必要到我家看一看才安心似的，我只好答應他來過了一夜。當時我想：難道他真是特務，任務在身必須要瞭解一下我們的狀況，他是否仍在為港英工作？

隨著日子的過去，我改變了想法：也許他那處處好奇，四處打聽的壞習慣又犯，也許他想再找機會重提往事卻因我們的冷淡而打住。總之，無證據便不能判案，實情只有他自己知道。回望過去，我雖然只是隔岸觀火，未有插手，這並不證明我沒有責任。我有參加會議，我知道發展過程，我沒有反對，我認為我亦是同謀，不能開脫。今天，我為那次審判鄭重向黃玉山道歉，希望他能原諒過去的一切。

黃玉山曾出任香港城市大學副校長和香港科技大學副校長。有人通知我，二〇〇七年底他曾組織二十二位學友社舊人到科技大學參觀，幫助學友社的黨員擴大他們的聯絡網。在二〇一四年，黃玉山更被委任為香港公開大學（現改名為「香港都會大學」）校長，至二〇二一年三月卸任及退休，這是中共給他投共的獎賞。記得當年他上任時，有公開大學學生把拙著《我與香港地下黨》送給他，大概是因為我的著作中有這一段關於他的記載，學生們是給他一個提醒吧。

二〇一九年六月以來的反送中運動，青年學生勇敢地站在最前線，作出偉大的犧牲，公開大學有九名學生被捕。香港民主運動勇敢的戰士黃之鋒是公開大學學生，他快要畢業時，我非常擔心，恐怕有人會阻攔，不讓他畢業。結果，於二〇二〇年十二月黃之鋒成功以二級一等榮譽，獲社會科學（政治及公共行政課程）學士學位畢業。我才鬆了一口氣，想像著，這大概是黃玉山手下留情了。黃玉山作為一位為人師表，地位崇高的校長，希望他也曾經歷一番良心的掙扎吧。

黃玉山現為香港研究資助局主席，更是港區全國人大代表，是一位有社會地位的人物。經我調查所得，黃玉山與中聯辦負責教育科技界和知識界聯絡工作的官員蔡培遠生前有長期聯繫，他應是由蔡領導的地下黨員，他們接頭的地點有時是在尖沙咀青年會 coffee lounge。

第八章　加國生活

一、初始印象

加拿大是一個地域遼闊，壯麗秀美的國家，我所居住的卑詩省更是美不勝收的省份。她擁有豐富雄偉，氣勢磅礴的天然美景，到處都可看到高聳入雲的山峰，筆直陡峭的岩壁，茂密鬱葱的森林，令人心曠神怡，精神煥發。

一年後，生活稍微安定，我們即牽著五歲的女兒，抱著尚在襁褓中的兒子，趁著假期到處遊覽。我們去過座落肥沃河谷，有「加拿大果籃子」之稱的奧肯納根，傳說湖上有水怪。也到過依山傍水，四季宜人，人們說是省內天氣最暖和的奧索尤斯。當然我們也去過東面的旅遊勝地曼寧省立公園了。

至於遠程一點的，我們到達艾伯塔省，座落於洛磯山脈中心的國寶級班芙國家公園。這個首先成立的公園，有一被稱為「班芙寶石」的露易絲湖。面對那藍綠色冰河湖水，我有一種夢幻的感覺。

我們當然不會錯過建於溫哥華島上，展示花卉的布查德花園（又名寶翠花園）。她四季鮮花綻放，園藝造詣處處匠心獨具，堪稱園林典範，讓人歎為觀止。其中幽靜雅緻的日本花園，優雅浪漫的意大利花園以及迷人的玫瑰園，總是令人目不暇給，賞心悅目。

可惜的是，時至今日，我還未有機會到東部看看氣勢磅礴的尼加拉大瀑布。遺憾。

我們四處遊玩，經常看到以木料雕刻，顏色鮮艷奪目，雕工精巧細緻的圖騰柱。這是北美洲西北海岸，印第安原住民數千年來最富特色的傳統藝術品。每一根圖騰柱都蘊含人物、動物和歷史故事，也有神話傳說，有些更充滿著宗教色彩。溫哥華的史丹利公園有一個豎立著八根圖騰柱的圖騰公園，當中每一根圖騰柱都各有自己的名字，是最吸引遊客的地方。我非常喜歡圖騰柱，曾經想望把每根柱的故事寫出，集結成一本書，可惜生活壓力實在太大，無法完成這個願望，也許已經有人做到了。這是我首先認識的加拿大文化。

我也很喜歡加拿大國歌。她旋律優美流暢，蘊涵意志堅定的樂句。她的歌詞簡潔平和中帶著激勵的愛國情操，讚美壯麗的祖國河山，歌頌國家的自由強大，感謝神對國土的賜予和保佑，鏗鏘有力地宣示誓死保衛國土的決心。整首國歌代表著友善的、愛好和平的全體人民的心願，唱著的時候常常令我感動不已。

加拿大的天氣實在非常嚴寒，有時寒風刺骨，令我心驚。我向朋友訴苦說，我在加拿大沒有夏天，雖然七、八兩月稍為和暖，但只及香港春秋兩季的氣溫。朋友說，溫哥華已經是全加拿大最溫暖的地方了。我知道，在加拿大，溫哥華是我唯一能住的城市，沒有其他地方可以去的了。（按：近年來，因氣候變暖，溫哥華已經有了夏天。）

雪，給我一個永恆的印象。首次見到迷人的初雪，我雀躍非常。如花瓣般的雪，漸漸變成鵝毛一樣飄然而下，看到的是一張浪漫如夢境般的天空，朦朧中帶著神秘的色彩。轉眼間，屋宇、道路、花草、樹木蓋滿了雪，呈現的卻是潔淨明亮的大地，像換了一個世界。大自然的變幻無窮不可思議。

可是，大風雪也帶來很多不便，交通堵塞，路滑車禍常有發生。有一次，我們全家一起駕車由市中心回去本那比市的家，途中首次遇上大風雪。只見一片片棉絮似的雪球從天而降，不一會兒，積雪盈尺，佈滿整條馬路，車子擋風玻璃上的雨刷很快便不能擺動。我們的車輪陷進積雪之中，停在大路中間動彈不得，做成嚴重交通堵塞。因為沒有經驗作出準備，當即手足無措，不知如何是好。再看看油箱，發覺汽油所剩不多。心中正在非常著急之時，旁邊和我們一起停在馬路上的幾位車主，個個手拿雪鏟來幫忙，把車輪邊的雪堆鏟了出來，我們才能重新開啟引擎上路，順利駕車回家，真是有驚無險。這次事件也讓我初嘗加拿大人守望相助的精神，心內一陣陣感激的愉悅之情悠然升起。

想不到的是，我的下半生竟然來到一個資本主義國家，一個長久以來跟著中國共產黨批判的國家。我雖然活在香港這個資本主義色彩的殖民地，但由於成長於香島中學這個紅色孤島和封閉的地下黨之中，我對社會各方面運作的知識非常淺陋。這時我便相當好奇地希望認識一下資本主義國家是怎麼一回事。首先我發現這裡流行「先使未來錢」，差不多每個人都向銀行貸款，都有欠債，與我們曾受的教訓，要「量入為出」背道而馳。原來這是促進社會經濟發展的措施。

其次是罷工。我看到各行各業的罷工，各工種的產業工人不用說，服務行業工人，醫護人員，連教師也罷工。經過長久以來的罷工爭取，工人的許多權利都得到保障，比如：組織工會、罷工自由、八小時工作、周末作息、有薪假期、病假、產假、最低工資、工作安全、勞工賠償、退休金、平等就業等等。實際上，這裡的工人大多數都能維持中等或以上生活水平，都有安穩的生活。

魁北克省民眾要求獨立，脫離加拿大的新聞給我很大的震撼。他們竟然斗膽要求獨立，不怕政府干預嗎？而他們也竟然獲准於一九八〇年五月進行公民投票作出決定，政府沒有鎮壓，沒有逮捕，也讓我非常詫異。後來看到，加拿大政府尊重人民的意願，苦心操作留住魁人的心。特別是尊重魁人的獨特文化，確立清晰獨立法案，規定國家使用英法雙語。投票結果反對獨立的有百分之五十九・五六，最終留住了魁北克省，團結了全國。至此，我才明白，加拿大是一個高度民主發展的國家，法治的建立為國家保駕護航不會導致分裂。當魁北克人於一九九五年第二次公投，看到西部的民眾緊張地乘坐飛機，老遠地跑到魁省首都，去規勸，去挽留，動之以情，曉之以理，向他們力數其利弊，這相當感人的一幕時，我是熱淚盈眶的。這是我的民主自由第一課。

一百五十多年前，馬克思的《共產黨宣言》信誓旦旦宣稱：「資本主義必定滅亡，無產階級必會勝利」。毛澤東亦曾判斷世界形勢是「東風壓倒西風」，「資本主義的思想體系和社會制度日薄西山，氣息奄奄，人命危淺，朝不慮夕，快進博物館了」。我帶著他的思想來到加拿大，看到的卻是一個朝氣蓬勃，充滿生機的國家。我認為中國在共產黨專制獨裁統治下與被統治的廣大民眾才是有著真正不可調和的矛盾，將會被人民推翻而至滅亡。

俄國第一位馬克思主義者，革命家普列漢諾夫在臨終之前，即一九一八年四月寫下一篇「政治遺囑」，於一九九九年十一月在俄國發表。他發現：「科學的進步使真正一無所有的無產者將逐漸減少，工人階級變成知識份子，在生產過程中成主導地位，從而緩和了階級矛盾」。他又發現：「資本主義是一個靈活的社會結構，它會朝著適應社會主義運動的方向調節，變成人道化、自由民主化的資本主義」。他推斷：「資本主義不會很快被埋葬，亦不需要有掘墓人，因而無產階級專政是永遠不能實現的。」「列寧的無產階級專政將迅速變為一黨專政，黨的專政將變為黨的領袖專政。」「布爾什維克的垮台是不可避免的」。

今天的現實情況，說明普列漢諾夫的預言是非常準確的。我看到的資本主義國家的確有自我更新，改革進步的能力。它利用稅收、福利等生產所得財富再分配政策，就是適應社會主義改良的結果。

共產黨的理論說，資本家剝削工人階級剩餘價值。後來，長期觀察下，我明白了，在資本主義國家中，資本家用腦力勞動與工人階級用體力勞動，各盡其位，為社會創造財富，也分享生產所得的利潤，共同促進社會發展，根本沒有剝削剩餘價值這回事。資本主義國家允許工人罷工，以罷工，談判，達成協議來解決階級矛盾，減低貧富不均的影響，使社會得以平穩安定。

資本主義國家已經有一套解決矛盾的政策，正在欣欣向榮地高度發展進步。這樣的民主政制，把我一直跟共產黨學到的階級鬥爭理論，粉碎得一乾二淨，要把它掉進垃圾堆，讓我對資本主義社會的制度佩服得五體投地。毛澤東是多麼愚昧無知，我為自己曾經相信他的這種淺薄的論斷而感到羞愧。

不過，雖然如此，因為愛國思想的作祟，我仍然不願意放棄中國國籍，沒有成為加拿大公民的意願。延到五年後才入籍成為加拿大國民，才學會唱國歌，才作出人生的第二次宣誓。我兩年回港的承諾沒有兌現，也沒有公開宣布退黨，因為知道共產黨有規定，只要三個月沒有交黨費便是自動退黨。

二、謀生

我的第一份工作是在唐人街黃氏宗親會開辦的文彊小學教中文，學生每天從正規學校放學後，便來這裡用兩小時學一點中文，完成家長們的意願。我也曾為高年級學生教授中國舞。

兒子出生後，健康狀況復原得差不多，我便想著找一份全職工作。在中文報紙廣告欄上看到有一間工廠招聘文職人員，便跑去應徵。那裡已有一大堆人排隊等候派發申請表，我從負責人手上接到表格一看，上面全是英文，呆了一陣，我連自己的英文地址也不懂得寫，很沮喪。

我告訴柯其毅的妹妹，她說，來加拿大不懂英文，就只能去做勞工了。這時有人介紹我去製衣廠做車衣女工，妹妹也介紹我去一間沙拉廠做工人，我選擇了沙拉廠。每天在廠房站立八小時，放工後我還要步行半小時，越過一個小斜坡才能回家。

第一天上工，老闆派我去刮紅蘿蔔。那裡有一條長長的自動傳送帶，帶上頂端的機器把紅蘿蔔的莖和葉切去，也削掉外表的大部份粗皮，然後輸送下來。紅蘿蔔上仍留有一點點未清除乾淨的黑皮，需要用人手刮掉。女工們分開兩排站在傳送帶的兩邊，撈起紅蘿蔔，用刀刨去剩下的黑皮。我被安排在隊伍的後面，學著她們那樣刮紅蘿蔔。

誰知第二天，那些女工不讓我排在後面，一個個地把我推到前面。原來前面是一個關口，紅蘿蔔經過這個關口，掉進另一個傳送帶前，必須徹底乾淨。所以站在最前的人責任很大，要眼明手快，保證紅蘿蔔不會留下那怕只是一小點的粗皮。被她們逼到最前面，卻手腳太慢，我無法保證紅蘿蔔完全潔淨。老闆見狀趕快跑過來，向我示範。他的大手一次可以拿起四隻紅蘿蔔，而我一次只能拿一隻。他看不下去，調派我去洋蔥部。

「去拜山啦！」一個女工向我叫喊。

原來，洋蔥切開後會散發出一種氣味，可以使人流淚，像是向先人哭墳一樣，切洋蔥就叫做「拜山」。這裡也不容易，先要自己抬起一袋五十磅的洋蔥擺上枱面，才能開始切洋蔥，我力氣不夠，要請一位女工幫忙，從此天天去「拜山」。一個月後我被老闆辭退。

初秋的黃昏，天氣乾爽清涼，夕陽斜射，餘暉映照，宣告一天的終結。最後一天放工，我拖著震顫的雙腿，疲累的身軀，步履蹣跚地走上那個小斜坡。我慨歎一聲，做個工人也不容易，想不到，我連當一個「偉大」的工人階級也沒有資格。我暗下決心，一定要把英文學好。

考到駕車執照後，我獨自走進社區學院，報讀「英語為第二語言」初級班。我有一個計劃，就是考取一個托兒服務牌照，接收幾個兩歲到五歲的孩子，在家裡做起托兒服務，能有一點點收入，於願足矣。老師教授語文之餘，也講述加拿大的歷史、地理環境和三級政府制度，讓我增廣不少知識。我讀得很開心，很快便升上中級，可以寫點短文，也做過兩篇讀書報告，一本是《動物農莊》，一本是《安妮日記》。我在讀書報告中寫出作者奧威爾的《動物農莊》是政治寓言故事，諷刺蘇聯的革命，令老師很驚訝，問我怎麼會有這樣的見解。

「你就只顧自己讀書，不理我的死活嗎？」柯其毅瞪著眼睛向我說。

這時候，柯其毅已經開辦了一間清潔公司，專門做辦公室清潔服務。公司業務發展不錯，開始招請工人，看起來，他一個人實在照顧不了，於是我只好放棄學業，到他的辦公室幫忙。我負責計算成本，即是計算客戶辦公室的面積與價錢及工人勞動所需的時間與應得的薪金，也負責訓練工人如何以最快捷的工序來達到勞動時間的要求，也學著做工資表。此外，每天晚上工人清潔完畢之後，我和柯其毅還要分別去逐一檢查，補救工人做漏或做錯之處。柯其毅除負責支付保姆費用外，給我一千二百作為家用，沒有我自己的薪酬。為了公司未來的發展，我沒有說甚麼。就這樣，我們由無產者，心安理得地變成老闆。

幾年後，清潔公司已經發展起來，接到很多客戶的合約。工作人員也增加了，包括有一個推銷員，兩個檢查員和十二個工人。但是許多工人都是新移民，生活不安定，常常突然缺勤或辭職。我們疲於奔命，相當辛苦，便萌生出售公司的念頭。

一九七八年尾，我們以十萬元取價，成功出售了清潔公司，這是我們賺到的第一筆錢。加上柯其毅之前瞞著我，用很少首期，在東區買下一間六萬元的獨立舊屋。這時樓市興旺，樓價升了一倍，他以十二萬元賣出，獲利足足六萬元。因為賺了錢，對於他的隱瞞，我就不再計較。

幾年間我們總共賺到十六萬元，是一個不錯的數目。我們歡歡喜喜地用一部份錢作為首期，在本那比市 Elsom Avenue 買下一間全新的，寬濶漂亮的街角房子。其餘的錢就讓柯其毅拿去繼續投資。

買房子的時候，柯其毅向我說明，為了方便簽署文件等操作，這個房子的業權就只寫上他一個人的名字，如有甚麼文件，只要他一個人簽署便可。我對他完全信任，沒有提出異議。

柯其毅仍然留意地產市場的動向，發覺溫哥華的樓市已經升到盡頭，不會再上升，但聽說多倫多那邊樓價仍會升高。他便首先跑去多倫多，買進三間房子，向銀行辦妥按揭（貸款），把房子出租，以租金供款。然後，他於一九八一年獨自回香港尋找商機。當時正值中共剛剛實施改革開放政策，鼓勵全民下海，到處都有投資機會。柯其毅在沒向我徵求意見下，私自聯絡歐陽成潮，希望他介紹生意，包括：出口加拿大玻璃紙、在加拿大買單在國內提貨生意、入股在加拿大開設雜貨店等多種項目，但全部均落空沒有成事。柯其毅認為這是因為他曾被打成叛徒的結果，要求我代表他去信歐陽成潮投訴，我討厭柯其毅這樣卑躬屈膝向共產黨求助，但基於顧全大局的思考，我還是勉為其難地寫了這封信，便引來歐陽成潮三封回信，作出解釋並加以安撫。這是我與他唯一的最後的通信。

正是好景不常，一九八二年末，全球爆發經濟衰退，市道不景，樓市崩塌。柯其毅趕去多倫多平價賣掉三間房子，虧損累累。更加恐怖的是，原來他是瞞著我，不用我簽名，就把 Elsom Avenue 的房子向銀行抵押了第二次按揭，得到這筆資金才在多倫多買下那三間屋子。這是說，一家人住得安安穩穩的這間房子也保不住了，這真是晴天霹靂。本來，他錯判形勢，投資錯誤，我是無話可說可以原諒，想辦法補救。但刻意隱瞞是道德淪喪，抵押次按是狂妄自大，鋌而走險無法原諒。若當時知道，我會極力阻止。柯其毅像一個賭仔，把全家的憧憬和希望完完全全地放上他的賭桌，豪賭了一鋪。他沒有向我道歉，一句抱歉的話也沒有說過，我是欲哭無淚啊。（這樣一件嚴重事件，柯其毅在他的回憶錄中，只用了兩行文字簡單交代。）

我們沒有宣布破產，還清債務後，銀行戶口只剩餘二千元。我也沒有想過離婚（柯其毅在他的回憶錄中，不知是無心還是有意，說我這時提出離婚，是非常錯誤，對我非常傷害的記述）。事實上，當時我想到的是孩子，他們年紀是這麼小，我擔心能否把他們撫養成人，供書教學。我是一個堅強的人，不容易向困難低頭，面對困境反而會迫出堅強的鬥志。我暗下決心，一定要帶著孩子們走過這個難關。我稱這次事件為「多倫多之役」。

然後——

「沒辦法了，我們就在東區租一個平價的地庫住下吧。」經過一輪折騰後，柯其毅向全家這樣宣告。

但我不同意，我絕對不能讓兒女住在一個品流複雜的社區。這一年，女兒剛剛小學畢業，要升上中學，我也絕對不能讓女兒胡亂地入讀管理不善的學校。我要保護他們，讓他們接受最良好的教育。我聽說溫哥華西區有師資良好、管理嚴謹的中學，但要是住在本區的學生才能入讀，不能跨區入學。我便在中文報紙的廣告欄上，發瘋了似地在西區找尋出租房子。大約聯絡過九十多間的屋主後，終於得甘比街一間兩層房子的屋主，答應把上層平價出租給我，可能是喜歡我們是一個單純的小家庭吧。這裡靠近一間名牌中學，步行十五分鐘便可到達，兒子也可進入有名的小學。我也向一間機構供款，以保障兒女將來入讀大學的學費。解決了兒女入學問題使我安心，一切便迎刃而解。

之後，我打理一間只能收支平衡的禮品店，於一九八六年結業。柯其毅也考上地產經紀牌照，乘著香港主權回歸中國而引發的移民潮，開始買賣房子生涯。

一九八六年初，當銀行戶口存有二萬元的時候，我想到，如果要翻身，重新擁有物業的話，只能再次依靠地產市場，沒有別的出路了。於是，我建議在東區買房子。柯其毅找到一間九十年的老屋，竟有九個買家來競爭，幸運地，最終由我們買到，重新走進地產市場。至一九八七年末，我們發現溫哥華的樓市又再上升，是時候更進一步投資了。估計西區樓價會上升得更快，更高，我們賣掉老屋，在西區 Shaughnessy Street 買下一間二十多萬的二手房子，讓我們有機會在這間寬敞舒適，氣派非凡的房子居住了一段日子。至一九九〇年，當樓市又漲到一倍的時候，我們以四十多萬賣出，賺取二十多萬。然後到列治文市用全額現金買到一間房子，從此不用再按揭供款，真正擁有了自己的物業。到離婚時，賣了這間屋子，我和柯其毅各自換上一間公寓自住。從一九七四年到一九九七年，我們總共搬遷過十次，可見生活動盪不安的情況。

感謝上天，在跌宕浮沉的樓市海潮中，我們終於上了岸，存活下來了。

第九章　因病尋「主」的經過

一、病中看到「異象」

一九八八年六月的一天，我正在一間公司瀏覽，希望買到一張合用的餐桌，突然感到胸口疼痛。到家庭醫生看診，起初他認為是肋骨疼，但為慎重起見，要我去做X光檢查，結果是，照片的右肺上有一個核桃大小的光影。我進聖保羅醫院檢查，經多種檢驗，如支氣管鏡探喉、切片等手術，結果均診斷是癌腫瘤。醫生決定：需立即開刀。這是一次嚴峻的生死搏鬥，我頭腦一片空白，心中除了一句話：「為甚麼是我？」再也沒有任何思考的能力了。

我住進醫院，接受肺部切除手術。醒過來後，知道右肺被切除了三分之二，傷口由右肩胛骨延至右前肋骨，足足有半尺長。我估計醫生在開刀時一定是移動過右肩胛骨，牽連到肋骨，我痛得很厲害。護士給我一個軟枕，讓我挾在右臂彎中，用以緩和肋骨慄人的痛楚。我也喘氣得很，好像不懂呼吸似的，要吸氧氣來幫助。[1]

五天之後，醫生來到我的病房，向我宣布了一個令人難以置信的消息：我那肺上的疙瘩，經切

1 肋骨痛成為後遺症，經過八年的治療才有好轉。現在年紀老邁，針刺般的疼痛又常打擾我的生活。

除後化驗並不是癌！他祝賀我，叮囑我盡快恢復健康之後便離去。就在這一刻，我來不及思考，來不及體味事情的因由，突然覺得環境四週一下子變得非常寂靜，一切時空彷彿處於靜止狀態。恍惚間我挾著軟枕緩緩升上天空，邁步向前走。走著走著，一個高高的中式牌樓突然出現在眼前擋著前路。我抬頭一看，牌樓頂上有雕刻，周邊綴有彩花，中間下邊有一個大開的門洞。我正想提腳踏進這個門洞時，一把低沉有力的男子聲音在耳邊響起：

「回去吧！你不用進去了！」

我愕然地抬眼把門洞再看清楚，想道：「不用進去？啊！不用進去！」於是轉身開步往回走。就在這一剎那，我突然回復了意識，看到自己仍然斜臥在床上。我知道這不是在做夢，也不是因受驚過度而產生的幻覺，這是真真實實地發生的一件奇異的事啊！那麼這是為甚麼？誰在指引我？我想到這是一股不可知的力量把我從鬼門關上救回，而且向我宣告我的獲救。這次事件，影響了我的下半生，扭轉了我人生的軌道。

二、「八九・六四」

一九八九年的四月，我還未曾完全恢復健康，身體還很虛弱的時候，北京的學生運動已經開始。因前總書記胡耀邦心臟病突發逝世，北京各校學生為悼念他，紛紛自動將花圈送往天安門廣場英雄紀念碑。我在家裡一直追看電視新聞轉播，注視著運動的發展。看著學生和市民發動多次遊行示威，由十萬多人到三百萬人，在最大規模的遊行中，知識分子、幹部、市民都參加到學生的行列，五月十二日學生宣布在廣場集體絕食有三千人參加。六月二日北京師範大學中文系講師劉曉波、北京四通集團公司綜合計劃部部長周舵、作曲家侯德建、北京師範大學教師高新四人舉行七十二小時絕食。

事情太震動了，我含著眼淚看著北京學生和市民這樣的反抗，很感動；看著解放軍要強行走進天安門，很緊張；六月四日凌晨槍聲四起，看著軍隊開槍殺人，血洗天安門，很憤怒；看見人們推著板車飛快地奔跑，趕著把車上躺著的，滿身鮮血、命在旦夕的傷者送去醫院，很悲痛。這些畫面太震撼了，我大聲叫喊：啊！共產黨又要殺人了，殺得更厲害了。我悲憤傷心，這就是我曾經參加過的共產黨，現在殺人殺到紅眼的共產黨。這個共產黨露出猙獰的本質：為了政權，殺人放火。我大哭起來，極度痛苦。

就在此時，我下體流血，只要身體動一下血就流出不止，這是血崩。我被送去醫院，做了刮宮手術止了血。出院之後，心中實在掛念國內的情況，要回香港看看，於十二月尾和柯其毅及兩名子女成行。回到香港，沒有聯絡上當時支援北京民運的民主人士，卻會見了一大批學友社舊人和香島中學的舊同學。只見人心惶惶，焦躁不安，他們要我介紹移民辦法、加拿大生活等等情況，好像各人都要移民似的。甚至有一個朋友說，要把女兒交給我，讓我帶她去加拿大。

結果，我是一事無成就回來了。一個月後的一九九〇年一月，我發現子宮下垂，要去醫院做切除手術。開刀後因流血過多，加上不久前的肺部手術，我的身體更形虛弱，面色蒼白如紙張。我是徹底地倒下來了，沒有力氣參與當時支援北京學生的活動。記得只有一次，「溫哥華支援民主運動聯合會」在唐人街遊行，我請柯其毅載我去唐人街，在一間店鋪內買一點東西，然後坐下觀看他們聲勢浩大的遊行示威。

我有一種想像，六月四日那天，我的血跟學生的血同一天流下，這是否有甚麼天然的聯繫？我不敢說。但我的血洗淨我喝下的狼奶，使我跟中國共產黨一刀兩斷，從此不回頭，卻是鐵一般的事實。

足足四年後，即一九九四年，我才慢慢康復，由躺著，起床行走，到可以自行出入，重過正常生活，投入社會。我脫胎換骨，像換了一個人一樣，生命有一個關鍵性的轉變，從此走上追求民主自由的道路。

三、離婚

開初，我們在加拿大生活得還算愉快，兩人通力合作謀生。但漸漸地柯其毅對我越來越冷淡，除了關於公司的事務，沒有其他事情可說。他曾說過：「都是因你，和兩個孩子，如果我一個人生活，輕鬆得多。」

我想，這可能是因為生活壓力實在太大了，我體弱多病，又沒有獨立謀生賺錢的能力，成為他的負擔所致。我可以理解他，原諒他不負責任的說話。

至「多倫多之役」後，因柯其毅完全沒有反省、道歉之意，情況開始進一步惡化，兩人已經無話可說，同床異夢，沒有接觸。但此時，為了這個家，為了顧全大局，我仍然希望可以重頭來過，將來會有所改善。可惜的是，再經過肺部手術，讓我看清了這段婚姻的無可救藥，絕望之餘萌生離婚的念頭。

本來，面對如此凶險的手術，我當然希望得到柯其毅的支持和安慰。作為丈夫，面對妻子的病痛，當然也應該關懷鼓勵，這是應有之義。但是，沒有，一點點也沒有。柯其毅一句問候、安慰、鼓勵的話也沒有說過。

在檢查階段，他除了接載我去醫院，去檢驗，沒有話說。開刀之後回家，我傷口痛，肩胛骨、肋骨痛，呼吸困難，氣喘如牛，止痛藥傷害了腸胃要小食多餐，真是苦不堪言。他竟完全沒有任何問候和瞭解病情的意願，一切視若無睹，充耳不聞。我生活上有很多困難，洗澡是其中最艱難的一項。我請他來幫忙洗澡，他來到洗手間，拿起花灑頭向我身上灑了一陣，一句話也沒說，放下花灑頭，便跑了出去不再理會。我只好一個人慢慢地，困難地洗完這個澡。這個人如此冷酷無情，令我不寒而慄。

到子宮切除手術後，我開始追問他：「我有甚麼過錯，你要這樣對待我，為甚麼？」

他沒有回答。一次一次地，我在睡床邊問他，在餐館吃飯時問他，甚至寫信問他，都沒有回答。可說是一種精神虐待。

一天，在廚房裡，我又再提問同一個問題：「這是為甚麼？」

他突然走到樓梯口，大聲向我說：「你死，你賤啦！」

啊！這就是他唯一的答覆，我相當震驚，我永遠不能忘記。這句話的意涵之一是，他以後不會再照顧我，絕情之極。意涵之二是，他對我恨之入骨，不惜斷然決絕。

然後，一天，我不知吃錯了甚麼，傍晚時分嘔吐兼肚瀉，由床上到洗手間奔跑不絕，非常辛苦。柯其毅不聞不問，連給我一杯暖水也做不到，更沒有送我去醫院。幸得住在附近的朋友送來止痾藥才能復原。這一次，真的死心了，我痛下決心，等到兒子大學畢業後就離婚。後來再有一次患腎石，我再沒有叫柯其毅幫忙，而是請兒子載我去醫院，從此不再勞煩他了。

我在一九九六年三月離婚，我先提出，他同意。我想透了，當初他追求我，是為了在共產黨內向上爬，後來哀求我一起移民，是為了與他極度憎恨的地下黨搶奪我，我答應移民，他成功了，就是他的勝利。他從來沒有愛過我，從來沒有說過「我愛你」三個字。這段婚姻帶著太多共產黨的陰影，並不值得珍惜。因沒有結婚證明書，我又要拿出香港兩位老人的宣誓文件作為證據，才可離婚。離婚後，為了安慰兩個兒女的情緒，逢年過節，我還是邀請柯其毅與孩子們一起晚膳。也邀請他參加我主辦的舞台演出籌備工作。我對他沒有仇恨。

那天，我躺在地毯上浮想聯翩。這是我新買的公寓，座落一個寧靜開闊的環境。女兒和未來女婿一起為我刷上奶白色的牆壁，舖上簇新的地毯。想不到我這個無產者，終於擁有自己的物業，我很有滿足感。有朋友為我可惜說，為甚麼離婚？老來有個老伴不是很好嗎？我說，老伴互相關懷，相濡以沫當然好，但如果老伴天天怒目相向，黑口黑面，無法溝通，這是折磨，這樣的老伴不要也罷。

離婚對我來說並不感到可惜，相反，是我人生最快樂的時刻。我之所以快樂，是因為離開柯其毅等於離開一個沒有吐出共產黨餵養的狼奶而滿腦子充滿仇恨意識的人，也就是讓我完完全全，徹徹底底地脫離了中共加之於我身上的陰影，使我放下包袱成為一個新人。

不過，我仍然相信，在世上，刻骨銘心的牛虻式的愛情是存在的，只是我沒有遇到。

四、「信」便得救

自從肺部手術期間看到「異象」之後，知道有一股力量拯救了我，免我於死。我度過這生死掙扎的經歷，相信冥冥之中有一主宰，掌管著人的一生。我一直在尋找向我說話的是誰，尋找這股神秘的力量。我開始研究宗教信仰，如佛教、道教等，也認識一些佛教人士，看過一些佛教書籍，學過一下打坐靈修，卻不能認同它們教義，關於人死後的種種說法令我異常困惑。我開始專心研究基督教，但當我把看到的「異象」向基督徒請教時，卻不得要領。

我的女兒和兒子早已在中學時於不同的教會受洗得救，我在他們受浸時，送給每人一條十字架項鍊，表達對他們的祝賀。女兒的教友在聖誕節來我家聚會，是年中最享受的節日氣氛。我和他們一起唱聖誕歌，我最喜歡的有《奇異恩典》、《平安夜》、《齊來崇拜》、《小鼓手》等。女兒送我一本中英雙語《聖經》，我開始閱讀《創世記》。

但是，宗教被中共視為麻醉人民的精神鴉片，我被教育成為一個無神論者。

我相信人定勝天，相信命運掌握在自己手裡；我相信達爾文的進化論，知道他的作品《物種起源》，但不知有創造論。中共政權以達爾文的進化論作為無神論的依據，我信以為真；我相信馬克思的唯物主義，凡事看證據，用邏輯推理尋找結論。認為信神是唯心主義，應該批判；我相信毛澤東是中國的大救星，尊他為神來崇拜。

此外，形式也成為我的障礙，比如，拿起《聖經》就想到毛澤東選集；讀《聖經》金句就想起《毛主席語錄》；基督徒分享見證就想到中共的「鬥私批修」等等。

我發覺，我這種經歷中共洗腦的人，很難接受宗教，更難再去崇拜。

有一次，在女兒帶動下去聽一位牧師的講話，他的話語中最能觸動我的就是：「信便可得救！」信？我們要信的是甚麼？我想：是要信神的存在？為甚麼我們要得救？帶著這一串的問題，女兒和我一起誦讀了《使徒信經》[2]：

我信上帝，全能的父，創造天地的主。我信我主耶穌基督，上帝獨生的兒子，因聖靈感孕，由童貞女馬利亞所生，在本丟彼拉多手下受難，被釘於十字架，受死，埋葬，降在陰

2 《使徒信經》是基督教的基本真理，簡單扼要地概括了《聖經》從創世記至啟示錄的主旨。據說十二使徒為確保真理合一而制定此信經。今日教會普遍公認這是每個基督徒都確信的真理。

間，第三天從死人中復活，升天，坐在全能上帝的右邊，將來必從那裡降臨，審判活人死人。我信聖靈，我信聖而公之教會，我信聖徒相通，我信罪得赦免，我信身體復活，我信永生，阿門。

當我知道應該信甚麼了之後，我認為，我可以相信上帝的存在，祂創造天地萬物，也可以相信主耶穌基督是上帝的獨生子，受死於十字架上，並在第三天復活。當天我在女兒面前決志信主。

然後，至到那次腎石事件。半夜裡，右下腹疼痛無比，我自覺又一次大難來臨了，推醒兒子載我到了聖保羅醫院。經醫生初步斷症，認為是腎石。這真把我嚇壞了，怎麼，又再來一次開刀嗎？我怕辛苦，我怕痛。就在等待院方把我轉移到樓上，作進一步檢驗的時候，我想起了親愛的「天父」。我躺在急症室的病床上，誠心作出了生平第一次禱告：「主啊！全能的父，請你救我，免我開刀之苦。」

我被移到樓上後，經照X光檢查，醫生確診腎囊中有腎石，便用靜脈注射為我大量輸水。我不斷上洗手間，一粒芝麻大小的腎石，竟自動隨尿水排了出來，疼痛立時消失，我不用開刀，沒有後遺症便回復健康。感激極了，我感動得不能發聲，感謝「主」，祂果然聽見了我的祈禱，祂再一次拯救了我，讓我得到了「信」便可得救的經驗。在此後的日子裡，我雖一再經受了不少的災難和變故，但我都感到了「神」的安慰和指引，使我可以安然渡過。

我這個無神論者，在「神」一次又一次的顯現和拯救之後，我怎能不信神呢。一切障礙都打破了，甚麼「進化論」，甚麼「唯物論」都可以一一拋掉了。我不得不開始覺醒，不能不相信「神」是千真萬確地存在，摸不著，看不到的「神」原來在我心中。與其說是我尋找主，倒不如說是主揀選了我，我像飄泊已久的孤兒找到最終的歸宿。我明白了「信」的含義，「信」不是理性範圍的事，單靠理性是無法去「信」的。

其實，「進化論」無法解釋生物的來源，無法解釋宇宙之奧秘，對生命何來合理的答案？達爾文自己說，他的理論有許多不能解決的矛盾，他承認，他從來不是無神論者，人類是由創造而來的。原初的生命，只能是神造的。

信仰關乎靈界，屬於不同領域的事物，不可能用科學定律來證明或否定，而且神是一個無限的「靈」，不可以證明。神把自己向一切相信祂的人顯明，人卻無法完全瞭解祂。唯物主義錯在根據自己所能接觸的物質去否定自己未能接觸到的非物質。如何證明神的存在無法通過辯論而證明，卻可以感覺到，體會得到，這就是唯心主義。

有人說，到苦難中去吧，在痛苦中找到平安，找到神吧，我非常同意，我就是在疾病中尋到神的。俄國作家托爾斯泰的作品《戰爭與和平》的主角皮埃爾生活上遭遇到很多不幸，在思想迷茫中尋找生命的意義。他想：「人到底為了甚麼而活？是甚麼力量支配著這一切？」在一次旅途的驛站中，與一位共濟會會員對話，皮埃爾明確表示根本不相信上帝的存在。共濟會會員說：「如果祂不存在，那麼誰把祂想像出來？為何你和全世界都在假定存在著這樣一種不可思議的東西，一種具有無限、永恆能力、全能的東西呢？祂肯定是存在的，只是人們很難瞭解祂。」他又說：「上帝是不會用理智來感知，而是用生活來讓人們感知祂，我們要到生活中尋找神。」後來皮埃爾相信了上帝並加入共濟會。

可是，雖然如此，我還未能下決心受洗，因為我對「罪」還未有認識。要承認人有原罪，對於我來說完全沒有困難，聖經上關於亞當、夏娃吃了禁果而犯罪的事實，成為人類的原罪，已經寫得很清楚。但是要承認自己在俗世生活中有罪，可真是一件非常困難的事，自問自己的人生清清白白，似乎沒有甚麼罪需要赦免。直至看到了李志綏所寫的《毛澤東私人醫生回憶錄》，赫然想到我過去竟然把一個遺害千千萬萬中國人民的「活人」毛澤東供奉為神！也曾為罪惡滔天的中國共產黨辦過事，在這個黨的指使下，欺騙過無數青年學生，這是多麼大的罪過啊！我是真有罪的啊！

我向「神」低頭認罪，作出懺悔，從聖經中學習主耶穌基督降世與受難的全部意義。「神」派遣他的獨生子降世受難，為世人贖罪。主耶穌的寶血為人類的罪而流出，透過「信」，世人的罪得赦免，獲得拯救，這是耶和華給人類的恩典。我只有接受主耶穌基督作為我的救主，沉重的罪疚感才可釋放，才可得到救贖而得到重生。我謙卑地低下了頭，承認自己的罪，盼望祂的拯救。

過去，崇拜「活人」毛澤東是罪，現在我虔誠地，衷心地去崇拜的是「神」——耶和華，這是極大的榮耀。

無神論者，我，從相信無神到相信單一真神——耶和華。真神戰勝無神的整個過程中，根據我的經驗，這只能是神的主導，神的揀選。感覺到，「祂」實實在在地存在我心中，我就「信」了，我就終於找到「主」了。沒有任何科學、哲學理論可以解釋的。在聖靈的感召下我來到了門諾弟兄會「溫哥華基督教真道堂」，一所讓我向「神」禮拜的聖殿，一塊助我靈修增長的家園。為感謝神的恩典，我激動地接受了浸禮，並以個人的經歷，見證「神」的存在。一個頑固的無神論者終於信「神」了，終於臣服在「神」的腳下，甘為「神」所驅使了。

尋找「主」的道路，我足足走了十二年。

五、為主而活

二〇一二年三月我在香港完成新書發布會後回到溫哥華。

五月十五日一大清早下床，發現手軟腳軟，身體虛浮，站不穩走不定，只差還未有暈倒。照鏡子一看，面色慘白。我想，大事不好了，胃又出血了，需要立即行動。兒子在市中心上班，女兒住在列治文，遠水救不了近火。有誰住在附近呢？這時我想起了教會的一位弟兄住在附近，打電話給他，他放下手邊工作立刻趕來，把我送到醫院急症室。經過內窺鏡檢查，診斷為胃出血，是胃癌。

我躺在醫院的病床上思前想後，覺得事情非常奇妙。這麼說來，我是帶著胃癌回港，癌細胞卻沒有在香港「爆炸」，要等到兩個月後，讓我還來得及在溫市再舉行了一個小型《梁慕嫻有約》新書答問會。而且我在二〇〇九和二〇一〇年都曾有胃出血入院，卻沒有診斷出胃癌，使我安心在二〇一一年全力忙於修改補充文章以備出版，沒有想過再去作胃檢查，專科醫生也沒有催促，整整一年平安無事，直至把有關「地下黨」問題的傳播工作基本完成後，才被證實患癌。還有，拙著的第一篇文章，揭露葉國華地下黨員身份，刊出時正好趕上董建華委任他為行政長官特別顧問，是打個正著；而揭露梁振英的拙著，出版時也正好碰上他當選特首。

世上真有這麼多偶然湊巧的事嗎？我突然清醒，這不是巧合，認定上帝在我身上有祂的計劃。祂的安排真是天衣無縫，其巧妙之處讓我歎服。祂既處處保守看顧，又不忘提升我屬靈的覺醒，令我感恩不盡，主必成就祂在我身上的目的。

於是，我開始了一場漫長的戰鬥。首先是化療，期間我沒有掉頭髮，沒有嘔吐，只覺得頭腦一片混沌迷離，神智紛亂。我早晚時光顛倒不能思考，全身無力不願起床，像個神經病人，這種辛苦真難以筆墨去形容。我向神祈禱，祈求憐憫，停止化療。果然，事隔一星期，我只做了一個療程共三星期之後，癌症專科醫生認為我不能再承受這種副作用，宣布停止化療。我感動得幾乎要擁抱她。神啊！你知道我的苦處，你回應了我的祈禱，感謝你的慈愛。

跟著，我發現兩旁腰骨及脊椎骨疼痛越來越厲害，不能站立行走。女兒把我送去急症室，經檢驗證實這個骨痛與癌細胞無關，醫生開出重止痛藥便送我回家。（註：這個骨痛一直未有精力去處理，等到一年後癌症初癒時才知道是嚴重骨質疏鬆所致）。然後，至九月初，胃內癌細胞已經長大阻塞胃出口，我開始不能下嚥，便趕緊入院，九月十二日進行全胃切除手術。

這時，「死亡」正踏著沉重的腳步向我走來，他的黑影慢慢地向我覆蓋。「死亡」不再是一個哲學概念，而是眼前現實的挑戰。但是我卻沒有恐懼，異常平靜，坦然直面他的來臨。我理性思考生死問題沒有困難，我想，生命既然是神所創造，我的生命本應屬於造物主。「死亡」不過是把屬世生命交還給神罷了。我準備了死亡，無論是在手術台上或併發症，等待神接我回天家。比較一九八八年肺部切除手術時的驚慌，迷惘，詰問「為甚麼是我？」的表現，我現在是勇敢得多了。那時候我還未信主，不知道生命的真諦。

最感安心的是，我認識了「罪」。我曾為血債累累的中國共產黨服務，崇拜過毛澤東，這就是我的罪。我能夠覺醒認識自己的罪，全因神的力量挽救我於墮落的邊緣，讓我有勇氣在天父面前懺悔祈求寬恕，得到祂的救贖和赦免，並帶領我出版拙作揭露真相。在人生的最後階段，我能得到如此完善自己生命的機會，是神所賜的最大的福氣。我相信，回到天家的時候，足可讓我無愧於心地向神交帳，經得起主耶穌的審判。

再想一下，女兒、女婿、兒子都生活安定，孫女兒也已長大，在世上我已沒有甚麼重大的牽掛，剩下的只是一份生離死別的不捨之情仍然牽動著我的心。我相信神的保護和賜福必會降臨，盼望他們繼續信主，將來可在天堂上再見。我唯一要做的就是寫下遺囑，讓後事不要太麻煩才好。肉體生命的終結即是放下世上的辛勞，我覺得反而是一件美事。於是，我鼓足勇氣進入手術室。

在朦朦朧朧中，我覺得有一群人圍著自己，快速地傳遞著甚麼，心中感應到他們的速度，也不斷地叫喊：「戰鬥！戰鬥！戰鬥！」不久，有人叫我的名字：「Mrs Aw... Mrs Aw...」我睜開眼睛一看，原來是一群護士，她們正在我身上處理傷口和接駁所需的各種管子：輸營養料的、輸血的、洗傷口的、排尿的、輸氧氣的等等。經歷了十個小時，我完成了一場戰鬥。啊！感謝神的恩典，我仍然活著。

我在沉睡中再次甦醒，天剛濛濛亮，已是隔天的早晨。床邊站著一個黑影，一大清早是誰呢？她轉過頭來，原來是 Cecilia，教會的姊妹，手術後第一位來訪者，我非常感動。我記起，她知道我有胃病，每當小組聚會晚餐的時候，總不會忘記特別帶來合適的雞肶肉（即雞腿），讓我升起一陣陣暖意。她和 Alan 是教會中最早關心我寫「地下黨」文章的教友，給我大大的驚喜。

可是，戰鬥原來還未結束，手術後的康復過程並不容易渡過。我經歷了：吸痰、呼吸障礙、尿道發炎、傷口發炎、不規則排便、全身骨痛等等難以想像的困境。而最難克服的就是拔去管子後自行飲水進食的時候。因為原來的胃已經整個切除，現在是把十二指腸接駁到食道而成為我的新「胃」，細小而消化力弱。喝一口水或吃兩匙白粥就會滿瀉，如果強行再吃即會嘔吐。要等它噯氣才能繼續進食，有時要等半小時或一小時，有時它根本就不願意噯氣。加上每天早上四時左右總是開始噁心，護士給吃止嘔藥，副作用使我昏昏然睡足一天一夜。任何奶類飲品都不能喝，只要嗅一下便要作嘔。不能吃喝缺乏營養，做成氣虛血弱，萎靡不振，整整失去了二十七磅。護士警告，每天應吸納一千二百卡路里熱量的我，卻只得不到三百，這樣下去會危及生命，令我非常沮喪。

這時的我情緒低落如置身谷底，辛苦到只想躺著，不吃，不動，不說，不要有人來打擾，甚至護士關心送藥我也覺得厭惡。除了止痛藥，不願吃其他藥，心緒不寧更不願意禱告，與神隔絕。我埋怨神，為甚麼不接我去天家卻讓我存活而受苦？為甚麼要我活著？原來求死比較容易，求生卻來得艱辛痛苦得多，我寧願在手術台上一去了之。我驚訝，開刀前的勇猛的梁慕嫻去了哪裡？我為甚麼變成這樣軟弱無力呢？我不禁暗自歎息。

主任牧師羅懿信，在我最需要的時候來探訪，已是第三次。每一次他都為我祈禱，鼓勵我說：神的心意是仍然要使用我，希望我盡快康復。

這一次他向我講述了「如鷹展翅上騰」的故事：老鷹活到四十歲時，需要飛到最高的山崖峭壁度過共一百五十天痛苦的更生蛻變過程才能活下去。因為牠的喙已經彎曲不能叼食物，要忍痛把喙向岩石撞擊直至喙的脫落，然後不動不吃不喝等候新喙長出。牠的爪子也已老化抓不住食物，要把爪子一根根的拔掉，等待新爪子的長出。牠那黏滿灰塵的羽毛也太濃密太重不能飛了，要用新的喙新的爪子把身上的羽毛一支支的拔掉。等新羽毛長起來以後，牠的蛻變過程就完成，重生得力再次展翅上騰一直活到七十歲。這是一個多麼感人的故事呀！我的「胃」不也是老化腐爛需要更生？感謝羅牧師，老鷹要活下去的求生意志激勵了我的心，我開始明白，我在違抗神要我好好地活下去的旨意，但我怎樣才能重新得力克服困境面向餘生？「但那等候耶和華的，必從新得力，他們必如鷹展翅上騰，他們奔跑卻不困倦，行走卻不疲乏。」（《以賽亞書》40章27－31節）羅懿信牧師傳遞神的話語餵養我這個罪人，我非常感激。

我帶著這樣的思緒出院回家，又經歷了兩次跌倒，傷口滲血和發炎化膿兩度進出急症室。我仍然嘔吐噁心很難下嚥，在電動躺椅上臥著不能睡在床上。政府實行家居康復政策，派出很多員工來照顧，有護士、營養師、物理治療師、家居治療師、洗澡人員等等。但我卻沒有心情精力去與他們對話，有時弄得很尷尬。

有一天，我打開電台「與神同行」節目，傳道人前前後後的講道沒有聽清楚，卻在中間聽到「為主而活」四個字。我突然豁然開朗，這就是人生的價值，人活在世上的目的。「為主而活」四個字給我動力，神的話語指示我求生的方向。重新得力之後，我的生活改變了。每當嘔吐噁心得厲害不願起來吃喝的時候，我就舉起拳頭，大喝一聲：「為主而活」，就站了起來，為主而「吃」。有一個機會讓我發現這個新胃的規律，一個人噁心了不想吃東西本是人之常情，但我這個胃偏偏反其道而行，噁心是胃空的警號，越是噁心你就越是要放點東西下去把它填滿才好。感謝神的慈愛，祂賜下的動力，使我慢慢地適應了這個胃，開始走上康復之路。我要為自己心靈的脆弱，經受不起少少的挫折試煉而感到羞愧，誠心祈求神的寬恕。我的餘生將是為主耶穌基督而活。

我曾經很用心地細讀《聖經》的《約伯記》，有過很大的震撼。看到「完全正直，敬畏神，遠離惡事」的約伯，在身心俱受重創的長期煎熬，心靈脆弱時，開口咒詛自己的生日，他說：「願我生的那日和說懷了男胎的那夜都滅沒……我為何不出母胎而死？為何不出母腹絕氣？……他們切望死，卻不得死，求死，勝於求隱藏的珍寶。」《約伯記‧第三章》當時我是相當共鳴的，生不如死，也是做胃癌手術時我的思想狀況。

但是，耶和華從旋風中兩次發話，沒有回答約伯的問題，只告訴約伯：祂創天創地，高深莫測，宇宙萬有莫非祂屬，祂至高的旨意誰能辨識？耶和華讓約伯知道自己只是極為渺小有限的人，不配與全能全知的神爭辯，但卻沒有說明約伯受難的原因，由始至終約伯並不知道自己的苦難從何而來。

不過，在《約伯記》第一、二章中，作者卻讓讀者看到了天上耶和華與撒旦論戰的一幕，從而知道神有條件允許撒旦攻擊約伯，藉以證明約伯的「完全正直，敬畏神，遠離惡事，仍然持守他的純正」，令撒旦對約伯的誣陷，破壞神與約伯的關係，挑戰神的智慧的陰謀落得慘敗，而神的榮耀最終得勝。這穹蒼上的一幕使我深刻地認定神的偉大和奧秘，對祂的高深莫測有了更進一步的認識。

約伯的苦難，事實上成就了更高的價值和意義，讓神足以向撒旦證明，世上確有人無條件地愛神，敬畏神，而不是因為祂所賜的福份。上帝容許苦難臨到，一定有祂特別的心意和計劃，一定是出於愛而不是懲治。因此，不要問為甚麼神容讓災難的發生，不要問人為甚麼生，為甚麼死，不要質疑，不要爭辯，只要順服。苦難是一個謎，人類不是上帝無法知道天上的事情，無從知道答案。我們能夠做的就是約伯的話：「敬畏主就是智慧，遠離惡就是聰明」（《約伯記》28章28節）讀《約伯記》使我與神的關係進入新的境界。

感謝我的女兒、女婿、兒子的全程支援，奔走於醫院、醫生事務所、癌症中心及各種數之不盡的檢驗室。他們對我無怨無悔的關懷，使我非常感動。這次大病令他們憂心忡忡，身心疲累，我感到非常抱歉，希望得到他們的體諒。

大病後回到教會，像走進主的懷抱，我突然失聲嚎啕大哭。溫暖的淚，感恩的淚，讓我盡情地痛哭一場。我像是一個在前線作戰完畢的戰士回到後方的家——教會——主耶穌的身體，一股暖流遍及全身。主啊！感謝你揀選了我。

六、香港民主運動

從胃癌切除手術中康復過來的二〇一三年尾，我迎來了高潮迭起，慷慨悲歌的香港民主運動。由二〇一四年到二〇二〇年中共實施港區國安法，經歷了「佔領中環醞釀期」、「雨傘運動」及「反對逃犯條例修訂草案運動」共六年時間內，我活像換了生命似地繼續戰鬥，重新開始書寫政治評論，監視地下黨的一舉一動，分析他們的陰謀詭計。及至二〇二〇年六月我再次因肺癌開刀後，才完全停止評論寫作，並開始書寫回憶錄。

在這期間，溫哥華支聯會聯合多個民運組織，舉行了許多聲勢浩大的遊行示威活動。至二〇一九年七月十二日香港「元朗襲擊事件」後，他們更在八月十七日在百老滙西街的架空列車站外和八月十八日在中國駐溫哥華領事館門外進行群情洶湧的示威活動。兩次活動都引來紅旗軍[3]的干擾、狙擊。想不到的是，十八日同日，紅旗軍竟包圍了一間教堂。

我為這事件寫下這篇文章：

那一刻，我為甚麼狂笑？

是的，我竟然狂笑起來，笑甚麼？整整兩個星期，我無法整理我的思緒，複雜，繁亂，多層面，直至我舉筆寫下這段文字。

---

3 紅旗軍：一般人把他們稱為小粉紅，我覺得這有點兒太嬌滴滴了，他們實在是一支由中國領事館組織和領導的御用軍隊，會打人、殺人的。我稱之為紅旗軍。

香港的「反修例運動」延綿兩個多月未見平息，林鄭月娥政府對民間五大訴求置若罔聞，意圖用強硬鎮壓手段去解決民憤。我既擔心這個運動如何走下去，又擔心有更多人受傷，被捕，以至鬧出人命，心境起落跌宕，無法安寧。

那是八月十八日，「溫哥華基督徒守護愛與和平公義團契」在十街教會舉辦「為香港祈禱」祈禱會。我帶著焦慮不安，憂傷沉重的心情，於下午三時到達會場，期望與一批持守公義的傳道人和弟兄姊妹一起，接受由上主賜給的平安。

在教堂一片安靜，平和的氣氛中，我們唱「以馬內利，求降臨」，誦讀詩篇一三九章。然後代禱：為那些因警察黑幫襲擊而身體和心理受傷的人；為那些面對國家的壓迫而在絕望中受苦的人；為那些對無辜者進行野蠻攻擊的人；為那些害怕危險，只關心自己，因而依附權勢和不義的人……我們禱告：我們的救主上帝啊！求祢聆聽我們的祈禱，應允我們的懇求，因為祢是大水滔滔之中的領航者，因為國度、權柄、榮耀，唯獨屬祢——父、子和聖靈，從現今直到萬代永遠。最後，蘇神父用溫柔平穩的語調引導分享，提醒大家無論是痛苦、傷心或恐懼都要想到神的同在和安慰。

我心情舒暢了很多，正在享受神賜的平安時，一位負責人宣布祈禱會結束，請大家離去時注意安全，如果單獨一人，不要離開，留在教堂內等待。我相當錯愕，向門外望去，啊，只見紅彤彤的一片，原來紅旗軍已經殺到，包圍了教堂的正門。他們真厲害，連一個小小的祈禱會也不放過，公然在加拿大踐踏宗教自由。我完全沒有思想準備，非常憤怒，緊抓著助行器的雙手不斷在顫動。精神受了刺激，一股熱氣沖上腦袋，我開始喘氣。不好，我會血壓高，我突然理智地控制情緒，然後步出教堂的側門。

出門一看，所有與會者都向左邊沿樓梯而下，避免直面右邊的紅旗軍。我因推著助行器不能走樓梯，只能向右沿著為傷殘人士而設的斜路走去。我右轉後抬頭一看，紅旗軍就在眼前，那麼接近，只有幾十步之遙。他們約有百人一字排開，舞動紅旗叫喊，我看呆了，一時間掀起了沉重的回憶。這是一幅多麼熟識，多麼觸動心靈的情景啊。走了兩步，我停下，清晰的一句説話在我的腦海中出現：「我以前就像你們這樣——愚蠢」，我想大聲喊出這句話責罵他們。可是，理智地，我知道，這不適當。我也知道，不能哭，於是我突然變成狂笑。幾分鐘的路程上，笑聲持續直至到達停車場。這一笑，也許把扶持著我的三位朋友和一位在前面保護及引路的警察都嚇了一跳。

這是高度刺激，高度壓抑之下爆發的淒厲的笑聲。是憤怒的笑聲，是譴責的笑聲，是痛心人性被泯滅的笑聲，也是自我痛苦懺悔的笑聲。

回家之後，我大笑變成大哭，盡情地宣泄內心的積鬱，感謝主，祂賜下給我的平安並沒有離去。

這幕「狂笑」的情景，被傳媒 *The Breaker News* 的記者 Bob Mackin 拍下，在新聞影片中播出。後來又有記錄片記者 Ina Mitchell 傳來正面拍攝的照片，沒有拍攝者名字，相信是站在最前邊的紅旗軍所拍。

當心境平復，頭腦清晰之後，仔細觀看 Bob Mackin 的影片，發現這群紅旗隊伍沒有打出組織名稱，卻有貌似領導的人在指揮人群。我開始質疑這些紅旗軍是從何而來，特別是，當知悉紅旗軍不只是在溫哥華出現，全世界各大城市支持香港民主運活動的場地都出現紅旗軍。我這才醒悟到，這是中共世界性的創舉。原來是各地的中國領事館人員領導了潛藏在各種學術機構、民間社團、同鄉會等的地下黨員去發動群眾而組成這樣的紅旗軍。這個發現使我感覺得越來越恐怖，因世人並不知道，中國共產黨正以這種秘密的、群眾運動的形式滲透、改變世界。

七、後記

二〇〇〇年十月我在門諾弟兄會「溫哥華基督教真道堂」受洗成為基督徒。

大約是二〇〇九年，我來到「北美浸信會溫哥華信友堂」，認識了洪予健牧師，參加過教會每年舉辦，至今已持續十三年的「六四祈禱會」，也聽過洪牧師的「基督教信仰與文化講座」。教會更連續十四年，以「患難中與秋雨並肩，風雨中與守望同行」為題，為「成都秋雨聖約長老教會」和王怡牧師以及「北京守望教會」和金天明牧師舉行戶外晨禱會。這個教會有公義精神，洪牧師也是持守公義的牧師。可惜因語言障礙我沒有轉會。

於二〇一一年九月我轉會到門諾弟兄會「南溫哥華基督教頌恩堂」，認識了羅懿信牧師，一位關心社會，誠意支持我寫作「地下黨」文章的牧師。

在二〇一九年八月十八日我參加了「溫哥華基督徒守護愛與和平公義團契」為香港祈禱的活動，認識了余子麟牧師，並追隨他到「加拿大溫哥華西區浸信會」參加主日崇拜。在曾廣略牧師指導下完成了「課程一〇一」，並於二〇二〇年五月三日完成轉會手續，可惜因「新冠肺炎」疫情嚴峻，未能舉行轉會儀式。感謝余子麟牧師在我二〇二〇年六月再做肺癌手術後對我關懷和幫助至今。今生，我已經歷了四次開刀手術，得兩個癌腫瘤。

第十章　最後的話

一、心願

我的一生，舞蹈是最喜愛的藝術。而最熟悉，最有經驗，也是最喜歡的工作就是籌辦舞台演出。我在學友社期間，曾組織過相當多的舞台演出，可是，那時的演出都由地下黨去控制，比如演出主題、節目內容、舞台設計，宣傳售票等都有黨組織去負責，不用我擔心。我是輕鬆地完成了工作，卻只能算是一個演出的組織者，並不是真正的專業的舞台演出製作人，一直引以為憾。

從兩次大手術中康復過來的一九九四年，我第一件想做的就是組織舞台演出，希望考驗一下自己在沒有地下黨干預的情況下，是否能夠完成一個專業舞台演出製作人的工作。我聯絡「溫哥華中華文化中心」行政總監簡穎湘女士，得到她的同意，與多位舞蹈愛好者一起，於一九九六年五月三日，在「中華文化中心」屬下組織「舞蹈協進會」，籌辦了多項演出和活動。

首次演出是一九九六年六月假列治文「Gateway Theater」主辦的「中國藝術團訪加西巡迴演出」，並在演前舉行了舞蹈工作坊和招待酒會。中華文化中心節目統籌經理黃聖暉女士領導了籌備工作。

第二次是一九九七年三月，主辦由著名中國舞蹈家、藝術總監李恒達領導的「美國亞洲表演藝術劇院」，從美國西雅圖光臨溫哥華，在本那比 Michael J Fox Theater 公演兩場的「九七華夏之舞」。

第三次是一九九八年十一月，我們主辦兩場溫哥華華裔舞蹈界為中華文化中心籌款聯合匯演：「匯舞楓華」。該場演出共有十一所華裔舞蹈學校及舞團，近百舞蹈演員參演，盛況空前。包括：郜大琨舞蹈學院、吳祖捷芭蕾舞學院、葛憶曾芭蕾舞學校、梁漱華民族舞蹈團、何寶儀舞蹈學院、潘蓉蓉芭蕾舞學校、徐嬋容舞蹈學校、王希賢芭蕾舞藝術學院、列治文中國民族舞蹈團、楊小花民族舞蹈學院、張揚舞蹈學院，聯同兩位特別嘉賓，專業舞者黃雪和趙萍，在 Michael J Fox Theater 同台演出。

有評論指這是溫哥華華裔舞蹈界史無前例的創舉，意義深遠。全體參與的舞蹈老師摒棄門派，放下成見，團結一心，共襄盛舉，令我非常感動。

這段期間，為加強各舞蹈老師的聯繫和團結，於一九九六年九月非常難得地，我們促成了「中秋茶聚」，是溫哥華華裔舞蹈界首次聚會，絕大部分舞校的負責人都出席了。

此外，我們還多次接待來自中國的舞蹈家，比較難忘的有兩次。

一九九七年十月，已經八十一歲，為舞蹈貢獻生命的舞蹈大師戴愛蓮女士，應「士達孔拿中國舞蹈團」藝術總監何李美薇女士的邀請，蒞臨溫哥華作一星期訪問。何女士邀請中華文化中心舞蹈協進會協辦多項活動：包括：新聞及文化界招待會、舞蹈講座和晚宴。

戴愛蓮女士亦到西門菲沙大學舞蹈系向學生主講「中國舞蹈發展史」，並與溫哥華芭蕾舞協會及英國皇家芭蕾舞學院的專業舞蹈老師聚會。

戴愛蓮女士

出生於西印度群島千里達，是中國傑出的舞蹈表演藝術家、編舞家、藝術教育家和舞蹈史學家。她十四歲赴英國習舞，在倫敦九年間，苦練古典芭蕾舞和現代舞，並成為舞蹈藝術大師魯道夫・拉班的學生，掌握了舞蹈動作記譜法：「拉班舞譜」的技術，為後來到中國少數民族山區采風提供方便。

一九四〇年，她回到香港後轉往中國大陸，懷著抗日的熱情，為支援抗日募捐而創作大量作品。戴愛蓮最大的貢獻是把西方舞蹈藝術，如芭蕾舞和現代舞技巧引入中國，並且培育了無數的舞蹈人材。她深入中國西南，西北各地，向各少數民族采風，整理出有代表性的舞蹈，若達可舞可賞程度，則記錄下來。她又吸取中國民族舞蹈的營養，編創經典女子抒情群舞「荷花舞」和展現唐代敦煌藝術，舞動十二尺長雙綢，彷佛飄逸雲中的雙人舞「飛天」，這兩支舞作被選入中華民族二十世紀的舞蹈經典。她是第一任中華全國舞協主席、第一任北京舞蹈學校校長、第一任中央芭蕾舞團團長，是當之無愧的「中國舞蹈之母」。

戴愛蓮被譽為國際一級舞蹈家。一九八一年，英國皇家舞蹈學院決定將英國著名雕塑家維利・索科普在一九三九年為她雕塑的石雕頭像安放在學院的大廳裡，表彰這位中國舞蹈家為促進中英藝術交流所作的貢獻。同年瑞典斯德哥爾摩舞蹈博物館也收藏了戴愛蓮石雕頭像複製品，以紀念她為國際舞蹈事業所作出的貢獻。

中國文化大革命十年浩劫時期，因她為人坦誠，耿直，對人不設訪，被扣上反動學術權威、特務等帽子，罹受抄家、批鬥、監督勞動等災難，長達九年。戴愛蓮已於二〇〇六年逝世。旅居瑞典和紐約的華裔舞蹈家江青於二〇一六年出版了《說愛蓮》一書。

一九九九年四月由三位舞蹈家組成的「中國舞蹈家協會」代表團，光臨溫市參觀訪問。時任「中國舞蹈家協會」主席，中國第一代芭蕾舞藝術家，也是第一代舞劇《天鵝湖》女主角的白淑湘女士，以及時任「中國舞蹈家協會」第一副主席，中國著名民族舞編導家，編創及表演了最著名的「盅碗舞」和「鄂爾多斯舞」的藝術家賈作光先生，聯同舞蹈家楊大林先生作為期十天訪問交流。是次活動由吳祖捷芭蕾舞學院主辦，中華文化中心舞蹈協進會協辦，並得「中國舞蹈家協會」名譽顧問胡楚南先生贊助。我們召開了傳媒招待會並設宴接風。三位藝術家參觀了西門菲沙大學舞蹈系，出席了吳祖捷芭蕾舞學院的學員觀摩表演及拜訪了卑詩芭蕾舞團，溫哥華舞蹈學院和梁漱華舞蹈學院。

胡楚南先生在最後一晚，為祝中國舞協代表團訪加圓滿成功舉辦聯歡晚會。席間，舞蹈家們紛紛獻藝，即興表演，歡聚難得的時刻。他們與本地舞蹈家及各界人士欣欣話別，互祝安康，第二天便帶著溫市舞蹈界的隆情厚意踏上歸途。

為提升會員對舞蹈的知識和興趣，我們還開展了一些舞蹈普及活動，如舞蹈講座、「舞蹈之友」晚會、舞蹈錄影欣賞、民間自娛舞班等。其中有兩個活動很有意思，值得記載。

朱蘋教授於一九九六年十二月主持的「簡介中國民族民間舞的走向……從漢族舞說起」工作坊是其中之一。她即席介紹漢族民間舞步之餘，亦示範陝北秧歌的豪邁、東北秧歌的潑辣、雲南花燈的柔美並傳授雲南花燈選段等，展現各地區不同的舞蹈特色，吸引不少舞蹈學生出席。

一九九八年四月「唐代樂舞」講座及美術展覽，是另一次出色的活動。事情緣起於來自中國的畫家文國琦先生以工筆重彩創作了六十多幅，生動描繪和捕捉唐代藝術形態的系列作品，每幅畫代表著一個舞蹈的「唐代舞人圖」。他和妻子，舞蹈家李克萍女士經過十多年的資料收集才完成如此精美絕倫的畫作，非常珍貴。講座內容有：楊裕平的「唐代舞蹈歷史簡介」；李克平的「唐代樂舞與畫」；部大琨的「唐代舞蹈特色」以及文國琦的「創作經過介紹」。

在這期間，我亦曾以個人名義，於一九九七年十二月為「加拿大史實維護會」籌備一場紀念南京大屠殺六十周年：「歷史的傷口」的演出。

可惜，事情到了二〇〇〇年二月，我正在做得很起勁的時候，因多種原因我決定解散「舞蹈協進會」，三月辭去中華文化中心理事（任期一九九九至二〇〇一）及「舞蹈協進會」會長之職。

二〇〇一年六月我宣布成立「采風演藝協會」且註冊成為非牟利團體，並舉行成立暨記者招待會。我作為會長與副會長梅秉彝及多位理事，包括何寶儀、陳玲、李康平、施淑儀和柯其毅一起，齊心協力繼續為音樂、舞蹈獻出力量。

第一項活動是二〇〇二年一月，以「青春的禮讚」青年音樂家演奏會，作為采風的開幕獻禮。演奏會邀請了卑詩大學音樂學院多位表演者參加演出，並由郭靜君獨唱與梅秉彝鋼琴伴奏合演「歡迎序曲」。二〇〇三年二月是第二屆「青春的禮讚」的演出。梅秉彝在演前講座主講「歌劇的欣賞」。

二〇〇二年六月「采風演藝協會」主辦以民族，民間舞蹈為主題的舞蹈專場「中國民族風情舞集」，在觀眾熱烈掌聲中成功地獻上兩場盛大的公演。該場演出介紹漢族、藏族、彝族、蒙族、傣族、朝鮮族和維吾爾族共七個民族，或敦厚、或豪邁、或熱情的不同風格，不同情調的民族特色。

第一場是國際童子軍總會在英屬哥倫比亞大學舉行第二十三屆國際會議期間，邀請我們於二〇〇二年六月十一日，在大學學生聯會禮堂優先獻演。

第二場是六月二十一日假座「The Vancouver Playhouse」公演，參加演出的舞蹈團體有：吳祖捷芭蕾舞學院、郜大琨舞蹈學院、梁漱華民族舞蹈團、楊小花民族舞蹈團。並邀得優秀青年舞蹈演員楊楊、魏成新、劉娜、張珺及李媛薇共同獻藝，可以說是溫哥華民族舞菁英的一次大匯演。演前講座：「簡介中國民族民間舞的風格和特色」，由資深舞蹈家陳玲示範主講。我們還邀得朱蘋教授撰寫：〈話說中國民間舞〉一文，刊登在場刊上。又邀得郜大琨老師撰寫朗誦詞作為演出現場的開場白。兩文由梅秉彝翻譯成英文，由他及邵蔚華幕前朗誦。這次演出獲得觀眾一致好評，我自己也感到很滿意。

最高興的是，這場演出全院滿座，更獲得溫哥華市政府主理的「the Donald Alexander Baxter Fund, Vancouver Foundation」提供免場租贊助。這使我們有能力聘請專業燈光師和舞台監督，亦能支付演員的演出費，完成了一場圓滿成功的專業演出，是我最感開懷之處。

郜大琨

郜大琨老師一生辛勤為舞蹈藝術奮鬥不息，是中國著名舞蹈教育家，中國古典舞教學體系創建人之一和重要的實踐者。一九八七年受聘於香港演藝學院。一九八九年移民加拿大溫哥華，創辦郜大琨舞蹈學院。曾先後在加拿大西門菲沙大學、溫哥華中華文化中心、當地電台、電視台進行講學。

郜老師曾撰文〈長袖善舞〉介紹袖舞的發展經過，並於二〇〇四年九月，與中國舞蹈家李正一、朱清淵合著《中國古典舞教學體系創建發展史》一書。本書闡述中國古典舞教學體系從中國戲曲、武術以及古代文獻、古畫等資料中提煉整理出一套古典舞訓練系統的經過。但此書第五章只用一頁不到四百字的篇幅概述文化大革命時期舞校的經歷，在這章節中寫下：「一場浩劫摧毀了舞蹈學校建校十二年以來苦心經營的成果。整整十年荒廢了教師們和莘莘學子的青春年華。這是中國舞蹈教育事業大倒退的十年！這是最令人痛心的十年。」郜大琨老師因病於二〇一〇年七月十二日在溫哥華逝世。

經過幾年來多次演出的操練，我對籌辦舞台演出已經胸有成竹。每場演出由主題到節目內容的設定，由宣傳、售票、籌款到前後台管理，我都可以順利完成。其中舞台上的裝置，如佈景、燈光、舞蹈地板和天幕上的星星、月亮等設計以及製造翻滾雲霧效果的乾冰機的使用，我亦已駕輕就熟，揮灑自如。能夠成功聯絡到出租或借用這些設備的公司或機構是很重要的一環，使我的設想都能迎刃而解，一一實現。籌劃過程雖然困難重重，非常辛苦，但很有滿足感。

我自視這場「中國民族風情舞集」，就是作為我的專業舞台演出製作人的畢業之作。感謝加拿大溫哥華給我一個舞台，一個機會，也感謝一群愛好藝術的義工朋友的同心協力，讓我完成了這個心願。

我曾經向舞蹈老師說，舞蹈老師在學校培養的是演員，采風要培養的就是觀眾，越多舞蹈愛好者，觀眾就會越多。

大溫地區舞蹈活動非常蓬勃，許多社區團體或舞蹈學校都開辦了各式各樣成人舞蹈班。我們於二〇〇二年十月匯集本地七個社團屬下的業餘舞蹈組和個人，包括：中僑耆英舞蹈組、北本拿比退休人士協會舞蹈組、中僑松鶴之友舞蹈組、荷花成人舞蹈組、世界六通加蘭尼分會、溫哥華海防華僑聯誼會和旅加北京聯誼總會聯同文林女士共七十多人，還有三位嘉賓，專業舞蹈演員：劉娜、李媛薇和張珺，並由梅秉彝及施淑儀主持，共同組織了一台「成人普及中國舞蹈匯演」，為采風演藝協會籌募經費，得到社區人士的讚賞。

另外，為支持溫哥華振興華埠委員會主辦的活動，二〇〇三年八月我們參與華埠文化藝術節，邀請五十多位舞蹈愛好者，在中山廣場舉行各國民間自娛舞的「邀請共舞」活動。這是采風的最後一次活動。

正當我雄心壯志準備翌年的演出計劃時，我的健康情況開始惡化。醫生告知我的胃內生滿了瘜肉，而且滲血。我不得不收拾心情，停止了演藝工作。

不過覺醒了的我，仍然禁不住在二〇〇一年五月，為「溫哥華支援民主運動聯合會」籌劃了一場悼念十二年前為天安門民主運動而獻身的熱血志士的「六四」紀念文藝綜合晚會：「故園一十二年前」。

我也在二〇〇二年五月，溫支聯主辦的舞台劇「但有一個夢」中，構思一場「民主女神的葬禮」。我採用電影Blue的「葬禮音樂」作為配樂，設計舞步、動作和圖形，設置一座噴出熊熊燄火的碑座，象徵巍然屹立其中的民主女神的重生。

回想起來，這一段舞台之旅是我人生中最快樂，最有成就感的時刻。我的人生因而有了一段美好的回憶，生命得到完美完善，我感到很滿足。

後來，經過一段日子，慢慢地，我開始失去欣賞中國舞的興趣。一方面是因為有許多中國的編導者和演員只專注求新求變，編成的舞蹈生硬堆砌，沒有內涵，往往在舞的背後看不到文化底蘊。另一方面是二〇〇八年三月，爆發西藏拉薩人要求自治的大規模抗議事件，在影片上看到中共當局在胡錦濤的領導下進行血腥鎮壓。之後，慘不忍睹的景象無法磨滅，悲憤的情緒一直延續，我再也無法觀看那些歌頌中國共產黨，歌唱幸福生活的藏族、蒙族等少數民族的舞蹈了，這也許就是我覺醒的一部份吧。我仍然熱愛音樂舞蹈，在以後的日子裡，只專注欣賞古典芭蕾舞、古典音樂和各國民間舞。

二、我與臺灣

中共地下黨教育我，國民黨貪污腐敗，蔣介石滿手鮮血。令當時的我只知道推翻國民黨就是好，應該除之而後快。他們說：蔣介石、國民黨、中華民國都是敵人、敵黨、敵區，要切實防範。因此，我不會關注臺灣，對臺灣一無所知。直到移民加拿大，擺脫了中共的精神桎梏，我才關注到臺灣的情況。有兩件事情把我和臺灣的距離拉近。

一件是「雲門舞集」的創立。[1]

雲門舞集是臺灣第一個職業舞團，亦是華人社會第一個現代舞團，由林懷民於一九七三年創辦。作為舞團藝術總監的林懷民所編的舞蹈，既取材於傳統文化，又取材於臺灣人的特殊經驗與鄉土文化。他把東方的與西方的文化融於一爐，更把古典的題材現代化，把民間的題材加以昇華。他的作品可以說是融匯貫通了古典文學、民間故事、臺灣歷史、社會現象的舞蹈。雲門舞集有其獨特色彩和內涵，舉世無雙。它創造了臺灣獨有的舞蹈文化，可說是臺灣文化的化身。它也把我一向對現代舞的偏見加以糾正，令我非常感動，欣喜若狂。

有幾支雲門舞作是我特別喜歡的。《薪傳》是其一，它以臺灣歷史為題材，表現古代先民跨越臺灣海峽來到臺灣後，經歷拓荒、播種到豐收、節慶的艱辛歷程。該舞首演當天，正是美國與中國宣布建交之日，令這個作品更具深層意義。由羅曼菲獨舞，為悼念「六四」天安門受難者而編成的《輓歌》我也很喜歡。而舞劇《九歌》則是讓我深刻思考的史詩性作品。林懷民的創作靈感是從中國偉大詩人屈原的同名詩篇發展而來。劇中敬天地，祭鬼神，頌愛情，悼英靈等舞段充滿神聖的氛圍。最後的國殤、禮魂是一場萬民的禱告及祭祀儀式，至為感人，令我潸然淚下。《九歌》展開的是一段從古

1 雲門舞集：「雲門」是黃帝時代舞蹈的名稱，見載於《呂氏春秋》：「黃帝時，大容作雲門……」，由此命名。林懷民擔任該舞團藝術總監凡四十六年，於二〇二〇年卸任後由鄭宗龍接任。林懷民在受訪中聲稱：「絕不為實踐任何藝術上的理論而編創作品」，這樣的理念是雲門得以成功的重要因素。林懷民非常關心社會發展，推動文化下鄉，每年輪流在各處鄉鎮舉行戶外演出，平均每場觀眾高達六萬人；雲門也常獲邀赴海外演出，是世界一流現代舞團。雲門有支紀念六四的獨舞《輓歌》，林懷民曾回憶其創作起因：「那幾個白天、夜晚，天天伏在電視機前看天安門的消息。聽到槍聲響起來的那個晚上，如晴天霹靂，我就有天旋地轉的感覺而萌生編出一支獨舞來紀念六四的念頭。」

到今，由生到死的神秘祭儀，並與時代緊密聯繫，回應歷史遙遠的呼應。我所理解的主題是：人們向神祈福，然神從未來臨。真正的神是烈士，讚美倒下的烈士們再次站起來的偉大精神。

可惜的是，我至今還未有機會欣賞到雲門的《行草三部曲》。

溫哥華人對雲門舞集並不陌生，曾兩次邀請他們來演出。第一次是一九九六年十一月應「為慶祝加拿大亞太年藝術活動」的邀請，公演《九歌》、《薪傳》的片段以及《星宿》、《流雲》和《輓歌》。第二次是二〇一〇年二月應溫哥華舉辦的冬奧文化藝術節邀請，盛大公演《水月》，一齣體現佛門偈語「鏡花水月畢竟總成空」的作品。

我曾在溫哥華舉辦過「舞出雲門錄影帶欣賞」活動。全面地介紹林懷民及雲門舞蹈。特別放影舞劇《紅樓夢》、《薪傳》、《輓歌》和《九歌》片段。我對觀眾說，看雲門舞蹈，基本上就是看林懷民，看他的思想，他的視野，他的胸懷，他的藝術觀及個人風格。他為舞蹈作出偉大的貢獻，為臺灣文化藝術開闢一個新的篇章。

另一件就是「美麗島事件」和「林宅血案」了。

那是一九七九年十二月十日為慶祝世界人權日三十一週年，以《美麗島雜誌社》成員為核心的黨外運動人士，在高雄市組織群眾遊行及演講，訴求民主、自由、終結黨禁和戒嚴的反抗運動。結果遭當局鎮暴隊伍釋放催淚彈鎮壓，引爆警民衝突。事後，臺灣警備總司令部大舉逮捕黨外人士，並進行軍事審判，以叛亂罪起訴八人，結果全部有罪，除總指揮施明德原先被以叛亂罪判處死刑，後在美國國會議員及各界的壓力下改判無期徒刑外，其他則判有期徒刑。隨後於一九八〇年二月，更發生震驚社會的「林宅血案」，黨外人士宣稱，慘案是由國民黨政府策劃的。此案至今仍未破而成為懸案。

這兩個案件令我心靈震動。

黨外運動那激動人心的一幕，雖遠居溫哥華也沒有離開過我的視野。我看到那些英雄人物：施明德、黃信介、余登發、林義雄等等，帶領十萬群眾，勇敢地挑戰國民黨的權威，與鎮暴警察發生嚴重衝突而遭逮捕判刑。他們為促進社會由威權獨裁轉向民主政制作出了無法估量的貢獻和犧牲，以血以淚換來珍貴的自由，令我尊敬萬分。林宅血案也令我非常震撼，無法忘記。林義雄母親及雙胞胎女兒被專業殺手殘酷殺害，其手段之毒辣使人憤慨。那時，我看到林義雄太太方素敏女士白衣素服，抱著大女兒走上街頭參加議員選舉的悲壯情景，不禁感動落淚。

事件點燃了臺灣民主運動的火燄。國民黨政府受國際輿論壓力及黨外勢力挑戰，一九八七年七月解除持續三十八年的臺灣省戒嚴令，並開放黨禁、報禁，漸漸走向民主化。一九八八年李登輝繼任總統後，因應一九九〇年發生的野百合學運之訴求，於一九九一年五月由中華民國國民大會通過廢除動員戡亂時期臨時條款，並在十二月進行國民大會全面改選。至一九九六年中華民國首次直選總統，二〇〇〇年總統再次大選並同時成就了和平民主的政黨輪替。這一切事實讓我上了一堂活生生的自由民主大課，學習到這才是真正追求自由民主的反抗行動。臺灣的文明進步，鼓舞我走上追求自由民主的道路。

為了更進一步瞭解臺灣民主運動的演變過程，我重溫臺灣五十年來一幕又一幕波瀾壯闊、可歌可泣、振奮人心、我被它牽動著心魂的反對運動。一九五〇年代，臺灣自由主義先驅胡適、雷震、殷海光等創立《自由中國》半月刊，鼓吹組織反對黨，為建造自由民主基石奔走呼號。他們不畏強權，不屈不撓地傳播民主火種，遭受蔣介石的鎮壓，軟禁而至入獄，具有「寧鳴而死，不默而生」的高風亮節品格。一九六〇年代，被稱為臺獨理論之父的彭明敏，發表「臺灣人民自救運動宣言」，並首創一中一臺理論，指出臺灣自救的出路，是推翻蔣介石暴政，建設自由國土。後因被告密而繫獄，獲特赦出獄後，仍遭日夜監視而決心偷渡出逃瑞典，在海外牽起了獨立運動的浪潮。臺灣知識人的勇敢、堅忍和智慧，引起我深深的思考。

有人認為：「政治背後一定是權力，從事政治就是追逐權力或者是企圖推翻現在的權力再建立新的權力，所以實際上政治背後是大量各種利益集團的矛盾均衡。」從而主張知識人要邊緣化，遠離政治。我認為這是沒有可能的。一個有理想有抱負，有獨立主張的自由知識人，面對國家命運，面對專制政權，面對社會不公，能視而不見，袖手旁觀嗎？在使命感的驅使下，無可逃避地必然走上深入政治，聯合志同道合者奮起反抗的道路。臺灣的民主鬥士們是這樣地走過，大陸和香港的民主人士也正在艱難地走著。這是自由知識人的責任。

我記得施明德曾說過這樣一句話：「我追求價值，不是追求價格和職位」。我是敬佩許多臺灣知識人既能深入政治，組黨建黨，又能堅守自由民主標尺，遠離權勢，超越政黨，真是難能可貴。自由主義知識人從事政治事業並不一定追逐權位，這就是臺灣民主運動的重要經驗。

二〇一八年十月我接受臺灣中央廣播電台楊憲宏先生的訪問，在他主持的節目「為人民服務」中講述我一生的經歷。楊先生是我接觸的第一位臺灣人，他精闢細緻的提問，給我一個大大的驚喜，原來臺灣也有人關注中共地下黨問題，這就把我與臺灣拉得更近。

中共總書記習近平二〇一九年初在〈告臺灣同胞書〉發表四十周年紀念會上，首次提出探索「一國兩制，臺灣方案」。我意識到習近平是要全面推行促統計劃不再拖延了。他們對臺灣的侵犯日益嚴峻：軍事恫嚇、外交孤立、經濟收買、地下滲透、併吞臺灣之心昭然若揭。我更加關心臺灣的安危，認為臺灣人民必須立刻奮起反抗，保衛臺灣。我開始書寫關於臺灣的文章，並翻譯成英文在 *Taipei Time* 刊出。也製作口述影片系列：《中共地下黨員梁慕嫻的故事》，於二〇二一年四月在臺灣《上報》播出。

我對臺灣認識不多，所刊出的文章（參本章末）只能就幾個我想到的問題發表一些淺見，還望臺灣的朋友加以指正：

第一個是臺灣地位問題，我在二〇一九年十一月寫了一篇文章〈「人權高於主權」是臺灣抵抗中共強推統一的有力武器〉。第二個是中共地下黨在臺灣問題。有人問，臺灣究竟有沒有中共地下黨組織？雖然我的答案是肯定，絕對有，而且比蔣介石時代多幾百倍，比香港也多出很多。可是，當我看到「臺灣彰化縣二水鄉碧雲禪寺，被親共人士魏明仁改變成『中華人民共和國臺灣省社會主義民族思想愛國教育基地』」這則新聞之後，我仍然非常驚訝的，驚訝於臺灣親共人士的明目張膽，肆無忌憚，驚訝於臺灣當局的寬容放任。我亦發表文章〈中共在臺灣的火種不知還有多少？〉。第三個是中共武統臺灣的策略問題，為這個問題我寫下〈「江陰要塞」的教訓〉和〈「裡應外合」是中共武力犯臺的關鍵策略〉兩篇文章。

一代史學家余英時先生在辭世前的二〇一九年十一月，在臺灣最後一場的公開線上談話，以「科學民主到人文民間」為題，語重心長地提醒，五四時提出的民主與科學，在臺灣已經實踐之後，臺灣的民主在形式上已經完成程序，可在運作上，還沒有到十全十美的階段。他又說，臺灣還需要民主的文化，與民主形式同時並行，前者是精神價值，後者則是實際運作，兩者缺一不可。民主社會需要精神支持，不能沒有精神價值。新時代追求的目標是人文與民主。人文的文化，可稱人文主義。他進一步說，臺灣雖然已經可直選總統，但只有民主形式，領導者必須有很深厚的人文修養，很高的人文知識才能抵抗中共的內部進攻。若沒有文化在背後支持，民主會變質中斷，被逆轉，變成其他東西，比如蘇聯。

三、偽愛國主義

二〇一〇年二月溫哥華舉辦了冬季奧林匹克運動會，為期十七天。國際奧委會主席羅格讚賞說：「加拿大全國為本屆冬奧的成功自豪。他們高尚的情操和勇敢的氣質，熱情友好，愛好和平的精神，足以贏得世界的掌聲」「加拿大人對冬奧的熱情讓人印象深刻。他們所展現的寬大胸襟和理性風範更值得讚揚。」

奧運閉幕當天，我與數十萬人一起湧進市中心。那裡人山人海，國旗飄揚，人們揹著國旗或叫或笑。街上擠滿了無數的車輛，車頂上站著揮動國旗的年輕人。車輛與車輛相遇，按幾聲喇叭彼此尖叫，揮一揮國旗，一切盡在不言中。馬路邊，素不相識的陌生人衝過來與我拍掌，擁抱，把我的掌心也拍紅了。我和市民一起把國歌 O Canada 唱得爛熟。一場體育盛會喚出了加拿大人內心深處的愛國熱情，對這個國家的愛已然達到最高點。融入這樣的愛國情緒之中，對我來說是嶄新的經驗。

我突然停住了腳步，站在街角，對著一片楓葉旗海，「啊！這就是我的國家，我以身為加拿大人為傲。」我讚歎著。

我感受到這真實的愛國感情，自發的，純粹的，由衷的，沒有幕後的操弄。

加拿大擁有第一流的人民。一場冬奧，讓加拿大人的自豪感得到了前所未有的伸張，加拿大的國家認同感也有了更具體的落實。這是一個偉大的移民國家，包容了如此多的民族，那樣多元，那樣樸素，那樣簡單又那樣豐富。這一刻，我確認，我愛上加拿大，一個追求自由民主的第二祖國。

回想今生，我被中共的偽愛國主義所愚弄，痛苦終生。

一個人本能地愛祖國，是由於生於斯、長於斯及其獨特文化，而形成對祖國的眷戀，喚起對國家的熱愛。但是，由於祖國已經被中共所劫持，所壟斷，中共向你宣揚的愛國思想，是偽愛國主義，是黨的產物，即愛國必須或必將愛黨，愛中國的話便被利用，墮入中共的陷阱。所以，現在這個被中共極權專制政權統治的中國不能愛。

前中共總書記陳獨秀在〈我們究竟應不應該愛國？〉一文中說：「愛國」這兩個字似乎是天經地義，不容討論……感情和理性，都是人類心靈重要的部分，愛國大部份是感情的產物，但若不加以理性討論，便會成為盲從歡呼的愛國，可以為善，可以為惡。愛國二字往往可以用做搜括民財，壓迫個人的利器。我們愛的是人民拿出愛國心抵抗被人壓迫的國家，不是政府利用人民愛國心壓迫別人的國家。我們愛的是國家為人民謀幸福的國家，不是人民為國家犧牲的國家。

許多知識人、科學家，有一顆熱切希望把自己所學報效祖國的愛國心，這本是一種高尚的品格。可是當他們因而接受中共的統戰就正中下懷，為中共所利用，因為他們這種愛國心只是一種感情，沒有理性的思考，完全不知道，報效祖國其實就是報效中國共產黨，成為助紂為虐的幫凶。中共的統戰術之得以奏效，偽愛國主義是另一因素。

中共現在只剩下偽愛國主義這唯一的武器，一切政策以愛國之名便理直氣壯，不容質疑，可以殺人。所以香港著名科幻小說作家倪匡說：「愛國必須反共，反共才是愛國」是至理名言，說到點子上。

四、總結

中國共產黨從來不是馬克思主義政黨，只是一個農民黨，也就是毛澤東主義政黨。經歷了社會主義經濟體制的失敗之後，中共改用資本主義經濟體制來挽救中共政權的統治，使其體制變成一個三不像的怪胎。著名作家何清漣在她的《潰而不崩》一書中指出，現在的中共政權是：專制政權之下的權貴資本主義＋國家資本主義。共產黨員成為各個領域內的巨型資本家。她把中國這種獨特的政治經濟制度稱為「共產黨資本主義」。中共美其名曰「中國特色社會主義」，最近還增改成「習近平新時代中國特色社會主義」，實在是自欺欺人的說法。

那些西方國家的共產黨人或民主左翼分子錯誤地以為中國共產黨和他們一樣是馬克思主義政黨或思想。長時間以來世界各民主國家的人民都善良地接受中國回歸國際大家庭，一廂情願地希望中共走上民主的道路。這猶如引狼入室，把個餓狼養大後被牠反咬一口。這是因為對中共本質認識不深的結果。

二〇二二年美國眾議院議長裴洛西勇訪臺灣，中共解放軍東部戰區在臺灣周邊發動實彈射擊軍事演習，發射了十一枚飛彈，引發第四次臺海危機後，再發表對臺政策白皮書，加上早前發表的《非戰爭軍事行動綱要》都是緊鑼密鼓備戰侵臺的舉動。足見中共誓要武統臺灣的政策研究，已經進入倒數階段，擴軍備戰武力侵臺也將是議事日程之事了。

現在中國共產黨以地下形式在全世界各地，包括臺灣，陰謀活動，潛藏的地下黨員已經發揮出相當厲害的作用。它推動各國政策方向，影響選舉效果，控制輿論導向，組織社團聯繫民眾，都已出現明顯的效果。加拿大安全情報局提供簡報，罕有地警告國會議員，提防中國及其代理人，著力暗中培植與本國議員的關係，意圖影響國會議政和政府決策。一名高級官員透露，局方有一份議員名單，知道哪些議員有需要掌握中共用以影響國會議員為目的的干預活動。這些活動包括利用關係提供禮物或免費旅行，更進一步脅逼敲詐賄賂，發布消息發動網路攻擊和間諜活動等。原任保守黨國會議員趙錦榮因受中文媒體和社交網站攻擊，失去了在卑詩省列治文國會議席。

中共地下黨問題是世界性問題，我們必須加強措施，定立法律，精密調查，破獲地下組織緝拿歸案，把那些中共地下黨員繩之以法。

※ ※ ※

我的一生是天父耶和華在我身上實行的計劃。我見證了祂的存在，見證了祂與我的同在，祂對我的救贖和及時的、無微不至的愛。天父賜給我一個完善的人生，我誠心獻上感恩，感謝天父那無窮無盡的恩典。

附〈「人權高於主權」是臺灣抵抗中共強推統一的有力武器〉（節錄）：

捷克共和國前總統瓦茨拉夫・哈維爾（Václav Havel）一九九九年四月二十九日在加拿大渥太華對國會兩院議員演說。他就國家及其未來地位問題所陳述的新世紀價值觀，被概括為《人權高於國家主權》，已成為新世代人權運動最響亮的口號。

首先，哈維爾說：「一切迹象都表明，民族國家的榮譽，作為每個民族共同體的歷史高潮，作為世俗的最高價值——事實上唯一允許為之殺戮或值得為之捐軀的價值——已經盛極而衰。數代民主人士的啟蒙努力，兩次世界大戰的可怕經歷，《世界人權宣言》的由此採納，以及我們文明的全面發展，正逐漸使人類認識到個人比國家更重要（A human being is more important than a State）」。

他又說：「對國家主權的頂禮膜拜，必將不可避免地融於一個人人相連的世界，無論我們是否願意，大家對每件事的發生都負有責任。很明顯，對自己國家盲目熱愛——一種認為愛國至高無上的熱愛，一種僅因是本國就為其行動尋找藉口的熱愛，一種僅因有差異就拒絕任何其他事物的熱愛——必然變成危險的時代錯誤，變成醞釀衝突的溫床，最終更成為難以估量的人類痛苦之源。我相信，在即將到來的世紀，大多數國家會逐漸地廢棄那種不干涉的觀念，即別國所發生的一切，對那裡人權狀況的衡量，都與己無關。」

他進一步說：「有一個價值高於國家，這價值就是人。眾所周知，國家是為人民服務的，而不是相反。如果一個人為其國家服務，此服務只應達到這樣一種程度，即有必要使國家更好地為它的所有公民服務。人之權利高於國家權利（Human right rank above the right of states），人之自由所構成的價值高於國家主權（Human liberties constitute a value higher than State sovereignty）。就國際法而言，保護個人的條款優先於保護國家的條款。

因此，每個國家應從我民族之利益這出發點解放出來，因為這種權益傾向於分裂而不是團結。有一種東西高於國家的利益，這就是我們信奉的原則。這些原則能使世界聯合而不是分裂，可作為衡量國家利益的合法性之標尺。在今天的世界上，如果我們的命運已融為一體，如果我們每個人都為所有人的未來負有責任，就不應容許任何人，哪怕是國家，來限制人民履行這個責任。有些事物高於我們的利益，那就是我們擁有的原則，利益則應基於原則。」

一九九九年，北大西洋公約組織以「人權高於主權」國際理論為據，發動人道干預之科索沃戰爭，最終讓科索沃得以獨立。哈維爾以此為例作出評說：「北約盟軍正在進行反對米洛舍維奇種族滅絕政權的鬥爭。如果可以說有一場戰爭是基於道德理由，將人權置於優先於國家利益的地位，那麼這場戰爭正是如此。這大概是第一場不圖利，為堅持某種原則和價值的戰爭。盟軍在戰鬥，因關心他人的命運而戰，因有正義感的人不能坐視別國人民遭受國家政權屠殺而戰。這場戰爭表明，人權先於國權（human right precedent for the right of states）。在我看來，這次戰爭為未來立下重要的先例，它已經明確宣告：不許屠殺人，不許驅逐人出其家門，不許虐待人，不許剝奪人的財產。它也已證明，人權不可分割，對一人不公，即對大家不公（if injustice is done to some, it is done to all）。」

最後，他說：「我一直思索這個問題：為甚麼人類有特權要求任何權利？我總是不可避免地得出這個結論：人之權利，人之自由，人之尊嚴，具有超凡脫俗的最深根源，超越世俗的世界。其價值之神聖，人們甚至將其置於自己生命之上，其意義既無窮且永恆。讓我對有關國家及其未來作用給予以下結論：國乃人創，人乃神創（The State is a human creation, humanity is a creation of God）」

徹底顛覆了傳統的「主權高於人權論」的「人權高於國家主權論」，是第二次世界大戰後國際社會逐步發展出來的新的人權理論，有其深厚的法理根據，為世人承認，成為普世的準則。

一九四八年聯合國通過「世界人權宣言」，為世界各國就其怎樣對待其人民訂下了普世性的道德準則。從此，一國的統治者怎樣對待其人民，可以名正言順地為整個國際社會的關注事項。之後各國締結參加的國際人權公約相繼起草而成，其中有：「自決意味著殖民地人民有脫離宗主國的管治而自己組成獨立的主權國」的條文。

香港陳弘毅教授在文章中說：「中國政府和內地學者大都反對『人權無國界，人權高於主權，不干涉內政原則不通用於人權問題』等盛行於西方的觀點。但歷史證明政府是人權的最大守護者，也常是人權的最大侵害者。西方人權思想的精髓在於以人民主權代替專制主權，以人權來制衡國家主權。當個別國家裡的人權受到嚴重侵害時，由國際社會採取和平合理的行動以圖補救，不失為正義的伸張。」他最後說：「主權原則是世界各國和平共存的基礎，它是照顧現實的，人權原則把我們引向一個更合理，更正義和仁愛的世界，它是理想的呼喚。」

許多臺灣學者、教授非常苦心地作出學術研究，根據二次大戰後的開羅宣言、波茨坦宣言、舊金山條約、臺北條約等關於臺灣地位問題的條約，求證臺灣主權地位未定論，尋求臺灣領土是否屬於中華民國，尋求國際承認臺灣主權。更希望解決中華民國是不是國家？或只是一個中國之下的舊政權，舊國號或非法政權等等。各種討論，各自闡述，沒完沒了，很難取得共識。

其實，「人權高於主權」的理念就是臺灣人民抵抗中共強硬推行國家統一政策的有力的武器。根據「人權高於國家主權」國際理論，人權高於國家統一，住民人權高於國家領土完整，住民可以自決住地的未來，進行自決公投，如加拿大魁北克省、蘇格蘭、斯洛伐克等國。自決公投並不等於獨立公投，自決公投是還權於民，彰顯人權高於一切的一種機制，獨立只是其中的選項。

我贊成臺灣推行住民自決公投。臺灣實際上已經是一個主權獨立的國家，有軍隊，有三權分立政治架構，有民主選舉制度。但每次當選的政府為甚麼總要提出一個兩岸關係問題？總要看中共的面色，總要像香港一樣忍受中共的滲透侵蝕？

臺灣人民不論藍綠，不論國民黨或民進黨以及各種政治人物，如果真心愛護臺灣，便應該放下政黨和個人私利，尊重自決公投制度，尊重住民的選擇，是統一？是獨立？是一國兩制？是維持現狀？臺灣是否中國的一部分？讓臺灣人民勇敢地站起來決定臺灣的未來，讓基本人權回歸臺灣人民。希望臺灣人有智慧有勇氣，先作好普世價值教育工作，再作好軍事準備，然後發動住民自決公投，由全體住民決定臺灣的命運，與中共來一次生死的決戰，永遠擺脱中共的羈絆。

※　※　※

〈中共在臺灣的火種不知還有多少？〉：

歷史上，中共地下黨確曾組織「臺灣省工作委員會」在臺灣進行革命活動。根據新聞工作者徐宗懋在一篇題為〈追尋匪諜滄桑，探索國共和解〉的文章中報導，二〇〇一年他在《老照片》系列書籍文稿中，發現一九五〇年中共地下黨在臺灣被摧毀的慘烈過程。其中著名的「吳石案」，包括國民黨高級將領、第十六集團軍副總司令、國防部參謀次長吳石，副官聶曦，聯勤總部第四兵站總監陳寶倉，中共華東局派遣人員朱楓共四人，被判處死刑，於馬場町被槍決。

文章中，徐宗懋根據「國防部保密局」資料簡述了當時的狀況。一九四五年中共由延安派出台籍高級幹部蔡孝乾為「臺灣省工作委員會」書記，來台後組成的省工委共有四名委員：蔡孝乾、張志忠、洪幼樵和陳澤民，分別掌管武裝，宣傳和組織等事務，並陸續在臺北、基隆各地建立多個地區工委會。

一九四七年國民黨特務組織進行深入調查，掌握了省工委及相關屬下組織的詳細情況，先後逮捕了陳澤民和蔡孝乾，蔡在一週之內投降，供出所有同志名單。其中供出朱楓的任務是來台與吳石聯絡，取得重要軍事資料，在蔡孝乾安排下逃回中國時，於浙江定海被捕。中共在台地下組織遭到毀滅性打擊，一千八百多人被捕入獄。

至於另一位著名共產黨員謝雪紅的經歷，也可說明共產黨在臺灣的存在。謝雪紅雖然是臺灣人，終其一生不可置疑地都是為共產黨工作。一九二五年她去過蘇聯莫斯科東方大學就讀，回台後創建的臺灣共產黨，其實是由共產國際領導的日本共產黨負責指導，說明她在臺灣的革命工作是在共產國際的領導下進行的。

即是說，無論是日本共產黨或臺灣共產黨，以及她後期加入的中國共產黨都是共產國際的支部，接受共產國際的領導。不要以為她的臺灣共產黨有「臺灣獨立」，成立「臺灣共和國」等追求就等同於現代臺獨的理念，這不過是共產黨進行共產主義革命的策略而已。在「二二八事件」中，她組織二七部隊抵抗國民黨，目的也只是完成共產黨的任務，並非為臺灣人民爭權益。我認為把一個共產黨員稱為臺灣革命女英雄並不恰當。

此外，還有香港地下黨員金堯如在回憶錄中承認，一九四七年他曾在中共臺灣省工作委員會常委工作，任職宣傳部長。

綜上所述均可證實中共地下黨一直在臺灣活動。

儘管當年的蔣介石曾經狠狠地剿共，但由於有毒的愛國主義思想的作祟，中共仍然會留下火種的。經過兩岸通航，民主轉型，臺灣成為一個追求自由民主的社會。那些潛伏的火種自然地利用自由的空間開始活動，而遠在大陸的中共當然地會乘著自由回來找尋這些火種。魏明仁是最好的例子。

魏明仁早年取得碧雲禪寺產權後，於二〇一五年參加「大道之行，尋根之旅」旅行團，在中國陝西參訪活動。二〇一七年一月一日在「教育基地」舉行升旗禮，升的是中國共產黨黨旗和中華人民共和國國旗，同時播放中華人民共和國國歌。有超過一百人參加活動。同年一月二十一日他又在「教育基地」舉辦誓師活動，進行升旗及奏歌儀式，共有四百人參加。至二月二十二日在臺北二二八和平公園更舉辦向二二八起義共產黨員致敬活動。

這一切是怎會發生的？

作者梦仙的文章〈訪問臺灣愛國人士魏明仁先生〉，可以為我們找到一點線索。作者於二〇一四年率團來台參加于右任先生紀念活動中，經西安朋友介紹結識了魏明仁。在文章中，梦仙問魏明仁：「你為甚麼那麼愛國？你的動力是甚麼？」

魏明仁回說，他祖籍是福建漳洲，爺爺早年來台，父親魏元奇出生在臺灣。先祖父輩重視國學，教育他孔孟儒家思想，他從小接受中華傳統文化熏陶。父親於二〇〇七年去世之前，向他交代兩件事：一是父親曾在臺灣南投縣參加過「讀書會」，研讀過共產黨成功的歷史，認為中國真正的希望在大陸，在共產黨。二是不要忘記自己的祖宗在大陸中原，希望自己過世後，讓他到中國古城長安（西安），然後到黃河邊取黃河泥沙水澆到自己的靈前祭奠。

二〇一三年元月，魏明仁帶著父親的遺願飛抵西安，在陝西合陽的朋友李耀君幫助下，到風陵渡黃河邊，先捧飲了黃河水，然後灌取了三塑料瓶的黃河泥沙水帶回臺北，分十站把黃河水灑遍寶島臺北。

這裡提到的讀書會就是尋找地下黨的線索，中共的秘密讀書會是發展黨員的工具。在香港，讀書會已經遍地開花，本人也曾為地下黨組織過不少讀書會。事情非常明顯，魏明仁就是中共在台留下的第二代愛國火種，於二〇一三年開始在西安發芽，至二〇一四年受訪及二〇一五年在西安旅遊時與中共接上了關係，二〇一七年開始為中共做事。這樣的中共火種不知還有多少？

中共的「香港工作委員會」是埋伏在一個公開招牌，以前叫「新華社香港分社」，現在是「中央人民政府駐香港特別行政區聯絡辦公室」（簡稱中聯辦）之內，歷屆中聯辦主任就是香港工委書記。潛伏在外國的地下黨也有一個公開招牌，就是各地的中國領事館，那些大使，領事就是該地工委書記。明白中共這樣的組織系統，很多事情我們都可以很容易地追溯到它的源頭。但是，在臺灣，目前為止我無法找到這個公開招牌，臺灣省工委現在應該潛藏在哪一個機構內？我估計大約是在一些商業機構或傳媒機構之中。希望臺灣的朋友查出一個線索來。

※ ※ ※

〈「江陰要塞」的教訓〉：

最近重讀國民黨於一九四九年失守江陰要塞的歷史，我的心仍然顫抖，中共實在太厲害了。

中華民國國防部駐守的江陰要塞是位於長江下游最狹窄之處的軍事要塞，西支南京，東援上海，背靠無錫，中國歷朝視之為兵家重地。抗戰勝利後，中華民國開始籌建江陰要塞作為首都南京的最後防禦線，配備德製、美製重炮四十多門，是國軍最強的火炮。由孔慶桂中將擔任要塞司令。

可是，中共中央華東局華中工作委員會（即華中工委）在江陰要塞成功發動國民守軍叛變，讓中國人民解放軍第三野戰軍不發一彈便拿下長江要塞的重炮軍火。解放軍大部隊只以木船順利渡江，輕鬆突破中華民國國軍在長江下游的軍事防線，竊取江南，繼而奪得全國政權。

國民黨是怎樣失去江陰要塞的？

戰役中兩位兄弟的作用至為重要，直屬中共華中工委地下黨員唐秉煜，策動其四哥，時任國防部第三廳第一處中校參謀股長唐秉琳，連同時任國防部上校參謀吳廣文，加入中共地下黨組織，並透過唐秉琳的推薦打入國防部第三廳上尉參謀之位。唐氏兄弟又拉攏王德容及時任陸軍總部兵工處三科科長梅含章加入共產黨，並調任重職。唐秉琳後因司令孔慶桂關係升任上校守備總隊長。

當時適逢要塞司令孔慶桂辭官遠走留下空缺，向蔣介石保薦的名單上有陸總部兵工處少將處長戴戎光，其人喜好吃喝玩樂，與唐氏兄弟是世交。中共特務鎖定他為保薦人選，經唐秉琳親自以五百根金條賄賂，取得戴戎光的信任。

然後，唐秉煜安排吳廣文，聯同梅含章，透過多層關係重新調動保薦名冊，把戴戎光列在第一位。蔣介石一看，便選定第一位的戴戎光。通過面試後，如此這般，戴戎光便輕易地竊取了江陰要塞司令職位。中共特務偷龍轉鳳的工夫，如入無人之境。

戴戎光上任後先讓唐秉琳晉升要塞砲兵總台長及王德容為遊動砲台台長，又調吳廣文任守備總隊長，再把唐秉煜從國防部調來任要塞工兵營營長。隨後，中共華中工委又派來多位特務進入要塞重要部門。至此，要塞的主要部門都被中共黨員特務所控制，要塞司令戴戎光被架空了。當時國軍總司令湯恩伯和美國顧問等人曾到場視察，中共特務以各種理由搪塞阻礙，令他們無法發現要塞的真實情況。

一九四九年四月二十一日中共解放軍發動進攻，唐秉煜命令黃山砲台全部調轉火力，打向國軍一四五師陣地，造成重大傷亡。當戴戎光發現情況危急，要找唐秉琳的時候，唐秉煜露出猙獰面目向他宣布七千官兵已經起義，並俘虜了他。此時，國軍陸海防線迅速崩潰，或沉沒或逃散，死傷慘重。

江陰要塞失守之最重要的原因，是中共的統一戰線政策成功滲透國民黨軍隊。統戰工作並非間諜工作，其操作過程並無犯法。方法是：利用親戚、同鄉、同學等關係，與統戰對象建立個人關係，與他交朋友，助他解難題，向他思想灌輸，進而利誘收買，取得信任後發展其成為黨員，是為建黨工作。被統戰者成為黨員後才加以使用，調派到各個崗位，比如打入政府部門，奪取軍方要職，以至成為間諜。毛澤東對統一戰線政策作出歸結：「統一戰線的原則有兩個，第一是團結，第二是批評、教育和改造，為了改造先要團結。」

中共的統戰術得以奏效，貪腐是重要因素之一。當時的中華民國政府內，軍隊內，充斥無數腐敗不堪的貪官。江陰要塞扼守長江航運和華東富庶地區，是貪腐型軍官窩藏的地方，為中共特務統戰滲透工作提供缺口，順利進行策反工作。為了抵抗來自中共的滲透入侵，臺灣政府要組成一個追查貪官，揭發腐敗的權威機構，嚴懲犯法者不可手軟。無論是哪一個政黨上台都應建立一支清廉公義，堅守普世價值，毫無私利為國為民的軍隊和政府團隊。

經過江陰要塞淪陷如此慘重的教訓，幾十年後的國民黨人本應牢牢緊記，對中共更加嚴於防犯，認清中共的本質以及其作戰策略。可惜的是，現在許多國民黨後人並未察覺中共統戰滲透的嚴峻情況，仍然承認九二共識，追求兩岸統一，接受一國兩制的謊言。儘管經歷蔣經國總統的開放黨禁報禁及李登輝總統的終止動員戡亂時期進行憲政改革，實行正副總統直接選舉，政黨輪替執政，並且促進思想、言論、新聞、學術等各種自由。但在臺灣民主政制轉型過程中，國民黨內部從未曾由一個專制主義的政黨，作出理論上、思想上經過自由、民主、平等、法治轉型的改造，以致今天的國民黨人在思想上、行動上仍然把國族情感，政團利益凌駕於自由民主原則之上。總之，他們渾身散發出的是賺錢發財為首的民粹主義。

中共為實現其促統計劃，正在複製當年江陰要塞模式全方位入侵臺灣，無論是政界、學界、商界、傳媒、宮廟等等無孔不入。希望臺灣人打開雪亮的眼睛，分辨真正愛護臺灣的人，揀選支持普世價值的人作為他們的公僕。

按：文章寫到這裡，筆者想向臺灣的朋友們請教：當年蔣介石的剿共行動，是對還是錯？現時在台的中共地下黨組織是合法還是非法，應否取締？

※　※　※

〈「裡應外合」是中共武力犯臺的關鍵策略〉：

近年來，中共解放軍在台海附近，無論海域或空域都頻頻作出騷擾，威脅太平洋地區的安全，有關臺灣的議題，已經不只是兩岸問題，而是嚴重的國際問題了。

近看時事評論節目，有一位評論員問：中共有沒有犯臺的意願？有沒有犯臺的能力？犯臺在甚麼時機？問得好！

我個人認為，中共，特別是習近平，絕對有這個武力犯臺的意願。他們提出「一國兩制臺灣方案」就是先禮後兵，和平統一不行了就要用兵。統一臺灣是習近平自己的霸業夢，無論用哪一種方法，只要統一成功，他就超越毛澤東，千秋萬代，名留黨史。統一臺灣也是中共的本質使然，它一向秉承共產國際的說詞，美其名曰「搞世界革命」，實為擴張稱霸世界的遮羞布。

然則，中共有沒有能力犯臺？根據美國國防部向國會提交的『二〇二〇年中國軍事與安全發展年度報告』指出，中共海軍艦隊擁有艦船總數達三百五十艘，包括遼寧號、山東號兩航母（近建成福建號）。中共海軍艦艇規模在短短二十年內增加三倍多，其發展速度令人矚目。

儘管如此，許多評論員仍然認為，從經濟角度，從軍事角度，從高科技發展程度看，中國不會有足夠的國力、軍力侵犯臺灣，這都是客觀的事實，本來是正常的觀察。但習近平不會有這樣的認知，中國歷史上從來沒有過當下這樣的實力，足以使他流於高度極端的自信。他的知識水平非常低，對於現今的高科技知識，他是一竅不通的。他無能力去判斷他的軍隊的質量和真實作戰能力，他周邊的官員也不會對他實話實說。這樣，他會以為自己的實力已經非常厲害，所以囂張地，不可一世地說：「平視世界」，「東升西降」。他將會誤判，冒險侵略臺灣。

再說時機，從國內情況看，通過今年（二〇二二年）第二十次全國黨代表大會他坐穩連任之後，是他最好的時機。從國際形勢看，美國拜登政府相對於川普政府來說比較軟弱，他一直在對臺灣政策上保持含糊立場，沒有清晰表明一旦臺灣受到攻擊，美國將會介入「出兵參戰，像韓戰那樣」，只是協助臺灣防衛。所以拜登在位期間是習近平最好的攻台時機。

不過，我認為，還有一個關鍵因素足以左右習近平出兵的時機，這因素也決定他有沒有攻台的能力。那就是：中共是否已經在臺灣收買到足夠的內應。習近平不是單靠兵力軍力，而是靠內應的能力。

有兩場戰役可以證明，一場是一九四九年四月，中共解放軍第三野戰軍，只以木船渡江，不發一彈便拿下長江要塞的重炮軍火，令國民黨政府的江陰要塞失守。另一場是一九四九年十月中共解放軍三野十兵團共一萬九千官兵揚帆渡海，夜襲金門島。他們搶灘登陸，苦戰三天全軍覆沒，國民政府守住了金門島。

比較兩場戰役，我們可以看到，有內應的江陰戰役，中共贏了，國民黨輸了。在戰役之前，中共早已收買了砲兵總台長、砲台台長、工兵營長等，還架空了要塞總司令。在解放軍發動進攻時，中共有能力發動七千民國官兵起義。中共沒有精銳武器，靠的就是國民黨的內應。國民黨有沒有吸取這一個慘烈的教訓？或者說，民進黨有沒有吸收到國民黨這一失敗的經驗？

至於金門島戰役，中共沒有內應，不能取得軍事情報，則國民黨贏了，中共輸了。國共內戰時，中共解放軍由東北一直打到海南島未曾有過敗仗，卻在金門島上栽倒。我相信他們對這樣的奇恥大辱，一定會作出痛定思痛的總結，會得出戰略上「裡應外合」的重要性和關鍵性的結論並付之實行。他們早已長年累月地在臺灣發展黨組織，開展收買內應的工作。

根據我的經驗，無論是共諜還是黨組織都要經過中共統戰術滲透才可成事。統戰術是利用親戚、同鄉、同學等關係，物色適當的統戰對象，與他交朋友，建立個人關係，然後灌輸中共思想意識，同時助他解決難題，進而利誘收買。取得信任後，發展其成為中共地下黨員，建立地下黨組織，繼而調派或安排他在各個領域，如政府部門，軍方要職，建立民間組織，更可能成為中共間諜。

中共使用已經被收買了的黨員所組成的民間組織，如同鄉會、研究會、學術機構等等，表面不會有政治色彩，讓你摸不著中共的手，看不到中共的紅色。但其實在這些組織內有黨員、黨組織在運作，就像我以前所在的香港「學友社」一樣。關鍵時刻，比如中共入侵之日，這些黨員就會組織民眾起義，搗亂政府的防衛部署。

二〇二二年四月，中共出版了一本書：《血沃寶島——中共臺灣英烈》，由人民出版社和九州出版社聯合出版。該書整理收錄了一批二十世紀中期中國共產黨在台活動史料，把在臺灣進行間諜活動而遭被捕槍殺的共產黨人封為英雄烈士，把在台「隱蔽戰線」人員的工作狀況公開。全書記錄了三十一人的經歷，來自大陸二十三人，只有七人是真正的臺灣人，還有一人是海外僑胞，也包括曾任參謀次長的國軍中將吳石。我認為，因外敵入侵，保家衛國的犧牲者才能稱為烈士，破壞別國、鄰邦的執行者只能被稱為間諜。

本書由中共中央臺灣工作辦公室組織編寫，沒有作者名字，只有編寫組成員名單。中央台辦主任劉結一撰寫引言宣稱：「出版本書是為了激勵兩岸同胞為促進祖國統一進程繼續奮鬥」「是緬懷革命先輩，弘揚臺灣同胞的愛國主義傳統」，他更直指：「共產黨人的鮮血灑在臺灣，凝聚了中國共產黨與臺灣同胞的血肉聯繫」「我們應當以英雄為榜樣」。這既是鼓勵國內民眾，也是鼓勵目前潛藏在臺灣的地下黨人，要以這些「英雄」為榜樣，不怕犧牲，英勇作戰。我相信埋伏在台的地下黨人已經人手一本了。這是中共極盡統戰術的能事，司馬昭之心路人皆見。

書中，劉光典的事情值得介紹一下。中共曾派遣情報交通員劉光典兩度到台蒐集國民黨駐軍情報、通訊密碼和氣象資訊。一九五〇年所屬黨組織遭到破壞，他輾轉在臺灣各地躲藏，最後藏身台南山區的地穴裡，一九五四年落網，一九五九年被槍決。劉光典之子劉玉平出版《尋找父親——劉光典烈士的紅色足跡》一書，由人民出版社發行，並在北京人民大會堂臺灣廳主辦出版座談會。此書是中共首部經審批公開發行的。

中共過去非常忌諱涉及派遣間諜赴台的事情，現在竟然不再掩飾，公然承認，高調宣傳他們為烈士，可說是事有蹊蹺。中共刻意出版兩本書的目的是「備戰」，是為發動侵台之戰作思想教育的準備工作。這是中共的行為特徵，即兵馬未動，輿論先行。

劉玉平告訴記者，當時中共在台的地下組織主要分為三支，其一是以蔡孝乾為書記的中共臺灣省工委，其二是中共華東局派到臺灣的地下工作者，朱楓便屬於這一系統，其三是洪國式和劉光典所屬的中央社會部派遣至臺灣的地下組織。這些分支不能發生橫向聯繫。我也知道確有不直屬香港工委，而是由國家安全部直接派來香港工作的地下黨人。相信臺灣的情況也不會例外，中共某方面領導機構，通過香港地下組織，派出商人來台聯絡臺灣退休軍官就並不出奇了，只是我們還未能完全掌握所有線索。

我可以說，中國已經成為臺灣人的敵國。可以想見的事實是：中共正在派遣它的「地下軍」入侵臺灣，他們不動聲色地埋伏在臺灣的每個角落，幹著不為人知的勾當。臺灣政府是否可以立法訂定中國共產黨組織是非法組織，可以捉拿歸案？我希望臺灣人要有更深入的觀察，作出明智的抉擇，如果接受「一國兩制臺灣方案」，則會是香港一樣的悲慘下場。如果拒絕，那末，就要勇敢面對一場偉大的衛國戰爭。

消息傳來，臺灣聯華電子創辦人曹興誠先生捐出巨款協助兩個全民防衛計劃。一是訓練三百萬黑熊勇士，一是訓練三十萬保鄉神射手。為臺灣建立全民皆兵，全民防衛，全民備戰作出準備。消息令我極度興奮，又極為安慰。臺灣人奮起反抗了。

我認為，不論是哪一種全民防衛計劃，都不應只是為了恐嚇中共，阻止中共入侵，而是為了「迎戰」，不是「避戰」。請臺灣人不要陷入「犬儒主義」思想的囹圄之中，也希望臺灣政府加強全民國防教育之餘，也要加強對中共本質認識的教育。

不過，我可以斷言，中共武力侵犯臺灣之日，就是中共滅亡之時。

附錄一　為了戰鬥的紀念

梁慕嫻

今年是北京天安門「六四屠殺」案件的三十周年，人們不但沒有忘記，更在全世界各地精心組織了更大規模，更深意義的活動，令人興奮。

那一年，我五十歲，定居加拿大，已經從組織上脫離了共產黨。一九八九年四月開始，我不斷關注北京的消息和學生的活動。「六四」那天，我含淚追看電視上的新聞轉播，只見天安門上空烈焰沖天，煙霧瀰漫。載滿解放軍的車隊向著天安門進發，卜卜的槍聲四處響起。學生和市民紛紛走避，人們推著板車上的傷者拚命奔跑。

共產黨殺人了，露出猙獰的面目、殘酷的本質了，我驚愕地叫了起來。

從此以後，每年的「六四」，我必定點燃我自己的燭光，悼念那些未得安息的亡靈。我不斷反省懺悔，讓痛苦化成力量，繼續前行。我學習普世價值的理論，去批判毛澤東思想。我也不會忘記兩位英雄，丁子霖女士和劉曉波先生，他們永遠是激勵我前行的榜樣。

三十年前的天安門廣場上，在那「八九民運」興起的日子裡，無法估量的中國人民，在中國極權統治者的槍彈和坦克下，驟然倒在血泊中，慘烈地犧牲了牲命，成為不散的幽靈，在國土的上空徘徊。

「六四」過後，首都北京完全被置於戒嚴狀態，荷槍實彈的野戰軍士兵三步一崗，五步一哨，大街小巷一片恐怖。緊接著，中共當局在全國範圍內展開大搜捕行動，許多人被拘捕，被關押，被立即槍決，也有不少人走上逃亡之路。北京市內也進行氣勢凌厲的清查運動，要人人過關表態「擁護平暴」。中共更用嚴酷的非人道手段對付受難者家屬，不准拜祭，不准哭。

因為統治者的鎮壓，對這些沒有歸宿不能安息的亡魂，我們作為生存者竟無法舉行一次公開的祭奠，每年時屆「六四」這一天，心中哪能不哀痛，不歉疚？難道他們的鮮血就這樣白白地流失，乾竭，消逝？

可幸，中國大地上，出現了一位可敬的母親，在大多數人或掉頭推卸，或屈從高壓的時候，她無懼統治者的威脅，孤身站起，挺身而出，肩負慰藉昭雪亡靈的祭奠之責。她就是丁子霖。母愛使她走上了民族的祭壇，承擔著這一場早應完成的祭祀，維護悼念的權利。

可是，她和難屬們對亡靈的祭典，是在中共各種打壓之下艱難地進行的。最初，在屠殺後的第一年，他們都只能在喪失親人的殘酷現實中，各自悲痛地渡過。自一九九一年開始，才能於每年春節期間，由丁子霖出面邀請難友們到她家相聚，互相撫慰，互相吸取力量。至一九九九年，「六四屠殺」十周年，丁子霖本欲按中國人習俗，在「六四」當天，到兒子遇害之地舉行祭祀，結果因中共當局加緊監控而作罷。在大家的建議下，改於大年初三提前舉行首次家庭式集體追悼拜祭儀式，了卻大家多年來的一樁心願。

那天，他們佈置了靈堂，掛上了輓聯，拉起橫幅「六四慘案十周年祭」，懸起的死者遺像下，供著鮮花和閃閃的燭光。總共二十三位參加者在共進晚餐後，開始了他們的悼念祭奠儀式。在哀樂中，胸前戴有小白花的難屬們先向死者默哀，跟著宣讀祭文和慰問信，最後是向死者灑酒祭奠的撕心裂肺，盡情哭訴的時刻，他們被壓抑了足足十年的感情，像閘門一樣，一下子被衝開了。但是，他們的酒卻不能按中國人的習俗，灑在死者墓地的泥土上，以告慰逝去的亡靈，而只能灑在大花盆中。

這是一次極不尋常的祭祀。即使就是如此簡單的悼念，也是在恐怖的陰影下，在便衣警察的眼皮下進行的。先是若干不明面目的人在他們會餐的餐廳外窺視，繼而多輛來歷不明的小臥車和摩托車，在屋外發出隆隆的轟鳴聲，繞著宿舍樓來回巡邏遊弋，亮著的車頭燈照得馬路通明。

但是，二十多位難屬早已把死去的親人看作自己生命的一部分。「民不畏死，奈何以死懼之？」丁子霖說：「穩定壓倒一切！難道還能壓倒難屬們對死難者的追悼和思念嗎？」由於天安門母親勇敢的堅持，他們的悼念活動年復一年，人數漸多，由在公安的監視下舉行小規模墓園公開悼念，到十七年後，多次在木樨地點起天安門母親祭子的燭光，多麼執著，多神聖！

回想一下，三十年來中國民眾的民主人權意識覺醒，正是在爭取悼念權利中開始。一九七六年周恩來逝世，人們的鮮花鋪天蓋地環繞人民英雄紀念碑，為的就是悼念；一九八九年胡耀邦逝世，千千萬萬民眾衝向天安門廣場為的亦是悼念。專制者終於驚覺民眾悼念的威力，害怕得要死，不敢聽到人民的哭聲。他們鎮壓人民的哭聲，把一切悼念活動慘無人道地嚴嚴密密地堵死，不准哭！但是，天安門母親一年年一步步前進的悼念儀式，堅定地為悼念的權利打開了一個缺口。然後我們有了悼念林昭，悼念包遵信，悼念林希翎，悼念地震死難者，網民念出每個受害學生的名字構成了艾未未的藝術紀念作品〔念〕……一次次悼念，一次次更勇敢，一次次更覺醒。

至二〇一〇年上海膠州路大火，做成五十八人死亡，災後第七天，二十萬自發的民眾蜂湧而至，罔顧官方的阻攔，舉行了一場悲情發泄的悼念，讓鮮花的海洋淹沒了一切的醜惡。上海交響樂團現場演奏的安魂曲，追念那些枉死的靈魂，也安慰了自己那破碎的心靈。這是「六四屠殺」以來最大規模的自發悼念活動，也是悼念權利的最大勝利。悼念文化終於重回中國廣大民眾的意識之中。

中國南方都市報發表紀念川震三周年的社論說：「死亡已經發生，而遺忘等候一旁……如果不懷念，遺忘就會越來越強大，今天的祭祀就是為了拒絕遺忘。以後的紀念，目的無他，也是一遍遍證明給他們看：我們從未遠離，我們一直在一起，哪怕是遇到死亡和恐懼。」

中國的自由民主運動由悼念開始，世上只有中國人仍在爭取悼念的權利。

丁子霖女士當年五十三歲，是中國人民大學哲學系退休教授。獨生子蔣捷連於一九八九年六月三日晚間在北京長安街被中共軍隊槍殺。一九九〇年，丁子霖在朋友的介紹下結識了第一位難友張先玲，她的兒子王楠在六月四日凌晨於天安門附近南長街南口處遇害。就在這種肅殺悲涼的氣氛中，丁子霖和張先玲忘記了恐懼，鼓足勇氣開始了尋找受難者家屬的歷程。丁子霖說：「我無法驅除幾乎已成為我生命本身的記憶，我不能眼看著與我同命運者失去親人而無人過問，無處訴說的痛苦煎熬……我的兒子是為中國的未來而死，我也只有為中國的未來而活著。」

她們根據各方的資訊和各種關係取得線索，一個個地與難屬取得聯繫。一樁樁，一件件血和淚的故事，見證「六四屠殺」的事實。死難者家屬們相互認識，相互撫慰，相互支撐，結成了以丁子霖為首的「天安門母親」群體。難屬們已經不再是愚昧麻木的一群，也不是怨天尤人的哭泣者，她們已經成為一個有著自己尊嚴和訴求的群體。

丁子霖在一九九四年出版《六四受難者名冊》；二〇〇〇年出版《生者與死者——為了中國的明天》；二〇〇五年，出版《尋找「六四」受難者實錄》。她們總共尋找到一百八十六名死難者，為歷史作出有力的見證。今年，「天安門母親」正如過往一樣，發表祭文暨致中國領導人公開信〈哭「六四」大屠殺中罹難的親人和同胞們〉，祭文簽名共一百二十七人，過身的難友已達五十五人了。

丁子霖有一句說話令我心靈震撼不已，今生難忘。她說：「我今天活著，能夠從愚昧和沉睡中甦醒過來，這是以我兒子的生命為代價的。我的整個存在，都是兒子生命的延續，這就是犧牲與祭奠的全部意義。」她說出了生與死，生者與死者之間的真諦，也就是生命的意義。這就是促使她覺醒的動力，也促成了我的覺醒。

「六四」前後，最具象徵意義的代表人物之一就是人權活動家、政治評論家諾貝爾和平獎得主劉曉波。他出生於吉林省長春市，吉林大學文學學士，並於北京師範大學獲得碩士和博士學位，後留校任教。一九八九年四月，三十三歲的劉曉波，中斷了在哥倫比亞大學訪問學者的職位，返回北京參加「八九民運」。六月二日他聯同侯德健、周舵和高新在天安門進行絕食，抗議當局戒嚴，成為天安門絕食四君子之一。我是從這個時候起開始關注劉曉波的一切直至他離世。他是我的學習榜樣，有幾個方面是我永記在心，難以忘懷的。

首先，是他的犧牲精神，他的一生所作出的犧牲是巨大的。他放棄了自己的美學研究、文學評論專業，不去著書立說而專注於危險性極高的政論。「六四」後，澳大利亞駐華參贊駕車載他到領使館門前，再三問他是否要進使館。他說：「不，謝謝。」便下車，放棄逃亡機會結果被捕。後來即使再有機會出國講學，他也選擇回國。他一共坐牢四次，堅決拒絕保外就醫，堅持留守國內。他說：「坐牢是獨裁制度下異見人士應具有的職業道德，是異見人士的必修課，應把監牢坐好。」他進而指出：「為尊嚴和自由而坐牢並非值得四處炫耀的資本，而是異見人士反抗獨裁生涯的一部份，更不應該以坐牢為資本向社會討債，也要避免一坐成名的自我陶醉。」他斬釘截鐵地說：「要下地獄就不能抱怨黑暗……獄火的焚燒縱使把我化為灰燼，我也甘心情願。我升天，我入地，全取決於我自己。」可見他早已作出選擇，無怨無悔。

徐友漁認為「思想的徹底性」是劉曉波的主要特徵。是的，他對馬列主義、共產黨的否定是徹底的，他對毛澤東的批評是徹底的，他對自己的懺悔也是徹底的，而對普世價值的追求更是徹底地勇往直前，百折不撓的。然而，我認為劉曉波還有兩個「徹底」是達至令人欽佩的最高境界。一個是對愛國、民族主義的批判，一個是對階級仇恨的批判。

劉曉波在其著作《單刃毒劍——中國民族主義批判》中指出：「自從中國蒙受鴉片戰爭之辱，愛國主義就一直是最具有社會動員力的道義資源之一，各種社會政治力量的成敗，取決於爭奪這一資源的結果。中共執政後一直有意識地為民眾塑造不同的外敵，把民眾的強烈不滿引向國界之外。愛國被扭曲成愛政權、愛黨、愛領袖。」

一九八八年，劉曉波路過香港時，接受《開放雜誌》總編輯金鐘的訪問。他認為：「全盤西化就是人化，現代化。選擇西化就是要過人的生活。西化與中國制度的分別就是人與非人的區別，只有西化，人性才能充份發揮。」被問到在甚麼條件下，中國才能實現一個真正的歷史變革？他說：「三百年殖民地。」問者說，那不是十足賣國主義嗎？他說：「我無所謂愛國或叛國，就是要承認自己是挖祖墳的不孝子孫，且以此為榮。」在《單刃毒劍》一書中，他回憶了這段對話，他說：「我曾經說過一句犯眾怒的話，在今天的民族主義偏執狂佔據話語制高點之時，我不想收回這句話。平心而論，它只不過是中國需要經過長期的西化過程，方能實現現代化的極端表達而已。」他一語到底，沒有和稀泥及調和餘地，這就是對愛國、民族主義最徹底的批判。

劉曉波在法庭上宣讀的〈我沒有敵人——我的最後陳述〉是批判中共「以階級鬥爭為綱」的最有力的武器，他說：「仇恨會腐蝕一個人的智慧和良知，敵人意識將毒化一個民族的精神，煽動你死我活的殘酷鬥爭，毀掉一個社會的寬容和人性，阻礙一個國家走向自由民主的進程……放棄毛時代的『以階級鬥爭為綱』、『鬥爭的哲學』是一個擠掉浸入人性之中的狼奶的過程。」他最後說：「現在又再次被政權的敵人意識推上了被告席，但我仍然要對這個剝奪我自由的政權說，我沒有敵人，也沒有仇恨。」這個鏗鏘有力的宣布，是對中共的階級鬥爭、階級仇恨、尋找階級敵人的最徹底的批判。

劉曉波先生的自省能力是難能可貴的。假如看過劉曉波於一九九二年所著的《末日倖存者的獨白》，一定深深地感受到他那種撕心裂肺，痛徹心脾的懺悔，這是我最能與他共鳴之處。所有接受過中共教育，吸吮過狼奶的人，都會感動於他吐出狼奶的勇氣。他寫道：「我永遠無法原諒自己，直到進入墳墓，因為我居然可以用出賣良知來換取自由——『悔罪』。」他為自己寫過悔罪書而自責，認為是對「六四」死難者的褻瀆。

他分析自己對「八九民運」的複雜動機，有道德激情，有機會主義，有自戀，有對榮耀和影響力的虛榮心的渴望，他錐心刺骨地懺悔自己的狂妄和軟弱。他不斷地超越自己，由一個粗魯狂傲，直率誇張，愛出風頭的個人主義者，脫胎換骨成為謙虛內斂，思想清明，言辭從容，對社會有所承擔的人。他翩然重生成為一位有藝術家的敏銳，也有思想家的深邃的民運領袖。劉曉波的懺悔成為民主路上同行者的榜樣，也就是我要學習的地方。

劉曉波是被中共設計陷害而死，他們隱瞞病情，拖延治療，監控殯殮，不准拜祭，不准哭，像對待「天安門母親」一樣。我們千萬不要忘記中共殘酷的本質，把悲憤化為力量，承接天安門的亡靈、逝去的難屬和劉曉波的遺志，繼續向自由、民主、公義、法治等普世價值的最高標準邁進。

二〇一九年五月三十日

本文原刊於臺灣《上報》

附錄二 藝術創新不能凌駕歷史事實

——談《憂鬱之島》引起的爭論

程翔

最近，香港一部禁片《憂鬱之島》（以下簡稱《島》）在海外引起熱議，爭論的焦點在於電影有沒有為「六七暴動」洗白的客觀效果（筆者這裡強調的是客觀效果而不去猜測主觀意圖）。從眾多的評論裡得到總的印象是：年長者以及對歷史比較有認識的人都認為電影不恰當地引入「六七暴動」的環節，把該暴動與香港人反修例的抗爭的不同性質混淆起來。年青的觀眾，包括學運領袖如羅冠聰、周永康等，都讚不絕口地認為是近年反映抗爭運動最佳的紀錄片。世代的不同，形成了兩代人對《島》的截然相反的認知，這是很正常的，不同世代的人對歷史事件的認識深淺不同，從書本上得來的知識（理性認識）同切身體會所得的知識（感性認識），對同一件事有完全相反的見解，也是很正常的。

在展開討論之前，筆者必須提供三點背景資料：

從本質上看，「六七暴動」是錯誤的，因為它是中共大陸「文化大革命」向香港延伸的結果。中共自稱「偉光正」（「偉大、光榮、正確」），很少對自己的政策全盤否定，唯一例外的就是徹底否定「文化大革命」及其衍生物「六七暴動」。關於前者，可以見諸中共中央一九八一年通過的《關於建國以來若干歷史問題的決議》，這裡不贅。至於對「六七暴動」的否定，亦多次見諸中共文獻（**見附表一**）。

從比較角度看，「六七暴動」同香港人在二〇一四至二〇一九年間的抗爭運動的性質是截然不同的。前者是中共在港地下黨為了「迫中央上馬」，提前「解放香港」，斷送香港的自由而進行的暴力鬥爭，而香港人在最近幾年的抗爭，卻恰恰相反，是為了捍衛香港的固有自由而奮不顧身出來抗爭。關於兩者的區別詳見附表二。

隨著近年內地出現為「文化大革命」平反的做法，香港的地下黨也蠢蠢欲動，意圖平反「六七暴動」的定性，使他們當年的行為變得正義正當。如果內地平反「文革」的勢頭持續下去，則香港地下黨平反「六七暴動」的可能性便會大大提高，反之亦然。在這股平反「六七暴動」的逆流中，楊宇傑先生（筆名：石中英）扮演了一個重要的角色，他在過去十多年內為平反、洗白「暴動」作出的努力參見附表三。

掌握這三點背景資料，就有利於我們客觀分析《島》。

在《島》片中導演以重演（reenactment）作為影片的主要敘事，透過經歷游水偷渡來香港的人士、六七暴動的參與者、支持大陸八九民運人士、在二〇一四佔中以及二〇一九反修例運動的人物去尋找答案：「對你來說，香港是什麼？」他很想通過幾代香港人追求自由的經歷，建構出香港人的身份認同，也很想通過他們追求自由的失敗而反映我們這個城市的集體鬱結。這種探索本來是很有價值的，假如選材和選角都恰當的話。但一旦選材和選角都不恰當的話，則產生的效果就會適得其反。

怎樣才是恰當的選材呢？五十五年前的暴動，至今仍然有很重要的現實意義（relevance），例如：

第一，一九六七年暴動開啟了香港人第一波移民潮，當年很多人為逃避共產黨發動的暴動而倉促離開。第二波是因為一九九七香港主權移交大陸而選擇離開的。第三波就是最近二〇一九年以來因為香港抗爭運動被鎮壓後被迫離開香港的。三次大規模移民都有一個共同的原因，就是逃避中國共產黨。為什麼幾十年來香港人都要逃避中共？這不正正是我們這個城市集體憂鬱的由來嗎？探討這個值得深思的問題，完全契合導演的思路。

第二，五十五年前的暴動，迫使我們以香港為家，從而催生香港意識。正是這種本土意識，使香港人努力建立一個強大的公民社會，使我們在殖民地沒有民主制度的狀況下，能夠靠自身的力量擁有充分的自由、法治、人權、公義、多元、以及人道關懷。可是，自從二〇二〇年實施《國安法》之後，短短一年之內，超過六十個公民組織因當局鎮壓而被迫停止運作。五十五年來發展起來的、使社會不斷進步的本土意識更被視為洪水猛獸而遭到嚴重打壓。五十五年來的歷史，是一個本土意識和公民社會由生到死的過程。回顧這個過程，我們可以找到導演問題的答案。

第三，「六七暴動」讓我們見識了中共的「極左」錯誤的破壞力，恰恰因為中共無法排除這種「極左」劣根性，才導致今天香港人民起來抗爭，從而觸發二〇一四及二〇一九的抗爭運動。分析這些「極左」錯誤，我們就能夠找到香港災難的源頭。

這幾點，都是「六七暴動」同《島》片其他幾個環節（偷渡來港、八九．六四、二〇一四、二〇一九）高度契合的地方。如果導演及監製對「六七暴動」這件歷史事件的現實意義有更深刻認識的話，那麼他們在選材方面就可以找到更加能夠契合三代人為爭取自由而奮不顧身的抗爭精神，更契合導演想探討的問題，才不會令人產生突厄不安的感覺。

可惜現在的處理手法，模糊了兩場性質截然不同的運動。該片用重置的手法，把「六七暴動」表述為香港幾代人在尋求自由的過程中，在不同時空中相遇，彼此訴說參與運動的原因及個中感受，full stop。這就不可避免的把「六七暴動」的性質同一九八九年港人抗議北京屠城、以及二〇一九年「反送中」運動的性質等同起來。這對沒有經歷「六七暴動」的觀眾來說，會產生很大的誤導。所以對「六七暴動」有認識的觀眾已經馬上提出抗議。筆者覺得，導演的手法或許有創新之處，但藝術上的創新應該對歷史事實有起碼的尊重。

特別是獄中對話那一幕更令人不安。設想我們重置以下劇情：一個俄羅斯抵抗納粹侵略而受傷的士兵，與一個俄羅斯侵略烏克蘭而受傷的士兵安排在一個醫院裡對話，兩者在時間上相距八十多年，他們說，我們都是為了國家而受傷的，full stop。對於不明歷史的觀眾來說，只會得出戰爭使人受傷這個中性結論，而不能分辨兩場戰爭截然不同的性質。《島》片獄中對話的要害，恰恰就是模糊了兩場運動的不同性質，使人誤會「六七暴動」同二〇一九年的抗爭本質上沒有分別，因為參與者都是「真心」的相信自己的「理想」，因為「理想」而被捕沒有錯，因此不低頭認罪。如果我們可以接受這種以「理想」為名行事而不問是非黑白的話，那麼我們是否也應該肯定在文化大革命時期在高呼「紅色恐怖萬歲」的年青人的打砸搶燒殺呢？他們不也是「真心」地相信他們正在打爛一個舊世界，準備實踐解放全人類的「理想」嗎？

該片之所以引起年長觀眾的不滿，正是因為它忽視了香港人在一九八九、二〇一四、二〇一九這幾年的運動是要捍衛香港固有的自由，而「六七暴動」恰恰相反，它是要中共提早解放香港，提早終結我們享有的自由。

《島》片除了上述取材令人詬病外，其選角也引人疑竇。該片選擇了楊宇傑作為「六七暴動」的代言人，這簡直就是對二〇一四至二〇一九香港人的抗爭運動的一個很大的傷害。從附表三，人們可以看出，楊這十多年來的努力已經使他成為「平反」的標誌性人物（icon）。二〇一一年夏天，他主辦了一場平反「六七暴動」的文宣之戰，直言：「就算有一日，中央為你班人恢復名譽，但香港社會大眾對六七已經係負面，依樣先最難，你要點先可以將個評價走返去中間正常？呢個係一個好大的工程……無論點**（編按：粵語，無論怎樣之意）**，我都希望盡力去做，唔係我一個人做，係大家一齊去做」。所以，他的出場對於不認識他的人來說，不會覺得特別，但對於熟悉他的人來說，他的出現，就代表著某種形式的「平反」。如果他本人有反思，那倒也可以，問題是他完全沒有反思，繼續靠攏專制政權，二〇一七年和一眾少年犯及工人代表到北京見國務院港澳辦要求正式平反。二〇一四年「六七動力」高調地參加由建制派周融牽頭的「反佔中大遊行」（當天楊在北京，沒有參加遊行），事後成員們興高采烈地說：「阿爺終於認翻我地」。導演找來這樣一個不但沒有反思，而且思想理念與二〇一四至二〇一九抗爭運動的香港人截然不同的人，來述說三代人追求民主自由失敗，這簡直是對三代追求民主自由的香港人的最大侮辱。

事實上，曾經參加過「六七暴動」的人中，有很多有深刻反思的人，例如自稱「赤柱囚徒」的翟暖暉。他出獄後，中共給他「全國政協」這個榮銜，算是對他的一種政治上的補償。但經過一九八九後，他棄之如敝履，並以八十五歲高齡參加了二〇〇五年的爭普選大遊行，同市民一道用腳來捍衛香港的自由。這些「六七暴動」的人物，其追求民主自由之情懷不下於當今的青年人，找這些人入戲，不是更能契合《島》片要述說三代香港人追求民主自由失敗而產生的集體鬱結嗎？當然，《島》製作時，翟暖暉已經辭世，但類似他有反思而又尚健在的暴動參與者有的是，例如剛去世的李怡（《島》製作時他還健在），以及尚在生的前地下黨員劉文成等。同是當年的YP，也不乏有反思者而且走到香港市民的行列來，例如當年左派熱捧的青年標兵、漢華學生張普璇，經過深刻反思後，同廣大市民一道出來遊行爭取真普選。可惜的是，導演沒有試圖找一些與他主題更契合的角色，卻找來一個望之而聞「平反」氣味的人來訴說香港人爭民主自由的故事，豈不是很大的諷刺嗎？請問導演，楊宇傑先生何時曾經為香港的民主自由爭取過什麼？不要忘記在二〇一四年香港青年人的抗爭過程中，楊先生的組織「六七動力研究社」是擔著大旗參與了中共發動的反對青年人的遊行示威！

本文首發於網站CITIZENS OF OUR TIMES LEANING HUB (COOTL)
後於二〇二三年三月二十九日由《上報》轉載

附表一 中共歷次對六七暴動的否定

時間	內容	資料來源
第一次 1967.12	周恩來召見港共領導說：「之所以把你們扣在這裡兩個月，就是要你們把頭腦冷靜下來……。在香港，不要搞真假炸彈，這對人民有害，對港英無用；不要上街遊行；不要罷工。」	馬繼森《外交部文革紀實》，頁六十七至六十八，拙作《六七暴動始末》頁一六二引用，以下簡稱《始末》。
第二次 1972.11	一九七二年十一月，周恩來會見來訪的英國外交大臣霍姆時說：「我國政府對極左分子在一九六七年的活動和他們在香港採取的政策是不贊成的。」	陳揚勇《苦撐危局：周恩來在1967》，頁三六七；《始末》頁一六三。
第三次 1978.3	港澳工作會議，指出： 「一九六七年香港發生所謂『反英抗暴鬥爭』，以及隨之而來的一系列做法是與中央的方針不符合的」。「『反英抗暴鬥爭』中，實行『反英第一』、『收回香港第二』，在香港搞『同盟罷工』、武鬥，企圖迫使中央出兵收回香港，後果極其嚴重。」	見《關於港澳工作會議預備會議情況的報告》，《始末》頁十九至二十。

時間	內容	資料來源
第四次 1981.6	中共十一屆六中會議決議指出：「文化大革命是一場由領導者錯誤發動，被反革命集團利用，給黨、國家和各族人民帶來嚴重災難的內亂」，全面否定文革，六七暴動作為文革的延伸，按上述邏輯也應該受到全面否定。	中共中央《關於建國以來若干歷史問題的決議》。
第五次 1997	港澳辦副主任李後代表中央作出總結： 「發生於一九六七年的「反英抗暴鬥爭」是建國以來對中央正確方針和政策的第三次、也是最嚴重的一次衝擊和干擾……。中方在香港的工作受到極左思潮的嚴重影響。在鬥爭中，不是引導群眾適可而止，做到「有理、有利、有節」，而是毫無節制地一味鬥下去，致使事態迅速擴大……。香港的工人和各界愛國群眾雖然在港英軍警面前表現得很英勇，但作為指導這場鬥爭的思想和路線卻是錯誤的，造成的損失也是嚴重的。」 又說：「一九六七年在香港發生的所謂『反英抗暴鬥爭』以及隨之而來的一系列做法，企圖迫使中央出兵收回香港，是與中央的方針不符合的，後果也是極其嚴重的。」	見李後《回歸的歷程》頁六十四，《始末》頁十八。

附表二 一九六七與二〇一九對比

	一九六七左派暴動	二〇一九反送中運動
性質	中共文化大革命向香港延伸（香港式文革、香港小文革）	香港市民自發捍衛自由爭取民主（特區政府捍衛兩制不力）
發動者	中共香港地下黨	泛民主派及本土派（沒有明確的發動機制，因為強調沒有大台）
目的	引入內地文革鬥爭模式企圖奪取港英政府管治權，從而提早引入大陸「一黨專制」式的制度。	反對在香港施行「一黨專制」式統治，人民自覺捍衛香港的一制免受大陸的一制侵蝕。
預演	一九六六年澳門一二·三事件	二〇一四年佔中事件
導火線	新蒲崗勞資糾紛。	反對港府修訂《逃犯條例》，拆除兩制之間的防火牆。
運動模式	傳統左派運動模式： ·有清晰的核心組織 ·有明確的指揮系統 ·有具體的行動計畫 ·有層層的動員機制 ·參與者很多都是「被動員」 ·（運動群眾）	互聯網時代新模式： ·沒有清晰的組織 ·沒有明確的指揮 ·沒有具體的計畫 ·沒有層層的動員機制 ·參與者都是自覺的 ·（群眾運動）

	一九六七左派暴動	二〇一九反送中運動
境外勢力	中共是當年最大的境外勢力，全面支持港共： 政治：政府聲明＋宣傳＋群衆集會 經濟：支付罷工經費 外交：最後通牒、火燒英國代辦處 軍事：深圳槍擊事件	中共指控香港市民的反抗運動有外國背景，是香港版的「顏色革命」，（詳見《紅旗》網站：〈粉碎香港顏色革命，嚴懲暴恐勢力，堅決捍衛國家統一〉）。但迄今未能提出確鑿證據。
暴力程度	・五十一死（其中左派二十多人） ・八百三十二傷 ・一千九百三十六人被檢控 ・八千零七十四炸彈（其中一千一百六十七是真的） ・暗殺（林彬）及暗殺名單 ・三罷不成功 ・私運槍支大刀來港武裝左派群衆	・警方不願透露因抗爭致死的數目，但「屍體發現」的個案大增。 ・一千兩百三十五人受傷 ・超過一萬人被捕（其中四百六十七人被檢控） ・無暗殺個案 ・三罷不成功 ・勇武派暴力程度有所增加
軍隊介入	中共製造「沙頭角槍擊事件」。 英方則宣佈駐港英軍進入戒備狀態，但沒有出動，另外英國航空母艦「堡壘號」訪港提供象徵性支援。	在不出動軍隊的前提下動用各種維穩暴力。 體制內暴力：容許員警暴力升級。 體制外暴力：動員黑社會暴力、其他形式暴力：中共武警喬裝港警越境鎮壓。

	一九六七左派暴動	二〇一九反送中運動
民眾態度	絕大多數市民支持港英政府採取強硬措施鎮壓左派暴動。 從左派人士在暴動後被社會邊緣化可見市民對他們發動的暴動深惡痛絕。 除了左派被貶稱為「左仔」外，香港社會整體不存在嚴重分裂。	大多數市民支持反政府活動： ・兩次百萬級及多次十萬級的全港性示威活動加上自發的小規模地區性示威活動在十八區遍地開花並且持續數月。 ・從建制派擔心區議會選舉對他們不利因而欲推延選舉可以看出民心背向。 從佔中以來社會出現的黃藍撕裂程度有所惡化。
結束	火燒英國代辦處後，周恩來果斷下令結束在香港的暴動。	中共強勢頒佈《國安法》撲滅一切反抗力量，摧毀整個公民社會。

附表三 楊宇傑十多年來主導的「平反六七暴動」的活動

> **建立組織**：石中英工作坊、六七動力研究社（陳仕源）、六七見證（林占士）、火石文化出版社、成立「謝鏡添、梁中昀、楊宇傑基金會有限公司」，簡稱「三俠基金」。（紀念同學梁中昀及謝鏡添，自封「三俠」。六七暴動時他們曾組織「金文泰紅星戰鬥隊」。楊以基金名義購買灣仔某處他們過去經常活動的地方「九樓」，等待平反時作「革命聖地」，其意圖已向中聯辦備案。（代號「九樓」的是一棟唐樓頂層連天台，位於灣仔道與摩利臣山道交界處。當年是中共外圍組織「雅健體藝社」的社址，是楊經常活動的地方。楊自述，他以「謝鏡添、梁中昀、楊宇傑基金會」購入，並以每年港幣一元的租金，讓「雅健社」及「香港口琴協會」共用「九樓」，還有那個見證歷史，刻留歡樂的大天台。圖以花甲之年，續圓「我們青春的夢」。他向朋友談及此計劃時，表示希望將來平反「六七暴動」後，這個當年中共青年工作的重要陣地能夠成為「革命聖地」。他整個購置計劃有向中聯辦負責大專工作的部門報備。）

> **保存記憶**：到和合石舉辦周年祭，悼念左派死難者。（不拜祭被左派暴動傷害致死的員警和無辜市民。）

> **舞臺劇**：黎文卓音樂劇《那年五月》（出資）、黎文卓電影《五月》（出資、出品人）、「一條褲」製作《一九六七》（贊助）。

> **電影**：請陶傑、趙崇基、嚴浩寫電影劇本（出資）、黎文卓《六七回望》（出資）、杜紹玲《YP一九六七》（出資）、趙崇基《中英街一號》（贊助）、黎文卓《如果沒有那年五月》（出資、出品人）、嚴浩《香港檔案》（贊助）、陳梓桓《憂鬱之島》（本人直接入戲，成為主角之一）。

> **出版**：屈穎妍《火樹飛花：六七年那些人》（火石文化出版）、張家偉《傷城記》、林超榮《五月無家》、林超榮《印象六七》、《六七騷動》、趙崇基《中英街一號》、黎文卓《我愛六〇年代》、《我愛七〇年代》、陳偉中〈誌・青春——甲子回望《青年樂園》〉。（很多書刊後來都變成電影或戲劇的劇本）

> **製作歷史資料**：捐助一百萬元給中大歷史系做三十個YP的口述歷史供中文大學圖書館收藏（但只收納沒有反思者的個案，不收納有反思者的個案）、捐助二十萬元供嶺南大學建立資料庫，收藏反映他們觀點的資料。（影響深遠，將來凡研究六七暴動歷史的學者首先會接觸到他們提供的資料。）

> **舉辦研討會**：資助中大亞太研究所舉辦六七暴動四十五周年研討會，由沈旭暉主持（將研討會內容出書，沈旭暉主編《一九六七：國際視野的反思》，天地圖書公司出版）、捐助一百萬元給中文大學亞太研究所進行研究、資助香港大學教授舉辦澳門一二・三事件研討會（擬將平反活動披上學術研究的外衣）。

> **舉辦中學生工作坊**：與中學教師合作，藉邀請中學生參加研討會為名，提供經費要學生做六七暴動的工作坊作業（盡量灌輸中學生平反派的觀點）。

> **開展遊說活動**：要求香港特區政府平反（在深圳與中聯辦接觸要求平反）、要求中央政府定義他們是愛國（率團赴北京向港澳辦提出平反要求）、要求英國政府以肯亞茅茅事件（Mau Mau Revote）為依據，洗脫他們「暴動者」的罪名，並向他們道歉（接觸英國律師研究依照矛矛事件平反六七暴動的可行性）。

> **表忠支持中共鎮壓香港抗爭運動**：組織「六七動力」在二〇一四年參加周融發動的「反占中」遊行，反對香港年青人的抗爭運動（中共動員他們出來遊行，他們很雀躍，歡呼「阿爺終於肯認翻我地啦！」）。

鳴謝

本回憶錄得以順利出版，是許多朋友鼎力相助的結果。

感謝梅秉彝先生，金川女士，麥海華先生，程翔先生，何良懋先生，曾廣略牧師及歐肇雄先生為本書翻譯，校對，審稿，打字及拍攝等事宜，在此致以懇切的謝意。

承蒙余子麟牧師，楊憲宏先生，丘慧芬教授，李濠仲先生，洪予健牧師，沈旭暉先及麥海華先生，在百忙之中抽出時間為本書撰寫序文，謹此致以由衷的感謝。

在撰寫本書過程中，得到多位前中共地下黨員及前親共組織成員提供寶貴的資料，容我致上萬二分的感謝。

特別感謝「一八四一」出版社沈旭暉先生、孔德維先生和馮百駒先生在過程中，作出推介和協助出版事宜。

更要感謝「秀威資訊」出版社仝仁及出版部經理鄭伊庭女士，在我極度失望之時，伸出援手，拔刀相助，全力支持本書的出版。感激之情銘刻在心。

血歷史237　PC1108

新銳文創
INDEPENDENT & UNIQUE

覺醒的道路：
前中共香港地下黨員梁慕嫻回憶錄

作　　者　梁慕嫻
責任編輯　鄭伊庭
圖文排版　黃莉珊
封面設計　魏振庭

出版策劃　新銳文創
發 行 人　宋政坤
法律顧問　毛國樑　律師
製作發行　秀威資訊科技股份有限公司
114 台北市內湖區瑞光路76巷65號1樓
電話：+886-2-2796-3638　傳真：+886-2-2796-1377
服務信箱：service@showwe.com.tw
http://www.showwe.com.tw
郵政劃撥　19563868　戶名：秀威資訊科技股份有限公司
展售門市　國家書店【松江門市】
104 台北市中山區松江路209號1樓
電話：+886-2-2518-0207　傳真：+886-2-2518-0778
網路訂購　秀威網路書店：https://store.showwe.tw
國家網路書店：https://www.govbooks.com.tw

出版日期　2024年1月　BOD一版　二刷
定　　價　660元

讀者回函卡

Printed in Taiwan

國家圖書館出版品預行編目

覺醒的道路：前中共香港地下黨員梁慕嫻回憶錄 /
梁慕嫻著. -- 一版. -- 臺北市：新銳文創, 2024.1
面；　公分
BOD版
ISBN 978-626-7326-10-7(平裝)

1.CST: 梁慕嫻 2.CST: 回憶錄

782.887　　112017475